权威·前沿·原创

皮书系列为
"十二五""十三五"国家重点图书出版规划项目

智库成果出版与传播平台

北京版权发展报告
（2018~2019）

REPORT ON COPYRIGHT DEVELOPMENT IN BEIJING
(2018-2019)

主　编／蔡　玫
北京市新闻出版研究中心

图书在版编目(CIP)数据

北京版权发展报告.2018-2019/蔡玫主编.--北京：社会科学文献出版社，2020.2
（北京版权蓝皮书）
ISBN 978-7-5201-6033-9

Ⅰ.①北… Ⅱ.①蔡… Ⅲ.①版权-产业发展-研究报告-北京-2018-2019 Ⅳ.①G239.2

中国版本图书馆 CIP 数据核字（2020）第 014318 号

北京版权蓝皮书
北京版权发展报告（2018~2019）

主　编／蔡　玫

出 版 人／谢寿光
责任编辑／张　超　吴云苓

出　　版／社会科学文献出版社·皮书出版分社（010）59367127
　　　　　地址：北京市北三环中路甲29号院华龙大厦　邮编：100029
　　　　　网址：www.ssap.com.cn
发　　行／市场营销中心（010）59367081　59367083
印　　装／天津千鹤文化传播有限公司
规　　格／开　本：787mm×1092mm　1/16
　　　　　印　张：24　字　数：359千字
版　　次／2020年2月第1版　2020年2月第1次印刷
书　　号／ISBN 978-7-5201-6033-9
定　　价／128.00元

本书如有印装质量问题，请与读者服务中心（010-59367028）联系

版权所有 翻印必究

《北京版权发展报告（2018~2019）》
编委会

主　任　王野霏

委　员（按姓氏笔画顺序）

　　丁　梅　马德献　卢志鹏　邢芳英　任　绚
　　孙　玲　李泽民　李盼盼　冷文波　陈嘉平
　　郑俊斌　赵红仕　赵晓鹏　荣学良　侯健美
　　洪华中　崔玉军　韩志宇　蔡　玫　薛　峰

《北京版权发展报告（2018～2019）》
课 题 组

组　　　长 蔡　玫

成　　　员 丛立先　张　今　卢海君　杨奇虎　梁　飞
　　　　　　　杨天娲　李静恬　起海霞　王　茜　吕子乔
　　　　　　　龙明明　徐　朗　王轶凯　刘　乾　张媛媛
　　　　　　　庄　蕾

课题合作单位 华东政法大学知识产权学院

编撰机构简介

北京市新闻出版研究中心为北京市委宣传部全额拨款事业单位，承担北京市新闻出版、著作权等方面发展战略、规划、体制改革、政策法规的研究工作；承担研究项目、课题等相关工作；组织推广应用科技成果，开展学术交流与合作，为新闻出版（版权）行业提供咨询服务。

主要编撰者简介

蔡　玫　北京市新闻出版研究中心研究人员、副编审；毕业于中国政法大学法学院，法学硕士，主要从事版权及新闻出版行业研究工作；主持并参与多个研究课题，担任《版权前沿案例评析（2017~2018）》执行主编、《中外网络版权经典案例评析》副主编、《版权行政、刑事与民事典型案例评析》副主编、"北京版权蓝皮书"（2017~2018）执行主编、"北京版权蓝皮书"（2016~2017）副主编；先后在《中国版权》《中国出版》《出版科学》《中外网络版权经典案例评析》等期刊和图书刊发版权、编辑出版方面的论文、译文多篇。

丛立先　华东政法大学知识产权学院教授、博士生导师、副院长；武汉大学法学博士，中南财经政法大学法学博士后，美国华盛顿大学法学院访问学者；曾任北京外国语大学法学院教授、博士生导师、书记兼执行院长、校学术委员会委员兼校学位委员会委员。入选教育部新世纪优秀人才支持计划，被评为全国知识产权领军人才，国家知识产权专家库专家，国家版权局网络版权产业研究基地专家，商务部企业知识产权海外维权专家库专家，中国互联网协会专家库专家；中国知识产权法学研究会常务理事，中国国际私法学研究会常务理事，中国科学技术法学研究会常务理事，中国国际经济贸易仲裁委员会仲裁员；主要研究领域为知识产权法、文化传媒法制、互联网法制，出版学术专著3部，发表学术论文50余篇，发表社会热点法治评论50余篇，主持完成20余项科研项目，获得20余项科研奖励。

摘　要

本书是由北京市新闻出版研究中心牵头，联合国内学术界、产业界众多专家学者共同编纂的关于北京版权发展的年度报告。全书由总报告、分报告、专题篇、案例篇和附录（大事记）构成。

总报告统领全篇，以北京版权发展概况、北京版权保护状况、版权问题解决方案、版权社会服务体系、趋势与建议为主要内容，全面介绍了北京版权领域的现状与发展。2018年，北京版权产业实现快速增长，对首都经济产生重要贡献，版权保护更加严格，版权社会服务体系更加健全。未来，北京将持续加大版权保护力度，重视平台监管和网络侵权治理，进一步深化国际交流与合作，抓住新技术带来的发展机遇，继续推动版权产业健康有序发展。

分报告和专题篇采用定性、定量与实地调研相结合的方法，通过对网络文学、影视、音乐、软件等核心和重点版权领域及5G时代的版权规则调整及监管、知识资源数据库平台等网络版权新问题展开专题研究，梳理当前北京版权产业发展取得的重要突破和面临的挑战，并针对存在的问题提出建议；涵盖网络文学产业版权、影视版权、音乐版权、软件版权、游戏版权、文化创意产业，以及网络直播平台侵权责任、知识资源数据库平台的版权问题、有声读物的版权问题、文字类知识分享平台的版权侵权责任、5G时代我国版权规则调整与版权监管等。在网络文学产业版权方面，从不同角度梳理了网络文学的概念，总结了网络文学产业的基本情况，阐述网络文学产业发展的新特点、新趋势、发展瓶颈及障碍，提出解决相关问题的对策及建议。在影视版权方面，全面阐述2018年影视产业发展概况、促进产业发展的全新举措、影视版权的具体应用措施和成效。在音乐版权方面，梳理了音乐产业年度发展状况、音乐版权市场特点、北京市音乐版权市场及音乐版权现状、音乐产业版权保护面临的问题，从政策法规跟进、提高用户版权意识及付费意愿、推动高新技术发展及应用、构建健康产业生态等方面对音乐版权保护的未来发展进行展望。在软件版权方面，总结了2018年软件著作权登记情况、软件产业概况、促进软件产业发展的措施、北京软件产业的发展困境，据此提出多项对策和建议，推动北京软件产业健康有序发展。在游戏版权方面，回顾了2018年游戏版权产业的各项数据，列举2018年北京地区游戏版权产业发展现状，提出北京游戏版权产业的问题及解决措施，助推北京市游戏版权产业又好又快发展。在文化创意产业方面，从学理上论述文化创意产业和版权保护的关系，通过多项数据说明我国及北京市文化创意产业的发展情况，从著作权集体管理组织、版权保护意识、版权行政执法、版权价值评估体系等多方面阐述北京市文化创意产业的版权优化路径，据此提出可行性建议，并对未来北京市文化创意产业版权保护的发展方向进行展望。在网络直播平台侵权责任方面，通过对网络直播的基本概念、网络直播发展现状、网络直播的著作权纠纷等多个方面进行解读，探究网络直播平台的侵权责任。在知识资源数据库平台的版权问题方面，介绍了知识资源数据库平台的概念、提供服务的基本情况、各方涉及的主要版权问题，并探寻如何解决。在有声读物的版权问题方面，全面说明有声读物的概念及发展态势、有声读物的内容生产模式和所涉版权纠纷，探寻有声读物的版权属性，从版权合作、平台监管、内容过滤义务、内容生产转变、用户版权意识、交易平台等多个角度为有声读物版权问题寻找解决途径。在文字类知识分享平台版权侵权责任方面，从平台分享性对版权专有性的挑战入手，探究文字类知识分享平台的版权侵权责任认定，提出优化文字类知识分享平台版权保护的路径和完善版权保护的建议。在5G时代我国版权规则调整与版权监管方面，系统分析5G技术对于作品传播的影响及其带来的问题、版权法基本规则存在的问题及其完善、版权监管的基本思路和路径、典型地区的版权机制建设，致力于减少新技术运用过程中的负面影响，实现版权产业的更好发展。

案例篇则选取具有典型意义的版权案件进行分析和评论，既有相当的理论高度，又具有较强的实践意义。

目 录

Ⅰ 总报告

B.1 2018~2019年北京版权发展报告 ……………… 丛立先 吕子乔 / 001
  一 中国版权产业发展现状 ……………………………… / 002
  二 版权产业对首都经济的重要贡献 …………………… / 006
  三 北京版权保护状况 …………………………………… / 008
  四 北京版权社会服务体系建设 ………………………… / 014
  五 趋势与建议 …………………………………………… / 019

Ⅱ 分报告

B.2 2018年北京网络文学产业版权发展报告 ……… 丛立先 杨天娲 / 022
B.3 2018年北京影视版权发展报告 ………………… 丛立先 王 茜 / 053
B.4 2018年北京音乐版权发展报告 …………………………… 杨奇虎 / 075
B.5 2018年北京软件产业版权发展报告 …………… 丛立先 起海霞 / 107
B.6 2018年北京游戏版权发展报告 ………………… 丛立先 龙明明 / 136
B.7 2018年北京文化创意产业版权发展报告 ……… 丛立先 吕子乔 / 152

001

Ⅲ 专题篇

B.8 网络直播平台侵权责任研究 …………………… 卢海君 徐 朗 / 177
B.9 知识资源数据库平台的版权问题研究 …………………… 梁 飞 / 193
B.10 有声读物的版权问题研究 …………………… 张 今 王轶凯 / 215
B.11 文字类知识分享平台版权侵权责任研究 …… 丛立先 李静恬 / 236
B.12 5G时代我国版权规则调整与版权监管研究
　　　……………………………………………… 丛立先 庄 蕾 / 263

Ⅳ 案例篇

B.13 网络媒体转载传统媒体作品的侵权认定：现代快报诉今日
　　　头条著作权侵权案 ……………………… 丛立先 张媛媛 / 289
B.14 以虚拟货币收入认定网络游戏盗版的犯罪数额：巨石
　　　在线（北京）科技有限公司、黄某侵犯著作权案
　　　……………………………………………… 丛立先 刘 乾 / 304
B.15 视频播放平台版权行政责任的承担：快播公司诉深圳市场
　　　监管局版权行政处罚纠纷案 …………… 丛立先 起海霞 / 316

Ⅴ 附录

B.16 2018年北京版权业大事记 ………………………………… / 330

Abstract ……………………………………………………………… / 351
Contents ……………………………………………………………… / 354

皮书数据库阅读 **使用指南**

总 报 告
General Report

B.1
2018~2019年北京版权发展报告

丛立先 吕子乔*

摘　要： 本报告从版权产业发展、版权保护现状、版权问题解决方案、版权社会服务体系等角度，全面展示2018年北京版权事业发展的总体情况。2018年，北京版权产业稳定增长，产业收入水平快速提高，多项产业指标位居全国前列，对首都的经济发展和城市建设起到了支柱作用。同时，多项版权保护政策发布，行政机关大力执行版权监管，严厉打击侵权盗版，规范作品传播和市场运营秩序，积极推动软件正版化进程。司法机关审理版权侵权案件总量急剧上升，积极探索案件审理模式，提高版权案件审理的质量和水平。版权服务体系更加健全，行业协会作用凸显，国际版权合作更加紧密，国际沟通机会增多，国际影

---

* 丛立先，华东政法大学知识产权学院教授、博士生导师；吕子乔，华东政法大学知识产权学院博士研究生。

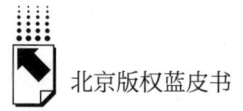

响力不断增强。北京将进一步提高版权保护水平，加大版权监管力度，加强版权国际交流与合作，重视高新技术的开发和利用，继续推动版权产业健康有序发展。

关键词： 版权产业　版权侵权　版权保护　北京

2018年4月10日，在博鳌亚洲论坛年会开幕式上，习近平主席发表了关于知识产权保护的重要讲话。他指出："加强知识产权保护。这是完善产权保护制度最重要的内容，也是提高中国经济竞争力最大的激励。对此，外资企业有要求，中国企业更有要求。今年，我们将重新组建国家知识产权局，完善执法力量，加大执法力度，把违法成本显著提上去，把法律威慑作用充分发挥出来。我们鼓励中外企业开展正常技术交流合作，保护在华外资企业合法知识产权。同时，我们希望外国政府加强对中国知识产权的保护。"习近平主席对包括版权在内的知识产权工作做出了重要部署，展现了保护知识产权的决心和信心，为国家版权事业的发展和版权保护工作的推进指明了方向。

一　中国版权产业发展现状

2019年4月，国家版权局在北京举办以"守正创新：新时代网络版权严格保护与产业发展"为主题的2019中国网络版权保护与发展大会，会上，中国新闻出版研究院发布《2017年中国版权产业的经济贡献调研报告》。报告指出，党的十八大以来，我国版权产业发展态势良好，从2013年至2017年的5年，中国版权产业的行业增加值从42725.93亿元人民币增长至60810.92亿元人民币，5年间产业规模增长了42%，在国民经济中的比重从7.27%提至7.35%，尤其是以新闻出版、广播影视、软件设计、动漫游戏等为代表的核心版权产业增长迅速，对推动中国经济高质量发展做出积极贡献。报告显示，2017年中国核心版权产业保持良好发展态势，行业增加值为38155.90亿元人民币，占全部版权产业的62.7%，占比继续增大；2017年中国核心版权产业的城镇单位就业人数为914.98万人，占全部版权产业的54.7%；2017年中国核心版权产业的商品出口额为45.64亿美元，占全部版权产业的1.7%。①

（一）网络版权产业

根据国家版权局发布的《中国网络版权产业发展报告（2018）》，2018年我国网络版权产业市场规模达7423亿元，同比增长16.6%，市场空间增长约1059亿元。2018年中国网络版权产业整体用户付费规模接近3686亿元，同比增长15.8%。用户付费规模占整体市场规模的比重从2016年的44%增长到2018年的近50%。② 2018年，虽然网络版权产业增速放缓，远低于前几年的平均水平（30%左右），但是整体呈增长趋势。从内部构成看，网络新闻媒体、网络游戏、网络视频三大主力合计贡献85%的份额。产业整体呈现五大新气象："主动承担社会责任，反映现实生活，弘扬传统文化；用户版权意识显著提高，付费意愿增强；版权产业跨界融合，产业生态不断创新；创作形式持续创新，技术推动产业发展；海外布局力度加大，原创文化全球认可"。网络文学作为网络版权产业的重要组成部分，与网络版权产业发展息息相关，呈现了整体网络版权产业的总体趋势，也具有自己的发展特点。中国作家协会发布的《中国网络文学蓝皮书（2018）》则显示，2018年中国网络文学作者达1500万人，较2017年增长了约200万人，其中"90后"作者占据主流。

（二）音乐版权产业

2018年12月19日，中国国际音乐产业大会暨2018第五届音乐产业高

---

① 《我国版权产业增加值突破6万亿元》，《人民日报》2019年4月29日。
② 国家版权局：《中国网络版权产业发展报告（2018）》，http://www.ncac.gov.cn/chinacopyright/upload/files/2019/4/2817404494.pdf，2019年4月26日。

端论坛在北京举行，会议上发布了《2018中国音乐产业发展报告》。报告显示，2017年中国音乐产业总规模约为3470.94亿元，较2016年增长6.7%。同年，音著协版权许可收入达到2.04亿元，同比增长17.2%；音集协版权的总收入达到近2亿元，同比增长9.3%。与此同时，数字音乐市场持续蓬勃发展，预计在2019年，中国数字音乐市场规模将突破百亿元。

（三）软件版权产业

2018年，我国软件登记数量继续呈现跨越式增长态势。中国版权保护中心发布的《2018年度中国软件著作权登记情况分析报告》显示，2018年我国共完成计算机软件著作权登记1104839件，同比增长48.22%，一举突破100万件大关。特别是自2011年以来，我国已累计登记软件接近320万件，占到了近30年登记总量的91%，增长势头迅猛。① 根据中国版权保护中心数据，北京市2018年软件著作权登记量达163148件，占全国的14.8%。

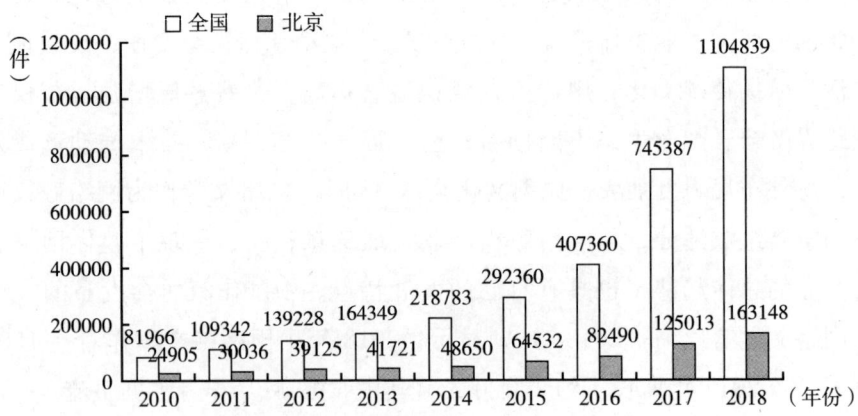

图1 全国及北京地区软件著作权登记数量

资料来源：中国软件行业协会《中国软件和信息技术服务业发展研究报告》和中国版权保护中心《中国软件著作权登记情况分析报告》。

---

① 《2018年我国软件著作权登记破百万，著作权人登记数创新高》，http://politics.gmw.cn/2019-03/29/content_32696901.htm，2019年3月29日。

（四）游戏版权产业

国家版权局 2019 年 4 月 26 日发布的《中国网络版权产业发展报告（2018）》显示，2018 年网络游戏市场规模为 2480 亿元，同比增长 5.3%。虽然较 2017 年同期 31.6% 的增长速度有所放缓但整体发展平稳。在管理部门的引领下，游戏版权产业改造升级，投资市场更加理性稳健，游戏版权相关企业投入更多精力进行产品优化，加快迭代速度。同时，消费市场依然具有人口红利，继续保持增长。报告数据显示，2018 年的网络游戏用户规模达 4.84 亿人，较 2017 年增长 4224 万人，网民渗透率达 58.4%。而移动终端的增长更为突出，手机网络游戏用户规模达 4.59 亿人，较 2017 年增加 5169 万人。①庞大的互联网用户基数和持续的用户增长为游戏版权产业发展提供了动力源泉。

从 2018 年开始，游戏软件的审批政策更加严格，版号批复较上年减少了 77.9%。在游戏软件审批严格管控的背景下，北京仍然出版了 500 款游戏，在我国各省份中排名第二。

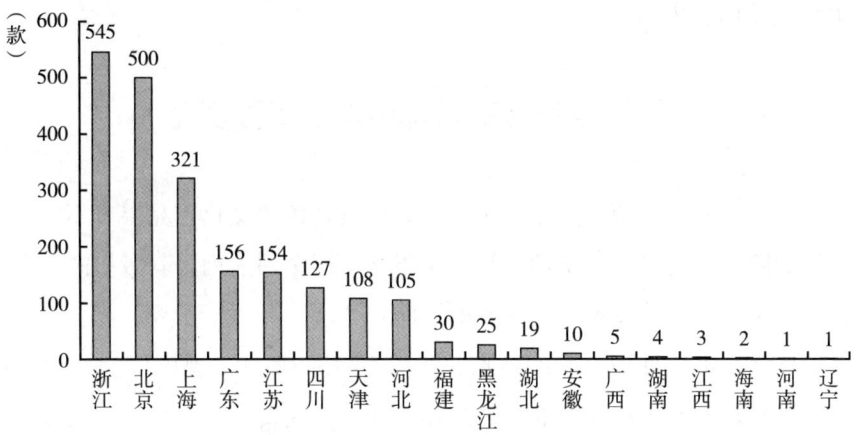

图 2　2018 年各省份出版单位出版游戏数量

资料来源：《国家新闻出版署政府信息公开告知书》（2019 年第 25 号），2019 年 6 月 28 日。

---

① 国家版权局：《中国网络版权产业发展报告（2018）》，http://www.ncac.gov.cn/chinacopyright/upload/files/2019/4/2817404494.pdf，2019 年 4 月 26 日。

（五）技术发展状况

5G 技术不但为通信领域带来深刻的技术变革，也为内容传播产业和版权产业带来革命性的影响。5G 技术以其低时延和高速率的传输，使视听作品和相关制品的传输更加便捷、质量更高。随着 5G 技术的不断完善，预计到 2020 年移动通信将要求 5G 的传输速率在原来的基础上提升 10～100 倍，峰值传输速率达到 10Gbit/s。资料显示，目前 5G 技术已经被运用于 2019 年全国两会的移动 5G 高清直播和 2019 年中央电视台春晚 4K 超清直播，为观众呈现了更清晰、低时延的视觉盛宴。5G 的极速传输速度和低时延的特点，提高了作品传播的质量和效率，为观众带来了更好的视听体验，但也成为版权侵权者所利用的高科技手段。在现有技术条件下，网络版权问题尚且无法得到彻底解决，如果无法在版权监管上进行及时的完善，那么 5G 技术的到来无疑会加剧版权侵权的态势。在坚持现有版权治理的双轨制的基础上，强化网络版权行政执法、创新执法方法是 5G 时代下版权监管的发展方向。

二 版权产业对首都经济的重要贡献

北京作为首都，历史文化底蕴深厚，极具特色的文化产品层出不穷，具有良好的版权运营基础，多项版权产业指标位居全国前列，其版权产业发展态势对全国版权产业发展具有重要的影响。

根据北京市统计局发布的数据，2018 年 1～12 月，规模以上文化产业收入总体呈现上升态势，从业人员总体下降，且主要的文化核心领域收入涨幅较大，北京文化产业结构优化升级取得了良好进展。在文化产业发展壮大的同时，北京版权产业具有可观的市场预期，市场迫切需要更为科学合理的版权保护制度和版权社会服务体系，新政策的发布与落实、行政执法机关完善版权监管职能、司法机关提高版权案件审理质量等各项举措，将对版权产业的健康快速发展提供保障。

表1 2018年1~12月规模以上文化产业情况

项目	收入合计（亿元）	同比增长（%）	从业人员平均人数（万人）	同比增长（%）
合计	10703.0	11.9	59.0	-1.7
文化核心领域	9292.0	14.1	49.0	-1.1
新闻信息服务	2558.3	20.7	14.2	-1.2
内容创作生产	2005.2	8.7	15.1	0.6
创意设计服务	2771.1	17.8	10.8	-6.1
文化传播渠道	1826.9	7.2	6.1	5.7
文化投资运营	30.5	-7.7	0.3	-5.0
文化娱乐休闲服务	99.8	9.2	2.4	-2.9
文化相关领域	1411.0	-0.6	10.0	-4.6
文化辅助生产和中介服务	654.8	6.6	7.9	-3.0
文化装备生产	168.3	-3.0	1.0	-7.8
文化消费终端生产	587.8	-7.0	1.0	-12.5

资料来源：北京市统计局官方数据，http://www.beijing.gov.cn/zfxxgk/110037/jdsj53/2019-02/01/content_6c7371657b394f6e90276cfa6c010bc0.shtml，2019年1月31日。

此外，北京市2018年1~6月规模以上文化创意产业在从业人数并未明显增加的情况下有较大幅度的增长。根据WIPO的划分标准，文化艺术、新闻出版、广播影视、软件/网络及计算机服务、广告会展和设计服务可划归核心版权产业。在北京市文化创意产业中，相关核心版权产业收入大幅增加，展现了版权产业发展的强劲动力。在当代社会各行业通过引领自主创新和技术进步来实现利润的背景下，版权产业具有鼓励自主创新、推动文化进步的特点，符合时代的发展轨迹，具有得天独厚的发展优势。其资源消耗低、环境污染小、市场潜力大、发展前景广阔，极有可能创造庞大的衍生价值链，促进经济发展模式的转变，必将成为北京经济发展的支柱产业，对北京的城市建设产生重要的推动作用。

表2 2018年1～6月规模以上文化创意产业情况

项 目	收入合计（亿元）	同比增长（%）	从业人员平均人数（万人）	同比增长（%）
合 计	8493.4	16.6	130.7	2.2
文化艺术服务	203.6	6.7	6.1	0.7
新闻出版及发行服务	402.3	7.7	8.0	-0.2
广播电视电影服务	466.2	13.8	5.7	0.7
软件和信息技术服务	3757.9	23.2	73.6	4.7
广告和会展服务	1104.3	20.6	6.9	-6.0
艺术品生产与销售服务	638.9	18.0	2.1	14.5
设计服务	167.8	10.4	8.5	0.2
文化休闲娱乐服务	493.5	4.3	8.5	1.2
文化用品设备生产销售及其他辅助	1258.8	0.5	11.3	-4.9

资料来源：根据2011年国民经济行业分类（GB/T 4754-2011）标准汇总；北京市统计局官方数据，http://www.beijing.gov.cn/zfxxgk/110037/jdsj53/2018-08/01/content_5a710492d09144c1a0ad8ff0007ffa03.shtml，2018年7月31日。

三 北京版权保护状况

（一）制度规范

1. 确认电子证据的法律效力，为权利人举证提供便利

2018年9月发布的《最高人民法院关于互联网法院审理案件若干问题的规定》对电子证据问题明确规定："当事人提交的电子数据，通过电子签名、可信时间戳、哈希值校验、区块链等证据收集、固定和防篡改的技术手段或者通过电子取证存证平台认证，能够证明其真实性的，互联网法院应当确认。"版权界普遍认为，最高法院确认区块链、可信时间戳等电子证据的法律效力，间接地为著作权权利人举证提供了便利，这也降低了权利人的维权成本。

2. 进一步规范节目传播秩序，严格落实管理责任

2018年3月16日，国家新闻出版广电总局办公厅下发《关于进一步规范网络视听节目传播秩序的通知》。对于一些网络视听节目制作、播出不规范问题，提出如下要求：禁止非法抓取、剪拼改编视听节目，不得制作、传播歪曲、恶搞、丑化经典文艺作品的节目。各视听节目网站播出的片花不能断章取义、恶搞炒作。不得出现包括"未审核"版或"审核删节"版等不妥内容。加强对各类节目接受冠名、赞助的管理。严格落实属地管理责任。

3. 发布《侵害著作权案件审理指南》，提高著作权案件审判水平

为提升北京法院著作权审判的质量和效率，推动首都文化产业的发展和创新，并贯彻执行中办、国办印发的《关于加强知识产权审判领域改革创新若干问题的意见》，北京市高级人民法院于2018年4月20日发布了《侵害著作权案件审理指南》。该指南总结整理以往涉及侵害著作权案件的各项指导文件，并梳理汇总了实践中的各类问题。

4. 严格执行"三审三校"制度，提高北京市图书出版质量

为了切实提高北京市图书出版质量，着力加强图书质量管理，指导督促出版单位严格执行"三审三校"制度，根据《出版管理条例》《图书出版管理规定》《图书质量管理规定》《图书质量保障体系》等法规规章，北京市于2018年10月30日下发《关于再次重申及严格落实"三审三校"制度要求的通知》，要求各市属图书出版单位充分认识做好"三审三校"工作的重要意义。

（二）行政保护

1. 监督管理

（1）执行版权监管计划，开展版权专项培训和人才推优活动

2018年2月，北京市按照《国家版权局办公厅关于进一步加强互联网传播作品版权监管工作的意见》及国家版权局版权重点监管工作计划，根据电影相关权利人上报的作品授权情况，公布了2018年度第一批重点作品

版权保护预警名单,包括《无问西东》《英雄本色2018》《谜巢》,建立了重点作品的版权保护机制。

2018年7月5日,为落实城市副中心文化建设相关要求,提高艺术作品版权保护水平和艺术从业者作品登记积极性,北京市版权局在通州宋庄上上美术馆组织召开艺术版权专项培训,北京版权保护中心、通州文委、上上美术馆和相关艺术从业者参加了本次培训。其主要目的是帮助艺术从业者加强版权意识:一是要树立版权创造、运用和保护的意识,作品授权使用做到合理合法;二是要主动树立维权意识,有效利用作品登记所具有的证据效力应对盗版侵权行为;三是要提高作品自愿登记的积极性,主动按照《著作权法》和有关规定提交作品登记申请。

2018年8月4日,由国家广播电视总局主办、北京市新闻出版广电局(北京市版权局)和北京广播电视台承办的第六届国产纪录片及创作人才推优活动在北京举行。活动表彰了2017年以来在国产纪录片繁荣发展中成绩突出的作品、人员和机构,以进一步从制作、播出、产业、人才等多个环节加大对国产纪录片的扶持引导力度,发挥优秀作品、制作机构、播出机构和创作人才的引领示范作用。北京市新闻出版广电局(北京市版权局)选送的作品和机构共获得9大类15个奖项。

(2)加强文化市场治理,规范作品传播和市场运营秩序

2018年3月23日,北京市新闻出版广电局(北京市版权局)召开2018年文化市场管理暨"扫黄打非"工作领导小组会议。局领导小组对2018年局文化市场管理和"扫黄打非"工作提出了四点意见:一是坚持正确舆论导向,牢牢守住意识形态阵地;二是坚持首善标准,全面展开行业市场监管工作;三是营造清朗网络空间,持续净化网络文化生态;四是多措并举,有力提升文化市场综合管理水平。

为有效推进网络版权治理工作,突破盗版侵权案件治理瓶颈问题,北京市版权局版权管理处于2018年3月26日组织召开网络盗版侵权案件推进协调会,优酷、腾讯、爱奇艺相关人员参加。会议要求建立部门协作联动机制,畅通信息共享渠道,提高案件办理的主动性和灵活性,提高监测的针对

性、有效性和技术性，树立版权保护意识，净化网络版权空间。

2018中国网络版权保护大会于2018年4月26日在京召开，恰逢第18个世界知识产权日。会议要求相关部门严格遵守《版权工作"十三五"规划》，加大执法监管力度，完善长效机制，健全电信企业、互联网信息服务企业快速有效的"通知—移除侵权"工作机制。

（3）推进软件正版化工作，提高公众使用正版的意识

北京市新闻出版广电局（北京市版权局）于2018年4月9日召开2018年软件正版化工作动员部署会，90余家单位的软件正版化工作主管领导参加了此次会议。杨烁局长对2017年全市软件正版化工作进行了总结，对2018年全市软件正版化工作进行了部署，对全年软件正版化各阶段工作任务及实施步骤做了规范和细化，确立了整体工作目标、划分了具体职责分工，并从提高思想认识、强化组织领导、加强沟通联系、确立规章制度、强化监督考核等方面提出了明确的要求。

2018年6月，北京市使用正版软件工作联席会议办公室举办了北京市级机关软件正版化工作培训，118家市级机关的250余人参加了此次培训。此次培训提高了市级机关工作人员尊重和保护知识产权的意识，为完成年度国家机关软件正版化工作任务和迎接国家对北京市市级政府机关全覆盖检查打下了坚实的基础。

2018年7月，北京市使用正版软件工作联席会议办公室联合北京计算机软件登记中心举办了市属国企软件正版化工作培训暨北京地区软件登记专办员培训会，培训范围覆盖5家市属国有企业集团总部及其所属三级以上企业，培训100余人。培训的主要目的是提高参训各单位工作人员版权保护意识和软件著作权登记能力，为市属国有企业圆满完成全年软件正版化工作目标打下了良好基础。

2. 执法状况

（1）加强版权行政执法，惩治网络侵权行为

2019年1月，北京市文化市场行政执法总队发布数据：2018年北京市加大文化执法力度，市、区两级执法部门共计立案4359件，同比增长

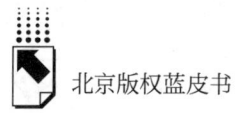

45.64%；结案4387件，同比增长61.85%；罚没款共计1463.41万元，同比增长23.78%。2018年，北京重点打击了利用互联网操纵、经营"黄赌毒"等违法犯罪活动，全年立案达1366起，结案1288起，罚没款共计627.58万元，协调相关部门关闭非法有害手机App和网站21个。在针对网络游戏、网络表演、网络文学等的专项整治行动中，北京全年查处网络游戏企业76家次，罚没款272.4万元。网络表演直播立案237起，罚没款70.4万元。网络文学小说类查处49家次，罚没款108万元，删除非法链接3.5万余条。

为加大"12318"举报热线电话的宣传力度，北京市文化市场行政执法总队联合相关部门于2018年3月开展了"12318"宣传进社区活动。根据举报提供的线索，北京市、区两级文化执法部门共查处案件3143件，扣押、收缴非法出版物、非法音像制品等260万余件，罚没款计1657.3余万元。北京市文化市场行政执法总队连续七年被评为全国"扫黄打非"先进集体，连续荣获"全国文化市场十大案件办案先进单位"等诸多荣誉称号。

2018年7月17日，北京市文化市场行政执法总队召开2018年第二季度文化市场新闻通气会。2018年上半年，北京市已连续开展十余项专项整治行动，涉及新闻出版、网络文化、文化娱乐和广播电影电视等多个领域，共计检查经营单位1.27余万家次，立案2519件，结案1996件，罚没款共计664.73万元，其中查获侵权盗版出版物3万余册，有效维护了文化市场正常秩序。

2018年10月10日，北京市文化市场行政执法总队组织召开第三季度新闻通气会，通报第三季度执法办案情况和典型案例。2018年第三季度，北京市、区两级文化执法部门共计检查经营单位4732家次，同比增长20.99%；立案992件，同比增长49.4%；结案1074件，同比增长72.39%；罚没款共计393.65万元，同比增长68.72%。

（2）加强平台治理，弘扬社会主义核心价值观

2018年2月，北京市新闻出版广电局（北京市版权局）、市文化市场行政执法总队联合约谈6家网站，依法查处未持有信息网络视听节目许可证网

站，擅自提供互联网视听节目服务，涉嫌传播违反《互联网视听节目服务管理规定》第十六条规定的节目，责令限期整改。北京市新闻出版广电局（北京市版权局）、市文化市场行政执法总队将继续加大对网络视听节目服务网站的协同管理力度，规范网络视听节目传播秩序，督促网站切实履行主体责任，增强底线思维和媒体社会责任感，严把导向和内容关，坚守文明健康的审美底线，积极弘扬社会主义核心价值观，传播正能量。健全完善内控制度和追责机制，合力营造文明健康的网络视听环境。

2018年4月27日，为深入推动信用体系建设工作，进一步建立健全失信联合惩戒工作机制，北京市新闻出版广电局（北京市版权局）召开了社会信用体系建设暨建立"黑名单"工作制度专题会议。会上，通报了社会信用体系建设工作总体情况，就2018年工作任务进行了部署，并对《北京市新闻出版广电版权领域失信"黑名单"制度管理办法（征求意见稿）》的制定背景、主要目的、内容条款及征求意见情况进行了介绍。

2018年8月，北京市版权局、北京市网信办、北京市通信管理局、北京市公安局和北京市文化市场行政执法总队召开会议，启动国家版权局"剑网2018"专项行动。北京市开展三个方面的重点整治：一是开展网络转载版权专项整治，严厉打击微博、微信、头条号等自媒体和网络媒体未经许可转载、摘编整合、歪曲篡改和"洗稿"等违法侵权行为；二是开展短视频版权专项整治，引导短视频平台企业构建良性发展商业模式，规范整治平台盗版侵权行为；三是开展重点领域版权专项整治，集中治理动漫、网络直播、知识分享、有声读物等平台的盗版侵权行为，并继续对影视、音乐、电子商务平台、云存储等领域保持高压态势。

2018年9月3日，为落实国家版权局"剑网2018"专项行动工作要求，规范整治短视频平台版权秩序，北京市版权局集中15家短视频平台企业召开了监管工作会议。北京市版权局重申了北京市"剑网2018"专项行动工作要求，通报了2018年集中监测监管短视频平台发现的侵权盗版问题，并对短视频平台日常版权监管工作提出建议。到会的各家企业版权负责人表示，一定按照"剑网2018"专项行动工作指示和要求，做到任务明确、责任清晰、整改到位，在国家版权局和市版权局的指导下，进一步规范短视频版权授权使用行为，构建风清气朗的版权环境。

（三）司法保护

2019年4月，最高人民法院发布《中国法院知识产权司法保护状况（2018）》，数据显示，2018年人民法院共新收各类知识产权案件334951件，审结319651件（含旧存），比2017年分别上升41.19%和41.64%。其中，新收著作权案件195408件，同比上升42.36%，北京新收知识产权一审案件52463件，同比上升47.40%。

北京互联网法院于2018年9月9日挂牌成立。截至2018年12月20日，北京互联网法院共受理2786起案件，审结1890起案件，其中78%案件为著作权案件。版权界普遍认为，互联网法院的成立，可以为权利人大大节约维权成本，真正实现便民、高效，无疑加大了对著作权的司法保护力度。

四 北京版权社会服务体系建设

（一）版权登记情况

根据国家版权局统计，2018年全国共完成作品登记2351952件，相比2017年作品登记量（2001966件）增加了349986件，增长率为17.48%，全国作品登记量总体呈现稳步增长趋势。其中北京市作品登记量增长较快，达到919543件，占全国作品登记总量的39.10%，同比增长13.58%，相较于2017年，北京市作品登记量的增长突破了10万件。

中国版权保护中心发布的《2018年度中国软件著作权登记情况分析报告》显示，2018年我国共完成计算机软件著作权登记1104839件，同比增长48.22%，一举突破100万件大关。从各类热点领域软件登记情况看，App软件登记量增长较为明显，同比增长76.29%，是增长较快的热点软件类别之一。人工智能软件登记数量同比增长104.02%，大数据软件登记数量同比增长 64.27%，增速均高于软件登记整体增速，呈现不同程度的快速发展态势。其中，北京市 2018 年软件著作权登记量达 163148 件，占全国的 14.8%。

（二）行业协会服务状况

2018 年 4 月 24 日，国际唱片业协会（IFPI）发布《2018 全球音乐产业报告》。数据显示，2017 年全球录制音乐行业总收入达 173 亿美元，比上年增长 8.1%。报告认为，由于中国政府加大版权监管力度，以及唱片公司、权利人的共同努力，中国在版权保护方面发生了重大转变。中国音乐市场生态环境的进一步优化，吸引国际唱片公司投入巨资。

2018 年 4 月 25 日，中国文联权益保护部与首都版权产业联盟在中国文艺家之家举行签约仪式，正式就共同开展文艺工作者版权保护服务建立合作关系。这是中国文联加强文艺维权社会化合作，利用社会资源为文艺工作者拓展维权平台、开辟维权渠道的一项重要举措。

为推动媒体融合发展、加强媒体版权保护，有关媒体行业协会在完善授权交易机制、加强行业版权自律、开展行业版权合作等方面进行了许多探索，推动版权保护、媒体融合向纵深发展。2018 年 12 月 15 日，30 余家主流财经媒体发起成立"中国财经媒体版权保护联盟"，共同抵制未经授权擅自转载新闻作品的行为，提高对作品转载的议价能力，推动实现常态化监控和维权、市场化交易等。

（三）对外合作与交流情况

1. 加强国际沟通，促进版权领域合作

2018 年"一带一路"知识产权高级别会议于 8 月 28 日在北京开幕，国家主席习近平向会议致贺信。习近平强调，知识产权制度对促进共建"一带一路"具有重要作用。中国坚定不移实行严格的知识产权保护，依法保护所有企业知识产权，营造良好营商环境和创新环境。希望与会各方加强对话，扩大合作，实现互利共赢，推动更加有效地知识产权保护和使用，共同

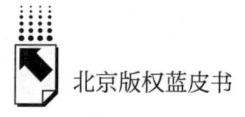

建设创新之路，更好地造福各国人民。

为深入贯彻落实十九大精神，积极响应习近平主席提出的"一带一路"倡议，广泛开展广播影视领域内的合作，促进国际交流，北京市新闻出版广电局（北京市版权局）于2018年3月23日举办"一带一路"广播影视科技发展论坛。来自立陶宛、土耳其等国驻华使馆参赞，哈萨克斯坦、波兰、新加坡等国家政府部门、商会代表，市新闻出版广播影视企业代表共计300余人参加此次论坛。

2018年4月12日，国家版权局与墨西哥文化部在墨西哥首都墨西哥城签署"版权合作谅解备忘录"（司局级），这标志着中墨之间正式建立版权双边合作框架，开始展开常态化、机制化的版权交流与合作。这是国家版权局在全球范围内签署的第8个版权双边合作备忘录，是积极响应"一带一路"倡议、加强版权双边交流与合作的又一成果，对扩大中国版权的国际影响力，特别是加强与拉美国家版权合作，将起到重要示范与推动作用。

2018年4月26日，北京市新闻出版广电局（北京市版权局）党组书记、局长杨烁同志与希腊数字政策、通信和媒体部秘书长克莱索斯博士一行就中希影视发展和合作进行了会谈。"北京优秀影视剧海外展播季"将在希腊首都雅典举行，市局组织超过20名来自16家北京优秀影视企业的代表访问希腊，期待通过展播季活动，与数字政策、通信和媒体部进一步沟通，包括具体的合作方向和内容，研究落实可行项目，从而实现中希双方在影视合作方面的突破。

2018年5月11日，在2018北京优秀影视剧海外展播季英国段的开幕式上，由北京市新闻出版广电局（北京市版权局）支持的北京新闻出版广播影视企业海外服务基地正式成立，并率先挂牌英国普罗派乐卫视。该基地旨在构建北京伦敦新闻出版广播影视交流的长效机制和版权交易的长期高效平台，促进北京新闻出版影视企业拓展海外市场、文化产品和服务出口，其将在建设版权数据库、建设版权交易平台、提供版权咨询服务、促进文化交流等方面进行建设。

2018年5月28日，《视听表演北京条约》缔结六周年，世界知识产权组织（WIPO）中国办事处、北京市新闻出版广电局（北京市版权局）、北京市东城区政府联合主办了"知识产权保护促进视听产业发展论坛"。欧盟代表团、美国驻华使馆、英国驻华使馆代表、国际唱片业协会等世界及国内主要著作权组织代表、国家商务部及国家知识产权局代表、影视公司代表共150余人参会。2018年6月15日，北京游戏参展团赴墨西哥调研墨西哥游戏产业。在墨西哥投资贸易促进局（PROMEXICO）总部，成功举办了中墨两国游戏企业推介会和一对一商务洽谈会。其间，墨西哥投资贸易局与率团来访的北京市新闻出版广电局（北京市版权局）副局长张苏一行进行了政府间的闭门会谈，双方就北京游戏企业与墨西哥游戏企业的合作交流进行了更加深入的友好会谈。现场气氛热烈，中墨双方与会者均表示收获颇丰，对此次对接活动的质量给予了高度评价，达到了预期目标。

2018年6月26日，由中国国家广播电视总局主办、北京市新闻出版广电局（北京市版权局）承办的第四届中非媒体合作论坛在北京举行。来自45个国家的460余位代表参加了论坛及相关活动。中非代表本着平等互信、合作共赢的原则，就"中非媒体政策""中非媒体话语权建设""中非媒体数字化和内容产业发展"等议题进行深入研讨和广泛交流。

2018年6月26日，由中国国家版权局和英国知识产权局共同主办的中英版权圆桌会议在京举行。中英双方围绕"版权政策制定新动态""版权执法活动和成果新进展""数字环境下版权执法面临的问题及挑战"三个主题进行了研讨。这是自2010年签署《中英版权战略合作谅解备忘录》后，双方在备忘录的框架下进行的第四次高层互访和交流活动。

2. 推动国际合作，聚焦跨国侵权盗版问题

2018年2月26日，由中国版权协会主办的北京国际网络版权监测研讨会在京召开，聚焦小网站跨国网络侵权盗版问题展开研讨和经验分享，旨在加强国际交流合作、联手打击跨国侵权。多年来，我国加强版权保护、打击侵权盗版的步伐坚定，成效显著。但随着数字网络技术的不断发展，网络侵权新情况不断，形式隐秘、复杂多变，移动化、社交化、国际化的趋势明显。侵权者深度隐藏个人信息，维权困难；大批中国版权作品在海外遭到各

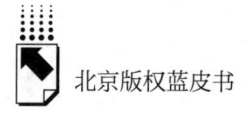

种盗版，遭遇海外维权难题。

3. 开展版权产业会展，加强产品和文化交流

2018年6月中旬，全球最大的电子娱乐展览会在美国洛杉矶市举行。由北京市新闻出版广电局（北京市版权局）组织的由10家北京地区优秀游戏企业组成的北京游戏展团在E3设置了北京展区，成为E3这一国际游戏平台一道亮丽的风景，充分展示了中国游戏企业的良好风貌。

2018年8月下旬，第二十五届北京国际图书博览会暨第十六届北京国际图书节在中国国际展览中心（顺义新馆）同时同地举办。本届北京国际图书节确立"改革铸就新时代，书香献礼新征程"主题，"五大活动、十大展区"成为本次北京国际图书节的最大亮点。

2018年法兰克福书展于10月中旬在法兰克福会展中心举行。为充分展示改革开放40年来北京地区出版业发展成果，北京市新闻出版广电局（北京市版权局）在北京展区特别设立"北京图书40年"主题展览，并举办"北京图书40年"分享交流活动。

2018年10月下旬，第十三届中国北京国际文化创意产业博览会在中国国际展览中心举行。海外参展参会代表团来自67个国家和地区，来自联合国教科文组织、东南亚国家联盟等国际机构的代表也出席了会议。据不完全统计，本届文博会期间，共签署文化创意产业的产品交易、艺术品交易、银企合作等协议总金额达977.28亿元人民币。影视文化制作、版权项目交易活跃，签约金额达371亿元人民币，占比37.9%；落户园区的文化产业合作项目签约478亿元人民币，占比49%；文化与科技、金融等融合的项目金额达171亿元人民币，占比17.5%；落实"一带一路"倡议，文化"走出去"项目增加，文化贸易签约金额达138亿元人民币，占比14%。

2018年12月17日，由北京市广播电视局组织的北京影视企业代表团在新加坡亚洲电视论坛与市场（ATF）北京联合展台举办推介会，来自多个国家和地区的100余位受邀买家和媒体记者参加。多位受邀买家与北京影视制作单位接触，积极洽谈、寻求合作，他们对代表团推广的反映中国文化和时代精神的影视剧作品表达了合作意愿，并对北京冬奥会的题材产生浓厚兴趣，希望从题材开掘、文化融合、合作方式等方面加强交流沟通，共同推动亚洲影视繁荣发展。

五 趋势与建议

（一）整体态势

1. 各项版权产业规模快速增长，多项指标位居全国前列

2018年，北京市多项版权产业规模均有不同程度的增长，发展速度较快，产业结构不断优化更新，多项重要指标位居全国前列。北京的版权产业为经济增长做出了重要贡献，北京版权产业的发展态势对全国版权产业发展都有重要的影响。

2. 版权保护更加严格，促进版权产业高质量发展

多项政策和规范出台，更加适应产业发展的现状和需要，制度设计更加合理；行政机关充分发挥监督管理职能，严厉打击侵权盗版行为，大力推进软件正版化工作，提升民众的版权意识；司法机关加强司法保护，提高相关案件的审判水平和审判质量，致力于保障著作权人的合法权益。北京多项措施并举，加强版权保护，为产业的健康有序发展提供了有力保障。

3. 跨界、跨国交流合作频繁，积极探索产业发展方向

北京十分重视版权产业的跨界沟通和国际交流，积极促进版权领域的国际合作，举办多项版权产业相关会展，欢迎各国的政府人员和民间组织进行参观和交流；积极开展跨国考察活动，加强双边和多边合作，为北京的版权产业发展政策提供重要的理论和实践依据，提升国际影响力。

（二）未来发展思路

1. 继续推动版权产业健康有序发展

分析版权产业发展的重要节点和规律，深刻剖析产业的核心特点，推动优质内容的产出和运营，为版权产业的健康发展提供坚实的内容基础。培养

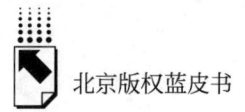

优秀的产业从业人员，美化作品运营环境，优化市场运营规范，打击侵权盗版行为，规范作品传播秩序，为精品力作的市场化提供保障，鼓励相关人员创作更多的优质产品，形成一大批具有丰富文化内涵的、具有浓厚地方和民族特色的、体现社会主义核心价值观的文化产品，牢牢抓住新时期版权产业的发展机遇，以各级文化活动的开展为抓手，以热点内容和重要IP为突破口，重视体系化建设，促进版权产业的发展与繁荣。

2. 持续加大版权保护力度，保护著作权人的合法权益

顺应产业发展趋势和市场需求，加强制度建设，完善现有的制度规范，将版权产业的发展需求落到实处，从制度上保障产业的持续发展。继续加大行政机关的执法力度，落实监督管理责任，规范作品传播和市场运营秩序，重点关注网络侵权，加强平台治理，督促网站切实履行主体责任，严把导向和内容关，坚守文明健康的审美底线，传播正能量，合力营造文明健康的网络视听环境。提高民众的版权保护意识，大力推进政府部门和重点企业的正版化进程，形成示范效应，并严厉打击盗版侵权行为，严肃追究责任人的侵权责任，营造积极使用正版、主动拒绝盗版的社会环境，保障著作权人的合法权益。进一步发挥北京互联网法院在版权案件审判中的重要作用，更加便利权利人维权，节约权利人的维权成本，并形成一批典型案例，提高法院审理版权案件的水平和质量，加大司法对版权的保护力度。

3. 进一步深化国际交流与合作，提升产业影响力

以多层级版权产业相关活动的举办为契机，深化国际合作，吸引其他国家的政府部门和民间组织进行交流和沟通，围绕版权政策制定、版权执法面临的问题及挑战、数字网络技术发展下的网络侵权新情况等重要议题，寻求双方共同关心的方向和内容，促进版权领域的国际合作。举办跨国文化展，开展跨国考察活动，加强国际文化产品和制度交流，重点关注其他国家在版权产业的不同发展阶段遇到的难题及解决途径，深入了解其他国家的版权产业发展方向和产业特点，为北京版权产业的发展方向和发展政策提供丰富实践经验，提高北京版权产业的国际影响力。

4. 抓住5G技术带来的发展机遇，实现版权产业优质发展

5G技术的不断成熟，很有可能为内容传播产业和版权产业带来革命性的影响，同时带来产业发展的机遇与挑战。应当组织人员进行专门的调研和讨论，密切关注5G技术的特点、5G技术对版权产业造成的影响、对版权相关法律规则的冲击、对版权执法的要求等重点问题，就新技术运用下的版权权利人保护、版权产业发展方向、版权监管新问题、版权规则和政策的有效调整等问题进行系统分析，并提出有效的解决方案，从容应对高新技术发展带来的复杂环境，减小新技术运用过程中可能对产业造成的负面影响，抓住技术发展带来的机遇，营造良好的版权生态环境，实现版权产业的更好发展。

分报告

Category Reports

B.2 2018年北京网络文学产业版权发展报告

丛立先 杨天娲[*]

摘 要： 近二十年来，网络文学产业日益成熟，取得了举世瞩目的成绩：引导和支持政策体系日趋完善，作者呈现职业化和品牌化发展趋势，作品更加多元，产业跨界融合趋势更加明显，受众喜好有所转变，免费模式发展强劲，新兴技术为产业发展带来机遇，网文出海的模式已经初步形成。但是，网络文学产业进一步发展也面临着诸多挑战和困难。在网络文学产业的发展中，北京市开展了一系列有益的尝试，促进网络文学从"高原"迈向"高峰"，为推动整个产业发展提供了良好的经验。

---

[*] 丛立先，华东政法大学知识产权学院教授、博士生导师；杨天娲，北京外国语大学法学院博士研究生。

关键词： 网络文学　版权　北京

2018年，是贯彻党的十九大精神的开局之年，也是改革开放40周年。产业是经济之本，改革开放以来，我国充分发挥劳动力资源丰富和市场需求潜力巨大等优势，通过对内放权搞活和对外扩大开放，产业规模体量不断壮大、产业体系不断完善、产业结构不断优化，取得了举世瞩目的成就。

2018年也是我国《国家知识产权战略纲要》颁布实施十周年。十年来，知识产权制度日渐完备，知识产权的保护意识也逐渐增强。在新技术、新商业模式和新业态的催生下，我国的知识产权产业，特别是版权产业，从被动的版权保护走向了主动的版权开发，激发了巨大的市场潜力。但是，与我国的经济规模相比，知识产权产业仍处于"大而不强"的状态，[①] 在各类技术、内容及产业模式的创新之下，版权制度的发展也面临着新挑战。

2018年也是网络文学发展的20年，从1998年的第一部网络小说《第一次亲密接触》到现在网络文学作品百花齐放，网络文学是改革开放结出的果实，源于改革开放带来的社会、经济、技术和人民生活形态、文化需求的巨大发展与变化。[②]

本报告力图梳理网络文学产业现状，探寻目前发展的障碍及瓶颈，以及产业良性发展的方向，并思考北京市在网络文学产业发展中的处境和担当，总结北京市在推动网络文学产业发展过程中的有益尝试和优秀经验。

一　网络文学产业概况

2017年10月18日，习近平总书记在党的十九大报告中特别指出，坚

[①] 易继明：《〈国家知识产权战略纲要〉颁布实施十周年》，《西北大学学报》（哲学社会科学版）2018年第5期。

[②] 中国文联主席、中国作协主席铁凝在首届中国网络文学周（2018年5月16~21日）上的致辞。

定文化自信，推动社会主义文化繁荣兴盛，这为文化产业的发展提出了新的要求。根据国家统计局公布的文化产业统计标准，① 其核心领域基本与版权经营有着直接关系，可见版权对于文化产业具有重要的意义与价值。按照新发展理念的要求，我国加快版权产业转型升级，创新发展、融合发展已经成为版权产业的主要特征和趋势。其中，数字化转型升级是加快版权产业优化发展的重要工作之一，例如在新闻出版业，国家新闻出版广电总局于2017年发布通知，从优化软硬件装备、开展数据共享与应用、探索知识服务模式、持续开展创新和加快人才培养五个方面继续深化数字化转型升级工作。② 此外，互联网环境下的版权管理，也是保护和大力发展版权产业的重要内容之一。党的十九大报告特别指出，加强互联网内容建设，建立网络综合治理体系，营造清朗的网络空间。《新闻出版广播影视"十三五"发展规划》③ 就网络版权的保护和管理进行了明确阐述，分别从网络版权的治理与流通、网络版权的保护及违法行为的监管、版权网络平台等方面进行部署。政策的日趋完备为网络版权产业的健康发展指明了方向。

根据国家版权局《中国网络版权产业发展报告（2018）》，2018年我国网络版权产业市场规模达7423亿元，同比增长16.6%，市场空间增长约1059亿元。2018年中国网络版权产业整体用户付费规模接近3686亿元，同比增长15.8%。用户付费规模占整体市场规模的比重从2016年的44%增长到2018年的近50%。④ 2018年，网络版权产业虽然增速放缓，远低于前几年30%左右的平均水平，但是整体水平呈增长趋势。从内部构成看，网络新闻媒体、网络游戏、网络视频三大主力合计贡献85%的份额。产业整体

---

① 国家统计局：《文化及相关产业分类（2018）》，http：//www.stats.gov.cn/tjsj/tjbz/201805/t20180509_1598314.html，2018年5月9日。

② 国家新闻出版广电总局：《关于深化新闻出版业数字化转型升级工作的通知》，http：//www.gapp.gov.cn/sapprft/contents/6588/332641.shtml，2017年3月17日。

③ 国家新闻出版广电总局：《新闻出版广播影视"十三五"发展规划》，http：//www.gapp.gov.cn/sapprft/upload/files/2017/12/27151652238.pdf，2017年9月20日。

④ 国家版权局：《中国网络版权产业发展报告（2018）》，http：//www.ncac.gov.cn/chinacopyright/upload/files/2019/4/2817404494.pdf，2019年4月26日。

呈现五大新气象:"主动承担社会责任,反映现实生活,弘扬传统文化;用户版权意识显著提高,付费意愿增强;版权产业跨界融合,产业生态不断创新;创作形式持续创新,技术推动产业发展;海外布局力度加大,原创文化全球认可"。网络文学作品作为网络版权产业中的重要组成部分,与网络版权产业发展息息相关,呈现了整体网络版权产业的总体趋势,也具有自己的发展特点。

(一)网络文学概念

1. 版权法视角下的网络文学

就网络文学的定义,《2016年北京市文学版权年度发展报告》着重从法律规定层面对网络文学作品进行了界定,即通过互联网进行写作、以网络传播为载体的一种极为自由的文学活动。① 网络文学是一种新兴的版权产业模式,是网络技术兴起与传统版权产业碰撞的产物。但是从法律层面来看,经过时间的考验,网络技术并未动摇著作权制度的基础。② 可以说,从法律角度,网络是网络文学的创作与传播媒介,并未对版权法律制度带来过大的影响。

2. 新闻传播学视角下的网络文学

从新闻传播学角度来看,网络作为新兴的传播载体,似乎对文学格局带来了巨大的改变。网络与新媒体文学改变了信息传播的方式,改变了原有的文学格局。与法律层面的网络文学的三种状态相契合的是,新闻传播学学界对网络与新媒体文学的宏观定义,也大致包括三种:文学作品通过电子手段进入互联网,直接在网络上创作、发表的文学作品,以及通过计算机软件生成的文学作品等。③ 对于何为网络文学,可以从网络文学的载体角度来探讨。新闻传播学学者认为新媒体就是数字化互动

---

① 丛立先、杨天娲:《2016年北京市文学版权年度发展报告》,载王志主编《北京版权发展报告(2016~2017)》,社会科学文献出版社,2017。
② 李琛:《论人工智能的法学分析方法——以著作权为例》,《知识产权》2019年第7期。
③ 唐东堰、雷奕、陈彩林:《网络与新媒体文学》,北京大学出版社,2018,第29页。

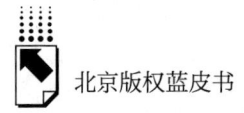

式媒体，是借助计算机（或具有计算机本质特征的数字设备）传播信息的载体，即本质上具有技术上的数字化和传播上的交互化的媒体才被称为新媒体，包括网络媒体、手机媒体以及未来的互动式数字电视，而非"新出现"的媒体都是新媒体。① 就此，有学者延伸将网络与新媒体文学视为一体，指借助数字化技术传媒如网络、手机等创作和传播的文学。② 也有学者将网络媒体与新媒体分开，网络传播仅指网络电视、网络报纸、网络期刊等，新媒体指手机传媒和智能电视。就本报告而言，主要从网络文学产业的实际情况看，将网络文学的范围定义在通过网络、手机等电子化互动式媒体进行创作、传播的文学作品，已有文学作品的电子化不在本报告的研究范围之内。

（二）网络文学产业基本情况

1. 年轻一代的创作群体

近几年来，网络文学创作群体持续增长，为产业的内容提供注入了强大力量。中国作家协会发布的《2018 中国网络文学蓝皮书》显示，2018 年中国网络文学作者达 1500 万人，较 2017 年增长了约 200 万人，其中"90 后"作者占据主流。③ 此外，队伍年轻化趋势明显，为网络文学作品提供了新鲜的血液和活力。越来越多的"90 后""95 后"新锐作家脱颖而出，为网络文学的"逆龄发展"带来驱动力。数据显示，阅文集团 2018 年新增作家群体中，"90 后"作家占比超七成，"95 后"作家占比近五成。与年轻读者群体在年龄层和价值观上的契合，使他们更懂"圈粉"和"埋梗"，在维持粉丝黏性和个人热度上也更有优势。④ 典型代表是"90 后"作家"会说话的肘子"，其创作的《大王饶命》收获 150

---

① 匡文波：《到底什么是新媒体?》，《新闻与写作》2012 年第 7 期。
② 欧阳友权：《新媒体文学：现状、问题与动向》，《湘潭大学学报》2012 年第 6 期。
③ 中国作家协会：《2018 中国网络文学蓝皮书》，http://www.chinawriter.com.cn/n1/2019/0531/c404027 - 31112494.html，2019 年 5 月 31 日。
④ 阅文集团：《2018 网络文学发展报告》，2019 年 2 月 18 日。

万条书评，拿下阅文旗下起点中文网平台创始 16 年以来的平均订阅第一，全站"95 后"读者人数排名第一，成为 2018 年炙手可热的新锐作家。

2. 满足差异化群体要求的多元题材

大神作品依然占据主要位置，但是新人作品的表现也十分突出。此外，新类型、新题材作品受到关注，比如现实类、游戏类等题材，满足了差异化用户群体对作品题材的不同喜爱。① 例如，速途研究院发布的 2018 年中国网络文学作家影响力榜中，《大国重工》《朝阳警事》点击量均突破千万，两部现实主义题材首次上榜就取得了优异的成绩。

3. 持续增长的用户规模

用户整体规模增加，2018 年我国网络文学用户规模达 4.32 亿，较 2017 年新增 5427 万，占网民总体的 52.1%。其中，手机网络文学用户达 4.01 亿，手机网民渗透率达 50.2%。② 相较于 2017 年的数据，从用户规模上看，网络文学行业在 2018 年实现了进一步增长。③ 其中，付费用户和年轻用户增加。根据阅文 2018 年财报，截至 2018 年 12 月，阅文月度活跃用户数突破 2.14 亿，较同期增长 11.5%，自营平台月度活跃用户大幅增长 20% 至 1.1 亿；用户平均月付费额达 24.1 元，同比增长 8.1%。同时，年轻化成为网络文学发展重要趋势，Z 世代（"95 后"）用户，正在加速"占领"网络文学领域。报告显示，2018 年 Z 世代网文用户规模同比提升近 20%，付费用户规模同比提升近 15%。阅文集团以平均月活跃用户量超 2 亿的成绩，继续领跑行业发展。④

---

① 艾瑞咨询：《中国网络文学作者白皮书（2018）》，http：//www.199it.com/archives/723398.html，2018 年 5 月 15 日。
② 国家版权局：《中国网络版权产业发展报告（2018）》，http：//www.ncac.gov.cn/chinacopyright/upload/files/2019/4/2817404494.pdf，2019 年 4 月 26 日。
③ 中国作协 2018 年 5 月 17 日在浙江杭州网络文学周上首次发布的《2017 中国网络文学蓝皮书》显示：截至 2017 年 12 月，中国网络文学用户 3.78 亿，手机网络文学用户 3.44 亿。国内 45 家重点文学网站的原创作品总量达 1646.7 万种，其中签约作品达 132.7 万种；2017 年共出版纸介质网络文学图书 6492 部，根据网络文学改编的电影 1195 部，改编的电视剧 1232 部，改编的游戏 605 部，改编的动漫 712 部。
④ 阅文集团：《2018 网络文学发展报告》，2019 年 2 月 18 日。

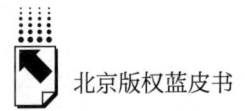

Z世代用户主要指24岁以下的群体,这部分群体正在成长为互联网和消费市场的主力军。这一代用户的一个主要特点是"宅",主要的兴趣偏好集中在追求内容的精神享受,而非户外爱好,例如游戏直播、电子竞技、手机动漫、在线音乐和在线阅读。另外一个显著特点就是偶像经济消费,"带货能力"已经成为评价明星的标签,购买偶像的周边、代言、推荐等产品成为Z世代的偏好。数据表明,13.1%的Z世代用户为网络文学作品/作者付费,在偶像经济消费类型占比中排名第五。① Z世代的偶像中,网络文学作者占据29.9%,排名在娱乐明星、网红、新生代偶像之后,位列第四。②

4."资本为王"的生产模式

从1997年的"榕树下"到"天涯社区"等论坛的文学板块,再到后来的专门致力于网络文学作品创作、传播的网文平台,过去的20年,网络文学的发展阵地主要集中在电脑端。不同的平台提供了不同的生产范式,如以"天涯社区"为代表的论坛模式,无须投入过多资金,主要靠网友自愿担任版主,为网民发表作品提供免费平台;以"起点"为代表的具有商业性的公司运作模式,以VIP收费为主,兼顾广告等其他盈利渠道。

从生产模式看,网站主要是工厂式的标准化生产销售,针对不同读者群体进行细化,形成较为固定的生产语法和呈现方式,呈现资本控制原创文学的局面。这其实与传统的文学创作相悖,一直以来,精神生产是文学创作的主要生产方式,具有独特的内在规律,并不能为物质生产方式所操控。但随着消费文化现象的诞生,文学创作的商品色彩愈发浓烈。③ 不同的是,虚拟社区论坛主要是松散的自治性管理,没有阅读量排名,主要的管理者多为具有一定声望的意见领袖或知名写手,论坛写作较为自由,具有网络公共空间

---

① QuestMobile研究院:《QuestMobile中国移动互联网2018年度大报告》,https://www.questmobile.com.cn/research/report-new/30,2019年1月22日。Z世代偶像经济消费类型占比排名依次为购买偶像周边产品(19.9%)、购买其代言产品(19.9%)、购买其推荐产品(14.9%)、购买偶像同款产品(14.6%)、为网络文学作品/作者付费(13.1%)。

② QuestMobile研究院:《Z世代洞察报告》,http://www.questmobile.com.cn/research/report-new/31,2018年12月19日。

③ 王小英:《网络文学符号学研究》,中国社会科学出版社,2016,第166页。

的性质，受资本影响较小。

网络文学也从个人爱好的免费分享模式，走向了商业资本参与的产业模式。文学网站，不仅是文学创作者和接受者进行写作、阅读的平台，更多地受到资本运行规律的制约，成为一种经济化的文学活动平台；同时，通过点击率和作品排行获得稿酬的网络写手在经济化的文学生产模式中诞生。① 于是，商业价值成为一种的新的文学评价标准，甚至某种程度上而言，传统的文学审美和意识形态价值被彻底抛弃。目前，网络文学正在经历发展的第三个阶段——定制化创作，其将成为未来的主要发展方向。网络文学全面进入"内容为王"的时代，更加注重作品的内容和质量，越优秀的作品，商业价值越高，获得的回报越丰厚；此外，受众的体验更加被关注，从以往作者靠灵感和激情进行创作的模式，转变为"策划人模式"，即"为网络文学产业链中各个环节包括观众、听众、漫画游戏爱好者在内的受众来写作"。②

5. 全产业发展的商业模式

数字阅读是网络文学产业的主要商业模式，体现为用户在互联网电脑端或移动端阅读网络文学作品。2018年数字阅读占中国网络版权产业市场规模的1.84%，达136.3亿元。阿里巴巴发布的《2018年中国人读书报告》显示，数字阅读用户规模已达到4亿人左右。从市场规模占比来看，网络文学的数字阅读对网络版权产业的整体贡献并不突出。③《2017~2018中国数字出版产业年度报告》显示，2017年国内数字出版产业整体收入规模突破7000亿元，达到7071.93亿元，其中移动出版收入为1796.3亿元，占比高达25.4%，仅次于互联网广告收入。这说明移动出版依然是数字出版的重要发展方向，具有巨大的发展潜力。此外，国内数字出版产业的用户，2017年规模达到18.25亿人（家/个）（包含了重复注册和历年尘封的用户等），

---

① 唐东堰、雷奕、陈彩林：《网络与新媒体文学》，北京大学出版社，2018，第62页。
② 欧阳友权：《中国网络文学二十年（1998~2018）》，江苏凤凰文艺出版社，2019，第19页。
③ 国家版权局：《中国网络版权产业发展报告（2018）》，http://www.ncac.gov.cn/chinacopyright/upload/files/2019/4/2817404494.pdf，2019年4月26日。网络版权产业结构中的三大支柱为网络新闻媒体、网络游戏以及网络视频，合计贡献85%的份额。

微博的用户数与2016年相比，增长了16.6%，原创网络文学注册用户数增长13.5%。而随着中国数字化转型的进一步深化，作为数字出版重要发展内容的移动出版的地位愈加凸显。同时，作为移动出版核心内容的网络文学的发展也愈加规范、精品化。①

手机端是网络文学作品传播的主要途径。随着移动互联网的高速发展，便于携带和使用的手机不断挤占其他个人上网设备的使用空间，网络文学的产业发展阵地也从电脑端走向了移动端。手机普及之初，网络文学的主要表现形态是短信文学，具体类型主要有短信诗歌、短信故事、短信喜剧等。但一对一的双向模式并不能满足用户的需求，短信文学仅仅经过了几年的黄金期，在新技术发展的浪潮中瞬间被淘汰，取而代之的是微信文学、App文学等。

移动阅读产业，主要的发展模式是作者将作品提供至网络文学内容平台，平台通过阅读渠道将作品提供给读者阅读。与电脑端类似的是，移动端网络文学阅读也有两种商业模式——免费模式和付费模式。免费模式是指，在平台上可以免费阅读任意正版内容（免费的盗版网文阅读属于违法行为，并不在此探讨），或是通过观看一定的广告而获得免费阅读的机会，抑或是通过一些简易兑换优惠券进行阅读。付费模式则是指，需要额外付费，例如通过充值会员、购买小说等方式进行阅读。移动App是网络文学作品数字阅读的主要渠道。报告显示，2018年移动网民经常使用的App中，网络文学类应用的使用时长列第6位，占比达7.8%，仅次于即时通信（15.6%）、网络视频（12.8%）、网络音乐（8.6%）、短视频（8.2%）和网络音频（7.9%）。②

虽然数字阅读的用户数量多，移动端使用时长也较长，但是数字阅读的市场规模不到网络版权整体的2%。部分原因在于，数字阅读的人均收入并不高。网络文学作品的制作成本低廉，特别是与游戏开发、影视拍摄

---

① 中国新闻出版研究院：《2017~2018中国数字出版产业年度报告》，2018年7月26日。
② 中国互联网络信息中心：《第43次中国互联网络发展状况统计报告》，http://www.cac.gov.cn/2019-02/28/c_1124175677.htm，2019年2月28日。

相比，并不需要资金、技术、人力等资源的过分投入。此外，用户对于文学作品的习惯性消费并不高。一般来讲，一本纸质书籍的价格不过百元，在互联网书店购买时也常常打折，多数书籍的电子版不足十元。据艾瑞咨询发布的《2018年中国移动阅读行业研究报告》数据测算，网络文学用户付费率较高，月花费在百元以内。在被调查的人群中，约七成用户参与过付费阅读，其中78.8%的用户通过充值成为网络文学平台会员的方式阅读网络文学作品，54%的用户曾订阅网络文学作品章节。在月人均网络文学作品订阅花费分布上，约九成受访用户月花费低于100元，平均月花费59元。[1]

从2018年底开始，"免费+广告"模式快速崛起，甚至引起在线阅读App用户量快速增长。QuestMobile数据显示，相比2018年4月，2019年4月MAU大于300万的免费阅读App数量增长了200%。其中，七猫免费小说用户已经达到1846万（2018年8月上线），米读小说和番茄小说（2018年5月上线）、追书免费版（2018年12月上线）、连尚免费读书（2018年8月上线）用户人数均突破1000万，免费模式正在快速飙涨。[2]

但值得注意的是，作为网络文学平台主要收入来源的在线阅读业务近年的增长幅度一直在减小。网络文学，作为网络版权产业的重要一环，是开发网络游戏、拍摄网络视频的原动力。目前，网络版权产业的主要发展模式是泛娱乐生态，即一种内容产品在多种产品业态之间迭代开发的模式，充分挖掘内容产品的价值，实现规模式发展。网络文学所积累的粉丝效应进一步延伸至其衍生品的消费，如基于网络文学原著人物改编的游戏、影视、动漫等衍生品。网络文学的价值主要体现在其可供开发的价值，即文学作品的内容价值。以行业巨头阅文集团为例，2018年财报显示，2015~2017年阅文集团的在线阅读业务涨幅分别达114%、103%和73%。尽管上半年阅文集团

---

[1] 艾瑞咨询：《2018年中国移动阅读行业研究报告》，http：//report.iresearch.cn/report_pdf.aspx？id=3198。

[2] QuestMobile研究院：《QuestMobile移动互联网在线阅读洞察报告》，https：//www.questmobile.com.cn/research/report-new/45，2019年5月14日。

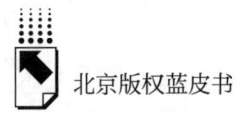

月活跃用户由 1.92 亿增长至 2.14 亿，但月付费用户由 1150 万下降至 1070 万，付费率由 6% 下跌至 5%。同时占据八成以上营收的在线阅读收入较 2017 年同比增长 13.3%，呈放缓趋势。电子阅读的盈利模式呈现过于单一的弊端，主要收入的减少也限制了网络文学企业的进一步发展。

于是，网络文学企业开始探索另一种发展方向，即版权运营，就是指通过与影视、游戏等公司的合作授权，对网络文学作品进行内容改编，从而获取版权收入。相比于单一的电子阅读业务，全产业发展可能会面临前期投入巨大的弊端，但是只要是优秀的内容，经过良性运转，将会带来更加稳定的利润，有助于企业和网络文学产业的可持续健康发展。阅文集团大力推动网络文学作品的全产业开发，公告显示 2018 年共授权 130 余部网络文学作品改编为影视、游戏、动画、漫画等娱乐形式。据统计，2018 年已经上线的 15 部阅文 IP 改编影视作品实现超 700 亿播放量，包括《扶摇》《你和我的倾城时光》《武动乾坤》《斗破苍穹》《将夜》等。在动画方面，年内新开播 7 部动画累计点击量突破 80 亿，上线 9 部漫画累计人气突破 150 亿，包括新作品《星辰变》和《萌妻食神》，以及多部之前受欢迎作品的新番，如《全职高手》《斗破苍穹》《国民老公带回家》《择天记》《全职法师》等。仅 2018 年上半年，其版权运营收入同比增幅达 103.6%，而同期在线阅读业务的营收增幅仅为 13.3%。全年版权运营收入达到 10 亿元，同比增长 160.1%。阅文版权运营业务的快速发展，呈现网络文学产业"全产业"发展的趋势，外部市场对精品内容的需求不断上涨，内容的价值持续提高。

二 网络文学产业发展趋势及瓶颈

（一）新特点及新趋势

1. 政策体系日趋完善

党和国家对于文化事业高度重视，特别是对以网络版权产业为代表的新业态的发展给予了有利的政策引导和支持,有关网络文学的政策体系日趋完备。习近平总书记系列重要讲话为网络文学事业的发展指明了方向,党和国务院密集出台的政策为网络文学发展提供了有利环境,主管部门的具体文件为网络文学产业各个环节保驾护航。①

国家新闻出版广电总局于2017年9月公布《新闻出版广播影视"十三五"发展规划》,②将深化转型、融合发展作为"十三五"时期新闻出版业发展的重要任务。其中,关于网络文学产业的主要任务有以下四点。第一,网络文学精品出版工程。开展优秀网络文学原创作品推介活动,重点在选题立项、创作研发、出版传播、宣传推广、版权开发等环节予以扶持,不断推出网络文学精品。第二,推动重点产业发展,加快文化与科技的融合。网络文学产业是新兴的内容产业,进一步提高其规模化、集约化和专业化水平,做大做强。第三,探索产业改革,形成社会效益为首位、社会效益和经济效益相统一的体制机制。在网络文学出版发行企业实施"双效俱佳"新闻出版单位奖励计划,建立双效考核评价指标体系,加大对社会效益突出的单位的扶持力度。第四,信息安全保障能力提高,提升监测监管能力。在网络文学方面,推动网络文学作品数字内容标识试点的应用。

2. 作者培育呈现职业化、品牌化趋势

截至2017年底,20个省份及行业作协成立了网络作家协会等网络文学组织机构,有关网络文学的引导、联络、协调、服务机制已初步形成。③近两年来,各市成立网络作家协会的数量与日俱增,如2018年南昌市、廊坊市等。在中国作家协会的示范带领下,各省市作家协会从思想上、业务上、生活上关心网络作家,不仅提升了网络作家的地位,而且激发了其创作热情。网络作家协会的建立,是网络文学作者由纯粹的自发式创作步入职业化

---

① 杨烁:《2017~2018年北京网络文学发展报告》,社会科学文献出版社,2019,第2~4页。
② 国家新闻出版广电总局:《新闻出版广播影视"十三五"发展规划》,http://www.gapp.gov.cn/sapprft/upload/files/2017/12/27151652238.pdf,2017年9月20日。
③ 李晓晨:《中国作家协会网络文学中心成立》,《文艺报》2017年12月29日。

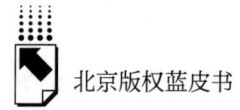

进程的重要举措,网络作者的文学地位和社会地位也在提升。2017年8月公布的中国作家协会507名新会员中,网络作家有51名;2018年的525名新会员中,网络作家有50名。此外,蒋胜男、血红、管平潮等一批网络作家当选全国或各地人大代表和政协委员,开始融入社会的政治生活,网络文学已经成为受大众关注的"事业"。①

此外,网络文学作者呈现品牌化趋势。粉丝经济,也是作者品牌经济,Z世代对偶像的追随是商业收入的动力。作者,作为网络文学内容的提供者,是整个网络文学产业链,甚至是泛娱乐产业链的价值来源。网络文学作者发展日益呈现品牌化趋势,通过独特的个人写作风格和作品内容,形成了自己独有的品牌;优质的内容吸引粉丝关注,积累了粉丝基础;在大量粉丝的支持下,由作品内容开发的影视、游戏等衍生品得到关注,又助推了整条产业链的发展;在人气市场的大氛围中,大众群体开始关注衍生品及原作,人气又聚集到作者的品牌之下。这种良性循环不仅促进了作者的自身发展,也推动了网络文学作品内容的开发。

各个网络文学平台通过多种具体措施,支持网络文学作者的职业化、品牌化发展。保障作者的基本权益,是网络文学作者职业化的第一步,有利于作者安心创作。例如中文在线,推出原创作者福利保障体系,② 使作者没有后顾之忧。然后,正规化培训是网络文学作者专业化的要求。例如阅文集团,针对作者所处的不同阶段,提供定制化扶持计划。③ 最后通过多种形式推优推新,给作者以平台,接受市场和大众的检验,并助力作者聚积粉丝。例如咪咕阅读、以赛推优。④ 阿里文学,在IP培育和资源投入

---

① 欧阳友权:《中国网络文学二十年(1998~2018)》,江苏凤凰文艺出版社,2019,第363页。
② 包括分成体系、买断保障体系、全勤奖体系和特色单项奖励体系。
③ 潜在作者:培训、互动等方式,激励创新。新兴作者:大数据挖掘,为其提供粉丝和用户的分析,培训写作。核心作者:营销支持,通过电视节目、评奖等,积累粉丝。
④ "咪咕杯"网络文学大赛和幻想文征文大赛,支持作者成长和作品开发,特别是"90后""95后"。

上做了许多工作。① 掌阅举办了文学创作大赛,对入围的作品重点推荐,奖金超百万元。

3. 作品更加多元化,现实题材受青睐

2018年,中国网络文学现实题材创作受到网站、作者的普遍重视,现实题材作品大幅度增加。由中国作协网络文学中心、中国作协网络文学委员会评选的"2018年中国网络小说排行榜"②的20部作品中,10部作品为现实主义题材,涉及改革开放主题、医疗、航空业、青春创业、扶贫等。2019年7月颁布的第四届海峡两岸新媒体原创文学大赛结果中,现实题材的作品也在稳步提升。文学评论家、中国当代文学研究会会长白烨认为,网络文学一直出现"一头沉"的现象,玄幻、仙侠、穿越等题材的好作品很多,这让人们一度怀疑现实题材不适合网络文学创作的写法和传播,"然而现在看来,网络文学在不断成长、进步、扩大,也为现实题材作品的创作提供了很好的传播平台,这样各种类型、各种题材网络文学作品的涌现,将会改变'一头沉'的状态,从长远来看,对网络文学的发展而言是十分健康、有益的"。③ 现实题材作品的爆发增长,源于政府的引导与支持。2017年,国家新闻出版广电总局的《网络文学出版服务单位社会效益评估试行办法》发布,以弘扬社会主义核心价值观为标准,对网络文学企业进行社会效益评估。对"娱乐至上""作品题材单一"等情况进行减分。此外,文学界也通过研讨会、作协评选等方式,倡导现实题材作品的网络表达。

题材的多元化,也会为网络文学内容的开发提供更加广阔的空间,将优秀的作品扩散至更广大的受众群体。目前网络文学用户的增长速度放缓,一

---

① IP培育主要是通过大数据寻找用户喜好,让读者找到自己喜好的作品,让作品找到自己的粉丝,同时设立专业团队为IP衍生品的创作寻找合作伙伴,让优质的网文作品在更广阔的平台发展,接受大众和市场的考验;资源投入主要是通过阿里旗下的多个电子阅读渠道分发,对作品进行宣传,帮助作品快速打开市场和积累粉丝人气,并与影视、动漫等多个行业的公司达成战略合作关系,共同打造网络文学的全链路衍生模式。

② 李菁:《2018年中国网络小说排行榜在杭州揭晓》,http://www.chinawriter.com.cn/n1/2019/0511/c404028-31079442.html,2019年5月11日。

③ 郝天韵:《第四届海峡两岸新媒体原创文学大赛颁奖典礼在京举行,现实题材网络文学作品数量质量双升》,https://www.chinaxwcb.com/info/554225,2019年7月5日。

部分原因源于网络文学局限于特定的兴趣圈层，比如二次元、玄幻等，深入了解圈层文化，结合现实主义和当下社会，推出既能聚焦兴趣圈层又能融入大众喜好的作品，探索小领域的大市场，将小众变为大众，也许将成为网络文学的新增长点。例如在文娱行业的综艺节目领域，2019年推出的"乐队的夏天"就将小众的乐队文化推到了大众舞台，不仅为"落寞"的乐队带来关注，也丰富了民众的文化需求。

4. 产业跨界融合趋势更加明显

内容是网络文学价值的主要体现。网络文学与其他网络产品的融合模式日益成熟，泛娱乐产业链更加融合，内容生态日益完善。例如，2018年10月阅文集团以155亿元价格完成了对国内知名的电视剧、网络剧和电影制作公司新丽传媒的100%股权收购。根据双方协议，新丽传媒将会继续负责电视剧、网络剧和电影制作业务，并有权对原创内容进行挑选，包括从阅文以外的平台选取素材。此前，双方已就若干阅文集团旗下IP的改编达成合作，如《斗破苍穹》电视剧版由万达影视传媒、新丽传媒联合出品，全集首播CSM52城市网收视率同时段排名均为第一名，截至2019年7月，腾讯视频平台播放量达56亿次。阅文集团作为网络文学巨头，对影视企业的收购，是打造文学与影视双重制作能力的网络内容平台。也有分析师认为，这是网络文学公司在面对有限的网络文学用户规模的困境之下所采取的布局新措施。

同时，视频网站也在助力文学计划。2018年9月，爱奇艺在第二届中国"网络文学+"大会交出了成绩单。第一，爱奇艺阅读App上线后用户呈现爆发性增长，上线半年月度总设备数突破5000万。第二，在作者方面，爱奇艺文学独家签约了唐家三少、南派三叔、Fresh果果、水千丞四位知名作家，成为"爱奇艺文学首席架构师"。第三，作品方面，爱奇艺文学启动的"云腾计划"中，3部作品已正式上线，另有30余部作品处于开机或杀青阶段中。① 第四，加速全产业链的价值开发。例如爱奇艺与唐家三少合作

---

① 2017年8月，爱奇艺文学正式宣布启动"云腾计划"，提出前期版权免费，后期收益分成的全新商业模式。云腾计划将继续以网络文学驱动影视，不断拓展影视分账市场新商机。

进行《神澜奇域无双珠》系列的全版权 IP 产业链开发，开拓多个业务板块，进一步挖掘这一文学 IP 背后的商业价值。① 如今，碎片化阅读已经成为时代主流，文学作品的影视化，将使作品更加具象，更易被大众接受，同时影视化改编的作品，也必将吸引一部分观众返回文学作品本身中来。

5. 受众喜好有所转变

单从数字阅读方面来看，大众从"读屏"转向"听书"的趋势明显。与 2017 年相比，2018 年有声听书和手机动漫月人均使用次数分别增长 39% 和 55.4%，在线阅读、百科问答和幽默段子的使用次数均下降。在使用时长方面，有声听书和手机动漫也呈增长态势，这表明用户对于单纯的文字阅读有了更多的需求，生动有趣、阅读负担低的图或音频刺激了用户的频繁使用，抑扬顿挫的声音给读者带来了更为愉悦、沉浸感更强的体验。②

从整个网络版权市场来看，纷繁多样的娱乐媒介形态相互挤占用户的时间，网络文学受到短视频等新的娱乐媒介的竞争。大众的使用习惯明显从阅读转变至欣赏图文、音频等有趣、负担低的内容。与 2017 年同期相比，移动社交（33.44%）、移动音乐（3.25%）、手机游戏（8.2%）和数字阅读（2.84%）总使用时长占比纷纷下降，而移动视频大幅度上升（21.13%）。③

6. 免费阅读发展强劲

从最初的 BBS、论坛的免费阅读开始，网络文学小说的内容传播途径以免费为主。而后，网络文学网站兴起，付费模式逐渐火热。但由于网络文学极易被复制盗版，内容的传播途径处于正版付费传播、盗版非法免费传播的阶段。随着我国打击盗版的力度逐渐增大，阅读平台的付费体系日渐成熟，

---

① 爱奇艺：《爱奇艺文学云腾计划持续升级，开启唐家三少巨作〈神澜奇域无双珠〉IP 全产业链开发》，http：//www.iqiyi.com/common/20180917/bd21990f29efb458.html，2018 年 9 月 15 日。
② QuestMobile 研究院：《QuestMobile 中国移动互联网 2018 年度大报告》，https：//www.questmobile.com.cn/research/report-new/30，2019 年 1 月 22 日。
③ 视频有两种形态，一种是真人剧（即网剧和电视剧），一种是动画。因为一个 IP 要获得最广泛的传播视频是最好的载体，且视频是消费门槛最低、覆盖面最广的一种媒介形态。视频行业中短视频明显抢夺在线视频时长，短视频上升 11.4%，在线视频下降 8.3%。

用户的付费意识也随之提升，付费平台似乎已经成为网络文学用户的主要阅读途径。与此同时，付费平台也设立专门的免费阅读区，旨在留存客户，作为付费阅读业务的补充。

2018年，是正版免费阅读平台迅猛发展的一年，通过免费吸引用户流量，并对用户提供激励政策，进而通过广告进行变现成为移动端网络文学产业发展的重要模式。数据表明，免费模式改变了数字阅读的行业格局，免费阅读类App在短时间内积累了大量的用户，在千万级用户规模以上的阅读类App中占据了半壁江山。虽然免费模式上升势头强劲，但是与付费模式相比，免费模式并未对已有的付费模式App形成较大冲击。报告将掌阅和QQ阅读两款付费App分别与七猫免费小说的用户进行比对，发现付费与免费App的重合用户占比均不超过七猫小说一成，各自的独占用户比例均超过了九成。①

7. 新兴技术的应用为产业发展带来机遇

移动通信技术的发展，为移动阅读行业进一步深化发展奠定了基础。移动端阅读是数字阅读的主要方式，5G时代的到来将会进一步优化数字阅读的用户体验。互联网兴起之时，终端多集中于PC端；2010年后随着移动互联网3G、4G的发展，终端逐渐转移至智能手机等移动端，终端的变化与网络文学行业的发展息息相关。随着2019年5G元年的到来，5G手机、智能终端、AR/VR设备又将为网络文学产业链上的创新企业带来新机遇和新机会。此外，大数据和云计算技术的发展，使网络文学企业深度挖掘用户的行为习惯，获取用户偏好相关数据，从而提升其运营的有效性和准确性。

8. 网文"出海"模式已经初步形成

我国网络文学"走出去"大致经历了三个阶段：第一阶段是在我国台

---

① QuestMobile研究院：《QuestMobile移动互联网在线阅读洞察报告》，https://www.questmobile.com.cn/research/report-new/45，2019年5月14日。2019年4月，在线阅读典型App月活动用户规模千万以上的有：掌阅、QQ阅读、华为阅读、书旗小说、七猫免费小说、米读小说、番茄小说、追书神器、追书免费版、起点读书、多看阅读、爱奇艺阅读、连尚免费读书。其中免费模式App 7家，上线时间均在2018年5月以后。

湾地区"落地";第二阶段是在东南亚国家"开花";第三阶段即在北美等其他地区"走俏"。虽取得了长足进步,但尚处于"初试啼声"阶段。①2017年5月,起点国际正式上线。作为起点中文网的海外版,起点国际已上线英语、泰语、俄语、韩语、日语、越南语等14个语种版本,覆盖40个共建"一带一路"国家和地区。访问用户已超2000万人次,目前已上线英文翻译作品150余部,上线原创英文作品累计10000余部,其中受欢迎的作品多数带有中国元素。② 在此之前,东南亚地区的书声Bar、Hui3r,俄翻网站Rulate,英翻网站Wuxia World、Gravity Tales等在海外声名远扬。

中国网络文学海外输出逐步向正版化转变。网络文学付费模式输出海外,目前主要分为广告、打赏与众筹等商业模式。此外,中国网络文学IP生态链条也正向海外延伸。除翻译平台、数字出版和实体书外,中国网络文学海外传播开始启动以内容为基础的泛娱乐IP开发模式。2017年,各网络文学平台开始推动网文出海,阅文集团与亚马逊、Gravity Tales达成合作协议,推动网络文学海外正版化;掌阅科技与泰国原创出版公司红山出版集团签订战略合作协议,启动"走出去"三步走。目前,以海外网络文学翻译站、数字阅读平台和实体图书"三驾马车"为助力,中国网络文学出海模式已经初步形成。③

(二)发展瓶颈及障碍

1. 网络文学作品的天然局限——文学审美和价值的缺失

传统文学创作中,作者都是社会的精英阶层,处于社会金字塔的顶端,践行真理,传授真善美统一的精神价值;而网络文学不是精英群体的专利,作者甚至以"雇佣写手"的身份出现,成为产业链上的劳动生产者——

---

① 乔燕冰:《中国网文"出海":越是网络的,越是世界的》,《中国艺术报》2017年4月10日,第S01版。
② 中国作家协会:《2018中国网络文学蓝皮书》,http://www.chinawriter.com.cn/n1/2019/0531/c404027-31112494.html,2019年5月31日。
③ 欧阳友权:《中国网络文学二十年(1998~2018)》,江苏凤凰文艺出版社,2019,第201页。

"码字民工"。此外,最基本的传统创作范型是政治体制模式,文学机构和作家都在国家的管理之下,"保证了思想文化领域的秩序化";[①] 网络文学是以市场为核心的创作模式,资本进入市场,将作品作为商品,追求其商业价值。从传播渠道来看,传统文学的发表往往需要经过漫长的筛选过程,呈现在读者面前的往往具有较高的文学内涵和价值,质量不高的作品通常无法进行出版和传播;而网络文学,是消费主导型产物,缺少了必要的严格筛选,其与生俱来的品质问题无法得到保障。

种种网络文学自身的天然缺陷,恐怕短时间内难以有所改善。网络文学是基于互联网平台创作、传播的文学作品形式,与互联网息息相关。互联网在版权内容的传播上具有速度快、覆盖广等先天优势,促进了内容作品的传播。但与此同时,互联网的弊端也为网络文学版权产业的发展形成了一定的障碍。目前,我国的互联网普及程度高,互联网用户的准入门槛非常低,只要拥有一部手机或一台电脑,就可以轻松登入互联网,发布、搜索、获取知识与信息。投射到网络文学产业,就表现为文学作品的发布者以及阅读者的文学喜好、受教育程度等相差巨大,"阳春白雪"和"下里巴人"夹杂,充斥于网络文学市场。

其一,从表达方式来看,网络文学语言失范。例如,错别字、缩写、字母化、符号化、乱用词语等,冲击着传统语言的使用规范,对语言的理解和发展造成了负面影响。其二,从网络文学的内容来看,充斥着欲望、低俗、色情、暴力等内容,甚至突破道德底线,全然不顾文学作品应有的价值思考和人文关怀。其三,从网络文学作品的整体数量看,虽然数量多,但质量不高,类型化严重,形成了稳定的飞速写作程式,而且作品信息"冗余",形成了注水严重的草稿文学。[②]

新生事物,需要一定的规范和引导,才能形成有序、共识的成熟形态,网络文学作品亦是如此。目前,网络文学的批评和评价体系已经初步构建,

---

① 唐东堰、雷奕、陈彩林:《网络与新媒体文学》,北京大学出版社,2018,第112~114页。
② 王小英:《网络文学符号学研究》,中国社会科学出版社,2016,第178~180页。

主要包括传统批评家、面向市场的媒体工作者和在线网民三股力量。三股力量各有优势、彼此互补，构成了网络文学批评的多维互动的开放式格局。①传统学院派的批评对网络文学精品化、主流化具有重要的指导意义。但是从理论返回创作实践的周期过长，并不能跟上每天数以万计的网络文学作品产生的步伐。在某一时期对网络文学作品进行批评而提炼的理论方法，有可能在尚未到达接受者时，整个网络文学的生态就已经发生了变化。②媒体批评则是面对大众市场，会出现盲目炒热点、急功近利等失准失当的行为。网民批评灵活多样，评论可短小精悍，亦可长篇大论，但也存在"键盘侠"等情绪化的批评。虽然有益的意见可供作者参考，有助于其及时获取读者的反馈，但有的评论不正式，不成系统，褒贬失当。③

2018年，网络文学评论研究受到高度重视，建立适应网络文学特点的理论评价体系成为热点话题。网络文学评论在批判不良创作倾向、引导正确创作导向方面发挥积极作用。例如，中国作协连续举办研讨活动，阵地建设得到加强，网络文学评价体系构建受到重视。网络文学评论研究受到各级组织的高度重视，多种扶持措施出台。首届中国网络文学周组织了系列论坛，各地也结合实际举办了多角度、多层次的网络文学理论评论、创作研讨活动。中国作协实施网络文学理论评论支持计划，引领网络文学研究评论，加快构建网络文学理论评论体系。中国作协网络中心在发挥原有研究基地作用的同时，与山东大学合作成立中国作协网络文学研究山东大学基地，汇聚网络文学研究新生学术力量，加强网络文学评论研究阵地建设。高校的网络文学研究学科建设得到加强，推出不少研究成果，培养了一批研究人才。《人民日报》《光明日报》《文艺报》开办网络文学评论专栏，《网络文学评论》举办征文活动，积极推进

---

① 欧阳友权：《中国网络文学二十年（1998～2018）》，江苏凤凰文艺出版社，2019，第250页。
② 唐东堰、雷奕、陈彩林：《网络与新媒体文学》，北京大学出版社，2018，第188页。
③ 欧阳友权：《中国网络文学二十年（1998～2018）》，江苏凤凰文艺出版社，2019，第259页。

网络文学理论评论。① 但是，与数量庞大的网络文学作品相比，网络文学研究仍然处于边缘状态，面临着理论批评队伍不足、学术思路和研究方法亟待改进、研究者脱离网络文学现场、评价体系和批评标准缺失、网络文学理论批评环境有待改善等问题。②

虽然2018年中国网络文学作者数量呈增长态势，在政府的正确引导下现实题材创作受到网站、作者的普遍重视，优秀的网文作品数量大幅增长，文学水平显著提高。但网络类型小说消费性、娱乐性强的本质尚存，抵制"三俗"、提高作品质量是网络文学健康发展的长期任务。

2. 产业健康发展的"拦路虎"——过热的资本与"道高一尺，魔高一丈"的盗版

目前的网络文学市场，主要还是依赖早期的大神作品，这源于资本控制了网络文学市场，大神作品已经积累了大量粉丝，可以快速获取资金。2017年，随着数字阅读的两大巨头纷纷上市，③ 大量资本涌入网络文学产业，为产业布局优化和发展带来了新动力。但是应该注意的是，流传千古的一定是打动人心、具有文学价值的作品，过热的资本带来的是迅速的资金回笼，也会导致好作品的迅速消亡。优秀的网络文学作品如果不经过良好的培育，虽然短时间内可以获得一定的收益，但这种方式如同杀鸡取卵，当优质内容被消耗殆尽，资源被盲目榨干，整个网络文学行业将面临重大危机。

近几年来，国家版权管理部门对网络文学产业十分重视，在各项规定的立法层面和严格打击盗版的执法层面双管齐下，目前已经初步形成了网络文学版权保护的良好氛围。在中国网络版权保护与发展大会上，国家版权局发布的数据显示，自2005年以来，国家版权局会同相关部门针对网络侵权盗

---

① 中国作家协会：《2018中国网络文学蓝皮书》，http：//www.chinawriter.com.cn/n1/2019/0531/c404027-31112494.html，2019年5月31日。
② 欧阳友权：《中国网络文学二十年（1998~2018）》，江苏凤凰文艺出版社，2019，第291~295页。
③ 掌阅科技于2017年9月登陆A股市场，同年11月阅文集团于香港上市。目前，网络文学上市企业共3家，其中中文在线于2015年1月在深交所创业板上市，成为中国数字出版第一股。

版连续开展了"剑网行动",各级版权执法部门共查办网络侵权盗版案件6647件,依法关闭侵权盗版网站6266个,移送司法机关追究刑事责任案件609件,相继查处了快播播放器侵权案等一批侵权盗版大案要案,网络版权秩序有了根本改善,不断优化的网络版权环境保障了网络版权产业的快速发展。① 虽然版权保护的环境有所优化,但"洗稿"抄袭、跨地盗版经营、正版盗版混搭销售、网络盗版新套路层出不穷,仍然是网络文学产业面临的最大问题。

3. 网络文学出海,困难与机遇并存

虽然网络文学出海取得了一定的成绩,但是也面临许多的困难。第一,海外接受程度有待提高。网络文学小说体现了中华文化的博大精深,其类型繁杂、内容丰富,对于不了解中国文化的外国人来说,阅读起来会有一定的困难。这也是为什么网络文学在东南亚地区取得了巨大成功,而在北美等其他地区的推广面临一定的困难的原因之一。有学者统计,2009年至2013年五年,以越南为例,其翻译自中国网络文学品种数达617,纯文学品种为74种,占整个翻译出版总量的73%。外来媒体或文化若要受到本地欢迎,先决条件就是贴近或符合当地的文化,即文化接近理论,文化接近性是文化传播成功的重要因素。②

第二,翻译技术上的难点需要攻克。从翻译角度来看,从中文翻译到英文本身对于母语为中文的译者的要求很高,不仅要善于翻译中国古文、诗词,还要熟悉外国文化,翻译成外国人可以看懂的外语。许多中国出版社出版的英译小说在海外市场并不被看好,主要是译文翻译的质量不高。③ 诺贝尔奖评委、瑞典知名汉学家马悦然曾在伦敦政经中国发展论坛上说,中国文学在西方的认知度较低,主要归结于翻译的滞后和出版商的不重视,而这阻

---

① 赖名芳:《2019中国网络版权保护与发展大会在京召开》,http://www.ncac.gov.cn/chinacopyright/contents/520/398325.html,2019年4月26日。
② 何明星、王丹妮:《文化接近性下的传播典型——中国网络文学在越南的翻译与出版》,《中国出版》2015年第12期。
③ 谢宏:《践行中国文学走出去》,《文艺报》2019年7月8日,第7版。

碍了中国文化在西方的传播。①

无论是小说作家谢宏看来，还是从网络文学小说翻译者的角度来看，②"越是民族的，就越是世界的"在网络文学小说领域，可能是值得商榷的，甚至是相反的，"越是中国的，可能越难走出去"。优秀的网络文学小说，往往是文学性强，内容丰富，语言具有美感。翻译者不仅需要具有语言天赋，了解本国和对象国的文化、社会、历史等，在翻译技巧上，遇到成语、古诗词、双关语的翻译，需要把具有美感的语言翻译成同样具有美感的外语，可谓难上加难。加之网络文学小说字数动辄十万、百万，甚至上亿，③整部小说的翻译仅凭一人之力难以完成，连载小说的翻译更是难以跟上原著更新的进度。此外，原著作者尚可以通过版权获得可期的利益，而翻译者多为纯爱好的免费劳动，很少可以在巨大的劳动量之下一直坚持义务的翻译服务。

三 北京市网络文学产业版权发展情况

（一）基本情况

北京市在推出体现时代精神、首都水准和北京特色的精品力作方面做了许多有益的尝试，并取得了一定的成果，呈现"北京特色"。

1. 网络文学的管理优化助推产业发展

《北京市"十三五"时期加强全国文化中心建设规划》特别提到，在网络文学方面，按照"重在建设和发展，管理、引导并重"的方针，大力发展网络文艺，推动网络文学等新兴文艺类型繁荣有序发展，促进

---

① 吴心韬：《诺奖评委马悦然：中国文学翻译滞后阻碍中国文化传播》，http：//www.xinhuanet.com//world/2015-02/09/c_1114311236.htm，2015年2月9日。
② 邵燕君、吉云飞、任我行：《美国网络小说"翻译组"与中国网络文学"走出去"——专访Wuxiaworld创始人RWX》，《文艺理论与批评》2016年第6期。
③ 据估测，紫峰闲人《宇宙巨校闪级生》字数不少于1.7亿字。

传统文艺和网络文艺的创新性融合。北京市新闻出版广电局（北京市版权局）针对网络文学的特点，制定了"五化"措施。第一，阅评工作规范化，印发《关于开展网络文学作品阅评工作的通知》，制定《网络文学阅评工作实施办法（试行）》，组建具有副高职称以上的网络文学阅评专家队伍，特别从加强专家力量、动态管理专家、优化专业结构、改进阅评方式四个方面进一步完善、巩固阅评工作。第二，"推优"机制常态化。始终以推荐优秀作品为手段，培育和践行社会主义核心价值观。通过 2015 年以来的三次"向首都读者推荐优秀网络文学作品"活动，形成了较为完整的"推优"工作机制和经验，共推荐了《北京青春》《花千骨》等 51 部优秀网络文学作品。第三，创作引导主题化。组织开展以"大运河文化"为主题的网络文学征文活动，召开选题论证工作会，遴选《通惠河工》等 32 部作品选题，确定为重点孵化项目。同时，对重点孵化项目作品开展"专家作者结对子"一对一式辅导与培训。第四，产业发展融合化。以融合转化为途径，推动文化事业产业共同发展。在"把导向、抓精品、搭平台"三个方面发力，打通以网络文学优质 IP 源头为核心，游戏、动漫、影视等不同行业融合发展的产业链，如打造中国"网络文学＋"大会品牌活动①等。第五，责任编辑制度化。2018 年 1 月，印发《关于在北京地区网络出版服务单位全面落实编辑责任制度的通知》，要求各网络文学出版服务单位全面落实编辑责任制度，建立助理编辑、责任编辑和总编辑三级审核和校对的内容审核制度。②

在网络版权保护与管理方面，北京执法总队开展了一系列网络文学专项整治活动，对网络文学作品的有害内容进行清查，加强对网络媒体、运营商

---

① 2017 年，北京首次举办中国"网络文学＋"大会，以"网络正能量、文学新高峰"为主题，吸引了网络文学相关人士近 500 人参会。大会发起了《中国"网络文学＋"大会北京倡议书》；宣布了优秀原创作品名单并启动了"大运河"主题作品征集。次年，大会继续以"网络正能量、文学新高峰"为主题，推出了 2017 年的网络文学发展报告；组织了网络文学二十年系列评审；发布了优秀作品名单；举行优秀 IP 的签约仪式。

② 王坤宁、李婧璇：《北京："五化"管理促网络文学高质量发展》，《中国新闻出版广电报》2018 年 4 月 3 日，第 2 版。

的监管。2018年6月初，北京市"扫黄打非"办公室向各成员单位下发了《关于开展网络文学专项整治行动实施方案》，并协调新闻出版、文化、公安等部门，共同打击内容低俗、危害青少年身心健康的网络文学作品，严厉查处恶搞红色经典、抹黑革命英雄、解构歪曲历史的网络文学作品，对那些违背社会主义核心价值观的低俗、庸俗、媚俗网络文学作品坚决下架。还约谈了一些唯点击率、片面追求经济效益的相关企业或组织，严肃处理了一批利用微博、微信公众号、贴吧、论坛等渠道传播低俗内容或通过低俗内容引流等行为。北京专项整治活动成果显著，巡查网站481家，清除有害链接1281条，清理违规账号43个，封禁用户14个。① 在2019年4月26日世界知识产权日活动中，国家版权局、全国"扫黄打非"办公室联合公布了2018年度全国打击侵权盗版十大案件，其中两件来自北京，均是对实体书籍的盗版行为进行打击。②

2. 网络文学作品的"京派"团队

据不完全统计，③ 北京从事网络文学业务的企业总量占全国的69%；拥有在线作品总量超过800万部、注册作者近300万人；总产值近20亿元，

---

① 北京市人民政府：《北京市网络文学专项整治初见成效》，http://www.beijing.gov.cn/zfxxgk/110092/mtbd53/2018-08/31/content_3b29e9d3a80d42d28742911802c952cc.shtml，2018年6月22日。

② 其一，北京环球天下教育科技有限公司于2017年6月至2018年8月，未经权利人剑桥大学出版社许可，通过网站向公众提供《剑桥雅思考试全真试题》等9种出版物的下载阅读服务。2018年8月，北京市文化市场行政执法总队对该公司做出罚款22.5万元的行政处罚。其二，北京"8·08"销售盗版少儿图书案，2016年4月，根据举报线索，北京市文化市场行政执法总队会同北京市公安局治安管理总队、西城公安分局和通州公安分局成立专案组，对赵某某等销售盗版少儿图书案进行调查，共查获盗版少儿图书360万余册，涉案金额达9100万元。2018年1月，北京市通州区人民法院以侵犯著作权罪，判处赵某某有期徒刑六年六个月，并处罚金150万元；判处赵树某有期徒刑四年，并处罚金30万元；判处其余被告人有期徒刑三年三个月至二年六个月不等，并处罚金。

③ 需要强调的是，互联网已经突破了地域限制，作为在网络上进行写作和传播的文学作品，作者可以身处任何地方，读者也可以遍布世界各地，只要有一张互联网相连，便可以进行创作、阅读和交流。因此，现实中很难准确估算各个省份究竟有多少网络文学作者，覆盖了多少用户。数量并不是本报告关注的重点，事实上任何报告也无法给出准确的计算数字。本部分的重点在于探讨北京市作为我国首都，在网络文学产业发展的道路上有什么良好的经验，以及在哪些方面还可以进一步发挥首都优势，从而促进产业健康发展。

约占全国的 30%；2015～2017 年，在国家新闻出版广电总局推荐的 63 部优秀网络文学作品中，北京有 28 部入选，占全国的 44.4%。北京网络文学具有数量多，作品优，入选总局推荐作品数量众多，效益佳，网络文学 IP 转化成果显著等特点。①

在作者方面，2018 年中国作协公布的 524 名新会员中，共 50 名网络作家，其中北京 4 人。② 但是从全国网络文学作者的分布来看，大多生活在二、三线城市，一线城市北、上、广、深仅占 11.4%，北京未入网络文学作者数量前十名榜单。③ 不可否认的是，相比于二、三线较为宽松的生活环境，北京作为一线城市，竞争力较大、生活消费水平较高、生活节奏快，对网络文学作者的生活具有一定的影响，绝大多数网络文学作者倾向于选择生活较为安逸的前者进行创作。此外，网络文学作者收入两极分化十分严重，有身价上亿元的网络文学大神，也有拿着低保、没有五险一金的"码字民工"。对于少数的精英作者而言，他们依靠对作品的开发而获得收入和关注，一线城市拥有良好的资源，吸引了一定数量的精英网络文学作者，例如唐家三少等。

网络文学理论研究队伍方面，北京已有以中国作协、中国文联、北京大学中文系为团队的"京派"研究队伍，对网络文学理论的发展和作品的批评进行系统性的研究。

另外，北京作为首都，具有天然的聚集优势。官方行业机构多在首都设立，例如，2017 年 12 月，中国作协网络文学中心在北京成立，主要负责联络、引导、协调和服务网络作家、文学网站和社团组织及各级作协网络文学工作，促进网络文学的创作和研究。企业总部多设立于北京地区，例如三家

---

① 王坤宁、李婧璇：《北京："五化"管理促网络文学高质量发展》，《中国新闻出版广电报》2018 年 4 月 3 日，第 2 版。
② 广东 7 人，四川 5 人，辽宁和北京均为 4 人。详见欧阳友权《中国网络文学二十年（1998～2018）》，江苏凤凰文艺出版社，2019，第 380 页。
③ 艾瑞咨询：《中国网络文学作者白皮书（2018）》，http://www.199it.com/archives/723398.html，2018 年 5 月 15 日。2017 年中国网络文学作者省份前十名：广东、江苏、山东、四川、浙江、河南、安徽、河北、湖北、湖南。

上市企业中,掌阅科技和中文在线总部均设立在北京,阅文集团虽总部设在上海,但其QQ阅读的研发团队和版权引入等业务部门设立在北京。阿里文学注册地不在北京,但北京已成为第二总部,阿里文学的大部分业务已移至北京。① 晋江文学、纵横文艺、爱奇艺文学等一大批网络文学企业都扎根北京。

3. 网络文学产业的北京模式

第一,网络文学产业免费模式的迅猛发展对北京地区用户阅读模式的冲击较小。数据显示,虽然全国免费网络文学阅读App迅猛发展,用户数猛增,但多集中于三、四线城市以下。2019年3月,免费阅读人群在北京分布TGI处于全国较低水平。② 这说明免费模式的发展拉动了中西部地区用户的阅读需求,对北京等一线城市的用户阅读模式改变并不大。

第二,IP运营模式成熟,版权交易火爆。2015~2018年,北京市推荐的51部网络文学作品中,已经有14部改编为影视、游戏或动漫作品,31部出版纸书,总码洋超过2000万元,5部作品制作成有声读物。③ 据2016年底的数据,北京网络文学企业的IP转化改编电影有312部、电视剧有382部、动漫作品有165部、游戏作品有167部、网络影视剧有78部,出版图书3354部,全国居于领先地位。在2018年北京举办的第二届中国"网络文学+"大会上,网络文学IP价值评估体系的初步成果公布,有利于形成IP运营的有价可询、有值可估,大会期间版权交易金额达4亿元。④

第三,政府资本助力网络文学发展。2018年9月16日,在第二届中国

---

① 杨烁:《2017~2018年北京网络文学发展报告》,社会科学文献出版社,2019,第29页。
② QuestMobile研究院:《QuestMobile移动互联网在线阅读洞察报告》,https://www.questmobile.com.cn/research/report-new/45,2019年5月14日。TGI=100×免费阅读人群中某省份的占比/移动互联网活跃用户中某省份的占比。全国省份根据TGI数据分为三类,TGI>130,130≥TGI>100,TGI≤100,其中北京、天津、山东、浙江、江苏、福建、广东等省份TGI≤100。
③ 王坤宁、李婧璇:《北京:"五化"管理促网络文学高质量发展》,《中国新闻出版广电报》2018年4月3日,第2版。
④ 杨烁:《2017~2018年北京网络文学发展报告》,社会科学文献出版社,2019,第36~38页。

"网络文学+"大会闭幕式上,北京市文投集团与纵横文学签订战略投资协议。北京市文投集团旗下基金战略投资纵横文学,这是文投集团入资文学原创平台的首次尝试,也是国有文化企业与民营内容企业共同发展的有益探索,确保产业链的健康发展,实现社会效益和经济效益的双赢。

(二)问题及对策建议

北京地区网络文学产业发展稳健,已经成为经济和文化产业发展的主要驱动力,但不可否认的是,北京也同样经历着网络文学产业共同面临的问题与挑战,亟待解决。

1. 坚持做价值引领、文化兴盛的"领头羊"

近些年,无论是网络作家、读者、网络文学企业和网络管理者都意识到了网络文学作品作为新兴的文学作品,还具有一定的缺陷和弊端。通过多年的努力,网络作家的写作越来越专业化,涌现了一大批具有文学素养、理论深度、社会责任感的优秀作者,创作了许多具有现实意义和欣赏价值的优秀作品。北京作为文化之都,具有浓厚的历史积淀和人文风采,古都文化、红色文化、京味文化、创新文化是"精品内容"的来源,值得深入研究和开发,探索一条与网络文学有机融合的文化发展之路。

如前文所提及,网络文学正在经历"内容为王"的发展阶段,这需要业内人士坚持"工匠精神",依靠数据但不迷信数据,少一些虚假炒作、多一些真诚创作,少一些短期变现的俗文学、多一些长久留存的雅文化。企业的自主发展,还需要政府的主流引导。网络文学是精神产品,具有精神价值、经济价值、社会价值多重性。继续坚持评阅、推优,规范网络文学企业资质和编辑责任制度,引导网络文学作品精品化发展。从文学反馈角度,北京作为学术高地,学术和研究机构力量雄厚,应鼓励更多的文学批评理论家真正走进互联网、走进网络文学,破除既有的批评模式,真正将传统批评理论与新兴作品相结合,发挥理论批评的建设性作用。

2. 继续支持优秀网络文学作者的培育,打造"北京品牌"

作者是网络文学产业的核心,只有作者和作品的价值双重提升,才能促

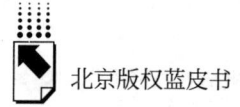

进内容产业的良性发展。粉丝经济和偶像经济的到来，作品不再是用户关注的唯一目标。随着作者的职业化，网络文学作家在网络文学商业化链条下，成为大众的新关注点。企业可以提供写作指导、作者间的交流、作者的版权推荐、粉丝管理、出版服务等方面的帮助。将除去写作之外的流程，交给更加专业的团队，将网络文学回归写作本身。

北京历来是知识分子聚集的文化重地，一直引领着优秀文化的发展。北京作者关注着时代和人民的命运，充满家国情怀，探索着学术价值和社会价值。而网络文学作者似乎总是游离在"体制"之外。北京可以积极尝试网络文学专业职称的评审，如2018年6月上海率先出台《上海市文学创作系列网络文学专业职称评审办法（试行）》，遵循网络文学创作特点以及网络文学创作专业技术人才的专业特征和成长规律，健全文学创作职称制度体系，畅通网络文学创作人员职业发展通道，最大限度激发创新创造活力，促进人才成长，提高能力素质，为全面促进文学事业的繁荣和发展提供人才支持。① 此外，激发作者结合北京的历史和传统文化，创作展现北京精神的新作品，打造"北京品牌"。

3. 持续、严格打击盗版行为

版权保护是版权开发的前提，侵权盗版打击了作者的创作热情，没有优秀的内容，整个产业也将不复存在。网络文学侵权盗版乱象丛生，跨地区盗版严重，新形式盗版层出不穷，屡禁不止。这需要管理部门保持持续性的高强度打击，建立长效机制；此外，进一步大力宣传典型案例，提升用户、企业的版权保护意识，给违法分子以警示；加强各部门间的信息沟通，行刑衔接；与其他地区的管理部门互通有无，解决跨地区处理案件的难点。

4. 创新"科技+文化"融合的产业发展

2019年6月底，文旅部就《文化产业促进法（草案征求意见稿）》进行意见征求，拟通过法律形式促进文化产业的健康持续发展。草案的第八条

---

① 上海市人力资源和社会保障局：《关于印发〈上海市文学创作系列网络文学专业职称评审办法（试行）〉的通知》，http://www.12333sh.gov.cn/201712333/xxgk/flfg/gfxwj/rsrc/02/201807/t20180718_1284388.shtml，2018年6月13日。

提到,"国家鼓励文化产业与科技及其他国民经济相关产业融合发展,拓展文化产业发展广度和深度,发挥文化产业在国民经济和社会发展中的重要作用。"① 该法对文化产业的创作生产、文化企业、文化市场、人才保障、科技支撑、金融财税扶持等进行了详细的规定,是一部产业促进法,以支持数字创意、网络视听、数字出版、动漫游戏等新兴文化产业,推动新技术与新产业的融合。北京作为科技企业的聚集地,应充分利用科技优势,搭建沟通平台、建立产业集群,促进二者有机深入融合,创新网络文学发展。

5. 发挥语言资源优势,助力网络文学出海

虽然网络文学出海的形势不如所预期的乐观,但是机遇往往与挑战并存。网络文学的一大特点就是具有互动性,形成了作者和读者的紧密联系,在网络文学出海的道路上,可以建立起作者、译者、读者之间的桥梁,沟通海内与海外,让海外读者读懂中国文学。此外,通过输出影视、动漫、游戏等形式,减少语言的障碍,也可以推广网络文学出海,让海外读者更容易接受、理解中国文化。这不仅需要优质内容的提供,而且需要国家政策的引导,需要网络文学平台的推动,也需要翻译界的全力支持,亦需要产业链的共同努力。

北京是国际交流之都,大批外国留学生在北京就读,许多外国人生活于此。此外,北京拥有众多高校,外语资源得天独厚,青年学生又是网络文学读者的主要群体,对网络文学作品兴趣浓厚,可以尝试以项目、基金、举办翻译大赛等方式,资助青年学子对优秀网络文学的翻译,同时架起网络文学企业与语言高校的合作桥梁,共同助力中国网络文学的海外输出。

加强首都文化中心的建设,是落实北京战略定位的必然要求。首都,是全国文化事业的龙头。作为新兴的文化产业,网络文学面临着新机遇,也面临着挑战。在产业发展的道路上,北京将继续发挥表率作用,坚持中国特色社会主义文化发展道路,以坚定的文化自信和文化自觉对网络文学产业的发

---

① 中华人民共和国中央人民政府:《关于对〈文化产业促进法(草案征求意见稿)〉公开征求意见的公告》,http://www.gov.cn/xinwen/2019-07/01/content_5404809.htm,2019年6月27日。

展进行引导；支持培养优秀的作者群体，发挥网络文学主体的主观能动性，讲好北京故事；打击侵权盗版，保护作者的创作积极性，为产业发展保驾护航；推进创新融合的产业模式，进一步发掘网络文学作品价值；聚集国际之都资源，推进网络文学出海，在国际舞台唱响中国声音。这需要政府、企业、学术团体、作者、读者等多方共同努力，多管齐下，才能攻坚克难，形成产业良性循环的健康机制。

B.3
2018年北京影视版权发展报告

丛立先 王茜[*]

摘 要： 北京作为国家政治、经济、文化中心和国家影视产业发源地，高度重视影视行业的健康发展、影视创作的正向多元、影视人才的培养集聚，在新时代首都文化事业发展和国家文化中心建设进程中起到了重要作用。2018年，全国共授予18728家机构广播电视节目制作经营许可证，其中9895家机构注册地为北京市，占比高达53%。北京春秋两季举办的电视节目交易会不断彰显品牌效应，增强业界凝聚力，共推介电视剧项目867个。同时2018年北京市也出台了许多刺激影视版权创作积极性的新举措，以北京银行为代表的金融机构通过制定"引、融、投、服"等文化金融服务方案，助推影视版权的运用与发展，版权投贷联动基金也在探索股权、债权融资服务等方面持续发力。行政执法部门进一步加强对影视版权的监管，促使影视产品质量不断提升，充分发挥首都文化中心龙头作用，将北京打造成更具国际影响力的影视文化之都。

关键词： 影视版权 版权保护 版权执法 北京

北京影视企业高度集群，全市近万家影视制作机构，涵盖了电影创作生

---

[*] 丛立先，华东政法大学知识产权学院教授、博士生导师；王茜，北京外国语大学法学院博士研究生。

产全产业链中各类市场主体，全国各地甚至全球各主要影视企业几乎都在北京设有分支机构或创作经营实体，这些机构汇聚成了北京加速建成具有国际影响力的"影视之都"的主体力量。① 从政策上看，北京市陆续发布《北京市提升广播影视业国际传播力奖励扶持专项资金管理办法》《北京市多厅影院建设补贴管理办法》《北京市国家电影事业发展专项资金征收使用管理办法》《关于保护利用老旧厂房拓展文化空间的指导意见》等政策，初步形成了具有北京特色的影视政策体系。② 2018年8月，北京市出台《关于推进文化创意产业创新发展的意见》，完善了现有的涵盖选题策划、内容创作、后期制作和院线发行等环节的版权保护政策，加强版权侵权预警监测，线上、线下同步加大对影视作品版权的保护力度和对侵权行为的惩处力度。③ 为使这些政策在法律层面得以落实，2018年北京首届"互联网影视著作权高峰论坛"上，北京市新闻出版广电局（北京市版权局）作为影视版权行业的行政主管部门，推动影视版权交易市场规范发展，与北京市高院、互联网法院等司法部门及影视版权行业协会达成协定，发挥合力共同加强行业管理引导，完善法律保护体系，加快构建北京统一开放、安全透明、公平公正的影视版权交易生态环境。④ 从数据上看，2018年北京市共有9895家机构持有广播电视节目制作经营许可证，125家机构持有信息网络传播视听节目许可证；电影剧本（梗概）备案公示1132部，生产国产影片410部，共有电影院线27条、电影院238家、银幕1675块、座位22.99万个，全年电影票房收入共计35.004亿元；生产电视剧51部2325集，电视动画片16部494集5196分钟；备案网络剧343部、网络电影3073部、网络动画片24部、网络

---

① 《坚持深化改革 优化政策体系 推动北京成为具有国际影响力的影视之都》，http：//www.中国电影报.com/Html/2019-03-27/349.html，2019年11月25日。
② 《中共北京市委办公厅 北京市人民政府办公厅印发〈关于推动北京影视业繁荣发展的实施意见〉的通知》，http：//www.beijing.gov.cn/zhengce/zhengcefagui/201905/t20190522_61833.html，2019年2月15日。
③ 《北京市委、市政府印发〈关于推进文化创意产业创新发展的意见〉的通知》，http：//www.gov.cn/xinwen/2018-07/05/content_5303724.htm，2018年7月5日。
④ 《北京首届互联网影视著作权高峰论坛召开》，http：//www.ncac.gov.cn/chinacopyright/contents/518/387237.html，2018年10月17日。

综艺155档、网络纪录片3部;单体影院平均贡献票房1470.59万元、单银幕平均贡献票房208.96万元、常住人口人均贡献票房161.24元。① 影视机构总量和产业规模均位列全国之首,北京作为全国影视创意策划、制作生产、宣推发行、国际传播中心的地位日益凸显。

一 2018年北京影视版权创造

(一)2018年影视产业发展概况②

1. 影视制作单位与网络视听单位为创收主力

截至2018年9月,北京市广播影视实际创造收入共计854.32亿元。其中,北京影视制作单位最高,为412.4亿元,占实际创造总收入的48.27%;其次是北京网络视听单位,为357.29亿元,占实际创造总收入的41.82%;第三位是北京广播电视台,为31.92亿元,占实际创造总收入的3.74%;第四位是城市影院,为27.37亿元,占实际创造总收入的3.20%。

2. 广告收入占广播影视总创收的35.3%

从实际创造收入的构成来看,截至2018年9月,广告收入最高,为301.54亿元,占北京市广播影视实际创造总收入的35.30%;其次是新媒体业务收入,为138.32亿元,占实际创造总收入的16.19%;电影票房收入27.37亿元,占实际创造总收入的3.20%;广播电视节目销售收入、电视频道购物收入和有线电视网络收入分别为29.13亿元、20.65亿元和16.14亿元,实际创收占比均不足总收入的4%;其他杂项收入共计321.17亿元,占实际创收的37.59%。

---

① 《北京"影视10条"促影视业高质量发展》,https://www.chinaxwcb.com/info/550336,2019年2月20日。
② 《北京市广播影视创收收入情况(2018年1月~9月)》,http://gdj.beijing.gov.cn/zwxx/xytj/201812/t20181224_5382.html,2018年12月24日。

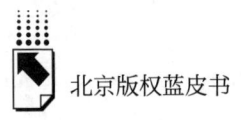

表1　2018年1~9月北京市广播影视累计创收情况

单位：亿元，%

项目	创造收入	占实际创收比重
1. 广告收入	301.54	35.30
广播广告收入	7.25	0.85
电视广告收入	50.24	5.88
网络媒体广告收入	150.77	17.65
其他广告收入	93.27	10.92
2. 有线电视网络收入	16.14	1.89
有线电视收视维护费收入	7.71	0.90
付费数字电视频道收入	0.28	0.03
三网融合业务收入	3.97	0.46
3. 新媒体业务收入	138.32	16.19
交互式网络电视（IPTV）收入	1.28	0.15
互联网电视（OTT）收入	2.58	0.30
用户付费收入	114.21	13.37
节目版权收入	7.73	0.90
4. 广播电视节目销售收入	29.13	3.41
5. 电视频道购物收入	20.65	2.42
6. 电影票房收入	27.37	3.20
7. 其他杂项收入	321.17	37.59
总计	854.32	100.00

3. 城市影院放映及票房收入情况

截至2018年9月，北京城市院线累计放映电影226.39万场次，与上年同期相比，增加了25.17万场次，增长了12.51%；观影观众达5984万人次，比上年同期增加376万人次，同比增长6.7%；累计票房收入达27.37亿元，比上年同期增加了3.5亿元，同比增长14.66%。

（二）2018年北京市促进影视版权创造的新举措

1. 北京市委发布的相关政策[①]

为加快推动北京影视行业向高精尖产业方向转型升级、进一步促进北京

---

① 《中共北京市委办公厅、北京市人民政府办公厅印发〈关于推动北京影视业繁荣发展的实施意见〉的通知》，http://www.beijing.gov.cn/zhengce/zhengcefagui/201905/t20190522_61833.html，2019年2月15日。

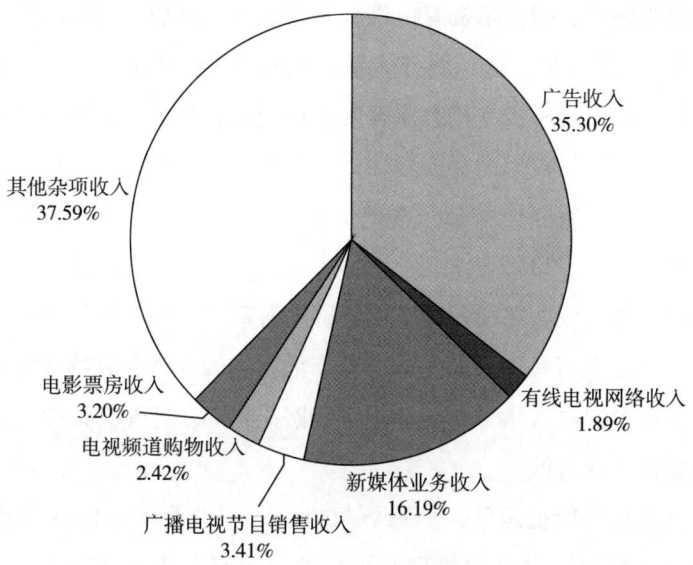

图 1　2018 年 1~9 月北京市广播影视累计创收构成

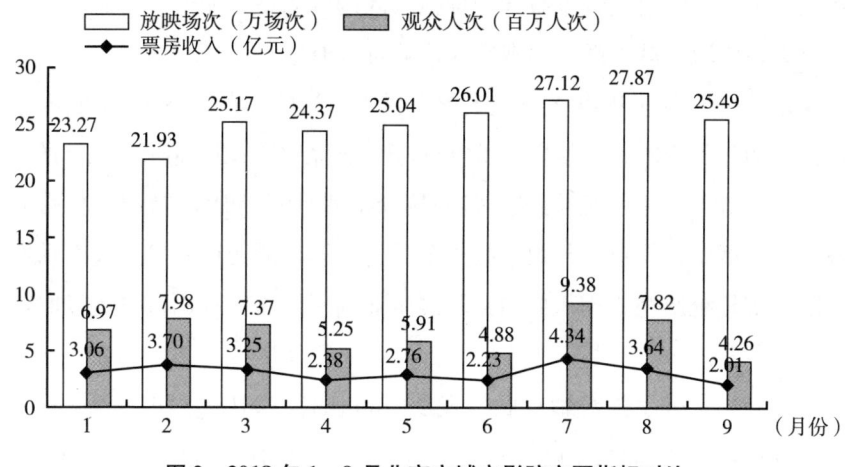

图 2　2018 年 1~9 月北京市城市影院主要指标对比

影视产业发展,中共北京市委、北京市政府出台了《关于推动北京影视业繁荣发展的实施意见》。为进一步优化营商环境,加强对影视行业的版权保护力度,该意见围绕影视行业发展过程中遇到的突出问题,推出以下八项政策。

一是推动文化领域"投贷奖"投融资全过程联动衔接,从而为文化创

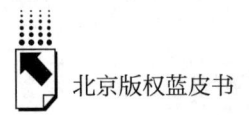

意产业在股权融资、债权融资等提供金融服务，并对成功获得融资的企业进行相应奖励。"投贷奖"这一服务体系，能够密切财政资金与文创企业融资之间的对接关系，进一步支持企业开发影视版权，在政策上为影视版权发展保驾护航。

二是在影视出版创作基金与宣传文化引导基金的共同作用下，IP产业发展环境逐渐优化。2018年北京在继续推进影视、动漫等传统领域IP资源转化的同时，在游戏、在线教育、体育赛事等新兴领域也进行了试水。通过政策手段给予思想高尚、水平先进、制作优良的版权产品以物质奖励，提高优质版权创作者的收入水平，刺激IP产业从业者的创造积极性，进而更深入地挖掘版权产业价值。

三是打造品牌影视园区，加强版权推广。在北京影视园区内推行"高标准"与"高奖励"并存的管理制度，在提高园区版权准入标准的同时，加大了对园区内优秀文化创意团队和企业的政策扶持力度。同时，为园区内企业提供标准化的公共管理服务，增强园区的资源整合能力，从而进一步吸引优质影视资源入驻，助力影视版权产业推广升级。

四是进一步促进IP相关产业发展。借力有影响力的IP作品所能为相关产业带来的正面影响，促使影视IP与行业企业在不同领域进行合作与创新。2018年北京市通过利用互联网金融领域众筹平台进行版权融资、利用电子商务平台拓展销售渠道、与数字娱乐公司合作开发周边产品等手段鼓励电视台、院线等传统影视机构积极与互联网企业开展合作，利用自身优势取长补短、合作共赢。

五是利用金融手段对影视版权发展进行扶持。2018年北京市政府在完善自身管理职能的同时，在经济活动中充分发挥政府"搭台唱戏"的作用，通过金融手段刺激相关机构给予IP制作企业资金支持，充分提高IP资本市场投融资转换效率，鼓励金融机构为优质影视企业提供融资优先、优惠政策，加大对优质作品和重点项目的投融资孵化力度。

六是引导版权消费，扩大影视市场规模。近年来，北京市陆续将市内原有第一、第二产业向周边城市进行转移，而文化创意产业作为第三产业之一不在近期的疏散序列内，这就为城区内实体院线建设创造了更大的空间。在补贴政策上，《北京市多厅影院建设补贴管理办法》具体规定了对五环路外多厅影院、副中心核心规划区多厅影院、老旧影院改建影院、农村地区影院等不同主体的奖励办法。

七是推动京津冀地区影视版权产业体系协同发展。由于地缘位置互邻，整体而言，京津冀三地文化脉络极为相近，因此京津冀地区具备利用北京影视 IP 市场资源、人才优势促进区域整体协同发展的可能。通过对北京地区影视产业发展过程中产生的衍生资源的调控，合理布局京津冀地区影视 IP 产业，充分发挥各地区自身优势，找准定位、形成合力。

八是建立健全影视企业动态管理体系。充分发挥服务型政府职能，在税收、人力资源、社会保障等方面为影视企业提供数据统计、资源转换、市场实时监管等数据对接与共享服务。建立涵盖绝大多数影视公司的数据管理系统，实现全程动态跟踪管理，并通过对实时数据的整理与分析，及时了解、协调影视 IP 产业发展过程中遇到问题。

2. 北京市政府发布的相关政策

为加快北京文化创意产业转型升级、助力版权服务、布局版权内容转化，率先建成文化创新策源地，2018 年 8 月，北京市委、市政府印发《关于推进文化创意产业创新发展的意见》。在政策层面，通过树立精品原创影视版权作品标杆，并对其给予肯定和奖励，力争将北京打造成全国原创 IP 作品中心；通过推广原创作品、试点产业技术，培育完整版权经济链、挖掘版权保护价值，力争将北京打造成地区版权运营中心；通过市场化运作，收集世界各地的高品质 IP 产品，力争将北京打造成全球版权资源流通中心。坚持"内容为王、版权为根"的发展理念，深入挖掘版权保护形式，进一步提升影视文化产品在市场竞争中的软实力。在具体落实层面，主要体现在文化金融创新行动与服务平台共享行动中。①

---

① 《北京市委、市政府印发〈关于推进文化创意产业创新发展的意见〉的通知》，http：//www.gov.cn/xinwen/2018－07/05/content_5303724.htm，2018 年 7 月 5 日。

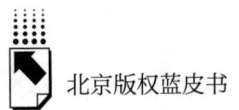

文化金融创新行动，即以国家文化金融合作示范区和文化产业创新实验区为基础，探索文化与金融相融合的新型发展模式，为影视企业的生产创新提供资金支持，从而增强影视企业的整体竞争能力，也可以简单理解为通过经济行为间接推动影视版权保护。文化金融创新行动完善了国内尚不健全的文化创意产业投融资服务体系，金融机构通过对旗下各主体主要业务的梳理与整合，引导文化创意企业最大化运用金融工具，进而扩大融资规模；文化金融创新行动为文创企业上市开辟"绿色通道"，连通文创企业上市各环节，减轻企业压力；开发"北京文创"这一股权交易平台，探索北京文化创意企业股权转让新形式，加快版权和股权之间的交易流转；鼓励金融机构设立为文化创意产业服务的业务部门和专职人员，积极推动建设文化创意银行，撬动社会资本服务文化创意产业，发挥资本在市场经济中的催化作用。

服务平台共享行动，目的在于加强传统文化经济政策平台的服务能力，通过与文创企业对接，及时发现和解决产品生产流通各环节中可能遇到的问题。计划与北京文化产权交易中心、北京国家版权贸易基地共建一个涵盖从孵化、登记等前期服务，到维护、开发等过程服务，再到交易、输出等流通服务的知识产权全方位综合服务平台，提高传统平台资源整合、价值转化能力。

3. 北京市新闻出版广电局（北京市版权局）发布的相关政策

为了增强北京文化软实力、为祖国孕育更多影视精品，增强市场竞争力、创新驱动力、文化辐射力，将北京打造成更具国际影响力的影视之都，2018年北京市新闻出版广电局（北京市版权局）针对广播电视剧影视创作发展颁布了多项扶持政策。

一是印发《北京市广播电视局关于进一步加强广播电视和网络视听文艺节目管理的实施细则》，通过发挥"引、领、扶"作用，定期更新公布市广播电视局"记录新时代工程"规划片单，将优秀广播电视和网络视听文艺节目纳入重点选题"种子库"，从而实现对知识产权的扶持与保护。坚持"扶优、扶强、扶原创"，政府基金对剧本创作、拍摄制作、宣传发行、上线播出等环节进行全链条扶持，通过金融手段干预版权侵权行为。①

二是北京市广播电视局向市属各广播电视播出机构、网络视听服务机构、节目制作机构发放"北京市广播电视局重点企业综合服务包"。服务包内既有涵盖金融服务、税收优惠、发展空间等方面的工作创新机制、产业扶持政策落实等普惠式政策集成，也有内容创作、政策宣讲、行政审批、品牌活动宣推、国际传播、人才培养等方面的专项服务方案。②

三是继续利用影视出版创作基金项目对影视版权工作进行扶持，2018年北京市新闻出版广电局（北京市版权局）共征集影视作品出版物975个，经过资格认定、初审、复审、筛重、公示、理事会审议等程序，共对370个项目进行了奖励扶持，累计扶持金额达2.18亿元。其中广播电视、网络视听作品95部，扶持9000余万元，扶持对象《最美的青春》《勿忘初心》《归去来》等作品备受好评。③ 北京影视出版创作基金对于影视版权工作的扶持主要表现为以下四个特点。

首先，继续加大对重大选题版权的扶持力度。包括改革开放40周年献礼剧《我们的四十年》、新中国成立70周年献礼剧《觉醒年代》、反映改革开放艰难进程和伟大成就的作品《启航》等一批重大选题作品。

其次，重点扶持与"四个讴歌"题材相关的版权作品。北京市影视机构深入贯彻落实全国和北京市宣传思想工作会议精神，深入生活、扎根人民，把提高质量作为文艺作品的生命线，用心、用情、用功抒写伟大时代，创作了一批讴歌党、讴歌祖国、讴歌人民、讴歌英雄的精品力作，如反映缉毒英雄事迹的《破冰行动》，央视热播剧《勿忘初心》《最美的青春》等优秀作品都获得了影视出版创作基金项目的奖励扶持。

再次，以北京为题材的作品品质明显提升。在2018年项目征集活动中，

---

① 《北京市广播电视局关于进一步加强广播电视和网络视听文艺节目管理的实施细则》，http://gdj.beijing.gov.cn/zwxx/tzgg/201812/t20181224_5386.html，2018年12月24日。
② 《北京市广播电视局多措并举支持民营企业发展》，http://gdj.beijing.gov.cn/zwxx/gzdt/201812/t20181224_5387.html，2018年12月24日。
③ 《2018年度北京影视出版创作基金扶持项目》，http://gdj.beijing.gov.cn/zwxx/gzdt/201812/t20181224_5388.html，2018年12月24日。

一大批反映"长城文化带、大运河文化带、西山永定河文化带",凸显"古都文化、红色文化、京味文化、创新文化"的作品应运而生。经专家评审,电视剧《新一年又一年》《运通天下》《我爱北京天安门》《宣武门》《芝麻胡同》等作品获得了影视出版创作基金项目的奖励扶持;网络剧《大西山小村官》《京城一家亲》等作品虽未入选,但在激烈竞争中也展现了较高的艺术品质。

最后,题材更加丰富多元。与往年相比,2018年入选扶持项目中的作品题材更加多样化,如少儿题材电视剧《了不起的儿科医生》,电视动画片《愚公移山》《宇宙护卫队》《鹿精灵之寻找兵马俑》,动画电影《风语咒》,农村题材电视剧《富贵盈门》,现实题材作品《你好,旧时光》以及反映中华优秀传统文化的网络作品《北管守艺人》等。

4. 北京银行文化创意部门发布的相关政策

北京银行为初创期文化企业提供全面金融服务,现已成为国内推出产品最早、小微贷款最多、支持项目最全的文化金融银行。截至2018年末,北京银行文化金融贷款余额708亿元,较上年同期增长超过25%,累计为6500余个文创企业提供超2500亿元贷款,市场份额居北京市首位。[1] 北京银行在2018年主要通过以下三种方式为版权创作服务提供支持。

一是建立北京银行文化创客中心。北京银行文化创客中心作为银行业首家文化创客中心将自身定位为"孵化器"与"加速器"的结合,在创意设计、媒体融合、广播影视、出版发行、动漫游戏、演艺娱乐、文博非遗等领域为初创期文化创意企业提供金融服务。2018年,北京银行在原有17家特色支行的基础上增设雍和宫、大望路两家文创专营支行。截至2018年9月末,北京银行在北京地区贷款余额超400亿元,较文创金融事业总部、文创专营支行最初成立时增长134亿元,增幅近50%。[2]

---

[1] 《北京银行2018年度报告》,http://www.bankofbeijing.com.cn/contents/245/32069.html,2019年4月25日。

[2] 《北京银行揭牌业内首家文化创客中心 再度发力文化金融》,http://bj.people.com.cn/n2/2018/1203/c82839-32359584.html,2018年12月3日。

二是针对产品体系和服务体系推出文化创意特色服务方案。产品体系内先后推出"智权贷""文创普惠贷""书香贷""创意设计贷"等文创特色产品,锁定文创企业核心IP的"文化IP通"综合服务方案,以及为合作机构、重点客户量身定做的"文租贷""雍和印象"等专属服务方案;服务体系通过建设信贷工厂、创客中心,开通文化金融绿色审批通道,力图将北京银行打造成集"跨界合作窗口、创业孵化空间、资源共享引擎、成长共赢舞台"四位于一体的文创服务平台。①

三是推出网络电影供应链融资方案"票房宝"。"票房宝"可为电视剧、电影、综艺、网电网剧、动漫等"全产业链"的IP孵化、投资制作、后期制作、宣传发行等各个环节提供全方位服务。"票房宝"突破了传统以影视制作为主的服务模式,进一步对服务类型进行延展,影视贷项下推出定制贷、宣发贷等系列子产品,可满足不同类型影视企业的不同需求。② 同时,通过采取信用反担保模式与担保公司合作,进一步降低小微影视、综艺节目制作企业融资门槛。

5. 最高人民法院及互联网法院发布的相关政策

在2018年北京电视节目交易会举办的首届"互联网影视著作权高峰论坛"上,与会专家围绕互联网影视作品版权保护问题展开激烈讨论。近年来,在司法实践过程中,互联网影视著作权纠纷相关案件激增,案件性质不断升级,审理、判决的技术难度不断提高,如何通过互联网快速解决影视版权纠纷问题已成行业热点。2018年9月9日,北京市互联网法院正式挂牌成立,当天即受理了抖音短视频诉百度公司信息网络传播权纠纷案,这也是全国首例互联网短视频平台维权案。2018年10月11日,北京互联网法院院长张雯在首届"互联网影视著作权高峰论坛"上表示:"从目前北京互联网法院收到的立案申请来看,网络著作权、邻接权权属及侵权纠纷这两类案

---

① 《北京银行打造文化金融特色品牌 助力首都文创产业优化升级》,http://www.chinatimes.net.cn/article/71541.html,2017年10月21日。
② 《北京银行2018年度报告》,http://www.bankofbeijing.com.cn/contents/245/32069.html,2019年4月25日。

件申请立案的案件数量最多,达到1430件,占比也最大,达到48%"。①

取证难、公证难是导致互联网著作权侵权案件难以快速裁决的两个重要因素。取证困难的原因在于被告可以通过撤销、删除等方式销毁侵犯原告著作权行为的证据,从而对司法机关取证工作进行干扰;公证困难的主要原因在于成本,传统的公证方式需要把证据固定下来,以证明自己才是版权的真正所有者,但是如果要求版权所有者将网络上的作品逐一到公证处申办公证,所耗的时间、物资、人力资源成本均无法估量,因而不切实际。针对此类问题,最高人民法院发布的《最高人民法院关于互联网法院审理案件若干问题的规定》中指出:当事人提交的电子证据,若已通过电子签名、可信时间戳、哈希值校验、区块链等收集、固定和防篡改证据技术手段的认证,或已通过电子取证存证平台审核,即能够证明其证据的真实性,互联网法院应当予以承认。在抖音短视频诉百度公司信息网络传播权纠纷案的审理过程中,司法机关即采取了可信时间戳、区块链存证技术、第三方司法鉴定等一系列技术手段来认定证据的真实性。事前取证时,通过网页取证、检测网络环境,包括查看对方IP地址、查看对方的注册备案号、登录对方主页等一系列综合手段来证明证据的真实可靠,相当于将原本应在线下公证处进行的工作转移到网络上执行,取证完成后,技术人员将提取的哈希值作为证据的唯一ID,并利用区块链技术进行分布式存储,保证证据不会被私人通过简单技术手段轻易篡改。

由此可见,互联网法院的主要优势可归纳为三点。一是诉讼方式便捷周到。当事人不需要到法院,即可以实现受理、送达、调解、证据交换、庭前准备、庭审、宣判等诉讼环节的网络化办理。此外,当事人还可以随时在线上点播庭审视频,阅读浏览卷宗材料,从而使诉讼流程更加公开、透明。二是诉讼成本显著降低。一方面,当事人可通过诉讼平台随时随地进行诉讼活动,减少在途时间,降低经济成本;另一方面,互联网法院为当事人提供诉

---

① 《北京互联网影视著作权论坛:呼吁构建公平公正的网络版权治理体系》,http://www.ncac.gov.cn/chinacopyright/contents/4509/388106.html,2018年11月1日。

讼风险智能评估、诉状自动生成机等技术服务，为当事人节省咨询成本。三是诉讼服务全面丰富。互联网法院以方便当事人开展诉讼活动为准则，当事人可通过线上宣传片、立案须知、技术服务热线等方式了解诉讼流程，并使用自助立案系统和诉状自动生成机办理诉讼业务。

二 2018年北京影视版权的运用

影视版权可以看作影视创作者对其创作的电影或电视剧作品所享有的基本权利，即人身权与财产权。人身权，是指不牵涉经济利益的、与人身直接相关的基本权利，主要包括发表权、署名权、修改权和保护作品完整权四项权利；财产权，是指包括复制权、发行权、广播权、信息网络传播权等13项权利在内的经济权利。当今时代，除了用于公益宣传或公关宣传的影视作品，绝大多数影视制作仍是以商业化、盈利化为基本出发点。[①]

（一）2018年北京电视节目交易会版权交易概况

北京电视节目交易会是由北京广播电视节目制作业协会策划组织的大型影视产品交易展会，其交易规模和品牌影响力均远超国内同类平台。经过22年的积累和总结，北京电视节目交易会已发展成为集导向把控、成果展示、交流交易、效益共赢、产业发展于一体的综合性平台，是我国规模最大、资源转化率最高的电视节目交易市场。2018年北京电视节目交易会继续采取"商务间交易"与"网上推介"相结合的模式，秉承"重展示更重落地、重联谊更重交易"的原则，春季交易会上共收集参展项目1221部57000余集，推介电视剧867部（其中包括前期筹备剧目361部，开机拍摄及后期制作剧目99部，首轮发行剧目247部，二轮、多轮发行剧目148部，其他剧目12部），网络剧95部，电影、网络大电影27部，纪录片、电视栏目69部，动画片33部，网络文学作品130部；秋季交易

---

① 李天然：《浅谈影视作品中的著作权利》，《电影评介》2014年第21期。

会上共收集参展项目1122部54600余集,推介电视剧799部(其中包括前期筹备317部,拍摄和后制111部,首轮发行227部,二轮和多轮发行144部),网络剧128部,电影、网络大电影29部,纪录片、电视栏目63部,动画片21部,网络文学作品82部,另展出参展剧目海报448幅。①

(二)"引、融、投、服"金融服务助推影视版权的运用与发展

与其他行业企业相较,影视制作企业等文创单位较难从银行等金融机构获得资金支持。具体原因有三:其一是因为影视制作公司的资产主要体现在无形的文化作品上,金融机构难以对其价值进行评估和抵押设定,而质押可被估值的抵押物是获得银行贷款的先决条件,文化作品的"无形性"在很大程度上阻塞了影视制作企业的融资渠道;其二是因为我国文创市场起步较晚、发展速度较慢、总体规模相对较小,因此难以从金融机构获取大额资金支持,银行也缺乏开发影视项目专项贷款的积极性;其三是因为文创产品与生俱来的投资风险大、收益不确定属性增加了银行的贷款风险防范成本。北京银行作为国内开拓文化金融服务市场的先行者,始终坚持打造文化金融特色品牌,是国内推出产品最早、小微贷款最多、支持项目最全的文化金融项目"排头兵"。针对影视制作企业融资难这一问题,北京银行推出了集"引、融、投、服"四位于一体的文化金融专项服务方案。②

具体而言,在引入机构资源方面,北京银行在对接以文创板、文担、华盖资本为代表的合作机构的同时,积极与担保、评估、数据平台公司进行联动;在发挥融资优势方面,北京银行采用信贷工厂作业模式,结合文化企业核心IP推出"文化IP通"全产业链文化金融服务方案和"文创信保贷""文创普惠贷"等标准化产品,并针对细分行业,打造"农旅贷""书香贷"等定制化特色项目;在深化投贷联动方面,北京银行通过产业基金、非公开定向工具、短期融资券、债权融资计划等产品为客户提供集"资本

---

① 《2018年北京电视节目交易会(春季)》,http://www.beijing.gov.cn/shipin/szfxwfbh/16130.html,2018年3月22日。
② 赵家新:《从"影贷"看中国电影产业投融资体系》,《人民论坛》2011年第5期。

驱动""股权投资""债权融资"于一体的组合式金融方案;在服务方面,北京银行通过助推文化与金融合作示范区建设、扶持文创大赛优秀项目、宣推"文菁计划"、参与文化产业基金和风险补偿金业务创新、打造文创企业展示平台等方式,全渠道、多领域同步发力,开创文化金融服务新模式。同时,北京银行成立文化创客中心,积极发挥中心特色优势,创客中心先后为博纳影业、光线传媒、华录百纳、完美世界等高成长影视企业提供资金支持与金融服务,打造出《战狼2》《红海行动》《建军大业》《湄公河行动》等一系列优质影片,为首都文创产业优化升级贡献力量。[①]

(三)"投贷奖"联动,破解融资难题

影视企业通常以质押作品版权的方式向银行等金融机构申请贷款,但项目进行过程中如遇融资方资金紧张、突发意外事故、担保环节受阻等变故,融资方资金链断裂,银行通常不会向该项目继续发放贷款,且先期质押的版权也将由银行收回,无法继续变现。为减轻投资方压力、有效防控风险、激发影视行业市场活力,在北京市文化改革和发展领导小组办公室指导下,北京市文资办协同北京市财政局共同搭建北京文创金融服务网络平台、构建文创产业"投贷奖"联动体系。北京市国有文化资产监督管理办公室相关负责人表示,该平台基于北京市扶持文创的"投贷奖"联动体系而设立,将实现文化与资本、文化与政策的高效对接,破解文创业"融资难、融资慢、融资贵"的问题。

截至2018年底,北京文创金融服务网络平台共计入驻企业10245家,其中文创企业9380家,投资机构和金融机构614家,合作运营商170家,第三方服务机构81家。平台收集融资产品228种,受理融资申请1270笔,成功对接融资190.86亿元。其中,受理债权融资申请872笔,成功对接债权融资额度128.98亿元;受理股权融资申请394笔,成功对接股权融资额

---

① 《北京银行特色金融品牌 绽放小微企业的"小而美"》,http://bjrb.bjd.com.cn/html/2019-02/27/node_104.htm,2019年2月27日。

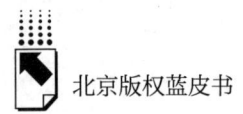

度38.88亿元；受理发债融资申请4笔，成功对接发债融资额度23亿元。①除此之外，"投贷奖"体系还探索制定了一系列有利于提升版权融资成功率的配套政策，包括即将联合中国版权保护中心共同推出的信用评级体系以及特别为金融机构制定的风险补偿细则，填补文化企业投融资体系中市场和政策的空白。

三 2018年北京影视版权的保护

（一）行政执法部门加强电影市场监督

2018年，北京市文化市场行政执法总队继续加强打击版权侵权行为，在监督传统版权市场的同时，重点加强对网络版权市场的监管与执法，并对传统监管手段进行了改进，监管范围进一步延伸。北京市文化市场行政执法总队致力于全面、主动打击版权侵权行为，并将工作重点集中在"运用科技手段提升版权保护能力"一项上，通过大数据以及其他网络手段，树立了全新的版权保护理念。此外，北京市文化市场行政执法总队还建立了相应的人员培训、人才培养机制，通过与北京市版权局、版权协会等相关部门的交流学习，提升业务能力、培养版权执法骨干。

2018年7月，北京市文化市场行政执法总队联合北京市版权局启动北京"剑网2018"专项行动，重拳出击打击侵害版权的违法违规行为，体现出"打击有重点、行动有速度、案件有结果、执法有威慑"的版权执法新特点。②"剑网2018"专项行动不仅涉及网络转载、短视频平台、网络音乐、网络影视、电子出版物等传统网络侵权行为范畴，还突破性地扩大了执

---

① 《文化金融的"北京模式"——"投贷奖"》，http：//epaper.ccdy.cn/html/2019-03/02/content_253882.htm，2019年3月2日。
② 《以专项整治促多点"开花"——2018北京文化执法情况综述》，http：//whzf.beijing.gov.cn/bjwhzf/xxgk/201906/b7276b3fb32542bdb930f72532159e94.shtml。

法范围，运用技术手段对有声读物平台、网络云存储空间、电子商务平台等多个对象进行重点排查；面对反复侵权、恶意侵权、规模侵权等行为，北京市文化市场行政执法总队持续加大惩处力度，线上、线下同时发力；在电影市场监管问题上，北京市文化市场行政执法总队在进行传统监管工作的同时，还专门就影院近年来频发的虚报票房、虚假排片等行为展开了专项调查，并建立了定期抽查影院经营情况的应对机制。

（二）北京市高级人民法院发布侵害著作权案件审理指南[①]

为提升著作权相关案件审判的质量和效率，2018年北京市高级人民法院归纳总结历年涉及著作权侵权案件的卷宗文件、梳理汇总司法实践过程中遇到的各类问题，整理形成《北京市高级人民法院侵害著作权案件审理指南》，并于4月20日正式对外公布。

《北京市高级人民法院侵害著作权案件审理指南》涵盖基本规定、权利客体、权利归属、侵权认定（包括著作人身权、著作财产权、邻接权）、抗辩事由、法律责任、侵害信息网络传播权的认定、侵害影视作品著作权的认定、侵害计算机软件著作权的认定等11个方面160项问题。

在影视版权方面，《北京市高级人民法院侵害著作权案件审理指南》特别对影视版权市场的署名乱象问题进行了梳理，在综合考虑行业惯例及司法审判工作实际需求后，该指南中指出：在无相反证据时，案件审理时应根据影视作品中明确标明的权利归属信息确定著作权人，同时倡导影视行业经营者尽量在作品中对权利归属予以明确，避免产生不必要的纠纷；如果影视作品中没有明确标明权利归属信息，则可以根据在影视作品中署名的出品单位确定权利归属；如果影视作品中没有署名的出品单位，则依据在影视作品中署名的摄制单位确定权利归属。

[①]《北京高院发布侵害著作权案件审理指南》，http://bjgy.chinacourt.gov.cn/article/detail/2018/04/id/3273742.shtml，2018年4月20日。

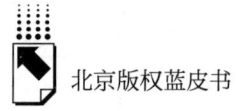

(三)产业联盟为影视版权提供法律服务①

由首都版权产业联盟、法信公证云、国信公证处共同主办的"互联网时代下的版权保护公证暨首都版权产业联盟战略合作签约及 App 上线仪式"于 2018 年第五届京交会法律服务展区举行。北京市版权局、北京市司法局、北京市公正协会和北京知识产权法院等部门领导与会致辞并共同启动"首都版权产业联盟公证平台"App。该平台以法律公证服务为核心,把版权取证的公证服务搬上云端,权利人在移动客户端即可完成对侵权证据的公证保全,同时在线向公证机构申请办理公证,有效解决了互联网侵权纠纷发生时取证难的问题,实现"足不出户,公证到家"。同时,首都版权产业联盟联手公证机构为权利人提供版权取证、公正、确权等专业版权保护服务,打通版权保护服务的上下游,构建完善的版权法律服务体系。

(四)重点作品版权保护预警名单②

截至 2018 年 11 月 14 日,北京市版权局发布了七个批次包括《无向西东》《妖猫传》《芳华》《冈仁波齐》《国士无双黄飞鸿》《红海行动》《唐人街探案 2》《捉妖记 2》等 72 部电影、电视剧作品版权预警信息,相关网络服务商应对版权保护预警名单内的重点院线电影采取相应保护措施如下:直接提供内容的网络服务商在影片上映期内不得传播版权保护预警名单内的作品;用户上传内容的网络服务商应禁止用户上传版权保护预警名单内的作品;提供搜索链接的网络服务商、电子商务平台及应用程序商店应加快上线版权保护预警名单内作品权利人关于删除侵权内容或断开侵权链接的通知;各地版权行政执法部门应对本地区主要网络服务商发出版权预警提示、加大

---

① 《携手网络公证,加强版权保护——"互联网时代下的版权保护公证暨首都版权产业联盟战略合作签约及 APP 上线仪式"在京交会举行》,http://www.beijing.gov.cn/zfxxgk/110090/gzdt53/2018-11/20/content_a6b984ff93a1410192800d690f934565.shtml,2018 年 6 月 11 日。

② 《2018 年度第七批重点作品版权保护预警名单》,http://gdj.beijing.gov.cn/zwxx/bqbh/201811/t20181114_5233.html,2018 年 11 月 14 日。

版权监管力度，依法从严从快查处未经授权即通过信息网络非法传播版权保护预警名单内作品的网络服务商。

表2 2018年发布的七个批次重点作品版权保护预警名单

批次	作品名称
第一批	无问西东、英雄本色、谜巢
第二批	妖猫传、追捕、芳华、暴雪将至、追龙、空难余波、冈仁波齐、狂兽、灿烂这一刻、悔恨、罗莎妈妈、日出、脑火、天文馆、海伦娜之路、超越、碧海雄心、国士无双黄飞鸿、花谢花飞花满、极光之恋、警犬来啦、美味奇缘、必胜练习生、摩登家庭、训练日、冰血暴、电子梦：菲利普·狄克的世界、路西法第2季
第三批	中央电视台2018年春节联欢晚会、中央电视台第二十三届冬季奥林匹克运动会相关节目、舌尖上的中国第三季、红海行动、西游记女儿国、唐人街探案2、捉妖记2、熊出没·变形记
第四批	21克拉、我说的都是真的、卧底巨星、闺蜜2、帕丁顿熊2、人生若如初相见、警犬来啦、雷霆战警、新成龙历险记、月亮宝石、梅格雷探案、德雷尔一家、新贵
第五批	2018年第21届国际足联世界杯相关节目、幕后玩家、红海行动、恋爱回旋、小萝莉的猴神大叔、至爱梵高·星空之谜、南方有乔木、下一站，别离、警视厅生物股长、我的甜蜜革命、卫国先锋
第六批	2018年第18届亚洲运动会相关节目、金蝉脱壳2、厕所英雄、爱情的边疆
第七批	影、无双、李茶的姑妈、营救汪星人、阿凡提之奇缘历险

结　语

北京市新闻出版广电局（北京市版权局）制定的《北京市广播影视"十三五"发展规划》在2018年得到了有效的贯彻落实与执行，各相关单位在持续加大对原创影视作品的版权保护力度的同时，通过扶持原创节目研发、挖掘优质作品、优化营商环境、促进产业升级、培养人才队伍等手段，多渠道协同助力北京市影视版权产业发展。北京市政府通过日常考核督查绩效工作并强化过程管理，合理编制落实预案，按时汇报预案落实情况，完美完成2018年度北京市影视出版创作基金项目评审和奖励扶持工作，《北京晚报》"全国文化中心建设"等34个新闻报刊及新媒体出版项目，"中国改革开放的时代精神"等110个图书选题，《相约中国文化》系列多语种传播平台等115个优秀数字出版物，《我们的四十年》等39部优秀电视作品，《中国合伙人2》等16部优秀电影,《你好,旧时光》等56个网络视听项目获得专项扶持;市场监管部门在充分调动北京作为多元市场主体重要作用的同时,鼓励周边地区参与影视版权不同层次、不同阶段的开发;广电机构、国有企业通过支持内容创作工作室和小微企业发展,与民营企业优势互补、合作共赢;金融机构通过开发版权融资服务等相关产品,吸收社会分散资金,促成人民群众参与影视版权可持续发展新局面;行业协会及品牌影视园区通过设定准入标准筛选优质影视企业并为其提供相应的补贴与奖励政策,助力初创型影视企业人才培育孵化。

充分发挥北京作为国家文化中心的引领带头作用,助推以IP为核心的跨界融合一揽子合作项目,通过推动影视版权与科技、金融、旅游、时尚、会展等相关产业融合发展,设立文化创新发展基金,培育影视版权新生态。组织构建信息发布平台、版权交易平台、金融支持平台和专业服务平台,构筑集版权孵化器、版权银行、版权绿色通道于一体的影视版权综合服务机构。在影视版权全球化方面,通过总结并推广现有的成功经验,支持有实力的国有单位和民营企业以合资、合作、参股、控股等灵活多样的形式融入影视版权国际化进程,同时借助互联网等传播途径,拓宽影视版权全球化渠道。充分发挥北京作为国际性区域中心城市的战略地位,通过举办北京国际电影节、北京电视节目交易会、北京文博会等大型节展活动,将北京打造成具有影响力和权威性的影视版权国际交易之都。2018年北京市分别与雅典市政府发展和目的地管理局、米克诺斯市市政府、科斯市市政府、马拉松市市政府签订了关于影视版权合作的谅解备忘录,并挑选400集电视剧、17部电影分别译成英、法、葡、斯瓦希里等7种语言在英国、俄罗斯、希腊等国家和地区进行展播。①

综上所述,北京在影视版权的创造、运用和保护等方面付出的努力均卓有成效,影视行业在极短的时间内取得了长足的发展与不俗的成绩。但与发

---

① 《北京市广播影视"十三五"发展规划》,http:∥gdj.beijing.gov.cn/zwxx/zdgz/201708/t20170823_3374.html,2017年7月25日。

达国家相较，我国影视版权产业起步晚，发展水平仍有待提高，为进一步促进对影视版权的发展与保护，建议从以下三个方面入手，提高版权管理水平、改善影视版权市场环境。

一是针对影视行业特点，出台影视版权专项保护办法。在我国现有的法律体系内，关于影视版权的规定散见于如《著作权法》《著作权法实施条例》等不同的律法或规章制度中，并不存在任何一部单独以影视作品版权保护为主体的法律法规。法规的分散化虽然可以最大限度地减少法律条文数量、提高国家法律制度体系的统一性，但在司法实践过程中，往往会造成法律条文难以汇总、司法解释存在较多分歧的现实困境，给影视作品著作权保护实践带来诸多不便，在一定程度上甚至阻碍了我国影视版权产业的发展。针对这一问题，很多发达国家为了能够集中化、专门化地对影视作品进行规制，出台了专门的法律或法案对影视作品版权进行保护。早期如英国在20世纪90年代就通过颁布《电影法案》对影视作品版权保护问题做出了专门性规定，并在后来的实践过程中不断修改完善。近年来，日本和韩国也在影视作品版权保护方面相继出台了专门的法律法规，对两国的影视版权产业发展起到了重要的推动作用，日本的动漫作品和韩国的偶像经济能够短时间内在世界范围内引发现象级影响与这两部版权保护专门法的出台不无关联，且在一定程度上佐证了专门性法律具有系统性法律所不具备的优势。北京作为我国影视版权产业发展龙头，有条件也有能力试运行一些专门性、地区性的影视版权保护法律法规，以此为基础探索利用法律手段推动影视版权发展的新途径。①

二是进一步规范影视产业版权备案登记制度。首先，虽然现行法规对互联网接入要求有明确的登记备案规定，但在规定备案义务的同时并未明确应如何对不备案行为进行处罚，也就是说即便不主动备案，当事人也无须承担任何相应的法律责任。这种不明确在很大程度上削弱了行政执法部门的监管力度，变相增加了对影视版权进行保护的难度。一些平台利用法律法规灰色地带"浑水摸鱼"，规避行政机关监管，肆无忌惮地侵犯影视作品著作权人

---

① 华劼：《影视作品人物角色版权保护研究》，《河北法学》2018年第4期。

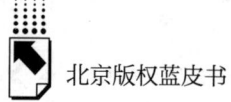

权益。这就要求立法机关进一步规范影视产业版权备案登记制度，建立风险防控预警名单，在要求接入备案的同时对刻意规避备案行为的当事人予以标记，重点监测监管。其次，网络影视作品的备案登记制度仍有待完善，我国《电影管理条例》为我国影视版权产业的发展做出过巨大贡献，但随着时代发展，《电影管理条例》已无法满足互联网时代影视版权产业法律需求。

三是北京市影视版权产业在快速发展的基础上，继续贯彻落实党和国家制定的关于深化文化体制改革和支持文化产业发展的各项政策；贯彻实施国家有关公共服务的指导意见；贯彻落实财政、税收、专项资金、评奖评优等各项优惠政策，包括对项目的补助、贷款贴息、保费补贴、绩效奖励，对影视作品生产交易出口的营业税、增值税、所得税给予减免等。同时，还应基于新时期、新形势、新任务，研究制定新政策，把广播影视公共服务体系建设纳入政府公共文化服务考核指标，由广电主管部门会同有关部门建立动态监测和绩效评价机制，引入第三方机构开展公众满意度测评。加大融媒体环境下对影视版权的保护和惩处力度，完善影视版权法律保障机制和申诉流程，切实解决影视版权保护难、维权难的问题，使国内影视版权保护体系与国际市场接轨，促进影视版权交易和传播的实时化、全球化，助力我国影视版权产业快速、良性可持续发展。

B.4
2018年北京音乐版权发展报告

杨奇虎*

摘　要： 2018年，中国音乐产业核心数据依然保持了上涨，数字音乐市场持续扩大，各大音乐平台经过几年的用户积累逐渐探索出稳定的商业模式，音乐市场在流量变现方面及盈利模式开拓方面都取得了重大突破，音乐版权也向垂直领域进一步发展。与此同时，为应对新型侵权问题，音乐版权保护进一步加强，政策法规为之提供了有效保障。北京市音乐版权市场在政策支持及龙头企业的带领下，在内容生产、出版发行、宣传推广、版权交易、平台推广、版权保护方面都取得了新的成果。

关键词： 音乐产业　音乐版权　版权保护　北京

一　音乐产业年度发展情况

（一）2018年全球音乐市场概况

2018年，全球音乐产业依然保持了核心数据的上涨。根据国际唱片业协会（International Federation of the Phonographic Industry，IFPI）发布的《2019全球音乐报告》，音乐产业正以前所未有的方式走向真正的全球化。

---

* 杨奇虎，北京大学法律硕士，腾讯音乐娱乐集团总法律顾问。

受益于音乐全球化进程,无论身自何处,乐迷和艺人都在紧抓新时代带来的各种机会从世界各地分享与享受各自的音乐作品,优秀的音乐作品不断涌现,如今我们看到了产业连续四年实现增长,全球音乐产业收入总额为191亿美元,比2017年增长了9.7%,涨速高于上一年(7.4%)。值得一提的是,这是自1997年IFPI开始市场数据统计以来连续第四年增长且涨幅最高的一年。①

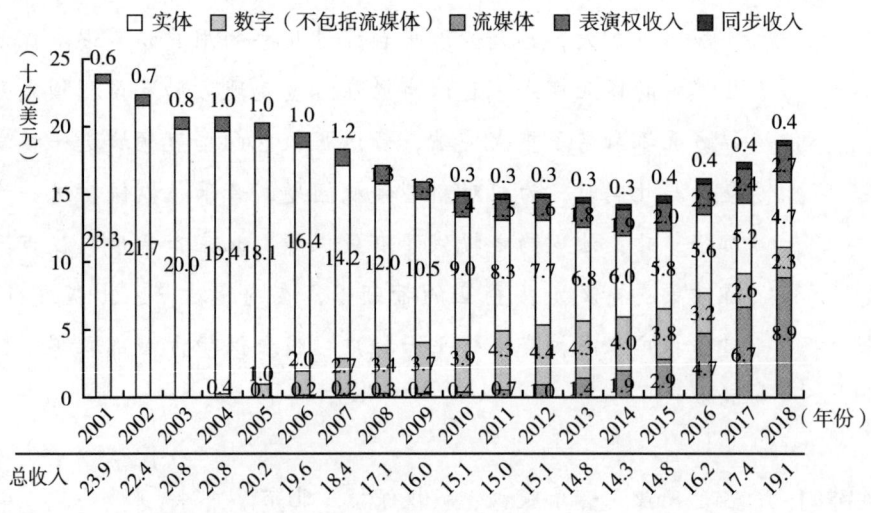

图1 1999~2018年全球音乐产业收入

资料来源:IFPI:《2019全球音乐报告》,2019年4月2日。

过去一年,有赖于流媒体技术的广泛运用,付费流媒体以32.9%的收入增长率占到了总收入的37%,同时也成为全球音乐市场收入增长的主要动力。2018年,数字(含流媒体)收入(含图2中付费流媒体、受广告支持的流媒体、下载及其他数字收入)整体增长了21.1%,达112亿美元,有史以来首次超过100亿美元大关,目前占录制音乐总收入的59%。

---

① IFPI:《2019全球音乐报告》,2019年4月2日。

表1 2018年全球十大音乐市场

01	美国	06	韩国
02	日本	07	中国
03	英国	08	澳大利亚
04	德国	09	加拿大
05	法国	10	巴西

资料来源：IFPI：《2019全球音乐报告》，2019年4月2日。

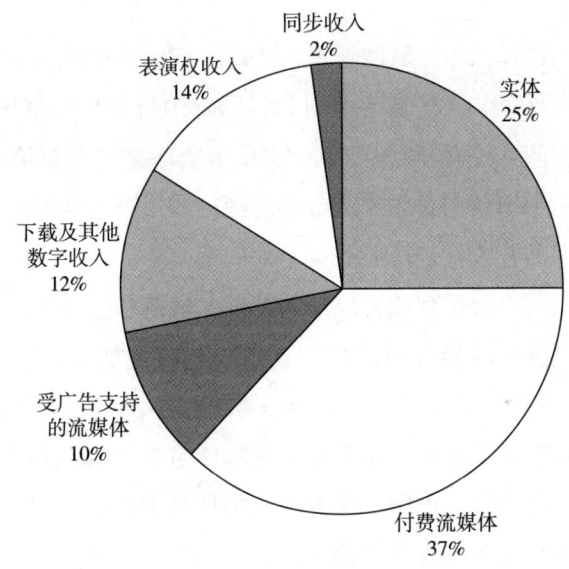

图2 2018年全球音乐产业细分收入占比

资料来源：IFPI：《2019全球音乐报告》，2019年4月2日。

全球音乐市场数字收入。前文提及，2018年全球数字（含流媒体）收入整体增长了21.1%，其中流媒体涨势强劲（增长34.0%至89亿美元），付费音频流媒体又一次成为增长的主要推动力（增长32.9%），付费音频流媒体在几乎所有市场均实现了增长，不同市场的总体增长趋势更加多样。数字音乐现在在全球38个市场的音乐总收入中的占比过半。

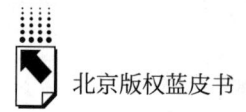

全球音乐市场实体收入、表演权及同步收入。一方面，实体收入持续下降10.1%，目前约占市场总收入的1/4。自录制音乐在广播组织和公共场所中使用所获的表演权收入在2018年达27亿美元，增幅为9.8%，占音乐行业总收入的14%。另一面，来自录制音乐在广告、电影、游戏和电视中使用的同步收入增长了5.2%，较上一年（14.6%）涨速平缓，但保持了在整体市场中2%的份额。

（二）中国音乐产业年度发展情况

继拉丁美洲连续四年区域涨速最快之后，亚洲首次成为实现实体和数字音乐双丰收的世界第二大区域，中国和韩国等国持续推动市场增长。目前，中国继上年首次闯入全球前十名后，2018年全球排名升至第七，IFPI同样预言未来几年内中国录制音乐产业市场份额将有望进入全球前三。至关重要的是，从中涌现的艺人代表已经获益。

在国家版权局出台系列相关政策的管理、规范和引导下，音乐产业版权保护环境持续改善；内容公司的数字音乐版权收益增长迅速，录音制品的"二次获酬权"获得广泛关注；中国音乐著作权协会（以下简称音著协）与国际作者和作曲者协会联合会联合发布《2018年全球版税报告》，开启版税发布国际化合作的进程；中国音像著作权集体管理协会（以下简称音集协）发布《关于停止使用部分涉诉歌曲的公告》，进一步推动KTV歌曲版权市场的规范化。

2018年12月19日，中国国际音乐产业大会暨2018第五届音乐产业高端论坛在北京举行，在会议上发布了《2018中国音乐产业发展报告》。报告显示，2017年中国音乐产业总规模约为3470.94亿元，较2016年增长6.7%。同年，音著协许可收入达到2.04亿元，同比增长17.2%；音集协的总收入近2亿元，同比增长9.3%。[①] 与此同时，数字音乐市场正在持续蓬勃发展，预计在2019年中国数字音乐市场规模将突破百亿元。

---

① 《2018中国音乐产业发展报告》，2018年12月19日。

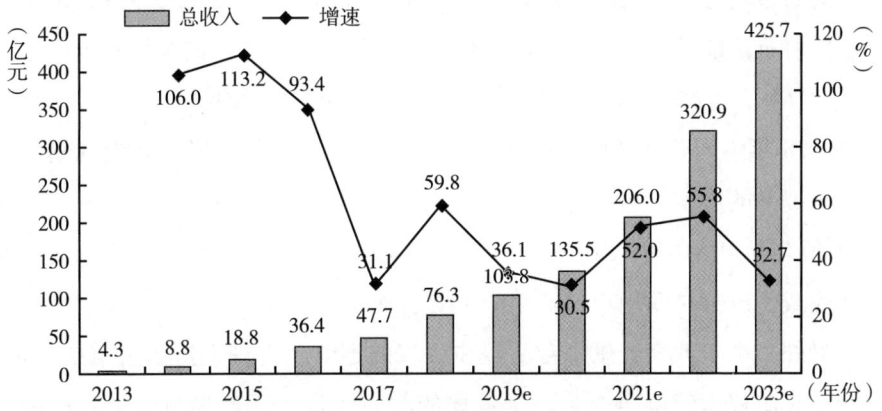

图 3　2013～2023 年中国数字音乐市场规模及增速

资料来源：艾瑞咨询：《商业化的复兴：中国数字音乐产业研究报告》，2019 年 4 月 2 日；由艾瑞综合企业财报及专家访谈，根据艾瑞统计模型推算所得。

二　中国音乐版权市场

（一）音乐版权市场不断扩大

根据中国新闻出版研究院发布的 2017 年中国版权产业的经济贡献调研结果，2017 年我国版权产业的行业增加值为 6.08 万亿元人民币，占全国 GDP 的 7.35%。其中核心版权产业行业增加值为 3.81 万亿元人民币，占我国 GDP 的 4.61%。网络版权产业的市场规模达 6365 亿元人民币，同比增长 27.2%。

1. 盈利模式的开拓，内容付费方兴未艾

中国经济的腾飞与互联网的深入应用加之政策的推动，中国居民在精神层面的消费不断攀升，文化娱乐产业以平均每年超 10% 的增速快速发展着，中国文娱产业的产值已于 2016 年突破 3 万亿元，预计将在 2021 年进一步突破 5 万亿元大关。

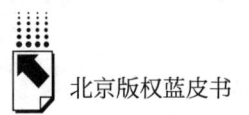

文娱市场经过长足的发展,也逐渐形成以 IP 为核心的内容生态,文化娱乐内容价值能够得到成倍利用。数字音乐作为内容生态的关键一环,通过与其他文娱产业的联动,为其商业模式带来了更多的可能性。

2018 年中国数字音乐市场规模达到 76.3 亿元,其发展主要受到用户付费意识提升的影响。可以看到,用户付费率在 2018 年达到了 5.3%,预计在 2020 年达到 8.0%。接下来,以流媒体为主的音乐服务和音乐社交的粉丝效应或将成为拉动用户付费率的重要引擎。

另外,由于数字音乐平台已经在版权的运营及管理上扮演了重要角色,预计未来版权运营也会成为一个重要的收入来源,通过参与音乐版权的分发、音乐 IP 的孵化以及与其他娱乐产业的联动等形式,数字音乐平台将建立起完整的互联网音乐娱乐生态,发展出更加多元化的变现方式。

2. 流量变现途径多样,音乐社交异军突起

直播、会员、广告,多重模式百花齐放,社交收入或成为平台营收主要来源。截至 2018 年 12 月,网络音乐用户规模达 5.76 亿,较 2017 年底增加 2751 万,占网民总体的 69.5%。手机网络音乐用户规模达 5.53 亿,较 2017 年底增加 4123 万,占手机网民的 67.7%。① 以腾讯音乐集团(Tencent Music Entertainment Group,TME)为例,TME 社交娱乐业务当前贡献 70% 的收入,主要包括直播、卡拉 OK 以及相关衍生品,其中直播业务和(在线)卡拉 OK 主要依赖于用户打赏。2018 年第三季度社交娱乐服务及其他业务实现收入 35 亿元,是同期在线音乐服务收入的 2.4 倍,同比增长 61%。社交娱乐业务 MAU 保持稳定的增长,2018 年第三季度移动端 MAU 高达 2.25 亿,付费人数达到 990 万,付费率为 4.4%。

3. 短视频赛道持续发力

短视频市场因互联网不断普及,2012 年短视频平台产品试水市场(如秒拍、美拍等),2014 年一些产品初具规模(如快手、微视和小影等)。如

---

① 中国互联网络信息中心:《2019 年第 43 次中国互联网络发展状况统计报告》,2019 年 2 月 28 日。

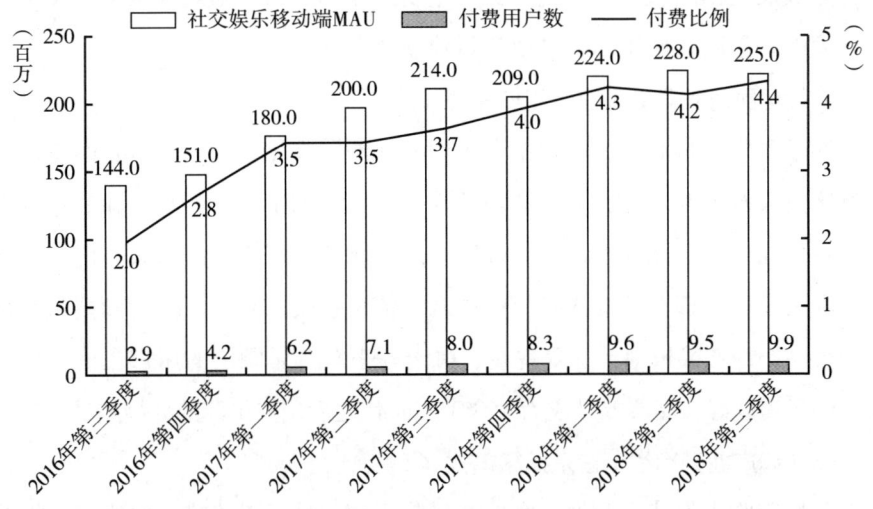

图 4　TME 社交娱乐业务移动端 MAU 和总体付费情况

今伴随网红经济和粉丝经济呈现爆发式增长，短视频已成为继图文传播后又一个重要的传播手段和途径。

国家版权局网络版权产业研究基地的数据显示，网络直播产业市场逼近 400 亿元。其中，短视频产业发展得尤为迅猛，用户量破 4.1 亿，同比增长 115%；除此之外，短视频市场用户量与广告价值也突飞猛进，2020 年短视频市场规模预计超过 350 亿元。2017 年今日头条布局短视频市场，推出抖音、火山小视频和西瓜视频，三款产品对应不同的客户群，并实现三款产品的跨平台互联。美拍和秒拍为了抢占短视频市场份额，从分享型短视频平台转型成内容型平台。腾讯也成立短视频中心，打造新一代"微视"。2018年，阿里布局短视频市场投资 20 亿元，将土豆视频转型为短视频平台。由此看出，大型互联网公司和媒体机构加速布局短视频平台，力争在市场中占据先机。此外，短视频也融入在线音乐平台（网易云音乐、QQ 音乐、酷我音乐、虾米音乐等），成为一种新型内容载体。奶糖、muse 等新潮短视频平台也随之而出，作为一种潮流吸引着大量年轻用户。

数字音乐作为短视频制作中一项重要元素，能贯穿整个短视频作品，以多种方式展现作品内容，起到了极为重要的作用。而伴随短视频生产及传播所产生的音乐版权使用问题也成为行业新的关注点。

4. 社区圈层差异提高音乐用户黏性

对于音乐平台而言，用户留存采用社区圈层文化，让志同道合的用户们在社区发表意见和观点，参与各类活动，大大增加了用户参与感和好感，提高用户的黏性。除此之外，各个社区圈层文化拥有属于自己的核心用户，例如网易云音乐，拥有日本 Avex、中国米漫传媒版权，ACG 二次元和国风用户占比很高；虾米音乐中，喜爱古典、爵士等小众音乐圈层的用户占优。基于不同的音乐爱好，圈层差异成为大众审美时代之后用户沉淀的新型路径。

5. 实体产业开启线下音乐拓展模式

除黑胶收入保持上升外，实体音乐收入总体呈下滑趋势，但值得一提的是，实体音乐与数字音乐二者之间并非零和博弈，可以开展广泛的合作。传统实体音乐受分发渠道的限制，其作品影响力必然受限，其受众面的量级也无法跟通过网络传播的数字音乐相比，音乐作品经过网络平台的传播可以获得足量的引流。除此之外，实体产业的发展也与线下的音乐拓展形成联动，在线下方面，音乐产业孵化基地/创意园、音乐演出活动、live house、音乐餐厅、音乐主体酒店等实体经济有了新的玩法。

（二）版权市场出现新特征

1. 盗版问题的有效遏制，版权监管在政策引导下已逐渐稳定

中国自 2010 年起开展"剑网行动"，意在打击网络盗版，实施知识产权保护，在音乐、视频、文学、网游、动漫等方面进行了重要的正版化布局。

2015 年，政府展开了针对网络音乐传播的最严厉的一次打击盗版和侵权行动，接连出台多项政策，以期保护正版音乐所享有的合法权益，数字音乐盗版猖獗问题在政府的监管下得到了有效的整治。政策的利好为此后健康、规模化的商业发展打下了夯实基础，使音乐产业开始受到资本市场的关注，其商业化之路开始走上正轨，市场规模有较大的增量空间。

2. 商业环境与模式渐趋稳定

数字音乐平台已在探索中逐渐有了稳定成熟的商业模式，在经历了前几年的激烈竞争后，正在逐渐深入联通产业上下游，并积极进行版权运营，一方面加强在产业上游的内容产出布局，获取与产出音乐内容，另一方面联动下游分发渠道，持续开发版权价值与衍生IP，成为内容集存和分发的中心枢纽。市场格局在发展及政策指导下逐渐稳定，各平台都专注于成熟商业模式的建立。

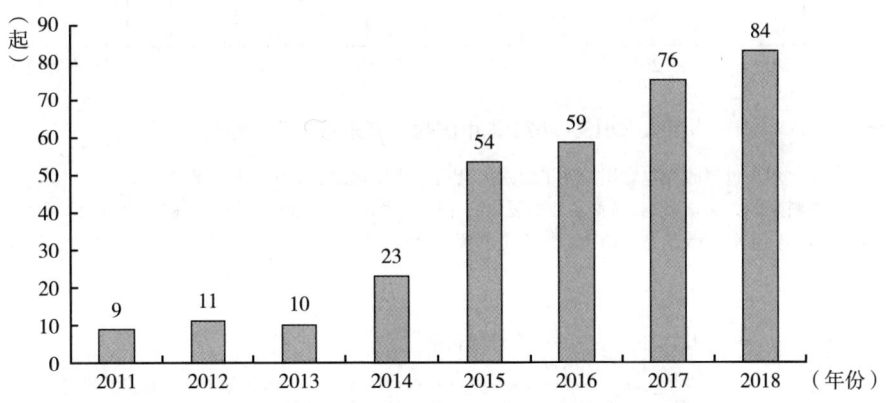

图5　2011～2018年中国音乐产业投融资事件数量统计

资料来源：艾瑞咨询：《商业化的复兴：中国数字音乐产业研究报告》，2019年4月2日。

3. 市场竞争格局渐趋稳定，垂直领域仍有发展潜力

有了利好政策及资本加持，数字音乐被市场看好，鉴于音乐版权成本相对较高，众多巨头入局，市场格局逐渐趋于稳定。除头部互联网企业对数字音乐的布局，市场留给长尾企业的生存空间有限，但音乐相关垂直领域仍有发展潜力，同时数字音乐也面临着短视频、直播等新兴传播形式与内容的冲击。

随着行业探索的深入，以用户需求为导向在垂直领域深挖成了新的探索方向，中长尾平台开始寻求差异化，一方面横向融合电台、社交、彩铃等功能，另一方面纵向深挖少儿、民族、DJ等主题，从而抢占一定的市场份额。与此同时，短视频平台依靠其亮眼的宣发功能为首发音乐带来高流量的曝光

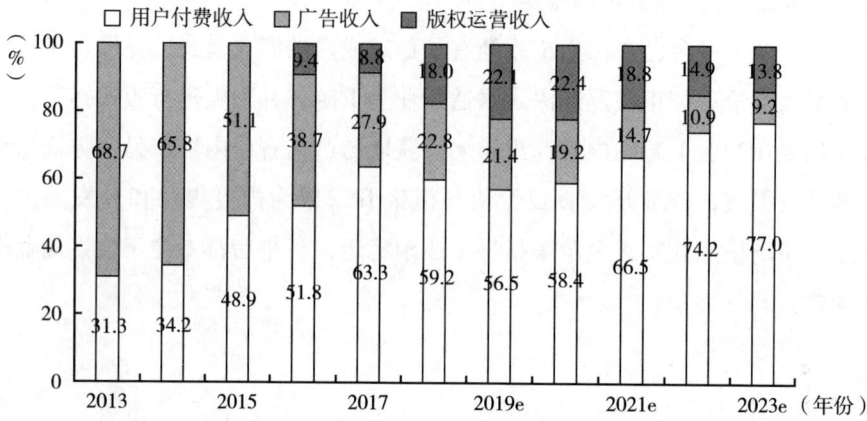

图6　2013~2023年中国数字音乐市场收入结构

注：用户付费收入包含用户在平台购买会员、音乐包以及数字专辑的收入。
资料来源：艾瑞咨询：《商业化的复兴：中国数字音乐产业研究报告》，2019年4月2日；由艾瑞综合企业财报及专家访谈，根据艾瑞统计模型推算所得。

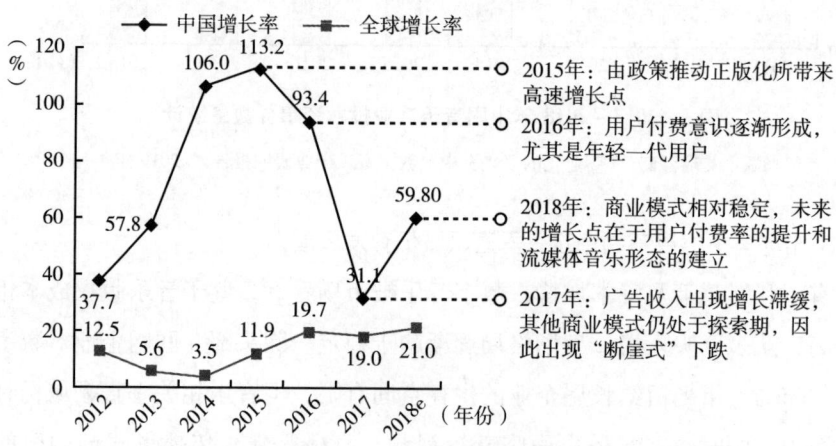

图7　2012~2018年中国与全球数字音乐收入增长率对比

注：流媒体音乐指以流式传输的方式在互联网平台上播放的音乐，相比将数字音乐下载到本地，使用流媒体在线收听能够刺激用户持续为音乐内容进行付费。
资料来源：艾瑞咨询：《商业化的复兴：中国数字音乐产业研究报告》，2019年4月2日；中国增长率为艾瑞结合企业财报与专家访谈依据数据模型推算所得，全球增长率来自IFPI。

与点击,为新兴音乐的传播带来极大助力,短视频平台也借此开始了对音乐内容产业的布局。在渐趋稳定的市场格局下,垂直领域仍有发展潜力。

4. 独立音乐人崛起

音乐产业的上游——内容制作、发行传播、艺人挖掘培养也正在经历新的变革。中国音乐制作和艺人发掘的模式在不断发展和演变,主要经历了三个阶段:①星探模式阶段,音乐作品和艺人的输出主要由唱片公司主导,由唱片公司对艺人及作品进行风格打造与定位,乐迷/消费者只能从唱片公司打造的已有作品/艺人中进行选择;②选秀模式阶段,乐迷/消费者与选秀节目/平台一起进行艺人发掘与作品打造;③众创阶段,独立音乐人崛起(独立音乐人指没有和任何唱片公司签约的音乐人,通常是自己独立完成歌曲的录制与宣发)。在众创阶段,音乐制作门槛正在大幅降低,即使不具备后期处理等技能,独立音乐人也能够以较少的资金花费来寻求音乐制作服务,这也使独立音乐人数量呈大幅增长趋势。海量互联网用户涌入了市场,独立音乐人崛起,他们正通过音乐社交、短视频平台、自媒体平台等影响着音乐潮流,并借助音乐流媒体的介质完成传播的联动,进一步改变流行音乐的风潮。

腾讯音乐人平台自2017年7月上线以来,总申请原创音乐人人数超4万,总上传作品数11万,全平台月播放量达10亿次;2018年1月,网易云音乐注册的独立音乐人超过5万人,同比增长100%以上,上传原创音乐作品超过100万首。根据相关数据,中国各大音乐人平台入驻音乐人总量已经超过15万。

5. 原创内容的发展,优质版权价值凸显

创作和发行门槛的降低,给了更多用户参与音乐上游内容产出的机会,过去一年中,音乐市场歌曲供应量成倍增长。但另一方面也造成了海量作品中优质作品难寻的局面。受连续几年"流量至上"的冲击,音乐用户越来越挑剔,对于市场内作品的选择也更为严格。新产出的音乐作品,唯有优质作品才有可能成为目前引流的"爆款"。"内容付费+广告推广"的模式给了优质作品以回报,重新重视了创作的价值,给予了创作者尊严,也让优质版权的价值得以凸显。

在音乐版权得以有效整治前,我国的数字音乐平台盈利主要依赖于广告及少量的用户付费和周边硬件售卖,而伴随版权环境的净化以及用户付费意愿的上涨,目前数字音乐平台的收入中用户付费已超过广告收入成为平台主要收入来源之一,并将在未来占据更大份额。

(三)著作权集体管理组织的发展

自2015年以来,随着中国网络音乐版权环境的持续改善,音著协先后与百度音乐、腾讯音乐、网易音乐、阿里音乐等大型网络音乐服务平台达成合作,建立了我国网络音乐作品有偿使用的"主渠道模式",音著协也将网络音乐领域所获得的相关收益分配给广大的音乐著作权人;2018年,音著协增加了数字条件下音乐作品的管理方法,创新地推出了网上著作权许可系统,并在某些业务领域尝试开展网上发放著作权许可;截至2017底,音著协成立25年来的许可总收入累计达14.58亿元人民币,2018年许可收入预计将突破3亿元,创单一年份许可收入的新高。①

依据《著作权法》,著作权财产权利项共有13项,音著协可代理其中的四项——表演权、复制权、广播权、信息网络传播权。其中,在2018年收入占比最大的则是信息网络传播权,约合人民币1.69亿元。词曲作者所拥有的著作权是音乐版权中占比极大的一部分,音著协所代理的音乐作者的词曲著作权之信息网络传播权收入更是版权市场收入中极为重要的组成部分。

根据音著协发布的消息,2018年音著协许可总收入突破3亿元,达到3.16亿元人民币,比2017年增长约46.23%。如此显著的收益增长,无疑要归功于我国音乐版权市场的逐步规范。②

---

① 《中国音乐著作权协会2018许可总收入将突破3亿元》,中国音乐著作权协会网站,2018年12月18日。
② 《3.16亿:音著协2018年许可收入再创新高》,中国音乐著作权协会网站,http://www.mcsc.com.cn/imS-13-1794.htm。

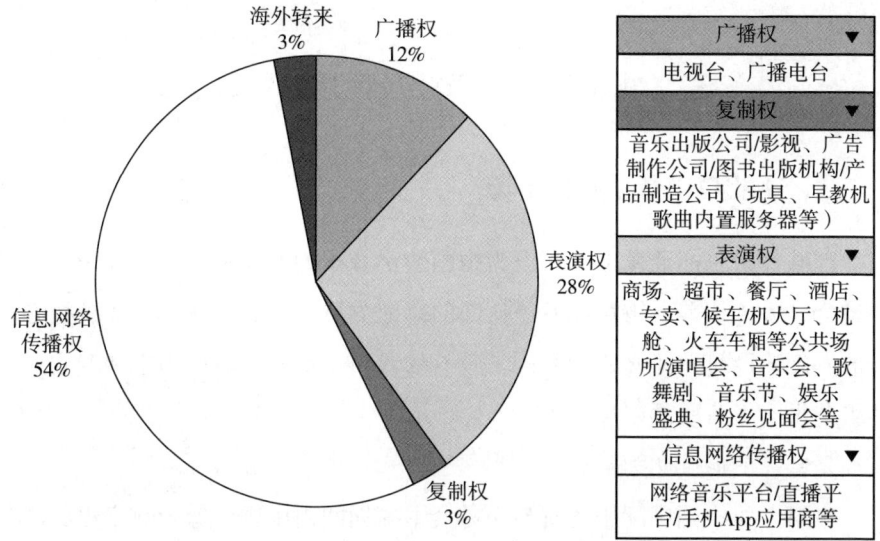

图8　2018年中国音乐著作权协会许可收入构成

资料来源：《3.16亿：音著协2018年许可收入再创新高》，中国音乐著作权协会网站，http：//www.mcsc.com.cn/imS-13-1794.html。

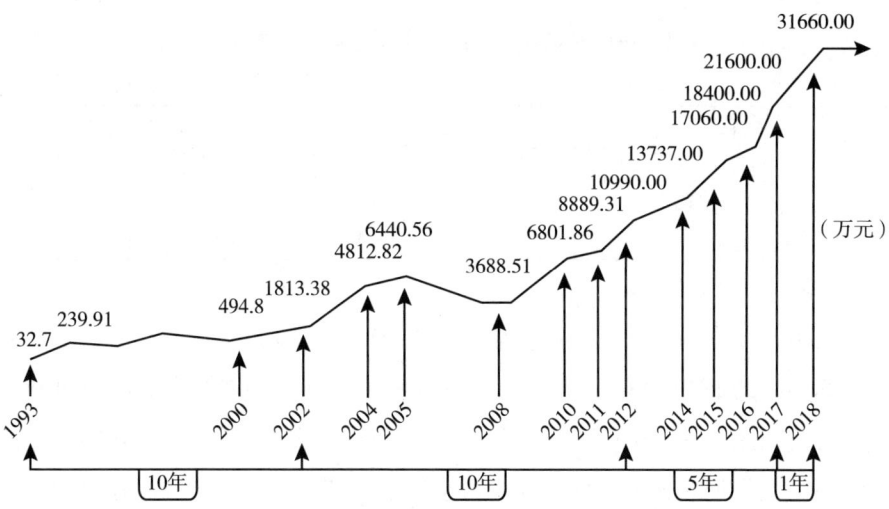

图9　1993～2018年中国音乐著作权协会许可收入

资料来源：《3.16亿：音著协2018年许可收入再创新高》，中国音乐著作权协会网站，http：//www.mcsc.com.cn/imS-13-1794.html。

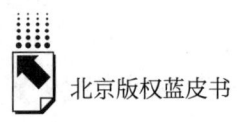

三 北京市音乐产业及音乐版权现状

（一）北京市音乐版权市场

区域性音乐产业基地的建设为中国数字音乐的发展提供了硬件设施、资源整合、人才培养、市场开发等方面的落地支持，为数字音乐产业链核心环节的发展建设打造了坚实的基础。政府的参与也从政策方面为本地音乐产业的繁荣带来了重要的引导作用。

1. 音乐产业基地发展

在第六届中国国际服务贸易交易会举办期间由中国音像与数字出版协会音乐产业促进工作委员会首次发布了《2019中国音乐产业发展报告——音乐产业集聚区发展专题报告》，该报告的总量数据主要来自北京、上海、广东、成都四个国家音乐产业基地的11个园区。

表2 2018年国家音乐产业基地（园区）盈利情况

单位：亿元，%

项目	金额	同比增长或降低
资产合计	235	5.04↑
营业收入总额	103	0.33↓
利润总额	14	40.95↑

其中，北京国家音乐产业基地成立于2011年12月，目前基地已发展为包括朝阳区的1919音乐产业基地、朝阳区的北京音乐创意产业园、西城区的天桥演艺区、平谷区的中国乐谷、西城区的中国唱片总公司创作园、海淀区的西山文化创意大道、朝阳区的数字音乐示范园区等七个园区在内的综合音乐产业基地。

目前，北京国家音乐产业基地拥有宣传推广平台、产业交易平台、出版发行平台、现场演出平台以及产品开发平台，定位于打造国际一流的音乐文化消费体验中心，服务全国的音乐创作制作中心、音乐出版发行中心、数字音乐制作及传播中心、音乐版权保护及交易中心、音乐产业综合服务中心。

2. 数字音乐平台代表——太合音乐

坐标北京的太合音乐集团是一家新型综合性音乐服务机构，致力于提供包括艺人经纪、版权宣发、娱乐营销、影视音乐以及数字音乐平台的服务，继2017年音乐领域的多项投资动作后，2018年太合音乐集团宣布完成10亿元人民币量级的新一轮融资，本轮投资方包括君联资本、国创开元和中泰创汇。除此之外，太合集团已在A股启动IPO进程。

表3　太合音乐集团

厂牌	音乐交互服务平台
1. 太合麦田(成立15年) 2. 海蝶音乐 3. 大石版权 4. 亚神音乐 5. 兵马司唱片等	1. 千千音乐(与百度合作) 2. 秀动网 3. Owhat 4. Lava 熔岩音乐 5. 百度乐播 6. 太合音乐人

表4　太合音乐集团旗下厂牌及发展布局

资本运作	已完成4轮融资，最近一轮于2018年，君联资本、国创开元和中泰创汇投资10亿元。除此之外，太合集团已在A股启动IPO，目前积极出售版权获取利润
版权内容	"自有+代理"模式坐拥1200万首正版音乐
艺人合作	15名全约艺人如许嵩、戚薇、BY2、薛之谦、曹轩宾、王啸坤等，100余名合作艺人如李健、古巨基、张信哲等
版权运营发行体系	集音乐版权独家代理、授权发行、宣传推广等业务于一体，覆盖中国、日本、韩国、新加坡、马来西亚、欧美等地区
业务布局	发展视听服务、线下演出、粉丝社区运营以及版权管理与分发平台，从上游的音乐人、词曲作者和音乐工作室等音乐创作方，到全球唱片公司的音乐录制方，再到数字音乐平台、O2O票务平台的音乐分发方
业务端口	覆盖TO P端(专业用户)、TO B端(企业用户)和TO C端(个人用户)

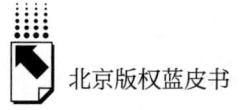

3. 独立音乐代表——摩登天空

扎根于北京的摩登天空是国内最大规模的新音乐独立唱片公司，也是颇具影响力的原创音乐公司。2019年夏天最火的综艺节目《乐队的夏天》中的热门乐队新裤子、痛仰、海龟先生都来自摩登天空。其签约艺人超过100组，全年举办超过30场音乐节。

过去的20年间，摩登天空已出品200余张唱片，囊括中国原创独立音乐精华。痛仰、谢天笑、舌头、新裤子、清醒、PK14、左小祖咒、重塑雕像的权利、后海大鲨鱼、周云蓬、万晓利、超级市场等，这些都是中国独立音乐发展路途中无法抹去的重要名字。如今，这些音乐人早已成为各自领域里的佼佼者乃至领军人物，这些唱片也为摩登天空赢得了无数海内外音乐奖项。

目前，摩登天空从最初的做唱片、艺人经纪逐渐发展为集合音乐版权、移动端票务、线下场地运营的多栖公司，并在2017年后实现营收的大幅增长，成为独立音乐的一大代表。

4. 领先技术代表——字节跳动

原创内容始终是平台最可靠和稳定的内容资源，作为目前国内最大的信息平台，总部同样坐落于北京的字节跳动对于原创内容生产也逐渐重视。

抖音短视频App作为字节跳动的重要产品，由于用户依靠背景音乐选取进行短视频创作，其在音乐版权领域的布局显得至关重要。2018年，抖音获得了环球音乐集团、索尼音乐娱乐以及时代华纳音乐集团三大音乐公司的授权许可，但在2019年春天，这些协议已经到期，目前抖音和音乐公司仍然在进行激烈的许可谈判。

除了版权合作，字节跳动对上游的音乐创作也进行了布局。根据外媒报道，字节跳动收购英国AI（人工智能）音乐初创公司Jukedeck，可能在后续版本中加入新功能。通过Jukedeck网页，用户只需要选择曲风、氛围和时间，便可以通过AI算法创作原创音乐，还可以根据个人需求进行剪辑和调整，比如调整音乐长度、节奏以及高潮，这十分符合抖音的风格。

在版权自查方面,以抖音短视频为例,设有App端以及举报邮箱官方投诉通道,可以24小时全天候受理投诉和举报。如果著作权权利人发现自己的著作权受到侵害,可以通过官方投诉通道进行举报,平台收到举报后会在第一时间进行核查处理。

与此同时,为解决视频搬运的技术对比难题,字节跳动也开发了国内领先的CID系统,每个视频内容上传后,会得到唯一的"内容指纹"文件,系统会将这个文件与其他上传到今日头条的视频进行对比,一旦发现侵权,视频版权方可立即让侵权视频下架。

这些举措为内容生产注入了活水,同时显示了字节跳动正在用独特的方式重新布局和开拓自身的内容生态圈,实现字节跳动内部的生态融合。

(二)北京音乐著作权保护情况

1. 相关政策、司法规则为音乐版权发展保驾护航

2017年伊始,文化部、中共中央办公厅、国务院办公厅相继印发了相关文件部署版权管理工作,充分体现了以习近平同志为核心的党中央对宣传思想和知识产权工作的高度重视,版权工作迎来重要发展新契机。

北京市高级人民法院颁布了《北京市高级人民法院侵害著作权案件审理指南》《最高人民法院关于审查知识产权纠纷行为保全案件适用法律若干问题的规定》等司法相关规则,对于提升包括版权在内知识产权案件的审判质量具有重要意义。

表5 2017~2018年北京市音乐版权相关政策

时间	发布部门	政策法规	阐述
2017年2月	文化部	《关于推动数字文化产业创新发展的指导意见》	首个明确提出"数字文化产业"概念的政策文件,涵盖动漫游戏、网络文学、网络音乐、网络视频等数字文化产品

续表

时间	发布部门	政策法规	阐述
2017年5月	中共中央办公厅、国务院办公厅	《国家"十三五"时期文化发展改革规划纲要》	首次将"音乐产业发展"列入"重大文化产业工程",从国家顶层设计上明确了音乐产业作为新兴战略文化产业的重要地位
2018年4月	北京市高级人民法院	《北京市高级人民法院侵害著作权案件审理指南》	涉及基本规定、权利客体、权利归属、侵权认定、抗辩事由等11个方面问题
2018年12月	最高人民法院	《最高人民法院关于审查知识产权纠纷行为保全案件适用法律若干问题的规定》	包括程序性规则、实体性规则、行为保全申请错误认定与处理、行为保全措施的解除等4个方面内容

2. 多措并举,持续加强对音乐版权重点监管

2018年7月至12月,国家版权局、国家互联网信息办公室、工业和信息化部、公安部开展"剑网2018"专项行动,针对新兴领域中的版权问题多措并举、重拳出击。专项行动期间,国家版权局持续加强对视频、音乐、文学网站的版权重点监管,抽查16家网站的2389部作品版权文件,责令下架侵权作品150部;公布7批72部作品版权预警名单,针对网络转载和短视频领域存在的突出版权问题,国家版权局集体约谈了趣头条等13家网络服务商和抖音等15家短视频平台商。通过整改,相关网络企业封禁降级14万个侵权自媒体账号,处理47万余篇侵权作品,下架57万部侵权短视频。在国家版权局的推动下,30余家主流财经媒体成立"中国财经媒体版权保护联盟",阿里巴巴、拼多多等单位与京版十五社、少儿出版反盗版联盟签订图书版权保护合作协议。①

2018年7月27日,北京市版权局、市网信办、市通信管理局、市公安局和市文化市场行政执法总队召开会议,正式启动北京市"剑网2018"专项行动。本次专项行动按照"严格保护,提升效能,分类监管,引导规范"的工作思路,以监管保护为手段,引导规范互联网企业建立健康有序的版权

---

① 《国家版权局通报"剑网2018"专项行动工作成果》,国家版权局网站,2019年2月27日。

机制，通过优质的正版资源供给让市民和公众有充分的获得感。①

北京市文化执法总队也在首都数字音乐市场版权保护方面多措并举：一是开展网站链接主动监管，强化对酷我、虾米、网易云音乐等主要音乐门户及存储空间监管，规范网站经营者提供作品、录音制品正版认证及采用K歌方式的经营行为；二是加强交易平台版权监管，重点强化对9家电子商务交易平台的管理，指导企业完善交易保护规则18项；依法关闭传播侵权盗版音乐作品未备案"黑网站"14家，核查经营地址及相关交易记录信息426项、删除断开侵权盗版音乐链接1800余条；三是强化重点音乐作品版权预警，关注著作权人和重点音乐作品网上动态，采取行政约谈、版权预警及情况通报等方式，加强网盘云服务、App客户端等新型网络传播平台监管，促进数字音乐作品的广泛授权和有序传播；四是支持数字音乐服务商开展版权自律，组织北京市15家网络音乐服务商、唱片公司和版权代理公司召开研讨，倡导通过"先授权、后传播"方式开展数字音乐版权保护自律，鼓励著作权利人和网民开展社会监督。②

四 音乐产业版权保护面临的问题

（一）新型侵权案件涌现，版权使用行为亟待定性

1. 短视频商用音乐版权侵权

中国短视频市场进入高速发展期，在资本、技术、平台、内容、用户的共同支撑下持续获得推动力量。③ 背景音乐片段作为短视频至关重要的一部分，对于短视频的整体风格、传播范围、受众群体等都产生着极大的影响。

---

① 《北京市启动"剑网2018"专项行动》，北京市人民政府网，2018年8月2日。
② 《北京市文化执法总队多措并举 强化数字音乐市场版权保护》，北京市文化市场行政执法总队网站，2017年3月30日。
③ 艾瑞咨询2018年1月发布的《2017年中国短视频行业研究报告》显示，2017年短视频市场规模达57.3亿元，同比增长达183.9%，预计到2020年市场规模将超300亿元。

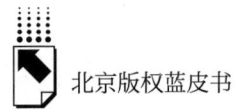

与短视频急速发展相伴的是日趋严重的版权侵权问题。平台上存在大量无版权的配乐短视频,不仅侵犯了音乐作品/制品权利人的合法权益,也为内容制作者和平台留下法律及商业隐患。短视频的作品性质决定了对数字音乐的使用需求,短视频平台能否拿到相关音乐作品/制品的信息网络传播权则显得至关重要。

针对上述情况,面对短视频平台海量的涉嫌侵权视频,利用音频加密和识别技术实现音乐版权检索、监控、预警、保护的管理与保护平台应运而生,VFine Music 也是其中之一。VFine Music 受日本独立音乐厂牌 Lullatone 之委托为其厂牌音乐进行网络监控,2019 年 7 月 23 日,VFine Music 起诉短视频 MCN 机构 papitube,控告后者侵犯 Lullatone 录音录像制作者权一案于北京互联网法院开庭,这也是国内首个短视频 MCN 机构商用音乐侵权案。

2. 直播平台音乐版权侵权

除短视频外,直播平台的音乐版权侵权行为也引发了广泛讨论。近期,音著协诉斗鱼平台的一起音乐版权纠纷因为涉及知名网络主播冯提莫而引发社会关注。

2018 年 2 月 14 日,网络主播冯提莫在斗鱼公司经营的斗鱼直播平台直播间进行在线直播。其间冯提莫播放了歌曲《恋人心》,时长约 1 分 10 秒(歌曲全部时长为 3 分 28 秒)。歌曲在播放时显示词曲作者为张超。播放该歌曲前,主播冯提莫与观看直播的用户互动说"一起安静听歌"。在播放歌曲《恋人心》的过程中,主播冯提莫与观看直播的用户进行解说互动,感谢用户赠送礼物打赏,并哼唱了该歌曲歌词中的"长江水"三个字。直播结束后,此次直播视频被主播制作并保存在斗鱼直播平台上,观众可以通过登录斗鱼直播平台随时随地进行播放、观看和分享。

音著协认为,歌曲《恋人心》的词曲作者张超与音著协签订了《音乐著作权合同》,斗鱼公司侵害了其对歌曲享有的信息网络传播权,起诉要求斗鱼公司赔偿涉案歌曲著作权使用费及合理开支共计 4 万余元。

值得注意的是,庭审中音著协明确:"本案所诉的侵权行为并不是主播在直播中的行为,而是直播后该次直播视频被上传到斗鱼直播平台供人观看分享的行为，斗鱼公司作为视频的权利人，直接侵害了音著协享有的信息网络传播权，应当承担侵权责任。"

在网络主播冯提莫与斗鱼公司签订的《斗鱼直播协议》中有这样的规定："直播方在斗鱼公司平台提供直播服务期间产生的所有成果的全部知识产权（包括但不限于著作权、商标权等及相关一切衍生权利）、所有权及相关权益，由斗鱼公司享有。"据此，法院认为斗鱼公司并不是通常意义上的网络服务提供者。一般情况下，网络服务提供者如果提供的仅是自动接入、自动传输、信息存储空间、搜索、链接、文件分享技术等网络服务，网络用户利用网络服务实施侵权行为的，按照《中华人民共和国侵权责任法》第三十六条的规定，在接到被侵权人通知后，网络服务提供者及时采取删除、屏蔽、断开链接等必要措施的，则可以免责。而斗鱼公司所有的斗鱼直播平台不同，凡在斗鱼直播平台上进行直播的主播均要与斗鱼公司签订《斗鱼直播协议》，在协议中详细约定双方的权利义务、服务费用结算以及直播方应承担的违约责任，最重要的是约定了斗鱼公司虽不参与创作，但直播方成果归属斗鱼公司。这说明斗鱼公司不仅是网络服务的提供者，而且是平台上音视频产品的所有者和提供者，并享有这些成果所带来的收益。在这种情况下，虽然其在获悉涉案视频存在侵权内容后及时删除了相关视频，但也不能就此免责。既然斗鱼公司是这些成果的权利人，享有相关权益，其自然应对该成果产生的法律后果承担相应责任。至于斗鱼公司在对外承担相应侵权责任后，如何追究主播的责任，属于斗鱼公司与主播之间的内部关系，其可以按照双方的约定另行主张。①

北京互联网法院一审判决斗鱼公司赔偿2000元及因诉讼支出的合理费用3200元。斗鱼公司不服判决，上诉至北京知识产权法院，北京知识产权法院终审判决驳回上诉，维持原判。该案为直播平台在音乐版权侵权案件中的身份定位及侵权责任提供了值得借鉴的经验。

---

① 隋明照：《冯提莫放〈恋人心〉，斗鱼被罚，这是什么操作？》，中国新闻出版广电报"版人版语"微信公众号，2019年8月21日。

3. 车载音乐版权使用定性

据北京海淀法院网消息，因认为高档网约车"滴滴豪华车"业务未经其许可利用车载播放器播放录音制品《〈古剑奇谭〉原声音乐集》中的五首歌曲，构成著作权及录音制作者权侵权，上海烛龙信息科技有限公司、北京网元圣唐娱乐科技有限公司遂将"滴滴豪华车"经营商北京小桔科技有限公司、滴滴出行科技有限公司诉至法院，要求其停止侵权、赔礼道歉、消除影响，并赔偿经济损失200万元。目前，该案件在进一步审理中。

以此案件为标志，利用车载播放器在商业经营的网约车环境中播放歌曲的使用定性问题，也随着技术和商业模式的发展浮现到大众面前，成为新时代音乐版权领域的又一待探讨问题。

（二）原创音乐发展问题

近年来，国内音乐市场逐步得到升温发展，音乐版权也走上规范发展的道路。为了进一步拓展音乐版权外的增量市场，获取更为优质的上游内容，各大平台、音乐机构纷纷推出了原创音乐人扶持计划，使原创音乐人走到了"最好的时代"。随着数字音乐的持续发展，本土原创音乐的内容首发、传播和孵化、用户参与传播都集中发生在互联网。传统模式的歌曲创作和传播已经不再有效，原创音乐需要一个基于互联网平台相对健康的新架构。但音乐听众更关心的是，互联网如何推动国内原创音乐的品质提升，改变当前"好歌曲"缺乏的现实。

与此同时，由音乐发行门槛降低所带来的原创音乐品质参差不齐的问题似乎永恒存在，如何选拔与扶持优秀的原创音乐人，发展优质的原创内容也是全行业面临的破局难题。

各类音乐综艺层出不穷，但嘉宾与选手重合率奇高，优秀的词曲作者及制作人更是凤毛麟角，中国音乐市场缺乏完整梯队，除了"自我生长"的独立音乐人，传统行业规范下的词曲作者、制作人、编曲人等工种都丧失了成长的空间和时间。找不到创作音乐的原动力、不清楚自己音乐的受众、音乐版权意识有待提高、音乐收入来源少等问题都成为本土原创音乐发展的痛点。

（三）音乐版权价值分配

从音乐制作的产业链来看，包括词曲作者、演奏者、制作人、编曲人、录音师、混音师、母带工程师等在内的幕后音乐工作者为音乐的制作产出付出了极大的心血。在目前的音乐制作的流程中，歌手（表演者）、词曲作者、编曲人、制作人、录音师、混音师、母带工程师的数量呈现递减趋势。

产生这种问题的原因是行业内大部分幕后音乐工作者不署名或署名错误，大量词曲作者无法保证自己拥有创作的歌曲的财产权，市场地位不平等，词曲财产权利被唱片公司一次性买断。在与唱片公司、版权代理公司的谈判当中维持平等地位以及掌握话语权的词曲作者依然是少数。作为幕后工作者，在与唱片公司、版权代理公司进行谈判时，即便部分比较注重版权的词曲作者会拒绝词曲财产性权利被买断，仅通过许可的方式进行授权，但是相当一部分从业者的版权理论和实务知识依然停留在初阶水平，在签订版权合约时容易产生纰漏，从而导致后期使用过程中产生版权纠纷。

在目前的音乐市场和音乐版权交易环境下，版权许可多是通过作者和被授权方之间签订的保密协议和版权许可协议进行的。权利人常常无法自由地与他人协商许可条款并授权。由于合约签订不明确、双方信息不对称和第三方以及流媒体平台分配版税不透明，很多版税根本回流不到词曲作者手中。即便词曲作者保留了收取版税的权利，但是缺乏明确公开的监管，权利人对于作品的授权规则、使用形式、授权对象都不了解，也没有渠道进行追寻。

五 版权问题解决方案

（一）版权保护进一步加强，政策法规跟进

1. 充分认可音乐版权的价值

对版权保护的加强需要建立在对音乐版权价值的认同上，需要承认音乐在文化和经济层面的价值，承认音乐创作者、传播者的重要作用。音乐不仅

具有文化意义，而且能创造就业、推动经济增长和促进数字创新，因而无论是在国际贸易协定、版税诉讼或其他方面，都应当体现对音乐价值的认可，无论使用方式多么多样化，对音乐版权的使用规则都必须公平体现。

随着以网络著作权资源为核心的数字音乐等文化创意产业的迅猛发展，在对我国网络著作权的创造、管理、运用、保护的过程中，对于网络著作权的价值评估需求也不断增加。著作权的价值体现在"作品是否有传播的相关权利"，主要是通过法律保护其垄断性而产生的收益，作品传播方式的便捷程度、传播范围和广泛程度、传播成本的高低以及传播受众的多少是其价值实现的途径。[①] 对于网络著作权而言，其市场需求主要是由对其的利用方式和程度决定，而这也代表了其蕴含的市场价值。

在对网络著作权侵权赔偿进行认定时，应以价值为导向，科学进行评估。我国现有立法中，关于著作权侵权及损害赔偿的规定散见于《民法通则》第118条、第120条，《侵权责任法》第2条、第15条、第20条，《著作权法》第47条、第48条，以及《信息网络传播权保护条例》《最高人民法院关于审理涉及计算机网络著作权纠纷案件适用法律若干问题的解释》《最高人民法院关于审理侵害信息网络传播权民事纠纷案件适用法律若干问题的规定》中。这些规定大部分集中在对侵权行为本身的定性或仅划定赔偿的数额分界线，但对于著作权侵权赔偿的具体认定，在方式、方法、人员、价值考量上，依然没有较为明确且可操作性强的指南。网络著作权侵权案件数量逐年激增，但因网络侵权案件的复杂特性，对网络著作权的价值把握难度增大，法官判决中对于网络著作权损害赔偿的说理与计算过程都较为简略，认定赔偿额时，未从价值本身的角度出发，甚至避开了对于赔偿认定的具体计算标准和价值参照，对于作品的市场需求、利用方式、利用程度等综合考量较少，更未对上述影响著作权的价值因素进行科学测算。

---

① 袁煌、侯瀚宇：《版权价值评估对象及其价值影响因素探讨》，《无形资产评估》2011年第8期。

在建设创新型知识强国和繁荣数字文创产业的过程中,尊重和保护著作权价值是理论基础。司法裁判作为终局性认定标准,是保护著作权人利益的最后防线,其显示了司法保护中的价值判断和选择,对后续相关案例及著作权司法定价提供了参照。因此,在司法裁判中,更应充分重视知识产权的价值,以期对著作权保护起到良性带动作用。

2. 在清晰的法律框架内建立公平的版权交易规则

针对目前音乐版权许可中产生的问题,应建立平衡清晰的法律框架,以使每个人都能理解应当如何合法使用音乐。这个法律框架应当通过专有权的方式赋予权利人充分的保护,同时允许在适当情况下确立有针对性的例外。在该框架内,让社会公众理解版权保护和收费使用的必要性,引导音乐许可条款的公平签署,给予权利人授权的自由度和决定权,建立透明规范的授权、监测和计费体系,使所有版税收益的流向透明化。

因此,要积极构建严格保护下的音乐版权交易模式,充分考量音乐版权产业链的各个环节,积极平衡各方利益,既要有效维护音乐版权秩序,又要建立良好的音乐版权生态,推动音乐产业健康发展。

(二)持续提高用户版权意识及付费意愿,推动付费习惯形成

数字音乐行业在中国发展历时数十年积累了庞大的用户流量,2017年数字音乐行业的用户规模已超过7亿。自政策加强整肃以来,中国数字音乐的用户付费开始起步,并于2018年达到5.3%的水平,相较过去几年而言已经实现了翻倍的增长。但对比美国(2018年数字音乐用户付费率已达到46.4%),中国数字音乐用户付费的发展仍处在起步阶段,仍然需要培养用户对音乐内容的付费意识。[①] 下一阶段应当重点培养消费者对数字音乐的消费习惯,引导消费者的消费心态,大力宣传版权保护的相关法律规定,使用户产生自觉购买正版产品、抵制盗版产品的意识和习惯。

伴随着《著作权法》的第三次修订,对于著作权保护的探讨全方位逐

---

① 艾瑞咨询:《中国数字音乐内容付费发展研究报告》,2019年7月17日。

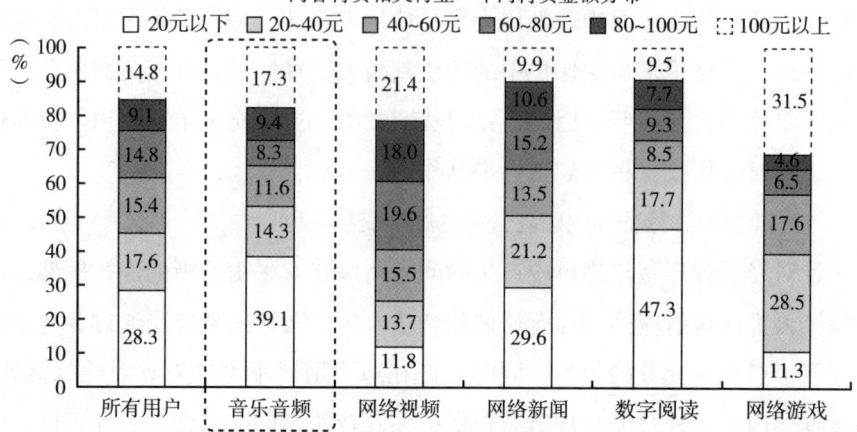

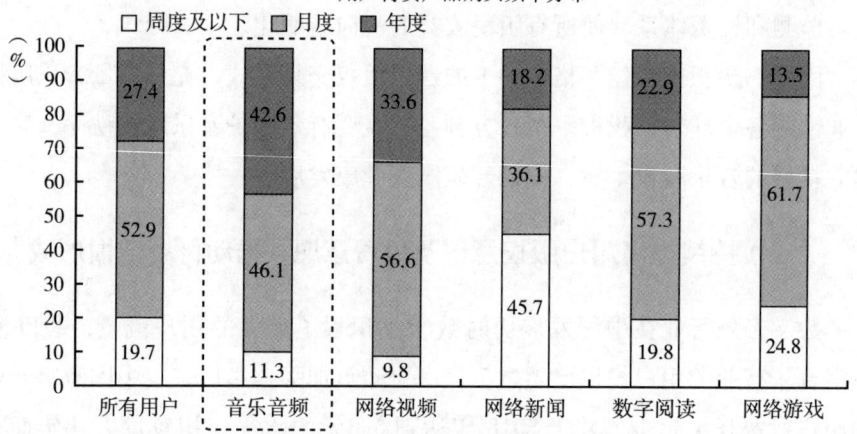

图10　内容付费相关行业数据调查

资料来源：易观分析：《2018年中国数字音乐行业用户付费发展报告》，2019年4月15日。

层深入。网络版权产业出现的问题有望被法律规范进行具体调整，知识产品的付费模式也在逐渐规范明晰，全社会的版权观念与知识付费意识已有所提升，网络作品的正版率逐渐上升，版权状况情况得到改善，版权意识和权利边界划分愈发清晰，中国版权产业开始与内容价值与渠道利益规定明确的国际版权市场接轨。

经历了技术和资本变换的产业升级后，网络版权产业开始朝向多元结构发展，互联网用户的消费习惯也升级了，对于优质内容的付费意愿大幅提高，传统的流量模式难以满足用户日益增长的对分类精细、优秀原创内容的需求。

网络版权产业中，无论是网络服务商还是网络作品的著作权人，其收入和盈利已不再仅仅依靠作品附带的广告服务，产业显现出由广告服务费向音乐内容付费升级的趋势。产业关注的重点由搭建流量平台转向促进优质内容生产，倾力打造优质内容资源，促进创新作品的涌现并使其市场价值最大化。而对于优质内容来讲，最为重要的是作品的创新性。

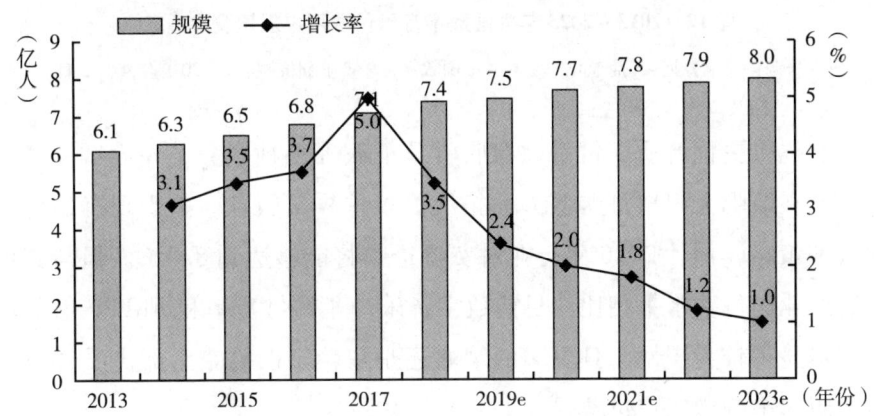

图11　2013~2023年中国数字音乐用户规模及增长率

资料来源：艾瑞咨询：《商业化的复兴：中国数字音乐产业研究报告》，2019年4月2日。

作为最先推出数字专辑的互联网音乐平台，TME的数字专辑售卖情况也可以作为探索市场对音乐付费态度的风向标。从2014年底周杰伦的《哎呦，不错哦》开始，作为一种新的数字音乐消费模式，由QQ音乐率先推出的"数字专辑"已经推行了超过4年，4年中Eminem、蔡徐坤、R1SE、TFBOYS等头部艺人的数字专辑销量破百万的事实已可以从侧面印证数字专辑的销售可以有效地激发用户的付费意愿。另外，数字音乐平台目前也普遍推出音乐包购买、增值会员等模式，为音乐包用户和增

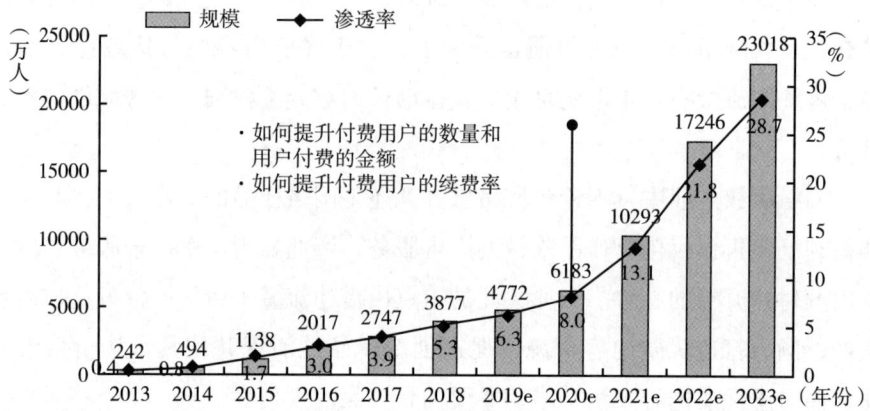

图12 2013~2023年中国数字音乐付费用户规模及渗透率

资料来源:艾瑞咨询:《商业化的复兴:中国数字音乐产业研究报告》,2019年4月2日。

值会员提供更优音质、付费歌曲收听及下载等多种服务,并尝试针对付费会员在演唱会门票订购等方面拓展更多差异化服务。基于现有的付费模式和策略,预计2020年行业付费渗透率将能够达到8.0%。但与其他内容产业的付费水平相比,目前数字音乐产业的付费率和ARPPU值的增速仍然显得较为缓慢,且更多的策略还是依赖于以抢夺头部优质音乐内容的版权来刺激用户付费。①

(三)技术发展为版权保护及交易带来新思路

1. 区块链技术在音乐版权记载及收益分配中的应用

音乐作品的传播一直与技术改革紧密相连。有赖于互联网的发展,音乐作品的复制成本降低,极大地便利了作品广泛传播的同时,带来了音乐版权维权成本的高升。因此,互联网环境下著作权保护体系的重构,必须适应技术去中心化所导致的控制力弱化的特点。②

---

① 艾瑞咨询:《中国数字音乐内容付费发展研究报告》,2019年7月17日。
② 孟兆平:《网络环境中著作权保护体系的重构》,北京大学出版社,2016,第19页。

在现有的音乐版权授权方式中，中心化机构授权代表是著作权集体管理组织，但其提供的收取固定费用的一揽子许可，虽然会根据作品潜在受众规模或营收、用途、用户的不同而调整，但不会针对作品本身的质量、特点、热度而在许可费上加以区分。

区块链技术可以在音乐作品版权的初始分配阶段，实现简单精准的版权内容及所有者登记，公平、高效地维护著作权人的合法权益。当消费者产生作品使用需求时，可以基于区块链便捷查询到音乐作品的权属信息，降低搜寻成本。当发生版权权属纠纷时，权利人通过展示作品在区块链上登记时所生成的数据指纹，便可以证明自己早在某一时刻就已拥有该音乐作品的权利。如果对方无法提供时间点更早的数据指纹、版权登记证书等合法证据，就能很容易推定出作品的创作者。区块链记载的数据无法篡改且高度透明，可为音乐作品提供具有法律效力的数字证明。① 借助区块链运营数字音乐作品，能够真实有效地记录音乐作品的创作者、权属状态、交易价格等信息，进而形成不可篡改的"去中心化共享总账"，以解决数字作品极易被私人复制、非法传播的困扰。就此意义而言，区块链技术实现了互联网从"传递信息"到"传递价值"的进化，并为此提供了新的信任创造机制。② 这将有助于降低消费者收集作品权利信息和权利人事后维权举证的成本，成为版权记载及版权收益分配的有益尝试。

另外，区块链技术在音乐版权领域的运用也有其现实困境。由于区块链的数字加密技术，作品上传者极易隐藏其身份，导致如有侵权作品上传难以精准确定侵权人；而纯粹由网络用户管理的去中心网络，也可以导致权利人丧失通过起诉技术平台来间接规制侵权作品传播的能力。在完全去中心的互联网上，没有任何现实的禁止侵权者的方法，这将给权利人带来新的

---

① 张怀印、马然：《著作权侵权案件中电子证据"可信时间戳"的合理运用》，《中国版权》2016 年第 4 期。
② 文剑、吕雯：《区块链将如何重新定义世界》，机械工业出版社，2016，第 172~173 页。

挑战。①

2. 利用技术发展将版权利益划归版权方

音频指纹匹配技术系统为版权保护提供了全新的思路，在技术升级下，对于音乐作品的版权使用费可以统一标准，在互联网平台中即使出现盗版侵权音乐，也可以利用音频指纹匹配技术将侵权作品与正版作品进行匹配，并根据版权记载及时通知版权方相应的侵权情况，由版权方决定是将侵权作品直接下架还是将未下架的侵权作品按照平台的点播率等因素参照版权使用费进行收费。作品版权方可以选择直接让侵权视频下架，也可以允许其继续运营并把收益划归到版权方，这将有效保障作品版权方的利益。

（四）健康产业生态的建构

1. 平台方：增加授权内容，完善侵权审核权期

版权法中的"避风港"规则源于美国1998年《数字千年版权法案》（Digital Millennium Copyright Act，DMCA）第512条，是指网络服务商在符合一系列条件的情况下有权免于版权侵权责任。该规则是为了对网络环境中版权人与网络服务商以及用户之间的利益进行平衡，其后被包括欧盟、日本在内的众多国家和地区所沿继，我国《侵权责任法》第36条以及于2013年修订的《信息网络传播权保护条例》中的相关规定也是对"避风港"规则的移植。

"避风港"规则一方面规定网络服务提供者对第三方内容不承担一般性审查义务；另一方面也规定网络服务提供者在特定条件下不承担侵权的损害赔偿责任，② 这里的特定条件通常指网络服务提供者收到权利人通知后，采取了删除等必要措施，所以"避风港"规则也常被称为"通知—删除"

---

① 孟奇勋、李靖：《区块链视角下音乐版权保护路径变革研究》，《科技与法律》2018年第6期。

② 熊文聪：《避风港中的通知与反通知程序——中美比较研究》，《比较法研究》2014年第4期。

规则。因此，网络服务提供者不承担一般性审查义务是"避风港"规则的重要组成部分。①

"避风港"规则无法成为网络服务商永远的护盾，在"通知—删除"规则下，只有服务提供者在接到通知并删除侵权内容后确保这些侵权内容不会再次出现，提供者才可免责。如果提供信息存储的网络服务商实际知晓侵权行为或者侵权行为达到明显的程度，并对侵权作品没有及时予以移除或屏蔽，那么其将承担间接侵权的责任而无法驶入责任免除的"避风港"。

在音乐版权领域，如果某些网络服务商竭力逃避获得音乐许可的义务，或将导致市场的不公平竞争，忽视了音乐版权的应有价值，同时剥夺了所有音乐创作者为其工作和投入获取合理回报的机会。网络产业发展到一定程度，从技术上已经能够实现对于侵权内容的监测，在这种情况下无论国内还是国外，大家对于"避风港"规则的适用都越来越谨慎，对网络的侵权会采取相对严格的态度，这是一个明显的趋势。对于此种情况，所有可能被利用来传播侵权音乐作品的中间力量，包括托管和接入提供商、搜索引擎、支付提供商、广告商，甚至域名注册商，均应当作为勤勉的商业运营者，对侵权行为履行注意义务，在需要获取版权授权的传播途径中拓展或增加音乐版权的授权许可使用。在"通知—删除"规则下，平台方亦应明确接收到权利人通知后对涉嫌侵权作品的审核流程及工作期限，收到投诉时须尽快响应，若无法立即删除需及时回复投诉方或权利人处理进度，尤其在完成删除的情况下，应尽快回复权利人删除情况，以避免部分权利人以此为借口滥用诉权。

2. 职能部门：监管履职，引导市场健康发展

职能部门所需要监管的领域与企业相比更为多元与复杂。单从音乐内容作品来看，政府职能部门主要是对市场上较为严重的问题进行监管，其在监管中主要以决策者、执行者的身份，起到内容传播前、版权问题发生后的引

---

① 姚志伟：《公法阴影下的避风港——以网络服务提供者的审查义务为中心》，《环球法律评论》2018年第1期。

导、决定作用。

网络环境中,一项著作权侵权行为的发生常常关联着深刻的利益推动,也极有可能预示着新的商业模式的出现,其中蕴含了巨大的经济和社会动因。作为职能部门,在出现侵权事项及损害后果之后,通过科学的考量确定侵权判定标准与赔偿范围,一方面达到弥补权利人损失的效果,另一方面依据实际促进版权市场发展,减少恶意版权纠纷,降低著作权权利壁垒,从根本上调节各方利益,对已经出现或即将出现的商业模式进行规制,对网络版权产业的参与者进行行为引导。

3. 促进产业联动,开展广泛版权合作

未来,为满足用户更多的收听场景需求,中国音乐产业将趋向于线上与线下联动,而以政府为主导的第三方支持机构也参与到数字音乐产业链的运营和线下拓展工作当中。在新的版权环境中,版权之争实质上是利益之争,而利益之争最好的解决方法是在现有法律框架内通过合作,获取同步发展,实现市场共赢。①

在实现正版化的基础上,促进音乐创作的繁荣和音乐产业的发展,开展广泛的产业联动,深入产业链上游,通过唱片公司发掘培养、独立音乐人持续孵化、平台选秀等方式产出优质内容,同时发展音乐平台版权内容库、发展音乐IP并联通下游的音乐节、综艺、影视剧、游戏等形成泛娱乐板块的联动,让社会公众享有更好的音乐产品服务,形成一条完整的音乐版权产业链,并且带动中国音乐版权价值在未来的持续增长,是未来音乐版权市场持续发展的方向。

---

① 彭桂兵:《合作共赢:新媒体版权理念之核心》,《传播与版权》2015年第2期。

B.5
2018年北京软件产业版权发展报告

丛立先 起海霞*

摘　要： 2018年，我国版权宏观环境和生态环境不断改善，著作权人版权保护意识显著提升，软件著作权登记数量持续增长。随着我国软件业加快转型调整，产业结构持续优化，软件定义深入发展，软件业全面融入经济社会各领域。云计算、大数据、人工智能、物联网等新兴技术成为产业发展支柱，开源软件持续引领技术创新。同时，产业核心技术缺失，软件产业链低端融合，软件企业的开源影响力有待提升，软件行业人才数量性和结构性短缺，以及缺乏国际龙头企业等问题突出。为此，应当聚焦开发重大共性软件和基础软件，加大核心技术创新支持力度，推进开源模式的新型软件产业生态建设，加强创新型、复合型的领军软件人才培养，推动我国软件品牌建设。

关键词： 软件登记　软件产业　开源软件

党的十八大以来，我国软件产业增速始终位居国民经济各行业前列，在经济发展中起到了"风向标"和"火车头"作用。[1] 软件产业不仅能创造

---

* 丛立先，华东政法大学知识产权学院教授、博士生导师；起海霞，北京外国语大学法学院博士研究生。
[1] 《数字经济占GDP 34.8%，软件产业成"火车头"》，第一财经网，2019年6月10日。

十分可观的经济效益,而且由于其强大的渗透和辐射作用,对经济结构的调整优化、传统产业的改造提升和全面建成小康社会都起到重要的推动作用。同时,随着新一代信息基础设施日益完善,技术红利、数据红利、应用红利等多期叠加,乘数效应加速市场引爆,为北京市软件产业发展打开了新的空间。北京市作为全国软件产业的引领者,2018年实现软件著作权登记量和产业发展全国领先。建设科技创新中心、发展高精尖产业为北京软件产业提出了新的需求,信息化浪潮的纵深发展为北京软件产业带来市场空间的同时,也带来了新的挑战。

一 2018年软件著作权登记数据

我国软件著作权登记率不断提高,覆盖范围逐渐扩大,软件登记信息逐渐成为直观体现我国软件产品研发情况的重要数据指标。因此,充分利用大数据,从软件研发创新能力的角度来看历年登记数据的变化趋势,可以客观反映出我国软件产业的发展变化,找到现阶段存在的问题,并有针对性地提出发展建议,给北京市在软件产业布局、政策扶持、短板提升等方面提供数据支撑和决策参考,有助于政府各项资源的统筹运用,更好地服务于本地软件产业发展和提升软件版权保护水平。[1]

近几年,我国颁布出台了多项激励企业技术创新、促进自主创新的政策措施。这从根本上优化了版权保护环境,使软件著作权登记意愿大幅提升。另外,中国版权保护中心通过开发和应用著作权登记信息系统、建设版权登记服务大厅、优化登记工作流程等方式,不断提升登记服务能力和服务水平,致力于满足著作权登记需求,为软件登记数量的增长提供了平台保障。[2] 在2017年软件登记量迅猛增长的势头下,2018年全国软件登记数量迈上百万量级台阶,北京市软件登记量也呈现持续增长态势。

---

[1] 袁舒婕:《软件著作权登记:"精准"比"量大"更重要》,《中国新闻出版广电报》2017年3月2日。
[2] 邹韧:《跳跃式增长反映软件产业创新力》,《中国新闻出版广电报》2018年5月31日。

（一）全国软件登记数量迈上百万量级台阶

随着我国建设创新型国家和世界科技强国战略的实施，在国家政策扶持和市场需求拉动的双重作用下，我国软件创新热情显著提升。继2017年我国软件登记量跳跃式增长后，2018年我国软件登记数量继续呈现跨越式增长的发展态势。中国版权保护中心发布的《2018年度中国软件著作权登记情况分析报告》显示，2018年我国计算机软件著作权登记数量迈上百万量级台阶，达1104839件，同比增长48.22%。我国自1992年实施软件著作权登记制度，2018年100万件的计算机软件登记数量较1992年已增长超过1万倍。自2011年以来的计算机软件登记量累计约320万件，占近30年登记总量的91%。[①]

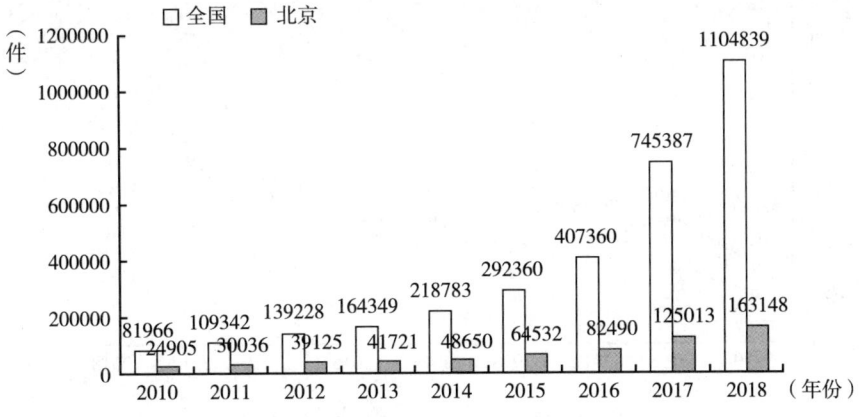

图1 历年全国及北京地区软件著作权登记发布的数量

资料来源：2010~2017年数据来自中国软件行业协会发布的《中国软件和信息技术服务业发展研究报告》和中国版权保护中心历年发布的《中国软件著作权登记情况分析报告》；2018年数据来自中国版权保护中心。

（二）北京软件登记难以维持高增速

北京市作为全国软件创新名城，自主创新发展成效显著。据中国版权保护中心数据，2018年北京软件著作权登记量达163148万件，占全国比重

---

① 《2018年我国软件著作权登记达110.48余万件》，中国知识产权资讯网，2019年3月28日。

14.8%。结合图1和图2来看,北京的软件著作权登记量呈现持续增长态势,但北京软件登记数量增幅低于全国增幅,其中2018年全国软件著作权登记数量增长速度为48.22%,北京软件增速则低于全国增速约18个百分点。从图2反映的数据来看,无论是全国还是北京,2017年为近10年来软件著作权登记数量增长速度最快的年份。2018年,北京增长速度比2017年的49.7%下降19.2个百分点,而全国增速则比2017年的83.00%下降接近35个百分点,北京增速下降幅度小于全国。2017年全国和北京软件登记基数都达到较大数值,导致2018年增速难以继续保持高数值。随着软件登记基数数值的增加,维持登记数量高增速也愈发困难。

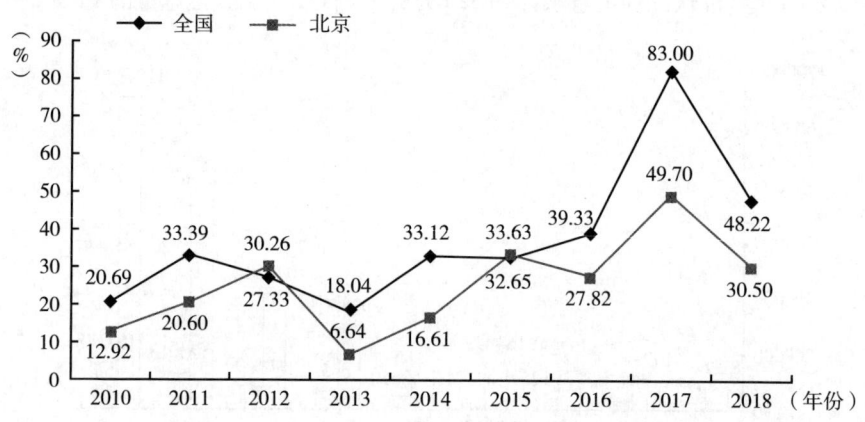

图2 全国及北京地区软件著作权登记数量同比增速

资料来源:2010~2017年数据来自中国软件行业协会发布的《中国软件和信息技术服务业发展研究报告》和中国版权保护中心历年发布的《中国软件著作权登记情况分析报告》;2018年数据来自中国版权保护中心。

北京软件登记量的增速低于全国平均增速,导致北京软件登记量全国占比呈现逐年下降趋势,从图3的数据可以发现,北京软件登记量全国占比从2010年的30%持续降至2018年的14.8%。从全国登记区域分布情况看,我国整体区域分布并未发生明显变化,东部与其他地区相比较,显示较强的创新实力和较高的登记意愿。据统计,2018年东部地区登记量接近80万件,占全国登记总量的72.78%。在国家政策的鼓励下,全国各地区都积极发展软件产业,尤其以东北地区为代表。2018年,东北地区虽然软件登记量相对较少,但软件登记量增速高达90%,比全国整体增速高出约42个百分点,成为全国增长最快的地区。①

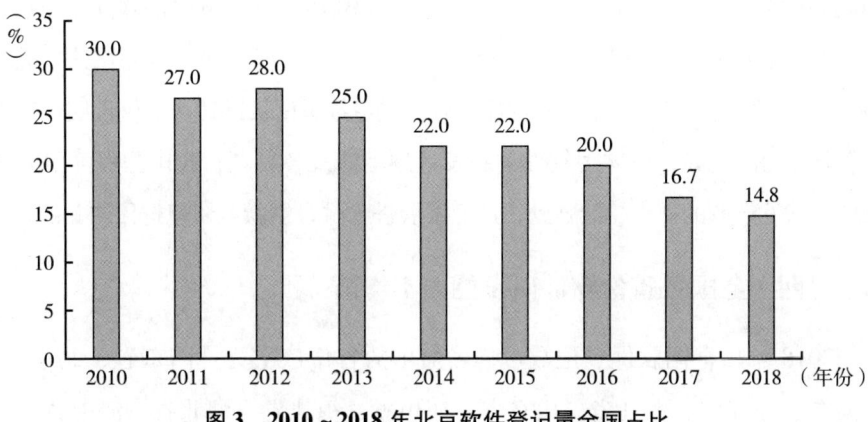

图3 2010~2018年北京软件登记量全国占比

资料来源:2010~2017年数据来自中国软件行业协会发布的《中国软件和信息技术服务业发展研究报告》和中国版权保护中心历年发布的《中国软件著作权登记情况分析报告》;2018年数据来自中国版权保护中心。

(三)热点领域软件登记数量持续增加

2018年,全国App软件、游戏软件、金融软件、医疗软件、教育软件、物联网软件、云计算软件和信息安全软件等各类热点领域软件登记数量均较上一年度有不同程度的提升。从全国各类热点领域软件登记情况看,App软件登记量为273204件,与2017年相比绝对增加量达118227件,同比增长76.29%。App软件登记数量在软件登记总量中占比为24.73%,约占登记总量的1/4。随着智能手机的普及,人们在沟通、社交、娱乐等活动中越来越依赖手机App软件,2018年登记的每4件软件中,就有一件是App软件。② 工业领域的软件因其鲜明的行业特色,在《工业互联网App培育工程

---

① 中国版权保护中心:《2018年度中国软件著作权登记情况分析报告》,2019年3月28日。
② 《2018年我国软件著作权登记破百万件》,《光明日报》2019年4月1日。

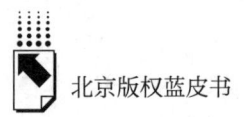

实施方案（2018~2020年）》等政策颁布实施和软件定义不断深化的背景下，成为推动软件产业与工业业务场景深度融合的重要手段。①

人工智能、智慧城市等类别的软件登记数量增长迅猛。人工智能软件登记量为14096件，比上年增加了7187件，同比增长104.02%。智慧城市软件登记量为1341件，比上年增加了392件，同比增长41.31%，呈现不同程度的快速发展态势。② 人工智能、智慧城市等新兴领域软件登记数量增长迅猛，不仅说明中国软件创新能力的提高，还体现软件创新发展逐渐涉及各领域，我国国民经济各个领域对软件产业的需求持续强劲，产业发展进入融合创新、快速迭代的关键期。

（四）全国各省份软件研发能力不均衡

2018年，全国软件登记数量排名前十的省份依次为：广东省、北京市、上海市、江苏省、浙江省、山东省、四川省、福建省、湖北省、河南省。上述地区软件登记总量超过85万件，约占我国登记总量的77.38%。其中，广东省从2016年至2018年连续三年登上我国软件登记量榜首，2018年登记软件近28万件，占我国登记总量的24.28%，而北京市2018年依旧未能扭转软件登记量排名第二的局势。③

《2018年度中国软件著作权登记情况分析报告》根据软件登记数量将我国360余个城市划分为五个梯队：10万件以上登记量划入第一梯队，5万~10万件登记量划入第二梯队，1万~5万件登记量划入第三梯队，5000~1万件登记量划入第四梯队，5000件以下登记量划入第五梯队。统计结果显示，前三梯队主要为我国一线城市，软件登记总量所占比例高达74%，但是城市数量全国占比仅为6%。这组数据反映出全国各省份软件研发能力不均衡，一线主要城市软件研发创新能力较强的现状。④

---

① 余悦：《软件势力崛起，搅动制造业格局》，《今日制造与升级》2019年第7期。
② 工业和信息化部运行监测协调局：《2018年软件和信息技术服务业统计公报解读》，中华人民共和国工业和信息化部网站，2019年2月1日。
③ 中国版权保护中心：《2018年度中国软件著作权登记情况分析报告》，2019年3月28日。
④ 赵新乐：《软件著作权与著作权人登记量双升》，《中国新闻出版广电报》2019年4月4日。

二 2018年软件产业基本概况

鉴于业务收入、产业规模、利润总额、就业人数等表征因素在一定程度上能反映软件产业的发展水平。[①] 本报告选取上述表征因素对全国和北京软件产业的发展情况进行简要介绍。

（一）全国软件产业发展概况

2018年，全国软件业累计完成业务收入63061亿元，同比增长14.2%。信息传输、软件和信息技术服务业增加值比上年同期增长30.7%，增长速度位居国民经济各行业之首，占GDP比重达3.6%。可见，软件产业已成为推动我国经济增长的重要力量。[②]

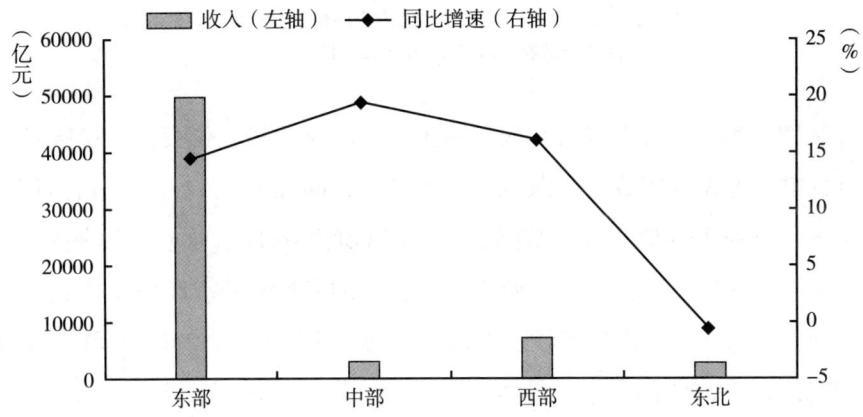

图4　2018年中国各地区软件业业务收入及同比增速

资料来源：工业和信息化部运行监测协调局：《2018年软件和信息技术服务业统计公报解读》，2019年2月1日。

[①] 郭壬癸、乔永忠：《版权保护强度与软件产业发展关系实证研究》，《科学学研究》2019年第6期。

[②] 龚新：《软件和信息服务业作用凸显》，《中国信息报》2019年2月11日。

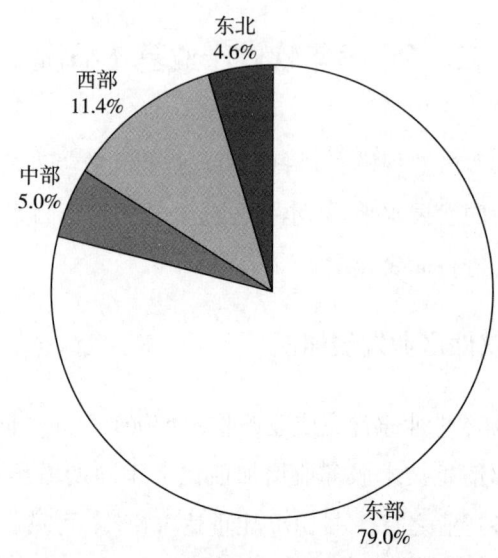

图 5　2018 年中国各地区软件业业务收入占比

资料来源：工业和信息化部运行监测协调局：《2018 年软件和信息技术服务业统计公报解读》，2019 年 2 月 1 日。

从图 4 和图 5 可以看出，东部地区软件产业优势地位突出。2018 年东部地区软件业累计完成业务收入 49795 亿元，同比增长 14.2%，占全国软件业的比重为 79.0%。统计数据显示，东部地区软件业业务收入全国占比呈现出下降之后重新上升，近两年趋于稳定的发展形势。2013 年东部地区软件业业务收入全国占比下降至 74.8%，随后逐年上升，2017 年和 2018 年逐渐稳定在 79.0% 的水平。具体到各省份，广东、江苏、北京、山东、浙江、上海持续位居软件产业发展的第一梯队，多年保持两位数增长，具有软件企业数量多、实力较强、转型较早的特点。①

2018 年，中部、西部、东北部三个地区软件业业务收入均低于 10000 亿元。其中，中部地区和西部地区分别完成软件业业务收入 3163 亿元和

---

① 工业和信息化部运行监测协调局：《盈利能力稳步提升为经济发展注入新动能》，《中国电子报》2019 年 2 月 15 日。

7189亿元。中西部地区部分省份抓住新业态迅速发展、产业转型升级的机遇，积极打造当地特色产业，推动软件业快速发展。例如，安徽省大力发展智能语音产业，软件业业务收入增长27.7%；湖北省大力发展新型互联网信息服务，软件业业务收入增长19.2%；贵州省抢先布局大数据领域，软件业业务收入增长达23.4%。在此背景下，中部、西部两地区显现高增速，同比分别增长19.2%和16.2%，增速均高于东部地区，且分别高出全国增速5个和2个百分点。相比之下，2018年东北地区软件业业务收入有所下降，同比下降0.4个百分点，全国软件业占比为4.6%。可见，东北地区还需大力发展软件产业，助力经济社会发展。①

（二）北京软件产业规模首破万亿，新兴领域成北京软件产业发展内生动力

2018年，北京市软件产业持续保持平稳发展，软件和信息服务业产业规模达到10913.3亿元，首次突破万亿元，提前完成"十三五"规划目标。2018年北京实现地区生产总值30320亿元，按可比价格计算比上年增长6.6%。② 其中，北京市软件全行业实现增加值3859亿元，占全市GDP的比重达12.7%，为全市GDP增长贡献36.7%，软件产业成为北京经济增长的重要推力。③ 云计算、大数据、人工智能、区块链、物联网等新兴技术在北京市各区域的发展和应用，成为北京软件产业加速升级发展的内生动力。

1. 北京各区域软件产业发展情况

北京市在发挥海淀区、朝阳区核心地位的基础上，实现对各区域的功能定位，不断发展和完善市高精尖软件产业布局规划，致力于形成既具有特色又能实现协同发展的软件产业新格局。海淀区作为北京市软件产业发展的核

---

① 工业和信息化部运行监测协调局：《2018年软件和信息技术服务业统计公报解读》，中华人民共和国工业和信息化部网站，2019年2月1日。
② 北京市经济和信息化局：《2019北京软件和信息服务业发展报告》，2019年6月27日。
③ 北京市统计局：《协同发展平稳向好，区域协作成效明显》，北京市统计局网站，2019年4月8日。

心区域之一，大量发展高端软件开发与服务、人工智能、网络安全等软件业务的企业汇集于此；英特尔、惠普、三星等跨国总部型企业，以及阿里巴巴北京总部、58同城等互联网企业巨头则坐落于朝阳区；石景山作为"老工业区"，近年来集中对文化创意、游戏动漫、虚拟现实等产业进行发展。北京软件产业在实现快速发展的同时，也带动了周边地区软件业的创新发展。据统计，2014~2018年，631家北京软件企业在天津、河北设立的分支机构累积达1826家。北京软件产业于2018年对两地出资131.6亿元，同比增长39%。北京软件产业加速发展形成"北京瘦身提质、天津强身聚核和河北健身增效"的协同格局。①

2. 北京软件新兴领域发展情况

2018年，工信部发布《推动企业上云实施指南（2018-2020年）》以及各省份企业上云政策的推出，为云计算产业的发展和行业应用环境的优化提供了基础支持。北京市较早设立了中国云产业园、中关村云计算产业基地等专业园区，并汇聚了以百度云、金山云、乐视云、京东云等知名企业为代表的近百家云产业相关企业，在发展云计算产业方面处于全国领先地位。2018年，北京市云计算实现营业收入1179.5亿元，同比增长13.7%，在企业上云、行业应用、市场竞争、生态布局等方面保持增长态势。云服务商除升级云计算产品外，不断推出面向行业的解决方案。例如，2018年百度云推出"云农""云制""云服"三大面向农业、制造业和商业的赋能平台，"云农"平台覆盖生产环境监测、智能灌溉、农业气象、生产追溯等领域；"云制"平台连接工厂中控系统，并结合人工智能打造工业数据模型和机器视觉模型；"云服"平台则提供获客、推荐、运营、导购、客服、分析的全流程服务。②

在大数据方面，2018年中央、地方陆续出台160余份大数据相关政策文件，20余个省级单位设立了大数据专门机构，在制造、商务、金融、交

---

① 曹政：《十一年间北京软件业规模千亿变万亿》，《北京日报》2019年7月4日。
② 陈蕊：《落地全产业：百度云重磅推出云农、云制、云服三大产业平台》，中国网，2018年9月4日。

通、医疗等众多领域，一批大数据平台快速发展，多层次协同推进机制基本形成。① 2018 年，北京市大数据产业规模达 1602.1 亿元，同比增长 39.6%。根据《大数据蓝皮书：中国大数据发展报告 No.3》，北京大数据发展总指数为 74.11，在全国 31 个省域中排第 1 位。② 北京市大数据应用呈现以下几个特点：一是与实体经济融合应用示范较为活跃，实体经济大数据应用占比较大，大数据产业地图服务平台、空间楼宇和产业经济大数据研判体系、农业单品种全产业链大数据平台、王府井全渠道中心—智能营销系统等应用项目占比超过 50%；二是北京市大数据应用试点示范以市场驱动为主，具有很强的自我驱动力和应用活力，企业投资主导的大数据应用试点示范项目占比较大，京东银河大数据平台、民生银行实时反欺诈、交通一卡通大数据应用等项目企业投资占比 59%；三是大数据应用北京特色鲜明且水平较高，城市空间三维仿真系统、交通管理"云瞳"和"云指"系统、AI+政务大数据平台、海淀区块链+不动产交易、通州大脑生态环境治理等项目具有技术难度，体现了北京城市治理水平和科技创新实力。③ 北京市大数据产业全国领先，在数据共享开放、应用场景拓展、政策支持出台等方面仍有较大提升空间。

在《新一代人工智能发展规划》④《促进新一代人工智能产业发展三年行动计划（2018～2020 年）》⑤ 等国家政策以及地方配套政策的推动下，人工智能基于数据、算法运行，在视觉、语音识别等领域的产业链初具规模，同时带动教育、金融、智能家电、公共安全等相关产业的高端化发展。2018年，北京市人工智能相关产业规模达 1500 亿元，其中人工智能相关软件企业

---

① 《2019 年中国软件和信息技术服务业发展形势展望》，赛迪智库网站，2019。
② 连玉明主编《大数据蓝皮书：中国大数据发展报告 No.3》，社会科学文献出版社，2019。
③ 北京市经济和信息化局：《北京市大数据应用发展报告》，2019。
④ 2017 年国务院印发《新一代人工智能发展规划》，提出了面向 2030 年我国新一代人工智能发展的指导思想、战略目标、重点任务和保障措施，部署构筑我国人工智能发展的先发优势，加快建设创新型国家和世界科技强国。
⑤ 为贯彻落实《中国制造 2025》和《新一代人工智能发展规划》，加快人工智能产业发展，推动人工智能和实体经济深度融合，工业和信息化部制定《促进新一代人工智能产业发展三年行动计划（2018～2020）》。

收入规模约1122亿元，同比增长幅度达到46.1%。北京市人工智能产业凭借科研技术实力雄厚、产业集群效应明显、应用场景丰富等优势，对全国人工智能产业的发展起到引领作用。相关数据显示，全国人工智能企业有4084家，北京人工智能相关企业数量就占到26.5%。人工智能因其巨大的发展潜力而受到资本市场青睐，全国获得过风险投资的人工智能企业有1259家（含31家上市公司），其中北京的人工智能企业数量就高达442家（含12家上市公司），占比35.1%。北京市的大部分人工智能企业汇聚在海淀区，朝阳区为除海淀区外的人工智能企业第二大聚集地。获得投资的北京市人工智能企业中，来自海淀区的占62.44%，朝阳区的企业占25.79%。①

北京市目前从事北斗导航与位置服务的企事业单位、科研院所近400家，聚集了全国一半以上具有一定规模的北斗研发、生产和服务的重点单位，已形成了完整的产业链和创新链。②北京市导航与位置服务产业规模达到500亿元，全国排名第一。创新实力方面，北京市北斗相关产品涉及基础器件、基础软件、基础数据、终端集成、系统集成、运营服务等6大类24小类共2000多种产品，尤其是在多模多频高性能芯片、导航型模块、高精度模块、高精度定位板卡、高精度天线等产品技术上体现出全国领先的优势。③北斗技术与交通、农业、林业、渔业、公共安全、防灾减灾等领域相结合，被应用到国民经济和社会发展的各个领域。例如，北京福通互联科技公司研发的"智慧畜牧"将北斗技术应用于畜牧业，这对于保障牧民人身财产安全具有积极意义。北京市之所以能成为北斗系统建设与产业发展的首善之区、技术研发的总部基地和应用服务推广的发源地，主要依靠其合理的布局规划，其中顺义区作为导航与位置服务产业的融合发展区，聚集大批企业，海淀和亦庄则是该产业的技术创新研发区、高端成果转化和应用示范区。④

---

① 北京市经济和信息化局：《北京人工智能产业发展白皮书（2019年）》，2019年6月28日。
② 《北京：北斗导航与位置服务产业规模超500亿元》，新华网，2019年3月29日。
③ 北京市经济和信息化局：《北京市北斗导航与位置服务产业发展与应用白皮书（2019）》，2019年5月27日。
④ 窦毅：《〈2019北京软件和信息服务业发展报告〉发布，详述北京软件产业发展现状》，中国软件网，2019年6月28日。

在信息和网络安全领域，2017年底工信部和北京市正式签署共同打造国家网络安全产业园区的协议，选址海淀区四季青镇和通州区西集镇。园区的设立为北京市带头发展网络安全产业拉开了序幕，园区以发展网络安全"高精尖"产业为目标，致力于推进网络安全优势资源集聚和产业创新发展。① 360企业安全集团、北京科创安铨科技有限公司、北京卫达信息技术有限公司等多家互联网安全企业已分别签约入驻海淀和通州两个园区。2018年，北京市网络安全产业实现营业收入556.3亿元，同比增长11.7%，北京信息和网络安全软件呈现增长态势。

（三）北京软件企业处全国领先地位

以营业收入为划分标准，北京软件企业形成了"万千百十"金字塔形企业梯队。2018年，北京市软件和信息服务业在营企业共2.74万家，营业收入达1.09万亿元，其中3237家规模以上企业，141家十亿元以上企业，14家营收百亿元以上企业。企业数量增加的同时，质量也在提升。2018年，北京软件企业平均营收达到3.4亿元/家，增长了16%。② 据统计，北京软件业2018年新增企业3375家。通过对比可以发现，北京软件行业新增企业的增速高于第三产业的平均增速，并且明显高于科学研究和技术服务业、金融业以及批发和零售业。③

北京是软件产业骨干企业、高成长企业的集聚地。从图6可以看出，北京软件企业在2018年各类榜单中所占数量处于全国领先地位。其中，32家企业上榜中国互联网企业百强、42家上榜中国软件和信息技术服务综合竞争力百强、34家上榜中国软件业务收入前百家、19家上榜信息系统集成及服务行业大型骨干企业。另外，在国内外各类创新潜力企业榜单中，北京企业表现亮眼，德勤中国高科技高成长50强中，北京上榜数量居首位，达12家，其中11家为软件企业；CB Insights世界独角兽榜单中，北京44家软件

---

① 赵鹏：《国家网络安全产业园区落户北京》，《北京日报》2017年12月24日。
② 曹政：《十一年间北京软件业规模千亿变万亿》，《北京日报》2019年7月4日。
③ 北京市经济和信息化局：《2019北京软件和信息服务业发展报告》，2019年6月27日。

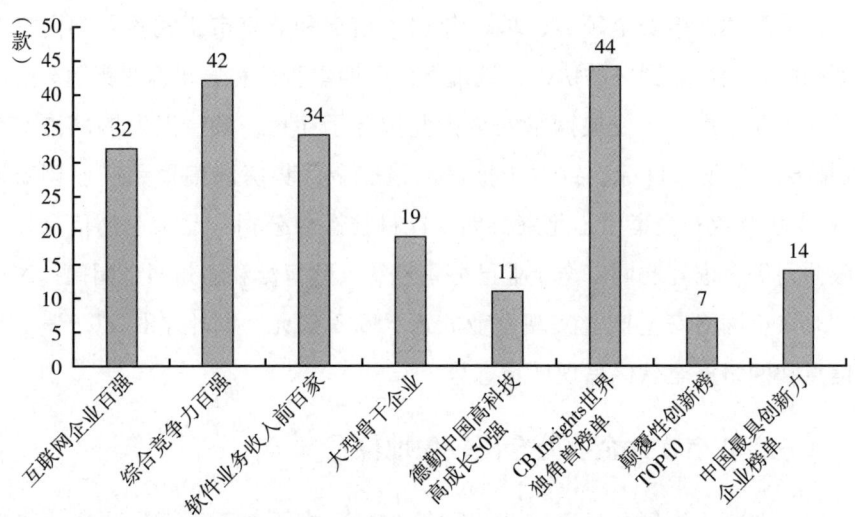

图 6　2018 年北京软件企业上榜榜单

资料来源：北京市经济和信息化局：《2019 北京软件和信息服务业发展报告》，2019 年 6 月 27 日。

企业入选；2018 年发布的全国首个"颠覆性创新榜 TOP10"上，中关村海淀园占据 7 家。① 福布斯中国发布的 2019 中国最具创新力企业榜单，北京 14 家软件企业成功上榜，数量均居全国首位，特别是在线教育、AI 服务商和智能驾驶领域，北京软件企业占据领先优势。② 北京领先的软件产业集群、引领发展的龙头企业成为助推北京软件产业的核心力量。③

三　2018 年促进软件产业发展的措施

软件产业作为信息产业的核心，各国为抢占全球软件产业链的优势地

---

① 《全国首张颠覆性创新榜单发布，中关村海淀园占据 TOP10 中 7 席》，千龙网，2018 年 10 月 19 日。入选的 7 家软件企业分别为百度在线网络技术（北京）有限公司、北京旷视科技有限公司、北京字节跳动科技有限公司、北京中科寒武纪科技有限公司、北京梦之墨科技有限公司、维信诺科技股份有限公司、北京搜狗科技发展有限公司。
② 北京市经济和信息化局信息化与软件服务业处：《北京 14 家软件企业成为 2019 福布斯中国最具创新力企业》，北京市经济和信息化局网站，2019 年 6 月 11 日。
③ 汤莉：《中国软件产业结构持续优化》，中国商务新闻网，2019 年 7 月 2 日。

位，纷纷制定适合本国软件产业发展的政策措施，致力于实现软件产业发展目标和发展战略。① 2018年，北京市采取了多项措施，包括颁布出台多项激励企业技术创新、常态推进软件正版化工作、推荐优秀软件产品等措施。

（一）软件政策

环境对于软件产业的发展至关重要，而影响软件产业发展环境的首要因素便是政策。② 从软件产业的发展历史来看，整个软件行业发展的初期几乎都在美国完成，因发展较晚，我国相继出台多项政策来鼓励和推动中国软件行业发展。③ 在国家整体相关政策的带动下，北京市出台了适合本地发展的相关政策，主要包括"高精尖"软件产业政策、税收优惠政策、人才激励政策、优化服务贸易政策，为软件产业发展指明方向。

1. "高精尖"软件产业政策

"高精尖"产业是以技术密集型产业为引领，以效率效益领先型产业为重要支撑的产业体系。"技术密集型"强调高研发投入强度或自主知识产权和低资源消耗，"效率效益领先型"则强调高产出效益、高产出效率和低资源消耗。北京软件产业高增速发展，已经成为北京市产业结构调整、发展高精尖产业的关键领域，是北京疏解非首都功能，高端引领、创新驱动、绿色低碳产业发展模式的重要支撑。④

2017年底，北京市委市政府发布的《关于印发加快科技创新构建高精尖经济结构系列文件的通知》选取新一代信息技术、集成电路、医药健康、高端装备制造、节能环保、软件和信息服务、新能源智能汽车、新材料、人工智能、科技服务业等十个产业作为重点发展的高精尖产业，为全市产业发展绘就"路线图"。2018年，随着《扩大和升级信息消费三年行动计划（2018~2020年）》《工业互联网APP培育工程实施方案（2018~2020年）》

---

① 谢园园：《中国软件产业制约因素及对策》，《科技广场》2007年第2期。
② 李秉键：《软件产业知识产权问题和对策研究》，《软件》2014年第3期。
③ 李颖诗：《2018年国家及各省市软件信息化行业政策汇总》，前瞻网，2018年12月1日。
④ 吴爱芝：《双链融合做强"高精尖"产业》，《北京日报》2019年6月10日。

《促进新一代人工智能产业发展三年行动计划（2018~2020年）》《推动企业上云实施指南（2018~2020年）》《工业控制系统信息安全行动计划（2018~2020年）》等国家政策的深入推进和贯彻落实，北京云计算、大数据、人工智能等高精尖产业加速渗透到经济和社会生活的各个领域，领跑北京经济增长。

在工信部《关于印发〈工业互联网发展行动计划（2018~2020年）〉和〈工业互联网专项工作组2018年工作计划〉的通知》（工信部信管函〔2018〕188号）等政策文件的指导下，北京市制定《北京工业互联网发展行动计划（2018~2020年）》，以促进制造业转型升级，加快构建"高精尖"产业体系为主要目标，[①] 为北京市软件行业的创新发展和构建"高精尖"软件产业体系提供政策支持，引领我国软件行业的高质量转变。

2. 税收优惠政策

2000年6月，国务院出台《鼓励软件产业和集成电路产业发展的若干政策》（国发〔2000〕18号），从投融资、税收、产业技术、出口、收入分配、人才吸引与培养、采购、软件企业认定、知识产权保护行业组织和行业管理等方面对软件产业发展给予强有力的政策支持，是国家鼓励软件业发展的纲领性文件。2011年出台的《关于印发进一步鼓励软件产业和集成电路产业发展的若干政策》（国发〔2011〕4号）明确，在2017年12月31日前自获利年度起计算所得税优惠期。2019年5月，国务院常务会议决定明确依法成立且符合条件[②]的集成电路设计企业和软件企业，2018年度所得税汇

[①] 北京市经济和信息化局：《北京工业互联网发展行动计划（2018~2020年）》，2018年11月29日。

[②] 公告所称"符合条件"，是指符合《财政部国家税务总局关于进一步鼓励软件产业和集成电路产业发展企业所得税政策的通知》（财税〔2012〕27号）和《财政部国家税务总局发展改革委工业和信息化部关于软件和集成电路产业企业所得税优惠政策有关问题的通知》（财税〔2016〕49号）规定的条件。

算清缴继续享受"两免三减半"优惠政策,① 在研发、设计和生产环节降低软件企业的成本,助力软件产业快速增长。

2018年6月26日,财政部、税务总局、科技部发布《关于企业委托境外研究开发费用税前加计扣除有关政策问题的通知》,明确委托境外进行研发活动所发生的费用,按照费用实际发生额的80%计入委托方的委托境外研发费用,为进一步激励企业加大研发投入,加强创新能力开放合作提供政策支持。

3. 人才激励政策

2018年发布《关于科技人员取得职务科技成果转化现金奖励有关个人所得税政策的通知》(财税〔2018〕58号)、《国务院办公厅关于抓好赋予科研机构和人员更大自主权有关文件贯彻落实工作的通知》(国办发〔2018〕127号)等人才激励政策,旨在完善科研管理、提升科研绩效、推进成果转化、优化分配机制,赋予科研单位和科研人员更大自主权,切实减轻科研人员负担,对于调动科研人员积极性、充分释放创新创造活力、推进建设创新型国家、实现经济高质量发展具有积极作用。

为贯彻落实《北京市人民政府印发〈关于优化人才服务促进科技创新推动高精尖产业发展的若干措施〉的通知》(京政发〔2017〕38号),北京市发布《关于优化住房支持政策服务保障人才发展的意见》(京建法〔2018〕13号),为保障人才发展提供住房政策支持。另外,为了充分发挥市场化、专业化机构引才作用,北京市人才工作领导小组办公室、市财政局、市科委、中关村管委会印发《关于进一步发挥猎头机构引才融智作用建设专业化和国际化人力资源市场的若干措施(试行)》(京人社市场发〔2018〕266号),引导猎头机构为北京市政府机关、事业单位、企业和社会组织等各类用人单位提供精准服务,给予精准化引才奖励,并在人才保障、产业园区建设、金融支持、技术和服务创新、对外开放、品牌建设、产业联盟、诚信建设、放宽市场准入等方面提出多项支持举措。

---

① 财政部税务总局:《关于集成电路设计和软件产业企业所得税政策的公告财政部税务总局公告》(2019年第68号),2019年5月17日。

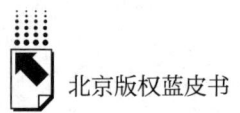

4.优化服务贸易政策

北京一直着力打造国际一流的营商环境,围绕打造高精尖经济结构和推动高质量发展,加速软件创新型产业集群建设。2018年,北京市人民政府办公厅印发《北京市服务贸易创新发展试点工作实施方案》(京政办发〔2018〕51号),旨在深入贯彻落实《国务院关于同意深化服务贸易创新发展试点的批复》(国函〔2018〕79号),推动北京市服务贸易高质量发展。对于鼓励软件企业在京布局"新业务、新投资、新公司、新机购",借助北京市重大工程和应用场景,合作开展基于5G、人工智能、大数据等新兴领域的应用具有积极意义。①

(二)常态推进软件正版化工作机制

自2001年正式启动软件正版化工作以来,国务院批准设立推进使用正版软件工作部际联席会议制度,并建立常态化推进政府机关和企业软件正版化工作机制。2017年9月7日,中国版权协会软件工作委员会②在京成立。软件在经济社会发展中发挥的作用越来越重要,中国版权协会软件工作委员会的一项重要使命就是积极协助政府,发挥行业组织的功能,促进软件正版化工作进程。据统计,2018年全国共举办软件正版化培训班6414期,督查党政机关3.48万家(次),党政机关共采购操作系统、办公和杀毒三类软件163.98万套、采购金额为7.97亿元,中央企业和金融机构共采购操作系统、办公和杀毒三类软件288.56万套、采购金额为29.82亿元,5110家企业通过检查验收实现软件正版化。③

---

① 《北京市服务业扩大开放综合试点互联网信息领域座谈会召开》,北京市人民政府网站,2019年3月19日。
② 软件工作委员会为中国版权协会的二级委员会,受中国版权协会领导。软件工作委员会的服务宗旨是"维权益,促产业,助政府",将全方位为软件著作权人提供该领域的咨询、监测、维权、调解服务,并将针对传统通用软件、互联网软件、App等三个领域开展软件版权保护等相关工作。
③ 国家版权局:《2018软件著作权登记量达110.48万件》,国家版权局网站,2019年4月1日。

北京市积极响应国家政策，扎实落实软件正版化工作。2018年，北京市党政机关、市属国企、市卫生健康系统共采购操作系统、办公软件和杀毒软件22.29万套，采购金额达1.6亿元。党政机关软件正版化不断规范，三类通用软件正版化率达到96.78%，国产办公软件的使用率达到74.61%；市属国企软件正版化工作日益加强，1200余家国企软件正版化已进入常态化轨道，走在了全国前列。同时，2018年先后举办北京市软件正版化宣传培训班76场，共3000余人参加，有效帮助各单位理顺软件正版化工作脉络。另外，北京市还注重多层次、全方位、立体式地宣传普及软件正版化成果和知识，营造"拒绝盗版、使用正版"的良好社会氛围。① 常态化推进软件正版化工作机制，是加快建设创新型国家的必然要求，在营造创新环境、增强经济创新力和竞争力、保障国家信息安全、提升国际形象方面都具有不可替代的作用。②

（三）推荐优秀软件产品，培育软件品牌

软件品牌或软件服务的国际知名度是衡量一个国家是否属于软件强国的重要因素。美国凭借诸多的知名软件品牌使自己处于绝对的垄断地位，而印度凭借优质的软件服务占领了软件技术外包的高端市场。中国目前已成为亚太地区最具发展潜力的新兴软件市场，国产软件逐渐被国人接受。在办公软件领域，国民对金山 WPS 办公软件的认知度不断提升；在杀毒软件领域，国产软件已占据80%以上份额；在管理软件方面，国产厂商用友、金蝶等能与甲骨文和 SAP 抗衡。但中国的计算机操作系统和手机操作系统仍然处于被国外品牌垄断的状态，其中一项重要原因就是缺乏国际品牌认知度。因此，发展和培养具有全球竞争力的软件品牌和具有国际认知度的软件企业势在必行。③

---

① 姜旭：《北京加大推进2019年全市软件正版化工作》，中国知识产权资讯网，2019年4月4日。
② 《聂辰席主持召开推进使用正版软件工作部际联席会议第七次全体会议并讲话》，国家新闻出版广电总局网站，2018年3月6日。
③ 杜振华、和佩珊：《软件贸易强国建立和发展的基础分析》，《全球化》2017年第1期。

为了推广优秀软件产品,培育著名软件品牌,中国软件行业协会在会员单位中开展年度推广优秀软件产品活动。2018年四个季度的评优活动中,评选出中国优秀软件产品5件,其中来自北京软件企业的产品1件;2018年度优秀软件产品共188件,北京软件企业的产品达35件,占据较大比例。[①] 优秀软件评优活动旨在遴选出优秀软件产品,为广泛实施的政府采购、公共大宗采购、大型重点信息工程招标评标、软件产品出口做准备,对于培育软件品牌具有积极意义。

(四)推行"双软评估"资格认定

"双软认证"包括软件产品评估和软件企业评估,是国家为了鼓励软件产业的发展,改善我国软件企业的发展环境,甄别真正的软件企业,在确立了计算机软件产业在国家发展中的重要地位的背景下,根据相关政策法规对软件产品及企业进行的一种资格认定。2018年3月14日,公布《中国软件行业协会"双软评估"工作管理办法》,进一步规范"双软评估"受理机构的条件——有固定的办公场所、完备的工作制度和已建立或正在建立网上受理评估系统等。企业申请双软认证除了获得软件企业和软件产品的认证资质,同时也是对企业知识产权的一种保护方式,更可以让企业享受到国家提供给软件行业的税收优惠政策。

四 软件产业发展困境

(一)软件产业链低端融合仍占主流

1. 北京软件产业处于跟随式发展阶段

目前国际软件产业已形成了完整的产业链。美国、欧盟等的企业在产业链上游主宰着整个产业链,决定着产业内的游戏规则,这些企业主要从事系

---

① 详见中国软件行业协会公布的2018年度推广优秀软件产品名单。

统软件、支撑软件等基础平台的开发研制及软件标准的制定。产业中游分为上游产品分解后的子模块开发和独立的嵌入式软件开发两类,可以回溯影响上游规则的制定。前者以印度、爱尔兰为代表,后者中日本实力比较强大。产业下游分为高级应用类软件、一般应用类软件和系统集成中的软件开发三类,主要是在上游的基础平台上进行二次开发,中国大部分企业从事一般应用软件的开发,有部分企业从事高级应用类软件的开发。最下游为单纯的数据处理,主要工作是数据录入,技术含量较低,以菲律宾为代表。①

形成此格局的原因之一是我国软件核心技术缺失。目前我国高端工业软件市场80%被国外垄断,中低端市场的自主率也不超过50%。在研发创新方面,我国重要信息系统、关键基础设施中的核心技术产品和关键服务还依赖国外。②虽然北京软件产业在云计算、移动互联网、大数据、物联网等新兴领域,处于全国领先地位,但是在全球竞争格局中还处于跟随式发展阶段,存在全球核心竞争力不强的突出问题。

2. 北京市软件业与制造业创新融合存在产业壁垒

北京市软件业与制造业融合的产业壁垒主要体现为两个方面:第一,目前制造业和软件业的产业融合方式相对落后,推动产业传统融合的比重较大,产业融合主要依托产业链扩展来实现,北京市产业融合的创新性优化效应、竞争性结构效应、组织性结构效应、竞争性能力效应、消费性能力效应还未充分显现;第二,北京市现有产业体制以引导自我增强型的内部循环发展为主,受传统的产业行政管理体制制约,包括制造与服务分割、高新技术与行业管理分割、科研与教育分割等方面,不同产业之间存在进入壁垒,导致软件业与制造业融合创新的成本高且难以实现。③

2018年,软件业与制造业的深度融合已成为软件企业转型的必然趋势。目前,北京市已经出台多项软件产业融合政策,作为外部推力促进软件与社会各行业创新融合,推动北京市软件产业高质量发展。同时,北京市软件企

---

① 杜振华、和佩珊:《软件贸易强国建立和发展的基础分析》,《全球化》2017年第1期。
② 《2019年中国软件和信息技术服务业发展形势展望》,赛迪智库网站,2019。
③ 沈家文:《产业融合创新提升软件出口竞争力》,《中国发展观察》2017年第Z1期。

业应改变工作模式，发挥创新优势和市场优势，依托产业链扩展来实现产业创新融合。推动软件业与制造业深度融合，加快发展智能制造，推进北京市制造业供给侧结构性改革，培育经济增长新动能，构建新型制造体系，引领我国制造业向中高端迈进。

（二）北京市软件企业的开源影响力有待提升

随着开源逐渐成为全球信息技术创新和软件产品创新的重要手段，我国对开源软件的重视度不断提升。近年来，我国开源软件发展取得了很大成绩，但其发展依然面临严峻挑战，例如开放源代码软件特殊的开发模式和授权方式引发了一系列法律问题。目前，阿里巴巴是我国参与开源项目数量最多的企业，而华为是我国拥有开源项目贡献者最多的企业，小米、360、百度等北京市企业也正在逐步加大对全球开源世界的贡献量。① 北京市软件企业近年虽不断加大对开源世界的投入，但在主导或者引领国际主流大型项目方面还比较薄弱，与国际巨头存在差距。另外，北京市开源式技术创新生态尚未完全形成，缺乏开源生态的积累和长远规划。北京市企业在全球开源世界中的影响力和贡献度有所不足，仍待提升。

（三）北京市软件产业人才数量性和结构性短缺

软件产业的快速发展离不开优秀软件人才的贡献，软件产业的发展也促进了对软件人才的需求。目前，我国软件人才在供需方面普遍面临着数量和结构上双重短缺的困境，北京市也不例外。从数量上，2018年，北京市软件产业人均营收125.9万元，同比增长11.5%，从业人员为86.7万人，同比增长3.9%，但是快速增长的人数仍然跟不上产业发展需求。② 在结构上，随着云计算、大数据、人工智能、物联网等新兴软件技术的发展，领军型、

---

① 《2018年中国开源软件行业发展现状，开源软件整体发展形势向好》，华经情报网，2019年3月20日。
② 北京市经济和信息化局：《2019北京软件和信息服务业发展报告》，2019年6月27日。

复合型人才"一将难求"。①

高端软件人才数量性和结构性短缺的原因主要包括以下三方面。一是我国软件人才培养有待强化产教研融合。自20世纪80年代，印度就注重加强高等教育机构与软件产业间的合作。在此背景下，印度高等教育机构与软件产业都取得了发展，产教研融合成效卓著。②目前，北京市高等院校、科研院所和软件企业之间的合作对接还有待加强和深入。二是软件人才培养基础教育还需进一步推广。目前，北京市软件基础教育和公众软件技术素养有待提升。三是缺乏针对软件新兴技术领域专业人才的培养。目前大数据、云计算、人工智能等软件专业的课程，无论是在数量上还是深度上都还有待提升，这样才能培养出适应软件新技术、新业态的高端人才。③

软件产业的发展主要依赖于人的智力支撑和主观能动性的调动，北京市应高度重视软件人才的培养和引进工作，探索建立面向产业需求的产学研科技创新体系，打造产学研深度融合的生态环境，创建面向产业需求的人才培养范式，积极落实给予在医疗、科研、住房、户籍、职称、奖励和期权、股权、技术入股、分红权等方面软件人才的激励政策，拓展软件知识产权投融资方式，发挥研发人员和管理人员的积极性和创造性，减少由人员流动带来的知识产权泄密，使高端软件人才能够助力产业发展。④

（四）北京市软件骨干企业能力有待加强

我国软件产业龙头企业与世界级领先企业相比，在产业生态圈构建、新技术变革引领等方面仍存较大差距。⑤与世界软件巨头相比，我国软件企业还存在着小、散、弱和企业管理能力滞后的问题。美国是软件产业的发源

---

① 王智、李勃、王龙、祁丽丽：《优化营商环境背景下沈阳市软件产业人才问题初探——以沈阳国际软件园软件企业创新发展为例》，《沈阳干部学刊》2018年第6期。
② 刘涛：《印度高等教育机构与软件产业结合的成效与问题研究》，《中国多媒体与网络教学学报》2018年第12期。
③ 《2019年中国软件和信息技术服务业发展形势展望》，赛迪智库网站，2019。
④ 杜振华、和佩珊：《软件贸易强国建立和发展的基础分析》，《全球化》2017年第1期。
⑤ 《软件产业再迎政策力挺加速培育大型软件企业》，《经济参考报》2019年7月3日。

地,拥有微软、甲骨文、谷歌、IBM等大量在全球处于核心地位的软件企业,其国内软件产业的消费能力和供给能力都很强,既是巨大的软件消费市场,又是各类软件产品的出口国,且把软件开发设计的中低端部分外包给其他国家。日本的软件产业起步相对较晚,但依赖其发达的生产制造业,形成了以嵌入式软件为代表的软件产业。近年其动漫和游戏产业发展很快,通过发包与其他接包国形成配合。俄罗斯和以色列利用技术力量较强的优势承接了高端的研发类软件开发。爱尔兰和印度则分别面向欧美市场进行软件产品开发。[1]

北京市为全国软件产业骨干企业、龙头企业的集聚地,是引领全国软件产业的核心力量。北京市软件骨干企业整合发展资源的能力和带动产业发展的能力相对较弱,软件企业尚未形成良性发展的产业生态链,这在一定程度上制约了北京市软件产业的发展。对于企业来说,雄厚的资金支持是软件企业得以创新发展的重要支撑,北京市针对软件企业的风险投资体系和金融体系还有完善的空间。

五 发展建议与趋势

(一)产业政策聚焦软件发展重点

1. 支持开发重大共性软件和基础软件

早在2000年国务院《鼓励软件产业和集成电路产业发展的若干政策》(国发〔2000〕18号)就提出,"支持开发重大共性软件和基础软件。国家科技经费重点支持具有基础性、战略性、前瞻性和重大关键共性软件技术的研究与开发,主要包括操作系统、大型数据库管理系统、网络平台、开发平台、信息安全、嵌入式系统、大型应用软件系统等基础软件和共性软件"。从目前软件产业发展状况和出口状况来看,北京市在重大共性软件和基础软

---

[1] 《2019年中国软件和信息技术服务业发展形势展望》,赛迪智库网站,2019。

件上虽取得一定成就，但未有重大突破。因此，软件产业支持政策的重心应继续围绕重大共性软件和基础软件的开发。①

2. 加大核心技术创新支持力度，重点突破关键软件

重点突破关键软件，加大核心技术创新支持力度，培育壮大平台软件、应用系统、开源社区等新兴业态是北京软件产业发展的目标。建立北京市战略性前沿技术和颠覆性技术发展水平的评估机制。在评估结果的指引下，准确研判新形势下北京市软件产业发展需要突破的核心软件技术范围，重点研发和应用云计算、人工智能、大数据、物联网、工业软件等关键核心技术。同时建立长效跟踪推进机制，助力北京市软件企业抢占技术发展的制高点，打破长期以来核心技术创新跟随式发展的格局，实现关键软件技术引领全国乃至全世界发展的战略目标。②

（二）推进开源模式的新型软件产业生态

《软件和信息技术服务业发展规划（2016～2020年）》（工信部规〔2016〕425号），作为指导"十三五"时期软件和信息技术服务业发展的纲领性文件，重点提到："发挥开源社区对创新的支撑促进作用，强化开源技术成果在创新中的应用，构建有利于创新的开放式、协作化、国际化开源生态。"近年来，全球开源项目的数量大幅提高，与大数据、区块链、工业互联网等各个领域相互渗透。基于开源社区推动开源产品以及软件的创新，已经成为主流。同时，大企业对于开源软件的投资不断增加。③ 2018年，微软以75亿美元收购代码托管平台Github、IBM宣布将以每股190美元的价格购买红帽所有股票等围绕开源企业的重大并购行为引起了广泛关注。开源技术已经成为引领软件行业发展的重要驱动力，也是不断提升软件创新水平

---

① 杜振华、和佩珊：《软件贸易强国建立和发展的基础分析》，《全球化》2017年第1期。
② 任可欣：《核心技术缺失，软件和信息技术服务业面临转型调整压力》《中国工业报》2019年2月21日。
③ 《新生态——中国软协2018软博会论坛第一场：2018开源软件创新发展论坛成功举行》，中国软件行业协会网站，2018年6月30日。

的重要基础。

1. 跟进国际开源发展动态与趋势，持续优化软件开源发展环境

在国际开源影响力持续提升的同时，依靠多元力量、汇集全球智慧的开源模式逐渐成为主流，国内开源产业生态环境不断优化，企业参与开源的积极性不断提升。北京市开源软件规模持续扩大，影响力持续增强，但是当前与国际主流开源软件还存在一定的脱节。为进一步构建北京市开源软件的良好发展生态，应及时跟进国内与国际开源发展动态与趋势，通过出台和落实相关政策为优化软件开源发展环境提供保障。此外，积极开展对开源贡献的专项评估，建立安全监管标准体系，鼓励企业与开发者遵循开源的发展模式和基本规则，鼓励企业构建自主开源社区，积极对接国际相关组织和开源社区。①

2. 匹配产业发展现状和需求，鼓励企业积极参与

推进开源模式的新型软件产业发展，需要紧紧围绕北京市软件产业发展现状和需求，面向云计算、大数据、人工智能、物联网、高端工业软件等新兴领域，建设行业信息服务和共享平台，促进开源软件的应用与推广。目前，阿里巴巴是我国参与开源项目数量最多的企业，而华为是我国拥有开源项目贡献者最多的企业，小米、360、百度等北京市企业也正在逐步加大对全球开源世界的贡献量。② 北京市应鼓励企业踊跃参与，切实加强开源领域的国际合作，持续推进北京市云计算、人工智能、大数据、物联网等前沿领域的开源发展，力图获取更多的产业发展要素和更大的国际话语权。

（三）加强创新型、复合型领军软件人才培养

习近平总书记在十九大报告中多次做出人才是创新的根源，把人才作为支撑发展的第一资源，创新驱动实际上是人才驱动等一系列重要指示。科技创新和产业发展导致我们对软件行业人才的培养产生了大量的需求，这种大

---

① 《2019年中国软件和信息技术服务业发展形势展望》，赛迪智库网站，2019。
② 《2018年中国开源软件行业发展现状，开源软件整体发展形势向好》，华经情报网，2019年3月20日。

量的需求不仅仅是数量上的追求，还需要将专业课程和各个学科的人才培养交叉融合，通过高校和企业更紧密的结合，培养出未来的创新型、复合型领军人才。

基于中国软件行业协会发布的国内人工智能领域第一个专业技术人才培养标准——《深度学习工程师能力评估标准》，深度学习技术及应用国家工程实验室、中国软件行业协会、百度公司于2018年10月10日联合发布了中国AI领域第一个深度学习工程师认证考试方案和第一个体系化的深度学习人才培养方案。我国软件行业对人才的依赖超过其他行业，软件产品的快速更新迭代更提高了人才培养要求。

1. 加强产学研对接与合作，提升应用能力

软件产业发展的多元化需要多层次、实用型、复合型人才。北京市软件人力资源存在的一个重要问题是应用能力培训不足，缺少实际项目培训。这就需要在软件人才培养方面加强"产学研"三面的对接与合作，共同探索适应北京市乃至全球性软件产业发展新形势的人才培养模式。同时，科学合理地评估软件产业发展的人才需求，有针对性地解决软件产业人才数量性与结构性短缺的问题，不断提升软件产业工作人员的应用能力。

2. 推进软件人才跨领域知识学习，培养高素质软件人才

推进软件人才的跨领域知识学习对于解决软件产业复合型、领军型人才紧缺问题至关重要。随着软件产品开始在社会各个领域进行普及，培养跨领域学习的高质量、高素质软件人才不可或缺。加强软件人才的素质培养是未来软件、数字经济发展的一个非常重要的方面。①

3. 发挥人才引进政策优势

积极引进软件产业高端、稀缺人才，对于打破当前技术壁垒日益严峻的国际形势可谓最快速的方法之一。北京市应充分利用国家"千人计划"和"万人计划"等人才引进政策优势，加强对海归型软件高层次人才和团队的

---

① 中国软件行业协会信息中心：《中国软协：培育产教融合IT人才新力量》，中国软件行业协会网站，2018年7月2日。

引进，积极探索与国际规则接轨的高层次人才服务新机制，为留住人才营造良好环境。①

（四）推动软件品牌建设②

当今世界经济的竞争主要是品牌的竞争，世界各国都把创造质量和品牌当作经济发展的重要支撑，利用品牌来抢夺经济发展的制高点，品牌已经成为大国之间国力对照和较量的主要载体。中国软件品牌建设起步较晚，近年来国家高度重视品牌建设工作，出台多项鼓励政策、措施，为品牌建设营造了良好社会氛围。在软件定义的时代，推动北京市软件企业塑造企业品牌、软件产品品牌信用体系，尤其是以质量和信用为基础的软件品牌的建设，是北京市软件产业的发展方向。

结　语

2018 年，北京市软件产业是北京经济增长的动力引擎。同时，北京作为超大城市的复杂性、多样性、动态性，推动了软件产业在城市管理、公共服务、市民生活等方面的运用。回望过去，北京顺应软件产业发展趋势，始终是全国软件产业的引领者。展望未来，北京软件将在万亿规模高起点上，全面迎来高质量发展新时代，呈现"启航新阶段、构建新结构、释放新潜能、打造新优势、优化新生态"的发展新格局，在数字经济发展中发挥基础性、支撑性、战略性作用。

北京市软件产业发展也面临软件产业链低端融合仍占主流、开源软件国际影响力有待提升、人才数量和结构性短缺、国际龙头企业缺乏、软件价值失衡等不少困难和挑战。因此，北京市将积极把握新战略机遇，坚持创新驱动，努力做好全国软件产业高质量发展的排头兵。持续打造国际一

---

① 《2019 年中国软件和信息技术服务业发展形势展望》，赛迪智库网站，2019。
② 中国软件行业协会信息中心：《以质量促品牌，以品牌促发展——2018 中国软件品牌大会成功举办》，中国软件行业协会网站，2018 年 11 月 21 日。

流的营商环境，全面落实国家相关产业政策措施，培育和集聚更多优秀企业群体，不断壮大软件产业集群，不断完善产业发展生态，吸引世界一流人才，为北京高精尖产业的发展做出更大贡献，助力增强我国软件产业全球影响力。

B.6
2018年北京游戏版权发展报告

丛立先　龙明明[*]

摘　要： 2018年我国游戏娱乐产业总体发展态势良好，增长速度较2017年同时期有所放缓。同时，我国版权产业已初具规模正面临由量变到质变的历史跨越，这对游戏产业的管理提出了新要求。一方面，要通过完善《著作权法》等相关版权制度法规保护权利人的合法权益，对"山寨游戏"、剽窃游戏代码等现象进行治理。另一方面，要加强对游戏相关实体的管理，规制游戏内容违规现象，细化游戏软件的审查和版权登记制度。对新兴的互联网游戏直播和电子竞技赛事活动要建立起相应的管理办法，明晰该产业的版权法律问题，平衡利益冲突。总体而言，2018年通过司法裁判、国家政策指导和行业自律三方共治，游戏版权产业的重点领域治理效果明显，行业秩序进一步规范。

关键词： 游戏版权　版权保护　产业升级　北京

一　2018年游戏版权数据

调查发现，2014～2017年是我国游戏产业蓬勃发展时期，尤其2016年游戏审批数量是上一年的十倍之多。但从2017年开始，游戏的过审数量增速降低，2017年增长率回落到150.3%，此后我国游戏产业进入相对

---

[*] 丛立先，华东政法大学知识产权学院教授、博士生导师；龙明明，华东政法大学知识产权学院博士研究生。

平缓、稳健的发展时期。从 2018 年开始,对游戏软件的审批更加严格,2018 年版号批复数为 2064 款,较上一年减少了 77.9%。在严格管控游戏软件审批的背景下,北京仍然出版了 500 款游戏,在我国各省份中排名第二。

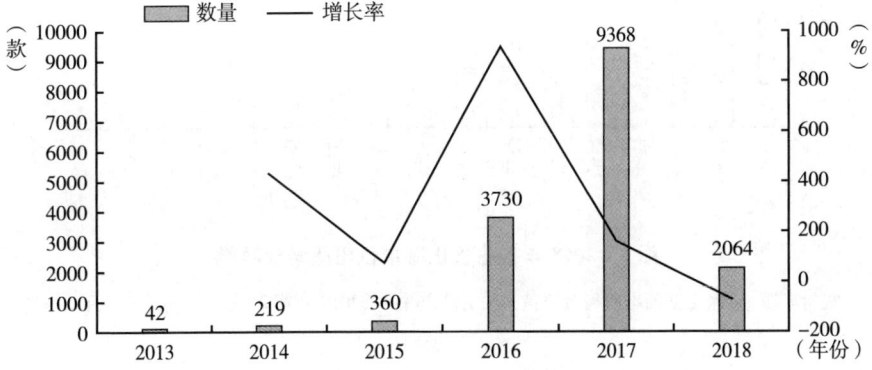

图 1　2013～2018 年游戏版号批复数量和增长率

资料来源:中国音数协游戏工委网站统计。

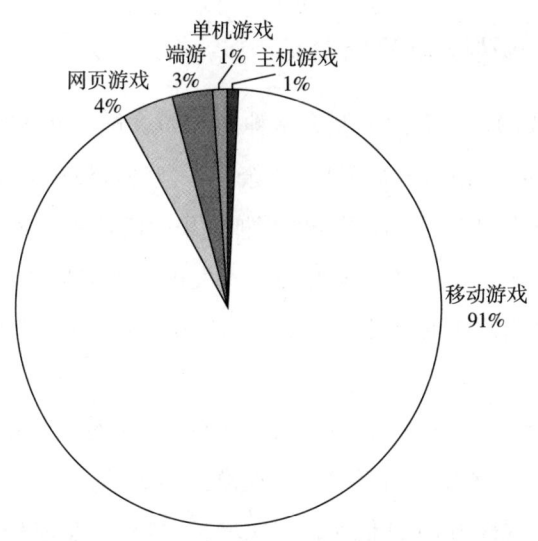

图 2　2013～2018 年获得版号的游戏类型分布

资料来源:中国音数协游戏工委网站统计。

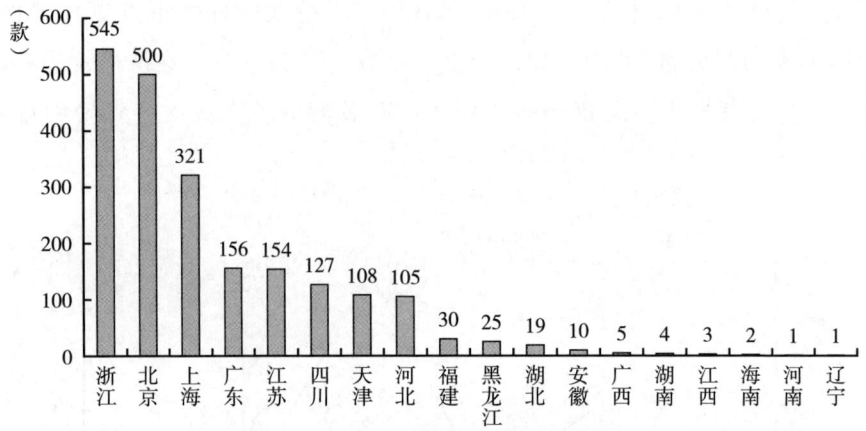

图3　2018年各省份出版单位出版游戏数量

资料来源：《国家新闻出版署政府信息公开告知书》(2019年第25号)，2019年6月28日。

二　2018年北京地区游戏版权发展现状

（一）游戏版权产业稳固发展

2018年是我国贯彻党的十九大精神的开局之年，也是游戏版权产业调整的关键之年。我国改革开放经历40余年，经济建设硕果累累，从满足人民的基本温饱需求向丰富人民群众的精神娱乐生活转变，文化娱乐产业在党中央的带领下稳健发展。从初期的粗放式发展，到依据"十三五"规划进行产业升级和供给侧改革，我国游戏版权产业已经初具规模并正在完成历史性跨越。

国家版权局2019年4月26日发布的《中国网络版权产业发展报告（2018）》显示，2018年网络版权产业规模达7423亿元，同比增长16.6%。其中，网络游戏规模为2480亿元，同比增长5.3%。虽然较2017年同时期31.6%的增长速度有所放缓但整体发展平稳。在管理部门的引领下游戏版权产业改造升级，投资市场更加理性稳健，游戏版权相关企业投入更多精力进行产品优化，加快迭代速度。同时，消费市场依然具有人口红利，继续保持增长。2018年的网络游戏用户规模达4.84亿人，较2017年增长4224万人，网民渗透率达58.4%。而移动终端的增长更为突出，手机网络游戏用户规模达4.59亿人，较2017年增加5169万人。[1] 庞大的互联网用户基数和持续的用户增长为游戏版权产业发展提供了动力源泉。

（二）国产游戏"出海"表现不俗

在2018国际财年，全球游戏产业收入达1379亿美元，包括中国在内的亚太地区贡献了52%，北美地区占比23%，中国为28%。[2] 可见，亚太是国际游戏市场的重要输出地区，而中国是亚太地区的主力。2018年我国游戏"出海"成果喜人，国产网络游戏创下海外市场96亿美元的新纪录，同比增长15.8%，[3] 为我国出口创汇、文化输出贡献颇多。获此佳绩的原因，除了我国游戏相关企业主动开拓海外市场，也源于国内游戏市场的压力：国内游戏消费市场逼近瓶颈，国内游戏运营成本增加，上市的60余家游戏开发和运营公司中接近1/3处于亏损状态，过半数的游戏企业净利润下滑。[4] 游戏企业为了打开局面将目光投向海外市场，纷纷选择在其他国家运营游戏产品并获得海外市场的认可。2018年我国游戏企业勇于面对机遇和挑战，将国内市场增长放缓的不利因素转化为开拓新市场的动力。

从技术层面分析，海外市场成功拓荒的原因之一在于游戏运营思维的转变。相关主体吸取国内经营过度关注市场份额而忽视产品优化，导致的产品同质化严重、竞争残酷等教训。从以销售为导向转变为以游戏用户体验为导向，发掘用户真实、潜在需求，通过优化服务极大地提升用户游戏体验。游戏运营相关主体制定更长远的营销策略。通过游戏定期更新，阶段性开放收

---

[1] 国家版权局：《中国网络版权产业发展报告（2018）》，2019年4月26日。
[2] Mobdata研究院：《2018中国游戏行业研究报告》，2018，第7页。
[3] 中国音数协游戏工委、伽马数据：《2018年中国游戏产业报告》，中国书籍出版社，2018，第46页。
[4] 《68家游戏上市公司的2018年：三分之一在亏钱，最高亏70亿》，https://www.gameres.com/843786.html，2019年5月7日。

费点来维持用户的黏着度。在游戏公测阶段免费下载、使用，在聚集一定热度后正式运营进行商业化运作，加入内购道具、出售游戏周边等多种收费节点。此外，中国原创游戏中的角色、插画、动漫等IP价值逐步被市场认可，《2018年中国游戏产业报告》也印证了这一点：2018年原创IP出口游戏占比80%，占出口收入总额的82.2%。① 中国原创游戏获得良好口碑的同时逐步形成品牌效应。

值得关注的是，国产游戏的"出海"潮流并不是由传统的国内游戏巨头所引领的，国内部分游戏开发、运营厂商设立之初就将目标锁定在海外市场。如世纪华通旗下的子公司趣加（Funplus）深耕北美和中东游戏市场多年，依靠成熟的海外发行经验和对游戏题材、玩法的边缘创新获得了游戏玩家的青睐。该公司运营的数款移动端游戏在2018年均取得了过亿美元的收入。2018年，国产游戏"出海"的成功一定程度上说明了我国游戏研发、运营团队已较好地适应了国际知识产权体系下的市场竞争，也显示出海外游戏市场对移动端娱乐产品的旺盛需求。相较国内游戏市场的残酷竞争，一些国家的游戏市场仍是蓝海甚至处女地，如共建"一带一路"的部分国家，在完善基础设施建设、升级5G网络后将改善当地网络状况，由此将催生更多的互联网娱乐需求，这为国产游戏"出海"提供了良好的契机。

（三）游戏产业阶段性调整

我国的互联网游戏产业在2018年经历了一段时间的产业调整和管理机构优化。2018年3月，中共中央印发了《深化党和国家机构改革方案》，根据该方案的重要指示，游戏管理机构进行了优化调整："将国家新闻出版广电总局的新闻出版管理职责划入中央宣传部。中央宣传部对外加挂国家新闻出版署（国家版权局）牌子。"随后，游戏产业进行产业升级。在调整过程

---

① 中国音数协游戏工委、伽马数据：《2018年中国游戏产业报告》，中国书籍出版社，2018，第49页。

中，传统的游戏运营模式和盈利途径难免会受到影响。中国音数协游戏工委（GPC）和伽马数据联合发布的《2018年中国游戏产业发展报告》调查数据显示：2018年中国游戏市场实际收入达2144.4亿元，同比增长5.3%，相较2017年增长速度放缓17.7个百分点，较2016年放缓12.4个百分点。然而，相关改革措施是必要的，我国的游戏版权产业即将进入"存量时代"，需要通过消解我国游戏产业中的投机资本使游戏产业投资者回归理性，保障游戏版权产业逐年平衡发展不出现大的波动。需要加强内容生产者的知识产权保护，沉淀游戏制作的优秀团队和人才，提高作者的创作欲望。因此，我国游戏产业改革对今后的健康可持续发展具有积极意义。

（四）北京市开展游戏产业海外交流

随着经济的全球化，我国游戏版权的国际交易更加频繁。游戏产业国际化既是机遇也是挑战，游戏版权相关主体要抓住机遇，对我国优秀的游戏产品进行宣传，凸显中国文化的独特魅力。

美国当地时间2018年6月12日，全球最大的电子娱乐展览会（Electronic Entertainment Expo，E3展）在美国洛杉矶市开幕。北京市新闻出版广电局（北京市版权局）特组织了北京10家优秀游戏企业参展，在E3设置了专门的北京展区，借助E3这一国际游戏平台，向世界宣推中国的各种游戏产品、服务、公司和机构，展示中国游戏企业的风采。这也是北京市新闻出版广电局（北京市版权局）第二次组团参加E3展，是北京游戏产业融入海外市场的重要一步。①

类似的国际交流活动为我国游戏版权的相关主体提供了良好的展示平台，深化了游戏版权的国际合作，吸引了境外的游戏相关主体和我方进行商业洽谈，为游戏制作者进行国际行业交流提供契机。此外，海外展览活动促进了各国游戏产业管理机构的经验交流，围绕版权政策制定、版权执

---

① 《借力E3平台提升国际影响力 北京游戏推介会在E3成功举办》，北京市广播电视局网站，2018年6月27日。

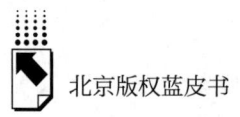

法面临的问题及挑战、数字技术发展下的网络侵权新情况等重要议题展开讨论。

（五）北京"剑网2018"专项行动保护游戏版权

国家版权局牵头的"剑网行动"开始于2005年，其主要目标在于对网络的版权侵权进行整治，如今该行动已经成为网络执法监管领域的一项品牌工作。"剑网行动"实施至今，各级版权行政执法部门共查办网络侵权盗版案件6647起，依法关闭侵权盗版网站6266个，删除侵权盗版链接256万条，移送司法机关追究刑事责任案件609件，①仅在"剑网2018"专项整治期间，各级版权部门删除侵权盗版链接185万条，收缴侵权盗版制品123万件，查处网络侵权盗版案件544起，查办刑事案件74件，涉案金额1.5亿元。②

可以说，2018年的"剑网行动"成绩斐然，游戏版权领域的治理效果尤为明显。从2018年的侵权作品类型来看，图片作品案件数量最多，占比达44%，而游戏软件的侵权案件总体占比较低。应当引起警觉的是，在为数不多的网络游戏侵权中多是直接侵权案件，主要是通过破解、剽窃他人游戏软件中的程序代码运营"山寨游戏"。在涉及刑事的知识产权违法案件中，游戏作品占比高达59%。③因此打击剽窃游戏代码、游戏换壳等侵权行为是一项长期性的工作。此外，为了进一步部署打击盗版工作，规范北京地区的网络版权秩序，北京市版权局于2018年11月14日至15日召开"剑网2018"专项行动工作会，会议召集20余家互联网企业，并签署了《关于规范软件应用市场版权秩序的共同声明》。该声明的目标主要有三个方面。第一，争取通过对话途径使大型互联网企业切实尊重第三方的知识产权，协助权利人维护其合法权益。第二，希望互联网运营商和发行商能够自觉抵制违规、盗版软件进入市场，切实遵守版权法律法规，维护行业秩序。第三，面

---

① 《中宣部版权管理局：将严厉打击网盘传播盗版影视作品行为》，http://bbs1.people.com.cn/post/129/1/1/171903507.html，2019年5月5日。
② 中国信息通信研究院：《2018年中国网络版权保护年度报告》，2019，第8页。
③ 中国信息通信研究院：《2018年中国网络版权保护年度报告》，2019，第15页。

向用户，呼吁网络用户自觉地抵制盗版游戏，支持正版。①

综上所述，首先，在"剑网行动"的影响下我国的网络版权生态持续转好。游戏企业更加注重对自身游戏作品的版权保护并且尊重他人的知识产权。版权意识的提高一方面使得企业能有效地避免法律风险，另一方面维护了整体的行业秩序，使越来越多的游戏企业能够摒弃"零和博弈"思维，避免恶性的行业竞争。其次，"剑网行动"还帮助游戏用户树立版权意识，"尊重知识产权即是尊重他人劳动成果"的朴素版权观念逐渐深入人心。相应地，我国正版游戏的用户比例逐年扩大，极大地支持了我国独立游戏工作室和中小型游戏开发企业的生产经营。最后，许多游戏运营团队建立起游戏社区。用户、运营商之间的沟通渠道愈加顺畅，双方共同地维护游戏版权，举报盗版游戏、外挂、私服等违法违规行为，已形成良性互动，对"剑网行动"取得阶段性胜利起到推动作用。

三 问题与对策

（一）网络游戏直播带来的版权问题

2017年9月，游戏公司任天堂更新了"任天堂创作者项目计划"（Nitendo Creators Program）条款，禁止用户在"YouTube Live"中直播自家游戏。② 此条款发布后，网络主播和游戏测评机构对其口诛笔伐，认为该条款限制了对购买的正版游戏的合理使用。任天堂迫于压力再次更新了一份可以进行直播的游戏名单，但在实施阶段又无疾而终。由此，对于版权人能否控制直播行为在游戏业内引起了广泛讨论。我国法律、法学界对游戏软件的

---

① 《北京版权局召开剑网2018工作会：规范软件应用市场》，http：//m.people.cn/n4/2018/1116/c1456-11908334.html，2018年11月16日。
② See Nitendo Creators Prigram Updated User Guide，https：//mynintendonews.com/2017/09/29/nintendo-banning-youtube-livestreams-as-part-of-nintendo-creators-program/，2017年9月29日。

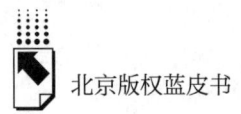

法律性质达成了一定共识，多数学者认为游戏作品受保护的是其中的"代码化指令序列"和"可以被自动转为代码化指令序列或符号化语言序列"，而不保护其中的数据库和调用的其他类型作品。有争议的主要是两个问题。第一，游戏运行时产生的有/无伴音的连续画面、图片、音乐和其他客体的法律属性。第二，对游戏软件运行时产生的图像和声音进行互联网"广播"的行为是否受版权法专有权控制。对这些问题法学界仍没有定论，各学说之间存在着较大的分歧。进行网络游戏直播或是组织电子竞技赛事多是通过合同确定权利和义务。在产生纠纷时，司法裁判的倾向也不尽相同，这些都是亟待解决的问题，需要明晰相关的知识产权法律问题以保障产业稳定发展。

从利益平衡的角度考虑，网络游戏直播对于不同类型游戏的影响是截然相反的。对于多数弱情节重竞技性的游戏来说，网络游戏直播对其是有积极意义的。最直观的积极影响是对电子竞技赛事的网络直播，增加了该游戏的曝光度，使未接触过的玩家在观看到专业选手的精彩竞技后也想亲自尝试而购买该游戏。如近年来持续火热的 MOBA 类游戏凭借互联网直播的东风一度成为社会热门话题，游戏的火爆自然带来了销量的增长，类似实例不胜枚举。除了游戏厂商和直播平台直接受益，游戏直播还带动了其他产业发展，比如使得一度低迷的国际电子赛事再度焕发活力，在经过网络直播的宣传后吸引了更多的赞助商和选手参与。在我国和一些发达国家，电子游戏竞技已经进行俱乐部化运作，形成了完整的产业链。因此，网络游戏直播对于竞技类游戏的选手和俱乐部、赛事组织者、游戏运营商是多方共赢的结果。但消极的一面是，网络游戏直播对于侧重"讲故事"的游戏则是沉重打击。一些潜在的购买者在网络上看到游戏相关剧情的直播或是录像，了解剧情、知晓结局后会大大消耗其亲自游玩的热情，这些负面影响大多由游戏开发商、运营商直接承受。例如，在 2018 年获得良好口碑的《底特律变人》互动式电影游戏，其总成本高达 5.06 亿元人民币，但经过 3 个月的发售才收回成本，并且后续销售乏力。而该公司早年开发的另一款电影互动游戏《暴雨》，总收入已达 7 亿元人民币，投产比高达 1:2.5。而更大投资的《底特律变人》很可能无法获得前作的成绩。此外，另一家专注于互动电影游戏的游戏厂商 Telltale

在盗版游戏和网络直播的冲击下持续亏损，在 2018 年 10 月宣布破产。可见，网络直播对以剧情体验为主的游戏造成了十分严重的冲击。

总体而言，游戏直播行业与游戏研发、运营的利益冲突单靠市场手段难以解决，需要通过法律法规、相关政策建构起宏观的顶层设计，避免对作品的不当传播而伤害内容创作者。法律上需要细化游戏软件产生的"连续画面"构成作品的认定标准，进而通过著作权集体管理组织向盈利性网络直播平台收取一定报酬。管理机构需要对游戏直播产业进行长远规划以避免不正当竞争和侵犯知识产权。综上所述，制定相关政策法规既要保证人民群众享受到优质的文化产品，又要保障市场相关主体能够获得回报、健康发展。

（二）保护未成年人，完善游戏的投诉渠道

互联网并非法外之地，游戏产业的发展同样要受到道德和法律的约束。根据央视新闻网的报道：在《我的世界》的移动端游戏中，存在由用户发布的针对未成年人性暗示内容，而该款游戏注明的是适合"全年龄段玩家"。发现问题的监护人试图通过游戏的举报通道反馈违规信息。意外的是，游戏内并没有设置单独的举报途径，处于风险和已经受到侵害的用户无法依靠"通知—删除"规则来维护自身合法权益。

根据我国《网络安全法》第 49 条规定："网络运营者应当建立网络信息安全投诉、举报制度，公布投诉、举报方式等信息，及时受理并处理有关网络信息安全的投诉和举报。"《网络安全法》第 13 条还规定："国家支持研究开发有利于未成年人健康成长的网络产品和服务，依法惩治利用网络从事危害未成年人身心健康的活动，为未成年人提供安全、健康的网络环境。"显然，如果网络运营商故意地放任针对未成年人的网络侵权活动，可能构成帮助侵权甚至触犯刑法构成共同犯罪。该事件实际上暴露出部分游戏运营企业只专注盈利而漠视对未成年人保护，反映了部分游戏运营企业的社会责任感缺失。

针对以上乱象，市场相关主体应当充分反思，要将未成年人保护和隐私信息保护提到日程安排上来。网络游戏的运营商和监管部门不但要对游戏本

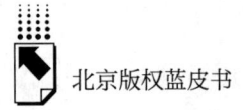

身内容进行审查，屏蔽不适合未成年接触的限制级内容，还需要规制网络用户的行为，避免第三方上传、发布侵害未成年人的信息。建立屏蔽字库，屏蔽针对未成年的性暗示、血腥暴力、极端思想内容，设置限制发布个人隐私信息等事前防御措施。此外，还应继续完善事后的处置措施，建立醒目的用户违规投诉通道，方便未成年人以及其监护人自主维权。

（三）精品游戏带动游戏行业整体发展

一般来说，大型游戏的质量和产量代表了某地区游戏产业的最高生产力水平，体现了该地区计算机科学、视觉科学的发展状况。同时，鼓励研发大型、精品游戏也会促进游戏行业整体素质提升，而行业整体素质的提高也会加快大型游戏的研发速度，提高游戏品质。两者是相辅相成、互相促进的关系。支持研发精品游戏将有若干裨益。

第一，精品游戏的研发将增加专业性人才储备，带动教育培训产业发展。一款品质上乘的大制作游戏，其人力投入不亚于一部电影的制作，需要不同工种的百人甚至千人的参与，其中以编程人员和特效制作团队为中坚力量，但该类型人才培育并不适合通过传统的学术性教育进行。首先，我国游戏娱乐产业起步较晚，游戏制作的学科教育系统尚未形成体系。我国游戏制作专业的高等教育仍沿用计算机科学教育、美术设计等传统学科，从教育到成果转化存在一定藩篱。其次，游戏制作技术具有较强的综合性，涉及诸多学科和交叉应用科学，本质上更倾向于专业型、应用型教育。最后，游戏领域的产业动态具有较强的时效性，将经验转化为学术性知识需要一定时间，而产业迭代速度与高校转化周期不同步会造成培养与实际需求脱节。而大型游戏研发具有研发周期长、核心人员相对固定、针对性强的特点，这就为培养游戏专业人才提供了土壤。

第二，支持研发大型、精品游戏将带动游戏投资市场和消费市场形成良性互动。惯常制作大型、复杂游戏的开发团队多隶属于相对正规、专业的游戏公司。这些经营主体一般有对产品和企业文化的明确定位，不会为了短期收益而牺牲商业信誉，较少为投机资本制作"山寨游戏"。专注于大型游戏开发的公司多努力地维持公司的正面形象。公司内部运作正规、稳定，为其他游戏相关市场主体树立了良好典范。同样地，热衷于大型精品游戏的玩家多是电子游戏圈的核心群体，其版权意识强、消费能力高，有效地保障了大型游戏制作团队的投资产出比。

第三，支持研发精品游戏可以增进文化自信和传统文化输出。一款电子游戏能被称为精品，说明了其优秀的品质。这种品质不仅来自精美画面、玩法创新，更主要的是文化内核。中华民族的优秀传统文化作为凝聚了数千年人类智慧的宝贵遗产，其丰富的内涵受到世界人民的欢迎。例如"三国"是电子游戏领域经久不衰的主题。内容创作者热衷于打造属于本土风格的三国故事，游戏玩家也由此对中国文化产生兴趣。可见，将优秀的中华传统文化融入精品游戏中，可以帮助世界其他民族了解中国、喜欢中国，加强国际文化交流互动，同时增加了我国文化领域话语权，树立文化自信。

综上所述，大型精品游戏可以作为衡量我国游戏产业转型改革成功的标志之一。而我国现阶段的游戏以简单的网页、手机端游戏为主，其文化内涵较少，大型的精品游戏年产量依然很低，说明我国游戏产业蜕变成为成熟、规范的文化生产行业仍有很长的路要走。

四　发展趋势

（一）游戏版权产业需要更理性的投资者

我国逐渐加强游戏内容审查，这一定程度上提高了网络游戏市场的准入门槛。大众审美水准的普遍提升也对游戏品质有了更高的要求，这使得投机资本无法从粗制滥造的"山寨"游戏中获得预期的回报。游戏产业的改革倒逼投资者与时俱进，制定更长远、理性的投资计划。

对我国游戏产业的投资市场来说，资本长久以来多热衷于"热钱"式的投资，期望通过短期的投资尽快地获得回报，而较少考虑进行市场细分和投资优质的中小型游戏企业。这样就造成了游戏下游市场参与者急功近利的心态,他们通过制作暴力、色情、赌博等"三俗"内容吸引流量,甚至不惜以身犯险"山寨"他人游戏作品。因此,需要加强游戏市场管理,限制热门 IP 的"山寨"游戏的上线,打击游戏广告虚假宣传和消费欺诈等行为。以司法、行政等手段来扼制"劣币驱逐良币"的现象。此外,部分"热钱"投资的网络游戏,借助"爆款"IP 的外壳进行"市场圈地"。这些游戏虽然合法合规,但内容上粗制滥造,忽视玩家的游戏体验,以简单粗暴的"氪金"方式来维持用户黏性。这类游戏快速地消耗玩家热情,也浪费了宝贵的 IP 资源。因此,我国的游戏投资市场需要理性、冷静的"经济人"而非投机者。

(二)游戏市场主体应肩负起社会责任

社会大众渴望进一步提升游戏文化娱乐产品的质量,享受社会主义精神文明建设成果,游戏相关从业主体相应地要肩负起社会责任。这不单是从道德层面出发,也符合游戏市场健康发展的客观需要。

在一些国家的相对成熟的游戏市场,内容创作者遵守行业规范更符合其自身长远发展的利益,而违反行业规范、法律法规则可能导致用户流失、游戏禁止发行甚至受到处罚。因此游戏制作、发行主体基于自身利益考虑会主动地顺应社会发展趋势,维护主流价值、摒弃糟粕。此外,积极的游戏作品往往更能契合人文主义价值观的内核,而人文主义精神正是艺术产物的稀缺品质。优秀的艺术作品宣扬美好、批判丑恶更能引起受众情感上的共鸣。除了主观的利益考量,外在的行业监管也使游戏内容生产者更多地关注产品带来的社会影响,创作更符合主流价值的文化产品。而管理机构、行业自治组织可以进一步将这些优秀的文化产品树立成典型,"给优质产品提供了更多的用户展示机会,也有利于降低快速增长的用户成本"。[①] 这样,游戏内容创作者与社会大众就建立起了正向

[①] 中国音数协游戏工委、伽马数据:《2018 年中国游戏产业报告》,中国书籍出版社,2018,第 148 页。

反馈的激励机制，共同营造风清气正的游戏内容创作氛围。

游戏内容的传播者（游戏直播平台、游戏下载平台）作为广义的网络服务提供者兼有技术服务提供者和网络内容服务提供者的特点。具体而言，网络技术服务提供的多是被动型服务，尤其是网络基础接入服务，不提供特定内容的推送。此时，为了保证网络信息传播效率，服务商在处理纠纷时多采用事后的处置措施即根据"通知—删除"规则断开链接或删除。侵权责任判断根据《信息网络传播权保护条例》第22、23条的规定，原则上采取一般的谨慎义务。但游戏直播平台、游戏下载平台往往不是单纯的网络中介服务提供者，而兼有内容创作和信息传播行为。以游戏直播平台为例，其提供的服务主要有三种。第一种是为第三方创作者提供数据串流平台，用户自主地上传、下载数据。此类服务与一般的网络技术服务并无二致。第二种是在平台的策划、组织下对比赛、游戏实况进行网络直播，此类属于综合服务，实际上不只向用户提供数据串流和信息储存等"网络技术服务"，还有对信息进行采集、加工的"网络信息服务"（所谓信息服务是指通过信息采集、开发、处理和信息平台的建设）。① 第三种是用户和平台共同采集、开发、处理信息产生的推送信息服务。例如，平台向部分用户开放一定的编辑权限，使之可以对平台采集的信息进行加工、筛选，然后由平台进行整合形成推荐信息向其他用户提供信息推荐服务。在上述综合服务里，网络服务商一般会积极地参与到内容创作过程中，相应地其注意义务也随之提升。譬如由事后处置措施转为事前预防措施，对自主创作内容和推荐内容进行实质性审查。这些注意义务可以成为判断网络侵权的依据，更应该成为游戏内容传播者的行为规范，使之在日常运营中及时地屏蔽删除有害侵权信息，切实承担起社会责任。

一言以蔽之，要规范游戏市场相关主体的经营行为，除了游戏版权管理机关的参与还需要建立起行业自治性组织、② 社会监督组织，多层次、全方位地监督相关主体履行社会义务。

---

① 丛立先：《论网络服务提供者的版权侵权责任》，《时代法学》2008年第1期。
② 刘杰：《中国社会自治组织的概念分析》，《中美法学评论》2006年第5期。

（三）加强游戏监管与行业综合治理

游戏版权行业作为高附加值产业是许多国家着力发展的重点产业，如今又恰逢网络迭代开启"互联网+"的纪元，许多新事物、新问题是没有外来经验可供借鉴的。这就需要游戏市场相关主体、行业自治组织、行政管理部门以开放合作的态度面对机遇和挑战。

首先，应继续细化游戏审查标准。以往，我国对移动游戏的内容审查主要依据《移动游戏内容审核规范（2016年版）》，而其他类型的游戏没有统一的审查规范和量化标准。2018年12月7日，网络游戏道德委员会在京成立，负责对网络游戏作品及相关服务开展道德评议，委员会可以从各个角度提出相关的意见，而且把这些道德风险用可量化的方式表现出来。① 委员会的成立对健全游戏审查制度具有积极意义，一定程度上解决了其他类型游戏缺少审查标准的问题。但游戏监管不仅要防止不良信息散播，更重要的是塑造市场整体环境。调整游戏市场主体的行为需要将倡导性规范与强制性规范相结合，对市场行为适度干预。通过监管制度化、实施过程公开化提升管理效率。

其次，应总结综合治理措施取得的成功经验。例如针对网络版权侵权行为，我国通过实践形成了司法与行政双轨保护制度，并获得良好的社会效果。所谓双轨保护是指以司法裁判对被害人进行救济，以行政强制措施减小网络侵权的损害后果，以行政处罚来惩治和震慑侵权人，纠正市场参与主体的违规行为。网络版权保护的双轨制"真正实现了网络版权的民事救济、行政救济和刑事救济的综合保护，尤其是版权执法活动的有效开展及其高压态势，对屡禁不止的网络盗版者形成了强力震慑和制约"。② 这样，针对网络侵权的突发性、证据的易灭失性，双轨保护措施就能有效地救济被害人，也保障了诉讼程序的顺利进行。

最后，需要完善规制游戏市场主体的法律法规。在立法上，要调整

---

① 《网络游戏道德委员会成立》，新华每日电讯，2018年12月8日。
② 丛立先：《版权保护重在有效实践》，《中国出版》2016年第15期。

"反通知"制度,遏制通过滥发通知、恶意投诉等手段,进行不正当竞争的现象。根据现行的《信息网络传播条例》和《侵权责任法》规定,我国的"反通知"模式是,"通知—删除、断开链接—反通知—恢复/删除、断开链接"。现实中存在的问题是,行为人通过同时发出大量的"通知"断开竞争对手的内容链接,在此期间,宣传、发布自己的网络游戏服务。而"服务对象"在准备"不构成侵权的初步证明材料"时,网络"生态位"就会被恶意抢占,从而造成损失。此外,对于"通知"的标准,《信息网络传播条例》只规定了必须是书面的,而在形式和内容上没有更具体的要求。更重要的是,立法上也没有规定"通知"的有效存续期间,将"通知"转送或是公告即视为"服务对象"已知悉,行为人不需要后续的诉讼即可以"方便"地阻止竞争者发布信息。此外,如果服务对象错过了产品发布的"黄金时期"即使再进行反通知恢复链接,造成的损失也难以挽回。此时还将先提起诉讼的压力转移到被动防御的"服务对象"一方,这对诉讼的地域管辖、举证责任也会产生影响。综上所述,将"通知—删除"调整为:行为人发出通知,平台直接转发给服务对象,若服务对象一定时间内没有反通知,则平台临时断开链接。这样的模式可能更兼顾公平和效率。

结　语

游戏软件产业作为北京市高附加值的产业之一,长久以来获得管理部门的大力支持,包括政策上的支持和税收上的优惠。因此,北京吸引了许多游戏开发、运营企业扎根落户。企业的集中进一步吸引了专业人才的聚集。北京游戏版权产业经过资源整合,结构调整,已准备好开启新征程。

目前,北京的游戏版权产业仍有发展空间。出品的游戏软件仍以简单类的网页端和移动端游戏为主、专注于大型游戏开发的主体较少,专业性人才短缺、培训机构水平参差不齐不能满足产业需要。综上所述,需要总结北京游戏版权产业发展的成功经验,并进一步发扬优势。注重游戏开发人才的培养、引进境外游戏开发技术,为北京市游戏产业发展注入活力。

B.7
2018年北京文化创意产业版权发展报告

丛立先　吕子乔*

摘　要： 版权制度对文化创意产业的存在和发展有着举足轻重的影响。我国文化创意产业正进入黄金发展时期，北京市文化创意产业版权发展质效提升，也出台了多项政策促进文化创意产业的版权保护。但是当前文化创意产业的版权保护意识不强，缺乏标准化的版权价值评估体系。对此，需要完善文化创意产业版权保护的法律制度，提高公众的版权保护意识，加强对版权的行政保护，完善文化创意产业的著作权集体管理，构建版权价值评估标准，完善版权交易相关制度，以促进北京文化创意产业的优化发展。

关键词： 文化创意产业　版权保护　北京

一定程度上，文化创意产业就是版权产业，二者的表述不同只是侧重点不同。文化创意产业是以文化为基础，以创意设计为核心，以现代技术为支撑，以知识密集和价值导向为特征的新兴产业。[1]自"创意产业"概念在英国被提出以来，对文化创意产业的理论研究和实践探索呈现全球化态势。在

---

* 丛立先，华东政法大学知识产权学院教授、博士生导师；吕子乔，华东政法大学知识产权学院博士研究生。
[1] 贺亮、龚唯平：《文化创意产业研究文献综述》，《产经评论》2011年第2期。

整个文化创意产业的产生和发展过程中,知识产权法律制度和知识产权管理起到了基础性和建设性的作用,而与文化创意产业联系最为密切的版权制度在文化创意产业的主要环节和关键领域中更是有举足轻重的地位。科学合理的版权制度对于保护版权人的合法权益、促进行业的健康可持续发展具有重要意义。同时,从全球化和国际化的视角来看,文化创意产业的发展程度在某种意义上可以体现一国版权制度的完整性和科学性,展现一国对版权制度的独特理解。

一 文化创意产业与版权保护的关系

作为一种知识密集型产业,文化创意产业的核心和起点是对创造力的支持和对创意的关注。然而,文化创意产业既属于经济领域,又属于文化领域,[①] 其核心内容实际上难以脱离版权制度而独立存在。从版权制度的原理和基本原则来看,再精妙的创意本身都难以受到版权法的保护,但是当创意得以实现,成为实实在在的文化产品,具有各种形式的有形载体后,对这些创意内容的复制、发行、传播和演绎将落入版权保护的范围之内。因此,文化创意产业,包括其外围产业、边缘产业,都与版权制度有着密切的关系,在文化创意产业的活动和关键环节中两者如影随形,版权制度对文化创意产业的存在和发展有着举足轻重的影响。

(一)版权保护制度是文化创意产业发展的基础

文化创意产业的特点有如下三点。一是创新性。创新是文化创意产业发展的动力,文化创意产业十分依赖创作者的聪明才智,鼓励创作者形成独特的、富有价值的创意并应用于实践中,从而创造产品或服务,获取经济效益

---

① 李冬、陈红兵:《文化产业的基本特征及发展动力》,《东北大学学报》(社会科学版)2005年第2期。

和社会效益。二是产业的高度融合性。文化创意产业依托创意和文化,同时利用先进的科学技术,使创作者的灵感得以在特定行业以具体的形式呈现出来。三是知识产权的关联性。文化创意产业通过对文化创意的开发和使用,形成各式各样的产品和服务,以此获取收益,而这一系列过程都依托知识产权制度而存在,特别是当创作者的创意经过一系列的改良和开发,最终形成文化产品和服务。如果缺乏知识产权的保护,这一系列的产品和服务都可以被竞争对手随意使用,创作者的灵感和其将灵感转化为产品的努力将毫无回报,因此相较于其他传统产业,文化创意产业十分依赖知识产权的保护。在知识产权制度的各个领域,与文化创意产业关联最为密切的当属版权制度,要推进文化创意产业健康有序的发展,鼓励创作者寻找更多灵感、产出更多优质的产品和服务,必须要加强版权保护。

从经济学的角度来看,版权保护制度的产生,源于文化创意产品的经济价值和稀缺性。文化在人类社会的发展进程中具有举足轻重的作用,甚至足以推进社会和历史的发展。从微观上来说,文化产品作用于人们的精神生活,使人们获得愉悦和幸福感,满足精神生活的需要;同时,投入生产和贸易的文化产品有明显的经济价值,具有高度美感的文化产品甚至为社会大众所熟知,在世界范围内受到认可和推崇。稀缺性则是因为生产知识产品本身是一个长期且复杂的过程,从创意产生开始,到最终的产品或服务形成,在许多情况下需要较高的成本,需要大量的物质和智力投入,因此产生和获得文化产品都绝非易事。文化产品具有价值属性,因此需要通过特定制度进行保护,防止文化产品被无偿使用,打击创作者和生产者的积极性。在版权制度不断完善和人民生活水平不断提高的背景下,文化产品的价值得以体现,已经成为社会财富的重要组成部分。文化创意产业的优越性则越来越明显,甚至可能成为推动世界经济发展的重要引擎,而这一产业的飞速发展将逐渐显示出其对社会和经济等其他领域的促进作用,世界各国将能够更加直观地感受到文化创意产业的价值所在,这反过来也将促进版权制度的进步。

现代版权保护制度以激励创新、保护知识和创造性劳动为基础,有助于发展先进生产力,通过版权制度带来的文化产品的独占权利,则可以使创作者得到激励,提升创作热情。与传统文化产业相比,现代文化创意产业产品更多地以数字产品等形式进行传播,复制和传播的成本极低,且易于大规模生产,反向开发或逆向开发的成本更低。在"互联网+"时代,各项新技术和黑科技层出不穷,侵犯文化产品版权的行为更多且更加容易发生,侵权产生的后果更严重、造成的损失更大,与之相适应,文化创意产业的蓬勃发展离不开更为有效的知识产权保护制度。更好地保护创作者的合法权利,才更有利于激励创新,维护公平、公正、健康、有序的文化创新环境,调整文化产品版权所有者、传播者和使用者的利益,使各方利益能够得到平衡,这也是版权制度在文化创意产业中的重要目标。

(二)完善的版权保护制度是文化创意产业发展的必备条件

文化创意产业价值链包括五个环节和流程,分别是创意的形成、文化产品的生产、文化产品的流通、投放市场、用户使用和感受。[1] 确保文化创意产业发展的前提是确保价值链各环节之间的顺畅流通,各环节的利益相关者能够达到平衡。

根据世界知识产权组织的定义和划分,"版权产业"基本覆盖了文创产业所有的重要领域。[2] 国际知识产权联盟(International Intellectual Property Alliance)发布的《美国版权产业报告》已经明确说明,版权产业是美国无可争议的国家支柱产业,这与详细而全面的版权法律制度直接相关。1976年美国修订联邦版权法,同时将版权纳入核心产业发展策略,促进版权产业成为美国最重要的产业之一。

从现实发展状况来看,文化创意产业价值链的各个环节之间的利益会进行转化,利益主体也将随之变化。在不同的情境之下,平衡的利益关系将会

---

[1] 王庆金、侯英津:《文化创意产业集聚演化路径及发展策略》,《财经问题研究》2015年第2期。

[2] 陈琳:《国外文化创意产业发展策略分析及启示》,《广西社会科学》2018年第6期。

不断地被打破，同一主体对于版权制度的期待也将产生变化。因此，版权保护制度需要平衡各个价值链之间的利益关系，① 使整个文化创意产业向对社会最为有利的方向发展。同时，版权法律关系不仅涉及作者、思想和作品之间的联系，还涉及作者和使用者之间的关系。在很多情况下，作者个人很难对作品的流通和使用情况做到充分的了解和管理，难以充分发掘作品的经济价值，因此需要中介机构进行管理和协调，这涉及作者与中介机构、中介机构和用户之间的关系。在涉及大量使用者利益的时候，还必须考察公共利益和社会效益。在这些复杂多变的利益之间，立法者需要站在利益平衡的角度，对相关各方的权利、义务做出合理的制度安排，对版权理念和具体规定进行合理的设计。此外，版权制度必须反映文化创意产业的发展和变化，在适当的时机做出适当的调整，以符合新的社会现状，满足新的社会需要，保障文化创意产业的进一步发展。

（三）文化创意产业版权保护中涉及的具体版权问题

需要注意的是，版权法并不保护思想本身，而只保护思想的具体表现形式。② 因此，创作者的一项构思无论多么精妙和独特，在形成具体表达之前，都无法受到版权法的保护，在创意形成的过程中也并不存在具体的版权问题。而在创意最终成熟形成作品后，对于作品未经许可的复制、发行、传播、演绎都将落入版权法的保护范围，未经许可将作品使用于产品或服务之中自然侵犯了版权人的合法权益。在文化创意产业中，一种常见的侵权形式是侵权人在版权人的作品应用于产品或服务之前就先行侵犯作品版权，并将侵权作品投入生产；另一种是侵权人侵犯版权人已上线产品中的作品，并形成其他产品。这两种情形都是直接侵犯版权人权利的行为，可能严重侵害版权人的人身权利和财产权利，应当受到执法或司法机构的处理。

---

① 张赟：《文化创意产业集群组织模式及价值增值机制研究》，哈尔滨工程大学博士学位论文，2012。
② 吴汉东：《知识产权保护论》，《法学研究》2000年第1期。

此外，文化创意产业版权保护可能涉及产品交易问题。在产品交易中，作品的版权仍然归属于创作者，交易产生的结果是作品载体的所有权进行了转移，但承载了作品的物质载体的转移并不意味着版权的交易。然而，承载于物质载体之上的作品已经可以被产品买受方或社会公众感知，易于复制和传播，因此对交易过程中和交易完成后的作品进行保护是版权制度的一个重要课题。

在某些情况下，对文化创意产业进行版权保护的难点和重点是对侵权行为的认定和处理。具体侵权行为是指未经权利人同意且没有法律依据、未经授权使用受版权保护作品的行为。盗版是侵犯版权的主要形式，盗版产业链极大地阻碍了文化创意产业的发展。文化创意产品的创意产生和成熟需要相当的智力投入，在产品开发中又需要投入大量的成本，开发的周期相对较长。相比之下，盗版产品复制成本低、传播迅速、传播范围广，其低廉的成本足以让盗版者以相当低甚至免费的价格发布产品，低廉的价格和与正版产品相差不多的品质对消费者和市场具有天然的吸引力。

二　我国文化创意产业的发展情况

（一）文化创意产业的全球化趋势

当代社会各行业获取利润主要通过引领自主创新和技术进步来实现，而文化创意产业虽然与版权制度息息相关，却也蕴含着丰富的文化创新活动，起到引领文化发展的示范作用。作为新兴产业，文化创意产业与经济、文化和技术相互融合、相互促进。由于具有高附加值的特点，可持续发展性极强，足以创造大量的就业机会、保持较高的行业经济增长率，文化创意产业在越来越多的国家和地区受到关注，一些国家甚至提出了"文化立国""文化强国"的发展战略。① 文化创意产业具有极高的经济潜力，很有可能成为

---

① 王岩：《文化软实力的构成要素与发展模式研究》，上海师范大学博士学位论文，2016。

21世纪世界经济转型过程中的引领产业。

究其原因,首先,文化创意产业具有很强的整合性和联结性,辐射效应较强,可催化相关产业的发展。其次,在当代社会各行业通过引领自主创新和技术进步来实现利润的背景下,文化创意产业具有鼓励自主创新、推动文化进步的特点,符合时代的发展轨迹,具有得天独厚的发展优势。文化创意产业资源消耗低、环境污染小、市场潜力大、发展前景广阔,汇集了海量的知识和创意,极有可能创造庞大的衍生价值链,促进新型经济发展模式的转变。最后,文化创意产业在推动相关产业共同进步、联结各个区域协同发展的同时,也可以渗透到社会的方方面面,满足人民群众的文化发展需求和精神需要,提高人民群众的幸福感和归属感。

全球文化创意产业从1950年开始恢复、发展,呈现出产业规模不断扩大、产业结构不断完善、产业优势不断显现的趋势。全球各个国家的文化创意产业拥有各自的发展特色和演进趋势,文化创意产业的各个细分行业也形成了不同的生命周期曲线和演化规律。21世纪以来,许多国家的文化创意产业获得了市场的推崇和青睐,更受到了政府的重视,政府制定了一系列相关的政策和发展战略。此外,文化创意产业承担了区域化和国际化发展的桥梁作用,在区域经济和社会发展中逐渐地显现出其主导地位。全世界每天产生的文化创意经济达到220亿美元,根据联合国的统计数据,文化创意产业占到了全球GDP的7%,并且以每年10%的增速持续增长,远高于全球GDP的增长速度。① 在一些发达国家,文化创意产业的产值增长速度更为迅猛,美国年增长率达到了14%,英国达到了12%。② 作为推动经济增长的重要力量,文化创意产业具备引领全球经济发展的潜力,将成为世界经济发展的新方向,成为许多国家的战略选择。

---

① 王俊、汤茂林、黄飞飞:《创意产业的兴起及其理论研究探析》,《地理与地理信息科学》2007年第9期。
② 王海英:《文化创意产业版权保护的困境及其法律选择》,《中共福建省委党校学报》2009年第11期。

（二）我国文化创意产业的发展现状

改革开放以来，我国的文化创意产业经历了不同的历史时期，见证了不断改革、开放的历史进程。2012年以后，文化创意产业的上市公司数量基本保持稳定，增长趋于平缓，显示了随着政策的引导和市场的不断完善，文化创意产业进入稳步增长阶段。随着文化体制改革的深入，合格的文化市场实体数量不断增加，社会各界对文化产业的积极性也在增加。同时，文化创意市场逐步成熟，各项支持政策不断推出，我国文化创意产业正进入黄金发展时期，产值逐年增加。随着我国经济的快速发展和人民生活水平的提高，居民的消费结构也在不断改善，从专注"物质消费"到重视"精神文化需求"，这也大大刺激了中国文化创意产业的发展，使市场呈现快速增长的趋势。

表1　2013~2018年1~6月我国文化及相关产业增加值

单位：亿元

年份	增加值	年份	增加值
2013	21351	2016	25496
2014	23940	2017	26414
2015	24802	2018	27286

资料来源：中国报告网，http://baogao.chinabaogao.com/wentibangong/355524355524.html，2018年8月6日。

近年来，推动文化创意产业的快速发展成为一项重要的国家战略。自2003年以来，国务院和有关部委先后出台了相关的扶持政策和指导意见，对文化创意产业提供了大力支持，特别是财政、税收和金融支持政策，这为我国文化创意产业的整体战略规划提供了重要保障，为提升行业整体竞争力发挥了重要作用。《中共中央关于制定国民经济和社会发展第十三个五年规划的建议》重申到2020年要使文化创意产业成为国民经济的支柱性产业，表明了政府在新时期大力推进文化创意产业发展、促进产业结构优化升级的决心和信心。

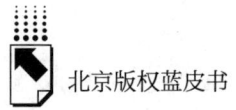

表2 2014年以来我国文化创意产业相关政策梳理

年份	政策文件	主要内容
2014	《关于推进文化创意和设计服务与相关产业融合发展的若干意见》(国发〔2014〕10号)	加强了文化创意和设计服务业的主导作用,基本形成了产业发展全方位、深层次、宽领域的一体化格局
2014	《关于加快发展对外文化贸易的意见》(国发〔2014〕13号)	提出要推动文化创意产业成为国民经济的支柱产业,从而提升贸易整体实力,提高国际竞争力。进一步要求提高整体文化开放水平和质量,培育出口型文化企业,支持文化创意企业积极开拓海外市场
2015	《文化创意产业税收优惠政策汇编》	地方税务局负责征管的营业税、企业所得税、个人所得税、房产税、城镇土地使用税、印花税、城市维护建设税、教育费可以适当减少和调整
2017	《"一带一路"文化发展行动计划(2016~2020年)》	初步形成面向"一带一路"国际文化市场的文化产业发展格局,壮大文化企业规模,扩展文化贸易渠道,加强建设文化服务体系
2017	《"十三五"时期文化产业发展规划》	明确和强调文化产业发展的总体要求、主要任务、重点行业和保障措施
2017	《关于加强文化领域行业组织建设的指导意见》	明确职能定位、培育和发展工作,加强自身建设,加强规范化管理
2017	《全民阅读促进条例》	出版单位应根据阅读阶梯的要求,分阶段推进全民阅读产业的发展
2017	《关于推进工业文化发展的指导意见》	经过5~10年的发展,出现一批体现时代精神的大国工匠和优秀企业,提升中国制造业的质量内涵和声誉

总的来说,文化创意产业目前正是我国的政策扶持型产业。近年来,政府出台的促进文化创意产业发展的各项政策,使社会各界投资文化创意产业的热情高涨,客观上丰富了文化创意产品和服务。"十三五"规划为文化创意产业带来了新的机遇,应当在遵循中央顶层规划的前提下,抓住机遇、把握趋势、结合市场需求和自身发展情况适时调整发展策略,这对促进产业质量改善和结构升级具有重要意义。

三 北京市文化创意产业版权发展的现状

2018年,北京基于首都城市的战略定位,顺应"互联网+""文化创意+"的发展趋势,加快推动文化创意产业的高端发展、整合发展、创新发展,积极培育新型文化业态,着力将北京文化创意产业进行升级。

(一)北京市文化创意产业的质效提升

2004年第一次全国经济普查数据显示,北京市共有文化创意相关法人单位3.03万个,从业人员约55.5万人,营业总收入约1749亿元,总资产约2942亿元。2017年,北京市规模以上文化产业法人单位达4400余家,从业人员超60万人,营业收入合计超过1万亿元,总资产达16260亿元。[①]这体现了北京市文化创意产业在实现质量提升的同时,在经济效益方面也取得了较大进展。总体上,文化创意产业正在由片面追求数量向追求质量提升和结构升级的目标进行过渡,一些产业细分领域的总收入和从业人员发生了同比负增长的情况。

表3 2018年1~6月规模以上文化创意产业情况

项 目	收入合计（亿元）	同比增长（%）	从业人员平均人数（万人）	同比增长（%）
合 计	8493.4	16.6	130.7	2.2
文化艺术服务	203.6	6.7	6.1	0.7
新闻出版及发行服务	402.3	7.7	8.0	-0.2
广播电视电影服务	466.2	13.8	5.7	0.7
软件和信息技术服务	3757.9	23.2	73.6	4.7
广告和会展服务	1104.3	20.6	6.9	-6.0
艺术品生产与销售服务	638.9	18.0	2.1	14.5
设计服务	167.8	10.4	8.5	0.2

---

① 《北京市文化产业十三年间平均增长16.1%,涌现新兴产业》,新华网,2018年11月1日。

续表

项 目	收入合计（亿元）	同比增长（%）	从业人员平均人数（万人）	同比增长（%）
文化休闲娱乐服务	493.5	4.3	8.5	1.2
文化用品设备生产销售及其他辅助	1258.8	0.5	11.3	-4.9

资料来源：各领域数据根据2011年国民经济行业分类（GB/T 4754-2011）标准汇总；北京市统计局官方数据，http://tjj.beijing.gov.cn/tjsj/yjdsj/whcy/2018/201807/t20180731_403112.html，2018年8月3日。

表4　2018年1~12月规模以上文化产业情况

项目	收入合计（亿元）	同比增长（%）	从业人员平均人数（万人）	同比增长（%）
合　计	10703.0	11.9	59.0	-1.7
文化核心领域	9292.0	14.1	49.0	-1.1
新闻信息服务	2558.3	20.7	14.2	-1.2
内容创作生产	2005.2	8.7	15.1	0.6
创意设计服务	2771.1	17.8	10.8	-6.1
文化传播渠道	1826.9	7.2	6.1	5.7
文化投资运营	30.5	-7.7	0.3	-5.0
文化娱乐休闲服务	99.8	9.2	2.4	-2.9
文化相关领域	1411.0	-0.6	10.0	-4.6
文化辅助生产和中介服务	654.8	6.6	7.9	-3.0
文化装备生产	168.3	-3.0	1.0	-7.8
文化消费终端生产	587.8	-7.0	1.0	-12.5

资料来源：北京市统计局官方数据，http://www.beijing.gov.cn/zfxxgk/110037/jdsj53/2019-02/01/content_6c7371657b394f6e90276cfa6c010bc0.shtml，2019年1月31日。

促进文化创意产业的优化升级，以质量取胜，需要空间载体的支撑。近年来，北京逐渐出现了一批各有特点、各具特色的文化产业园区，为文化企业和从业人员提供了沟通平台和交流空间，成为集聚文化创意相关企业的重要载体。一些园区专注于特定的专业领域，提供具有领域特色的专业平台服务，为行业的发展做出了巨大贡献，如中国北京出版创意产业园、北京DRC工业设计创意产业基地。一些园区提供全方位的基础设施和公共服务，是园区文化创意企业的亲密管家,为行业发展营造良好的合作开发氛围,如清华科技园、中关村软件园等。一些园区改造、利用了老旧厂房,在发展的同时进行厂区保护,保留了工业文明在城市留下的些许印记,还融入了新时代独特的文化元素,如莱锦文化创意产业园区和天宁1号文化科技创新园等,逐渐成为城市文化创意产业的新地标。一些园区注重与社区的有机融合,逐步聚集了一批优质文化企业,并重视实体书店、影剧院、小剧场等配套设施和公共文化空间的建设,提升了周边社区的文化氛围,如77文创园、郎园Vintage等。一些园区积极探索跨区域连锁经营模式,通过品牌授权、独立建设和合资经营等方式,精心打造园区品牌,不断提高品牌的知名度和影响力,如北京文化创新工场、尚8等。这些独特的文化产业园区为北京文化创意产业的高品质发展提供了范例,并能够实现空间载体应有的支撑功能,为城市更新和文化发展注入了全新活力。①

(二)促进北京文化创意产业发展的政策措施

改革开放以来,北京市文化创意产业在提升城市综合竞争力上的作用日益凸显,北京市委、市政府也出台了多项产业发展促进政策,引领、支持和推动文化创意产业发展壮大,并特别关注文化创意产业的版权保护。

北京市2014年发布了《北京市文化创意产业功能区建设规划(2014年至2020年)》,明确提出城市文化创意产业空间格局要向错位化发展,积极推动文化创意产业形成特色化、差异化和集群化的发展趋势。2016年发布的《关于积极推进"互联网+"行动的实施意见》则强调互联网与文化的深度融合,鼓励数字内容产业的发展,加快图书馆、博物馆、展览馆、电影院等文化设施的数字化建设。在此期间,《北京市文化创意产业发展专项资金项目补助实施细则(试行)》、《北京市文化创意产业发展专项资金文化创意企业上市、挂牌和并购奖励实施细则(试行)》和《文化创意产业发展专项资金文化创意产业孵化器奖励实施细则(试行)》相继出台,细化专项资

---

① 《北京首批33家文创产业园区名单出炉》,人民网,2019年1月26日。

金的分配，对文化创意企业的上市、挂牌、并购进行奖励，鼓励培育文化创意产业孵化器，促进产业可持续发展。

2018年上半年，北京市陆续发布了文化创意产业相关领域的新政策，例如《关于保护利用老旧厂房拓展文化空间的指导意见》《关于推动北京市文化文物单位文化创意产品开发试点工作的实施意见》《北京市文化创意产业园区认定及规范管理办法（试行）》等。这些政策聚焦各个细分领域，为相关产业的快速发展提供了精准的政策指导和细致的政策支持。《北京市文化创意产业园区认定及规范管理办法（试行）》和《关于加快市级文化创意产业示范园区建设发展的意见》的发布，标志着北京市首批文化创意产业园区的认定工作已经启动，以实现北京市文化产业园区运营管理的规范化发展，为城市文化产业空间布局的优化提供条件，力争加强产业规模化、集约化、专业化，打造文化创意产业引领区，为京津冀协同发展战略的实施和国家文化中心的建设提供有力保障。2018年6月21日发布的《关于推进文化创意产业创新发展的意见》，正式公布了北京市文化创意产业发展的未来全貌和重点空间、项目和举措。

（三）北京文化创意产业版权发展将进入新常态

《关于推进文化创意产业创新发展的意见》突出强调了北京市文化创意产业下一阶段发展的重点：聚焦文化与技术的融合，提倡文化与金融的合作。此次政策发布，一是侧重高端、高新技术和高附加值，促进文化创意产业结构升级、业态创新、链条优化。二是关注文化创意产业体系构建中的九个新兴业态，明确提出了创意设计、媒体融合、广播影视、出版、动漫游戏、演艺娱乐、文博非遗、艺术品贸易等关键领域，阐明了北京未来在文化创意产业发展中的重点扶持领域。

值得注意的是，该项政策明确提到应增强文化创意产业的版权保护，加快全国领先的版权运营中心的建设进程，相关企业的发展和系统建设需要在版权保护方面有所作为。具体而言，要优化高端产业体系建设，促进文化创意产业优化发展的关键举措之一，就是内容版权的转化与布局。为了实现这一目标，应当坚持以内容为发展核心，以版权为基础进行转型，并以文化产品内涵和质量的提升为基本点，强调知识产权保护和利用。对于精品力作，要加大扶持力度，打造内容原创中心，通过市场化运作，在国内外收集高质量的版权资源，建立版权交易资源的收集中心。

此外，北京将首先尝试推动内容版权化和版权产业化，建立完整、有效的版权经济链，将建立全国领先的版权运营中心作为重要的阶段性目标。在系统建设方面，北京将依托文化产权交易中心和国家版权贸易基地等，创建和完善知识产权综合服务平台，集孵化、登记、维护、开发、交易、输出于一体，提高资源整合、价值转化能力。在此背景下，这标志着北京市文化创意产业发展的加速转型，也对北京的文化创意产业版权保护提出了更高的要求。

四　北京市文化创意产业版权保护的现状与问题

（一）我国文化创意产业版权保护的法律体系

我国文化创意产业版权保护的法律体系正在不断完善，法律人为文化创意产业相关法律制度的不断完善做出了艰苦的探索。法律法规和司法解释，主要涉及《著作权法》《著作权法实施条例》《著作权行政处罚实施办法》《最高人民法院关于审理著作权民事纠纷案件适用法律若干问题的解释》《最高人民法院关于做好涉及网吧著作权纠纷案件审判工作的通知》等。国务院制定的行政法规，主要涉及《实施国际著作权条约的规定》《电影管理条例》等。同时，我国加入并已生效的国际公约，例如《录音制品制作者防止未经许可复制其录音制品公约》《与贸易有关的知识产权协议》等，也是重要的法律渊源。

虽然我国的著作权法律渊源丰富，但散见于各位阶的法律、法规和规章中，难成体系，导致文化创意产业版权保护的整体效果欠佳。

（二）著作权集体管理组织的作用日益突出

我国著作权集体管理组织①成立后，对管理和业务模式进行了长期的摸索和调整，并经历了长期的考验。

著作权集体管理组织为同一行业内的沟通交流和交易共享提供了平台。在作品的市场运营过程中，一个重要的问题就是版权人难以控制市场上的作品流通，对巨大地理范围下的作品使用进行许可和对侵权行为进行诉讼都十分困难，这极大地制约了作品的正常利用和传播。集体管理组织可以统一代表版权所有人向合格用户进行授权并收取许可费，从而畅通交易渠道，提高作品的使用效率。如果发生侵权纠纷，集体管理组织可以代表版权所有人提起诉讼，帮助版权人维护自身合法权利，改变了版权人权利受到侵害时苦于诉讼成本过高而放弃追诉或因单兵作战举证困难而难以胜诉的局面。这为版权人节省了大量的管理和诉讼费用，并且在同一侵权人侵害大量作品版权的情况下具有巨大的优势。随着诉讼人才的集聚和诉讼经验的积累，集体管理组织能够大幅度提高胜诉率，同时，相对便利的诉讼程序和集体组织的发声也将在无形中塑造保护知识产权的舆论，提高公众的知识产权保护意识。当会员的作品遭到侵害时，集体管理组织通常会积极开展维权活动，以保护版权所有者的合法权益。

我国的著作权集体管理组织正在努力扩展会员，扩充作品库，探索更为行之有效的费用收取、管理、分配模式，为作品的传播和行业的可持续发展做出了努力，在促进版权人增加收入和激励创作等方面发挥了很好的作用。

（三）北京市文化创意产业版权保护所面临的问题

聚焦于文化创意产品，版权登记、版权许可、版权保护等各个环节都十分重要。

---

① 出于国内行业习惯，本报告均使用"著作权集体管理组织"的称谓，其与"版权集体管理组织"并无本质区别。

1. 文化创意产业的版权保护意识不强

目前，我国文化创意产业发展势头迅猛，发展前景可观，但在企业管理过程中对于版权的保护并未得到应有的重视。一些权利人对自身的版权利益的管理意识不强，风险防范意识不足，追究侵权行为的能力更为有限。此外，我国的大多数文化创意相关企业尚处于起步阶段，规模并不庞大，基本属于中小微企业，内部的版权管理与保护并不规范，风险控制机制并不成熟或流于形式。受企业规模和人才结构的限制，一些文化创意企业即使建立了版权管理体系，也可能缺乏高素质人才进行运作，以致版权管理体系处于摆设状态，或由于企业自身对版权法律法规缺乏足够了解，权利保护意识淡薄，在市场运营过程中并不能很好地保护自己的合法权利。文化创意企业如果缺乏版权保护意识，在侵权行为产生后未及时采取措施，自己辛苦设计的作品将被他人免费使用和传播，无法得到应有的回报，也会使整个文化创意产业发展受到阻碍。

作品使用人和社会公众仍需更进一步增强知识产权保护意识，并能够自发地将保护知识产权的理念外化于日常行为之中。从整体社会环境出发，我国整个知识产权保护制度基本建立，各项规则正在不断完善，公众的版权保护意识较以前有较大的提高。但是，对于个人而言，文化创意产业的版权保护意识需要进一步加强，加之一些侵权产品的传播范围广泛、使用成本低，一些消费者对侵权产品并不排斥，甚至为了减少支出刻意搜寻侵权产品，使用侵权产品的现象屡禁不止，这是文化创意产业亟待解决的问题。

2. 缺乏标准化的版权价值评估体系

我国并未就如何定义文化创意产业形成统一的结论，且尚未形成统一的版权价值评估标准。客观的价值评估体系有利于市场化背景下交易体系的稳定和公平，统一的价值评估标准才能确保评估结果的公信力。评估一项版权资源的价值，需要有成熟的评估模式和稳定的市场环境，由经验丰富的专业人员对版权资源和未来市场进行细致深入的调查研究，才有可能形成科学合理的评估结果。这涉及市场环境、交易习惯、专业人才、评估体系等方方面面，需要综合性的发展和推进，也需要多方试点以积累符合本国国情的实践经验。

文化创意产业的核心资产就是以版权为主的知识产权，但版权人可能没有足够的资金进行研发或生产，也有可能需要将版权作为扩大规模或投资入股的筹码。躺在储物柜中的版权资源对行业发展并无意义，真正促进行业进步和国家经济的是可以参与市场流动的、能够真正创造价值的版权资源，其中的重点就是版权资源的价值评估。无形资产与有形资产的价值评估并不相同，有形资产的价值评估已经形成了全社会广泛认可的规则和程序，其财产特性也决定了其价值相对固定，价格一般不会剧烈波动。知识产权不同，其价值难以直观认定，将其投入市场后的竞争力和消费者对其的购买欲望也更加难以预测，需要更为专业的人员与更为系统的评估体系。如果缺少统一的评估标准，就难以构建科学合理的评估体系。标准化的版权评估无疑能大大促进文化创意产业的融资和扩张，但现实情况是不同水平的评估主体对同一项目往往会得出差距较大的评估结论，这将提高交易双方达成共识的难度，也使得版权价值评估体系缺乏信服力，其中固然有不同机构评估方式不同、人员水平不同、评估倾向不同等原因，但根源在于缺少统一的判断标准。建立标准化的版权价值评估体系，将有助于构建良好的交易环境，推动更多的版权资源进入市场，将极大地促进北京文化创意产业的发展。

五　完善北京市文化创意产业版权保护的建议

根据北京市《关于推进文化创意产业创新发展的意见》，加快文化创意产业优化升级成为必然要求，要坚持把社会效益摆在首位，兼顾经济效益，稳固产业发展根基，扩大文化产品和服务的供给，探索更好的发展模式；充分发挥北京的历史文化底蕴和文化资源优势，推动优秀传统文化的创新发展。提升文化创意和服务与相关产业的融合度，增强文化创意产业的渗透力、辐射力和带动力；聚焦文化创意产业高端方向、高端领域、高端环节，推动产业创新和链条优化，使创新成为文化发展的新优势；促进区域间产业的合理布局和上下游产业的联动，引导资源的合理配置，打造市场互通、优势互补、分工协作的新型产业发展模式。在版权保护方面，进一步加强对版权制度的支持，积极推动相关政策的实施和落地。

（一）完善文化创意产业版权保护的法律制度

目前，文化创意产业已有多层次的法律法规和政策文件，但散见于各位阶的文件之中。我国文化创意产业法律体系的构建过程中，可以考虑协调不同地区的特点与发展需要，发掘当地文化资源的独特价值，并形成互补的区域性产业布局，完善宏观政策指导，明确具体的行为规范和操作模式。

总体而言，在文化创意产业版权保护的法律体系中，规范性文件仍有不少。虽然规范性文件可以为解决当地文化创意产业发展过程中遇到的问题提供依据，但其法律层次低，将直接影响产业管理的效果。因此，应当完善国家层面的法律法规体系，规范统一的产业概念为文化创意产业保护和激励提供充分的制度安排，保障文化创意产业的蓬勃发展。

（二）提高公众的版权保护意识

目前，我国社会公众的知识产权保护意识有较大的提高，越来越多的消费者愿意购买正版产品。从国际经验来看，公众的版权保护意识是衡量一个国家版权保护水平的重要标准，加强文化创意产业相关主体和公众的版权保护意识，是促进北京文化创意产业发展的重点。推进北京文化创意产业的健康发展，需要全社会的共同参与。

（三）加强版权行政保护，完善著作权集体管理制度

我国版权保护实行司法和行政保护并行运作的"双轨制"，这是我国版权制度不同于其他国家的一个重要特色。[①] 与版权司法保护相比，行政保护更为主动、高效。版权行政保护指版权行政管理机关依据相关法律法规，利

---

① 曹利兰：《关于网络版权司法保护的研究》，华东交通大学硕士学位论文，2014。

用行政手段对版权实施积极主动全面的法律保护。① 也就是说，国家版权行政管理部门依照《著作权法》和其他著作权法律法规，使用行政手段保护著作权人的利益，主要包括行政管理、行政执法和行政服务活动。② 因此，文化创意产业的版权保护不仅包括司法保护这样的事后保护，也包括事前保护，如文化创意作品的著作权人，可以通过版权登记等行政制度向外部声明其权利，并对抗可能发生的版权侵权。这种版权保护制度对于文化创意成果的保护具有重要意义。

我国正在积极修改法律法规，完善著作权集体管理法律制度。同时，在法律规定的顶层设计下，还需要细化版权许可制度，加大对著作权集体管理组织活动的指导和规范，更详细地界定著作权集体管理组织的性质、建立程序、收费标准、分配程序和分配比例等核心问题。

（四）构建版权价值评估标准，完善版权交易相关制度

如今的版权保护越来越需要标准化的版权价值评估体系。传统的版权价值评估方法主要有重置成本法和收益法等，这些评价方法更多地根据版权评估数据预测未来收益。由于滞后性和主观性，传统的评价方法已经不适应现今版权贸易的发展。新的经济发展形势要求由与之相适应的配套体系支撑，以确保其健康可持续发展。

六　北京市文化创意产业版权保护的发展展望

目前，北京正面临从集聚资源求增长到疏解功能谋发展的深刻转型。③ 作为低碳绿色产业，文化创意产业顺应北京城市转型和产业结构优化升级的历史潮流，不仅是国家文化建设的重要方面，也是提高经济发展水平、理顺

---

① 王晔：《知识产权行政保护刍议》，《北大知识产权评论》（第1卷），法律出版社，2002，第195页。
② 邓建志、单晓光：《2010年上海世博会知识产权的行政保护》，《法学》2006年第4期。
③ 《北京首批33家文创产业园区名单出炉》，人民网，2019年1月26日。

城市未来规划的关键环节，更是提高人民群众文化幸福感的重要途径，对首都经济的高质量发展起着关键的支撑和带动作用。

（一）北京市文化创意产业版权保护的发展重点

除了产业融合、转型和配套支持等政策外，北京市还在文化创意产业的重点领域给予了政策关注。《关于推进文化创意产业创新发展的意见》立足高端、高科技、高附加值，鼓励文化创意产业升级、业务创新和产业链优化。同时，重点关注文化创意产业体系建设中的九种新兴形式，并明确提出九个关键领域，阐明了北京未来文化创意产业发展的关键支撑和重点扶持领域。

在广播电视领域，北京市、天津市及河北省新闻出版、广电部门共同签署了《京津冀新闻出版广播影视协同创新战略框架协议》，三地新闻、出版、广播、影视等行业将建立协同创新合作机制，通过政策支持、产业规划和重大项目对接，共同推动产业资源整合和产业转型升级，提高京津冀出版和广播影视行业的市场竞争力。在非遗保护和开发上，北京市2018年动作频出。3月9日出台的《北京市人民政府办公厅关于加强传统村落保护发展的指导意见》明确提出要推进数字博物馆建设，加强民间文学、传统工艺、民俗等各种非物质文化资源的整理，讲好村落故事，促进文化传承。6月5日发布的《关于推动北京市文化文物单位文化创意产品开发试点工作的实施意见》进一步指出，将深入发掘文物单位馆藏文化资源，提高文物保护和利用水平，促进文化创意产业发展。

北京作为全国文化中心，其文化产业发展必须向"高精尖"转化。《关于推进文化创意产业创新发展的意见》强调了北京市下一阶段文化创意产业发展的重点，这与北京的城市定位及京津冀协同发展的总体目标高度一致。在疏解非首都功能过程中，必须要寻找产业发展的新方向，除了科技创新产业之外，文化创意产业的历史地位不容忽视。

（二）北京市文化创意产业的集群化发展趋势

文化创意产业发展依赖完整且成熟的产业链。在政府指导和政策指引下，我国文化创意产业初步形成了以国家级产业示范园区和基地为龙头，以省市级产业园区和基地为骨干，以各地特色文化产业群为支点，共同推进产业发展的新格局。①

北京市文化创意产业的集群化发展首先契合了京津冀协同发展的总目标。早在2014年习近平总书记就推进京津冀协同发展提出，要加快推进产业协作，理顺产业发展链条，形成区域间产业的合理布局，建立上下游联动机制，不搞同质化发展，其中，文化产业作为备受关注的领域，从文化产业功能区建设的角度来看，三地文化产业已经清晰地聚集，文化产业链正在逐步形成。

文化产业的高质量发展离不开空间载体的支撑。北京市政府发布的《北京市文化创意产业功能区建设发展规划（2014～2020）》明确提出，要建设20个文化创意功能区。文化创意企业可以在产业园区内协同发展，利用内部资源、设施、信息和技术不断改进产品和服务，实现集群化效应。目前，我国各类文化创意产业园区已初具规模，未来北京市需要扩展产业集群效应，建设一批具有自身特色和优势的文化创意产业园区，为促进产业集聚和发展发挥重要作用。

总体来看，当前北京多数文化产业园区脱离了单纯的房屋租赁模式，在完善基础公共服务设施的同时，针对入驻企业的发展需要，建立了新颖、高效的公共服务平台，形成了初具特色、功能齐全的公共服务体系；一些园区开始重视文化空间的利用，将其作为提高园区吸引力的重要手段，通过拓展文化空间、提升文化氛围，吸引优秀人才和企业进驻；一些园区通过在津冀地区建立分园，探索先进模式或成功经验的输出，促进异地园区有机互动，

---

① 张艳、彭品志：《我国文化产业发展模式的转型升级——以曲江模式深度剖析为例》，《经济与管理评论》2014年第5期。

进一步提高园区品牌的影响力。在下一阶段，要发挥北京市级园区的示范和带头作用，带动全市文化产业园区健康发展，成为助推文化中心建设的重要力量。①

（三）高新技术在文化创意产业中的重要性逐步增强

高新技术和互联网技术的广泛应用，以及新技术与传统产业的深度融合，不断推进产业变革，新的生产方式和商业模式层出不穷，为北京抓住技术创新的制高点提供了契机。"文化+""互联网+"给产业增长带来活力，云计算、大数据等新技术广泛应用，众筹、众包和网络直播等新的发展模式不断涌现，文化领域的创新正在不断提速，新兴企业数量保持增长，为产业稳步发展提供全新动力。

"互联网+"与文化创意产业具有良好的融合效应，信息化、物联网、智能化等新兴技术为文化创意产业提供低成本、多渠道的技术支持；与此同时，互联网已成为文化创意产业生产和贸易的重要平台，促使文化创意从业者从互联网思维出发，更好地满足用户的需求，适应互联网时代的发展需要。传统的文化创意产业主要依靠强化自身能力，通过制造优质产品和改进技术来获得资金支持，扩大产业规模。但是，在互联网开放式信息与资源整合下，消费结构和文化创意产业从业者的结构不断变化，"粉丝经济""网络文学""主播经济""自媒体"等新型商业模式层出不穷，产业发展路径也需要与时俱进。企业要以数字化技术为手段，丰富文化创意产业的内容，促进知识和科技成果的产业化，利用"互联网+"扩展媒体传播平台，有效地将传统媒体与新兴媒体相结合，实现信息的及时、高效共享；利用大数据精准营销，定位和分析市场需求，以满足消费者的需要。

除了融合"互联网+"的业态形式，针对高新技术合理的产业前瞻也将为北京市文化创意产业发展和版权保护提供助力。

第一，5G 的发展将为文化创意产业带来更多机会。随着 5G 概念提出

---

① 《北京以点带面，有效提升全市文化创意产业园区发展水平》，搜狐网，2019 年 5 月 7 日。

和不断成熟，相关技术的研发和各国的产业布局也在全面展开。与此同时，我国一些企业逐渐成为国际5G标准制定过程中的领导者。2030年，5G对经济增加值的贡献预计将超过2.9万亿元，对GDP增长的贡献率将达到5.8%，这与各个垂直行业的网络设备购买和流量消耗支出密不可分。① 在文化创意产业，与5G相结合的全新发展模式具有极大的发展前景，将进一步激发市场潜力，提高产业发展的整体水平。

第二，基于大数据的文化创作和创意作品正在逐渐普及。大数据对文化产业的各个价值链环节具有重要影响，如内容创作、产品生产、营销传播、推广服务和终端制造等。它可以为文化创意企业带来直接的经济效益，也可以通过及时的市场反馈为企业创造竞争优势。大数据使文化产品的生产日益市场化和社会化，使产业发展形式和商业模式更加规范和多样，使企业对市场需求的认识和理解越来越精确，企业运作日益走向协作化和生态化。例如，在音乐领域，涌现了一批在线的音乐社区和社交网站，这为从业者和研究者提供了大量的社交数据。结合新兴的大数据收集、处理、分析方法，研究人员可以得知市场中哪种类型的音乐更受欢迎，哪些用户更倾向于哪种风格的作品。在北京文化创意产业的发展战略中，可以加强与国内外知名云计算和大数据龙头企业的合作，形成创新的研究和分析平台，融合大数据关键技术，培养适合文化创意产业发展形势的新兴业态。

第三，区块链技术也将在文化创意产业的版权保护方面发挥重要作用，应用于原创内容交易平台，在互联网时代的版权保护中发挥重要作用。在区块链时代，作者可以将原创作品和相关协议上传到区块链，然后生成与其对应的哈希值。在随后的交易过程中，可以在其中插入相应文件的哈希值，当区块链矿工将这笔交易打包到区块之后，此区块的时间戳将成为这个文件的时间戳，这在一定程度上可以解决版权归属证明和作品时效性问题。通过区块链技术，数字作品的作者、内容和时间可以实现绑定，实现创作即确权、

---

① 中国信息通信研究院：《5G经济社会影响白皮书》，http://www.199it.com/archives/602110.html，2017年6月15日。

交易即授权、侵害即维权,进一步降低侵权的风险。并且,数据将成为有价值的资产,分享数据可以从中受益。在涉及版权使用和交易的所有方面,区块链可以从头到尾进行记录,从而实现整个过程的可追溯性,且这一过程不可被逆转、不会被篡改。此外,区块链技术的应用可能在一定程度上解决无形资产识别和版权资源价值评估的疑难问题。①

从内容方面看,依托北京市丰富的历史与文化资源,通过"文化+旅游""文化+商务""文化+信息技术"等产业融合的新形式,将文化创意产业与旅游业、商务服务业、信息技术产业等其他产业相互融合,在产业延伸和发展过程中拓宽文化消费场景。为实现文化创意产业健康可持续发展的目标,应当重视高新技术的引入,鼓励新兴商业模式的发展,更新产品的生产和传播方式,实现文化创意产业价值提升的多轮驱动。随着科技水平的不断发展和新兴技术的不断涌现,未来文化创意产业的发展必须依赖于最新技术,相辅相成,互相印证,产生更适合时代需求的新兴业态。

结　语

"十三五"时期是北京加快实施"四个中心"战略定位、实现经济发展新常态、建设国际一流和谐宜居之都的重要时期,北京文化创意产业发展必将面临更多的挑战,也将带来更大的机遇。从发展环境看,世界经济环境复杂,国内经济处于产业结构调整和优化升级的时间点,这对文化创意产业的稳步发展带来挑战。纵观文化创意产业自身,产业发展进入增速换挡期,从一味扩大规模、提升速度的粗放型增长向追求质量、注重效率的集约型增长转变,这是近年来北京市文化创意产业的总体趋势。此外,传统增长动力不足,新的增长点尚未定型,演出、出版、电视等行业的转型升级面临巨大压

---

① 孙婧:《科技期刊数字侵权现状与版权保护——区块链技术可行性初探》,《中国科技期刊研究》2018年第10期。

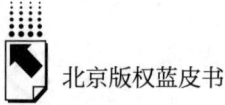

力,这在一定程度上制约了产业发展,但是,经济发展新常态强调"调结构、稳增长",这对文化创意产业的体系完善和质量提高提出了新的要求,必将促进文化创意产业的优化发展,推动全新增长点的出现,文化创意产业将在新时代绽放出蓬勃生机,为国家和北京市的经济、社会、文化带来全新的动力。

专 题 篇
Special Reports

网络直播平台侵权责任研究[*]

卢海君 徐 朗^{**}

摘 要: 网络直播平台是内容的传播者。依据网络直播平台的不同经营模式,平台可以分为内容提供者与服务提供者两种不同类型。作为内容提供者的网络直播平台应对其播出的内容承担直接侵权责任,而作为服务提供者的网络直播平台则应对其播出的内容承担帮助侵权责任。平台应对其播出的内容承担合理的注意义务。

关键词: 网络直播平台 直接侵权 间接侵权 注意义务

---

* 本报告为"对外经济贸易大学中央高校基本科研业务费专项资金资助"(项目编号:18YB06)的阶段性成果。
** 卢海君,对外经济贸易大学法学院教授、博士生导师;徐朗,对外经济贸易大学博士研究生。

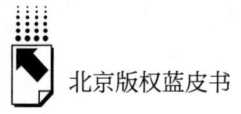

一　基本概念

（一）网络直播与网络直播平台

据《互联网直播服务管理规定》，互联网直播是指基于互联网，以视频、音频、图文等形式向公众持续发布实时信息的活动。关于互联网直播目前并无统一表述，"网络直播"①"在线视频""视频直播"等常被混用。在这之中，"互联网""网络""在线"所表达的都是直播节目，基于的是互联网这一传播渠道，"视频"则表现直播内容的主要类型。相比在线播放录制后的视频（在线视频录播），直播具有实时性的特征。尽管随着直播行业的蓬勃发展，越来越多的直播会经过事先的台本设计与内容包装，呈现出与传统电视直播②同质化的倾向，但网络直播仍然有别于录播。③

---

① 斗鱼在主页"关于我们"中对公司做出如下概述："……弹幕式直播分享网站，是国内直播分享网站中的佼佼者。斗鱼的前身为生放送直播，……。""生放送"是日语"なまほうそう"的直译，表达的是现场直播的意思。现场直播，是指在现场把新闻事实的图像、声音和记者报道、采访等转换为广播或电视信号直接发射的即时播出方式，就新闻事件来说，它既是报道方式也是播出的节目。参见斗鱼直播网站主页（https://www.douyu.com/cms/about/_us.html）。

② 电视直播，又称卫视直播，就是通过卫星接收并发射视频信号，地面接收系统接收之后，并同时通过视频信号传输介质，传输给接收终端显示设备的传输同步过程显示。其基本的原理是通过卫星传递视频信号。网络直播与电视直播的原理有所不同，其核心技术是流媒体技术（流式传输）。流媒体是指将一连串的媒体数据压缩后，经过网上分段发送数据，在网上即时传输影音以供观赏的一种技术与过程，此技术使数据包得以像流水一样被发送。

③ 我国关于信息网络传播权的定义是："指以有线或者无线方式向公众提供作品、表演或者录音录像制品，使公众可以在其个人选定的时间和地点获得作品、表演或者录音录像制品的权利。"网络直播行为是实时的，没有点播功能，因此直播行为似乎并不能纳入信息网络传播行为的范畴。同时，根据目前的《著作权法》规定，无法将网络直播行为规制纳入著作权的十六项有名权项，司法界大部分观点倾向于把网络直播行为/定时播放行为归于著作权人享有的其他权利，如北京知识产权法院在爱奇艺与珠海多玩公司的著作权案中〔（2017）京73民终2037号〕将网络直播行为产生的权利归于著作权人享有的其他权利，天津高院《侵害信息网络传播权纠纷案件审理指南（试行）》及《北京市高级人民法院侵害著作权案件审理指南》将定时播放行为产生的权利亦归于著作权人享有的其他权利。

网络直播平台指提供网络直播渠道，并供网络注册用户和一般浏览者观看的网站。

（二）网络直播发展现状

1. 中国网络直播行业发展现状

据统计，2018年全国直播用户规模达到4.56亿人，较2017年增长14.57%，预计2019年突破5亿人。随着通信技术的进步，网络直播还有较大的成长空间。随着直播行业外部监管与内部整合，中小企业纷纷退场，直播平台日趋寡头化，资源逐步向虎牙直播、斗鱼直播、花椒直播等头部平台靠拢。在线直播具有即时互动性和沉浸性等特点，直播平台的用户黏性主要来源于直播内容和主播的吸引力。直播平台不断探索"直播+"模式的应用，未来在线直播与其他行业的结合将继续加深。

2. 我国网络直播平台发展概况

网络直播平台主要包括游戏直播、娱乐秀场直播、音乐秀场直播、户外直播、电商直播等。直播平台的目标受众明确，用户黏性较强，主力消费者年轻化、集中化。[①] 不过，随着技术的发展，直播用户层次日趋多元化。直播节目可以拆分为直播主播+直播内容，主播既是内容的提供者又是主要表演者，往往也是著作权纠纷中的直接侵权人或直接参与侵权者。

3. 网络直播监管现状

（1）相关法律法规

目前我国对于网络直播的规制，主要集中在两个方面：一是行业准入许可，即要求平台开展网络视听节目直播服务应具有资质；二是内容合规要求，即直播内容不得含有国家法律法规所禁止的内容。总体来说，监管规范主要是行政法，重在对平台的监管和审核。

（2）当前监管存在的问题

在世界范围内，网络直播都是一个新事物，难免存在法律滞后问题。直

---

① 赵梦媛：《网络直播在我国的传播现状及其特征分析》，《西部学刊》2016年第8期。

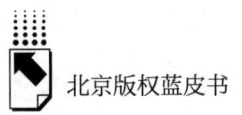

表1 2000~2018年网络直播监管相关法律法规

发布年份	级别效力	名称
2000	行政法规	《互联网信息服务管理办法》
2005	部门规范性文件	《非经营性互联网信息服务备案管理办法》
2009(已废止)/2017	部门规范性文件	《电信业务经营许可管理办法》
2016	部门规范性文件	《互联网直播服务管理规定》
2016	部门规范性文件	《网络表演经营活动管理办法》
2016	文件	《关于加强网络视听节目直播服务管理有关问题的通知》
2018	文件	《关于加强网络直播服务管理工作的通知》

播内容的实时性也增加了监管的难度。另外，为了赢得竞争，部分直播平台也存在有意放任的情况。网红冯提莫未经授权演唱权利人歌曲、小孩模仿网红"办公室小野"利用易拉罐做爆米花受伤、吴永宁失手坠亡等案件都促使网络直播平台将完善其监管机制提上日程。

二 网络直播的著作权法纠纷——以网络游戏直播画面争议为例

(一)网络游戏直播画面的基本概况

"网络游戏直播画面"同"网络游戏画面"既有联系又有区别。网络游戏可以分为技术实现层和外在表达层，前者指驱动游戏运行的软件程序，后者指包含了多种元素的网络游戏画面。网络游戏画面指在游戏运行过程中，游戏引擎按照程序设定，或者接收到玩家的操作请求后，通过调用游戏资源库中已有的各种音频、视频、图片等素材，最终组合起来出现在玩家面前的画面。网络游戏直播是将游戏玩家操作游戏的过程通过网络等媒介展现在公众面前的一种娱乐活动。网络游戏直播画面一般指通过游戏媒体、直播平台、电视游戏频道等方式对玩家操作游戏的过程在公众面前进行传播而形成的画面。因此，网络游戏直播画面以游戏画面为基础，游戏画面是游戏直画面的核心和实质。网络游戏直播画面可能仅有游戏画面本身，也可能在此基础之上添加了其他使游戏画面得以更好展示的元素。例如，游戏玩家操作的实景画面、现场观众的反应或与直播间观众的互动、画面的回放、数值分析与解说等。

网络游戏直播画面大概可以分为两种。一种直播画面是以游戏画面为主体，主要展示直播者对游戏的操作，在此基础上可能会以分屏的形式展现直播者的形象。这种形式的内容产出，多为用户生成内容（User Generated Content，UGC），① 因此涉及的权利义务关系也较为简单，基本架构为：直播平台、版权所有者、直播者个人。另一种是大型游戏赛事直播，它涉及整个赛场、镜头回放、选手画面、观众等诸多元素，更接近于体育赛事直播。上述两种不同类型的游戏直播画面的法律属性不尽相同，后者存在更多的创作元素，其作品属性更易被认定。

（二）网络游戏直播画面的著作权问题

由于大型游戏赛事直播的作品属性更易被认定，下面将重点讨论的是以游戏画面为主体、展示直播者对游戏操作为主要内容的游戏直播画面的著作权问题。网络游戏直播画面的可版权性表现为以下两方面。

1. 网络游戏直播画面的原创性

《著作权法》保护表达而不保护思想。是否构成表达是判断是否属于作品的第一步。否定网络游戏直播画面作品属性的观点认为，不论玩家

---

① 此类直播基本上是游戏主播通过直播平台对自己操作游戏的过程进行实时直播。主要的特性是：对主播的强依赖性，呈现内容的单一性。"此种直播形成的画面是在游戏画面的基础之上添加了一些简单的辅助元素，如简单的解说、背景音乐、文字上的互动等。由于辅助元素少量且单一，对主播个人能力的依赖性极强，可以说直播平台的受众完全取决于与其签约主播的数量和质量。随着网络游戏直播事业的发展，游戏主播的数量也不断壮大，如何在众多主播中脱颖而出、吸引大量观众，需要主播具有极高的操作游戏的能力以及独特的个人魅力。同时，观众对主播的用户黏性也极强，大多数用户都是跟随主播个人而非平台，而用户转换平台的成本也很低，想靠直播平台本身吸引观众几乎不可能，因此实践中主播跳槽而产生的纠纷时有发生。"参见焦和平《网络游戏在线直播画面的作品属性再研究》，《当代法学》2018 年第 5 期。

的技艺有多高超，始终不能脱离游戏的预设，玩家不可能"玩"出一个新作品来。尽管一些游戏玩家添加了配音、音效、字幕等元素，但这些元素的添加仍然无法使作品满足《著作权法》所要求的创作高度，所以，整体的网络游戏直播画面无法满足原创性要求，不应受《著作权法》保护。肯定说则认为，尽管玩家所玩出的画面来源于网络游戏资源库，游戏资源库的大小对游戏可玩性的高低也有一定程度的决定性作用。但是，如果游戏玩家并没有操作，则网络游戏画面是"不真正"存在的。当玩家通过实际操作调用了这些数据后，这种独有的操作已经体现了他的原创性。如果认为连续的游戏画面可以与随机组合相等，那么文学与诗歌也来自既有文字的组合，计算机层面的数组与人主观上的创作就更是有别。这种观点实际上是对创作概念持虚无主义，否定了既有元素组合的意义，也错误地认识了计算机的主体性。计算机所可能造成的边界并不足以局限玩家的创作自由以至其生成的内容不能产生原创性。应该认为，玩家使用游戏所提供的信息组成了具有自己特征的游戏操作画面，这一部分是具有原创性的。

而对配音、音效、字幕等是否构成作品，所涉及的另一个问题是，原创性的标尺在哪里。有观点认为，作品只有达到一定的创作高度才能够受版权保护。不过，原创性是事实问题而非法律问题，是定性问题而非定量问题，其中并不包含法律判断。作者与作品之间存在创作者与造物的关系，作者对作品具有智力劳动之投入，原创性即告成立。① 正确认识到原创性标准事实上是比较低、非常容易满足的标准，网络游戏直播画面中包括的配音、音效、字幕等添加因素通常都能够满足原创性标准，从而满足可版权性要求。

---

① 通常而言，只要创作自由的存在，意味着结果就是智力成果（intellectual creation）。反之，如果作品创作过程中，受功能考虑的限制，即作者丧失了创作自由，其结果通常没有个性，不会满足原创性要件而受版权保护。而新颖性（novelty）、创造性、独特性（unique）、艺术价值（aesthetic merit）、创作高度等都与作品是否满足原创性要求无关。即原创性并不要求作品具有较高的艺术价值或足够独特，只要其与作者的创作关系成立，足以反映作者的个性即可。参见卢海君《版权客体论》（第二版），知识产权出版社，2014。

2.游戏直播画面的可复制性

依据《著作权法》,作品只有在满足可复制性要求的前提之下才能够受版权保护。所谓可复制性,是指作品能够再现。网络游戏直播画面是否具有可复制性,存在争议。肯定说认为,由于所有的运行结果都由程序预编制而成,因此在理论上,相同的操作可以复刻相同画面,因此这是一种固定的、可预期的画面呈现。①首先,数据是信息的载体,信息是数据的内在含义或者解释。作品并不是将其下载到固定硬盘或刻录到光盘上时才有固定的载体。运行之中的数据即载体。其次,可复制性是互联网的基础属性。信息的天然属性就是可被分享,流动的信息才具有价值。香农在《通信的数学理论》中写道:通信的基本问题是,在一点精确地或者近似地复现在另一点所选取的信息。互联网是一种通信技术,信息可以精确地复现在任何两个地点,否则其无以传达。因此滋生了许多的数字产品盗版问题。也因此,游戏直播画面作为依托互联网通信技术产生的新造物,可复制性是其作为信息产品的天然属性。同时,依托信息技术的发展,实时复制已经成为可能。数据可以被实时捕捉、储存、处理并可供再次上传。从技术上解决了游戏直播画面的可复制性问题。

(三)网络游戏直播画面的保护模式

1.网络游戏赛事直播的保护

网络游戏赛事,即电子竞技运动,本身已成为运动项目的一种。网络游戏赛事直播所涉及的种种环节与普通体育赛事节目制作的成果也并没有什么本质上的差别。然而,在体育赛事节目中处于金字塔顶端的足球赛事节目被认为缺乏一定的创作高度,从而不能够受著作权法的保护。②但是,从世界范围来看,似乎并无贸然否定体育赛事节目作品属性的一致做法。

---

① 储翔:《网络游戏直播著作权保护困境与出路》,《中国出版》2016年第24期。
② 新浪互联信息服务有限公司诉天盈九州网络技术有限公司著作权侵权及不正当竞争纠纷案,案号:(2015)京知民终字第1818号。

美国①、英国②等都肯定体育赛事节目的作品属性，尽管在德国法上，有学者认为，体育赛事节目属于《著作权法》第95条规定的"连续画面"（Laufbilder），但亦有观点认为，体育赛事节目可以作为作品进行保护。③而事实上，在德国法中，不论是电影作品，还是活动图像，其所受到的保护效果并无实质差别。而在我国，处于金字塔顶端的足球赛事节目尚被司法实践认定为制品而非作品，那么，网络游戏赛事直播在我国现行的司法实践中的评价确实令人担忧。包括网络游戏赛事直播在内的体育赛事节目是否能够受到作品的著作权保护，而不是制品的邻接权保护，确实不是立法论的问题，而在解释论上就可以得出明确的答案。

2. 普通网络游戏直播视频的作品属性

普通网络游戏直播视频在满足原创性、可复制性等可版权性要件的前提下，应作为作品受著作权法保护。普通网络游戏直播视频在著作权属性上最接近于演绎作品。演绎作品源于基础作品，但异于基础作品；演绎作品并非基础作品的简单复制，它是创造性劳动的产物；演绎作品中有基础作品的影子，但演绎作品的表达形式并不同于基础作品。普通网络游戏直播视频基于网络游戏，但由于添加了附加因素，又不同于网络游戏。在特定类型的网络游戏中，玩家确实还存在创造性劳动。在普通网络游戏中，即使玩家的技艺再高超，游戏操作本身都不应受著作权法保护。普通网络游戏直播视频可受保护的部分应是外在表现的整体。在直播的语境中，游戏玩家类似于表演

---

① 参见《1976年美国国会报告》第94~1476号，第52页："在一场橄榄球赛事中，有四台摄像机在拍摄，一位导演同时指挥四位拍摄人员，由他挑选何种影像、以何种顺序播映并呈现给观众，导演和拍摄人员所做的工作具有足够的创造性，应当获得作者资格。"亦可见于Baltimore Orioles, Inc. v. Major League Baseball Players Ass'n, 805F. 2d633, 688 （7thCir. 1986）; 案例 Nat'l Football Leaguev. Prime Time 24 Joint Venture, 211F. 3d10, 13 （2dCir. 2000），转引自宋海燕《中国版权新问题——网络侵权责任、Google图书馆案、比赛转播权》，商务印书馆，2011。

② 参见 Union of European Football Association v. Briscomb, 2006EWHC：UEFA, 1268 （C. Div. 5. 5. 2006）。

③ 参见 "Study on Sports Organisers' Rights in the European Union （2014）", http：//ec. europa. eu/sport/news/2014/docs/study - sor2014 - final - report - gc - compatible_ en. pdf。

者；所形成的普通网络游戏直播视频须建立在网络游戏的基础之上，按照演绎作品的基本原理，其在直播时，应首先获得网络游戏作品的版权授权，否则，可能构成版权侵权。

（四）网络游戏直播画面的著作权侵权纠纷

1. 网络游戏赛事直播与盗播行为

大型网络游戏赛事，如世界范围内综合类网络游戏比赛的世界电子竞技大赛（WCG）、CPL 职业电子竞技联盟（CPL）、电子竞技世界杯（ESWC），国内的全国电子竞技大赛（NEST），或以游戏品牌为划分的英雄联盟相关赛事①、守望先锋相关赛事②、王者荣耀相关赛事③等的直播，凝聚了包括游戏开发商、赛事主办方、导演、参赛选手、表演嘉宾等众多主体的创造性劳动，由此产生各主体在游戏直播中的权利属性及分配的问题。④ 但是其权利纠纷多发于内部。效仿体育赛事，大型网络游戏赛事运营模式相对成熟，游戏厂商往往也有信赖的直播平台与频道可以授权，因此与之相对的侵权活动多表现为对赛事的盗播。⑤

实践中，盗播的侵权行为难以认定，主要表现为以下两个方面。一是举证难，网络直播的发生和收益都具有实时性。察觉到侵权行为发生时往往侵

---

① 包括英雄联盟职业联赛（LPL）、英雄联盟发展联赛（LDL）、英雄联盟季中冠军赛（MSI）、英雄联盟洲际系列赛（RR）、英雄联盟全球总决赛（WCS）、英雄联盟全明星赛（All-Star）等。
② 包括守望先锋联赛（OWL）、守望先锋挑战者系列赛（OWOC）、守望先锋公开争霸赛（OWOD）等。
③ 包括王者冠军杯（KCC）、王者荣耀职业联赛（KPL）、王者城市赛、王者高校联赛、王者荣耀大奖赛（TGA）、王者荣耀冬季赛（QGC）等。
④ 徐书林：《网络游戏比赛画面的法律性质探讨——基于耀宇公司诉斗鱼公司一案的分析》，《北京邮电大学学报》2016 年第 6 期。
⑤ "耀宇诉斗鱼 DOTA2"案中，斗鱼公司通过客户端观战模式截取比赛直播画面进行播放。在乐视体育与北京多格科技公司的著作权、不正当竞争纠纷中，北京多格科技公司通过客户端截取直播画面、对播放比赛画面的电子设备进行录屏并直播等多种方式享有乐视体育在赛事中取得的商业成果。参见（2015）浦民三（知）初字第 191 号判决书；（2016）京 0108 民初 33573 号民事裁定。

权行为已经结束,且侵权人已获得收益。收集证据的方式也比较单一。除了录屏外暂时没有更有效的方法。二是认定难,直播画面在作品性的认定上存在争议,网络游戏直播这种形式难以落入具体的权利范围内,无论是广播权还是信息网络传播权,都无法将此种行为涵盖其中,实践中往往还需通过邻接权的兜底条款或者反不正当竞争法来进行调整。①

2. 普通网络游戏直播与常见侵权行为

普通网络游戏直播中主要的侵权行为,主要可分为三类:一是其节目中涉及的游戏画面侵权问题,这一部分主要在下文合理使用部分进行探讨;二是节目所添加的音乐、特效、字幕等部分的侵权问题;三是主播的其他侵权行为。

(1) 节目附属部分的侵权

在节目主体以外的部分,直播节目的制作者或主播多数会选择在直播当中播放短视频、音频或音乐以提升节目效果。但是如果没有事前获得许可,节目附属部分也可能引发连锁的侵权问题。以背景音乐的播放为例,这种通过互联网向不特定公众播放音乐作品的行为,如果未取得音乐作品著作权人或者音乐集体管理组织的许可,则有可能涉及侵权。中国音乐著作权协会即与花椒直播平台就主播演唱音乐作品产生过著作权争议。② 而在直播节目中播放短视频,则可能涉及"瞬时播放"③ 及盗播问题。爱奇艺诉虎牙直播著

---

① 孙松:《论网络游戏直播行为著作权侵权属性》,《中国出版》2018 年第 21 期。
② 音著协方面声称:网络直播不属于《著作权法》中"合理使用"的范围,只要公开表演,就需要获得授权,无论这种公开表演营利与否,更何况,许多主播在直播中可以通过观众"打赏"直接获得收入,这已经属于非法牟利的范畴。但是,中国音乐著作权协会诉北京密库和风科技有限公司侵害作品表演权纠纷案以撤诉形式了结。参见 (2017) 京 0105 民初 46076 号。
③ 瞬时播放并不具有严格的学术定义,目前被用以指代网络直播平台不定时地播放视频网站的视频内容。在爱奇艺状告多玩公司及旗下直播平台 YY 侵害著作权的案件中,爱奇艺法务人员称:"以《秘果》为例,该剧在爱奇艺网站上播出时,一些网络直播平台的主播立即通过手机录制的形式进行直播,一边播放一边解说,还有的主播直接将涉案网剧的画面导入直播间。"参见《网络直播引起的知识产权纠纷频发,怎么治?》,人民网,2017 年 8 月 21 日,引自《网络直播,"想播就播"?》,《中国知识产权报》,http://ip.people.com.cn/GB/n1/2017/0821/c179663 - 29483110.html。

作权侵权及不正当竞争纠纷案①与爱奇艺诉多玩公司侵害信息网络传播权纠纷案②中都涉及这一问题。尽管在视频版权管理方面，规模较大的平台都已经采取了诸多措施打击侵权盗版，③ 由版权方发起的维权却仍面临诸多困难。

（2）游戏主播违约直播行为

游戏主播是游戏平台的核心竞争力所在。在直播平台的发展过程中，还曾经出现平台竞相以大手笔筑黄金台互挖墙脚延揽主播的行为。因此实践中，为了避免纠纷，游戏直播平台会在事前与游戏主播签订相关条约，对主播所生产的直播内容之著作权归属进行约定。在"炉石传说案"④ 中，原告公司和签约主播约定，该主播在协议期间内制作的直播作品著作权归原告所有，而游戏主播在协议期间又在第三方平台上进行同类游戏直播，原告主张该主播和第三方平台侵犯其著作权。本案中，法院认为游戏直播的画面不能构成作品，因而原告无法基于其合约享有作品的著作权。但游戏主播对于游戏平台而言至关重要，甚至是平台的生存之本，主播在第三方直播平台上直播，将签约平台的流量自然引入第三方直播平台，使原告为主播付出的各种金钱和时间未获得等价的回报，这违反了商业道德，属于不正当竞争。法院从网络直播的行业特性入手，从行业效率、竞争对手、竞争秩序、消费者四个维度分析该行为的影响，同时还分析了引入不正当竞争法之必要性，最终得出侵权行为应当由反不正当竞争法来调整的结论。论据充足、论理充分，为以后的类似案件提供了有价值的参考。

此类主播自行在其他平台进行直播产生的是全新的直播作品，不涉及对原平台作品进行复制或者传播的行为，因此新的平台并未侵犯原直播平台的著作权，但其对原平台造成影响的行为，可以通过反不正当竞争法进行规

---

① （2018）粤民申 2558 号。
② （2016）京 0108 民初 6679 号。
③ 以爱奇艺为例，其以"人工审核＋系统辅助"的方式对作品的版权进行审核、归档；在盗版监测方面，对网络直播平台、网盘等进行全方位监控，同时与专业监测机构、律师事务所合作，采取"人工监测＋技术辅助"的方式，进行全网监测。
④ （2017）鄂 01 民终 4950 号。

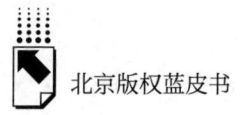

制。实践中，为了避免此种情况的发生，越来越多的游戏直播平台选择和主播签下具有竞业限制条款的合同，以保障平台自身的权益。

（五）网络游戏直播是否构成合理使用

网络游戏直播建立在网络游戏的基础之上，未经授权进行网络游戏直播的行为性质存在争议，部分观点认为网络游戏直播属于合理使用行为，无须取得网络游戏版权人的许可，也无须向其支付报酬。合理使用制度是版权的例外，力求在版权保护与行为自由之间取得平衡。至于网络游戏直播行为是否构成合理使用，从解释论的角度，其至少并不是我国现行《著作权法》所明确规定的合理使用的情形。因为网络游戏直播行为所针对的是社会公众，已经超出了"个人"的范畴，也不属于对网络游戏作品的评论。尽管从解释论上，我国现行《著作权法》有关合理使用的规定是否概括式存在争议，但即便我国现行《著作权法》是概括式规定，网络游戏直播是否满足合理使用的适用条件也存疑。关于网络游戏直播是否构成合理使用存在肯定说和否定说两种不同的观点。

1. 肯定说

游戏和电影、美术作品不同，它并不是仅仅让公众通过画面来获得体验，而是高度依赖于每个用户个性化和互动性的参与。玩家下载游戏并不是简单欣赏游戏中的画面、音效或动画，而是通过对游戏中设定的人物进行操作和控制，进而实现游戏中比赛的胜利或成就的达成。游戏操作的流畅度、游戏技能的使用方式和游戏角色的平衡机制，与游戏画面和音像等部分相比，即使不是主次关系，至少也是并列的关系。因此，在讨论网络游戏时，如果忽视玩家可以切身体验与操作并获得沉浸与互动的乐趣，那么这种讨论至少也是不全面的。

而在网络游戏直播中，玩家从参与者和使用者换位为观众。如果我们认同观看美食视频并不等同于掌握了美食的制作技巧，更不意味着就切实获得了因制作这道美食和这道美食本身所带来的精神愉悦感，我们也应认同游戏直播中玩家追求的体验和实际操作游戏有极大的差别。在网络游戏直播中，无论是主播还是观众都并不是想要单纯地观赏该游戏的场景特点、剧情走向或者音乐动画等。而是希望传达和接受除游戏画面、剧情设置外的原本不为多数玩家所知的操作技巧等。网络游戏强调游戏画面和声音的总和体验及在预设环境下通过互动输入使游戏进程发生变化，而网络游戏直播则强调感受主播在游戏过程中的评论和讲解，不是为了展现游戏画面本身的内容，而是要展现主播在操作此款游戏时所展现的技巧和方法，让观众了解游戏玩家在同一游戏中相互之间激烈竞争的情形，因此，两者在功能和性质上都有非常大的差异。网络游戏直播完全有理由构成"转换性使用"。①

"使用对作品潜在市场或价值的影响"这一要素的认定通常与转换性使用负相关，即转换性使用程度越高，对于作品市场价值的影响就越小。② 此时需要分析被控侵权行为客观上是否能够对游戏作品著作权人请求保护的游戏的市场销售起到替代作用，是否与原作品自身的正常使用形成冲突。

如果将网络游戏直播的收益规模做简略的构建，可以认为其约等于"网络游戏玩家人数×人均消费数额"。其中，免费下载游戏的盈利模式是游戏内销售道具等虚拟物品，付费下载游戏的盈利模式则是销售游戏内时长。对于付费下载游戏而言，存在的担忧是游戏直播的流出可能使潜在玩家丧失好奇心进而导致实际玩家人数减少。也即，付费游戏主要担忧游戏直播对"网络游戏玩家人数"的影响。免费下载游戏则可能担忧直播对游戏技巧的普及可能使本应属于玩家自行探索的部分被替代，从而降低了玩家的游戏内消费水平。应该认为，这两种担心并非杞人之忧，但是产业界对于这种流失的规模往往缺乏科学的评估。以部分弱购买意愿玩家的流失或消费数额下降的可能性来判定游戏网络直播不具有合理使用的特性并不尽符合现实基础和客观事实。相反，游戏直播对游戏的宣传作用已经被更多游戏厂商发现和重视。游戏直播也为一些并没有充足宣传资本的游戏提供了新的推广渠道。正视而非漠视游戏直播对游戏本身的价值，不仅是为

---

① 蒋雨达：《竞技类游戏网络直播是否侵犯开发商著作权简析》，《东南大学学报》（哲学社会科学版）2018 年第 6 期。
② 崔国斌：《认真对待游戏著作权》，《知识产权》2016 年第 2 期。

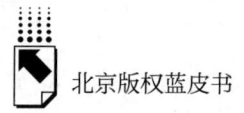

了能正确认定其是否属于合理使用，更是为游戏厂商、主播和平台提供合作共赢的机遇。

2. 否定说

反对网络游戏直播构成合理使用的观点主要认为，网络游戏的著作权属于网络游戏开发商、运营商，网络游戏开发商投入的大量人力、物力、财力需要得到肯定和保护已达成共识，网络游戏开发商都有获得相应使用许可费的权利，第三方未经许可对网络游戏进行直播毫无疑问影响了游戏开发商的该项权利。

3. 小结

合理使用制度范围与利益分配息息相关。究竟是直播对厂商的推广作用大，还是"盗播"造成的用户流失大，可能还需要分门别类地进行剖析。有观点认为，可以将游戏大致分为剧情走向游戏和对抗类游戏。其中，前者重在世界观的搭建与故事性的建立，被"剧透"可能使目标用户对探索过程感到索然无味，而后者重视实操，直播往往起到教程的作用，可能会提振玩家信心进而促进玩家在游戏中的再投入。这种观点简单明了，且有比较强的现实价值。但是其中的疏漏也是显而易见的。最主要的一点是，使游戏直播之中的使用行为不至于泛滥（泛滥可能损害游戏本身利益），事前机制可能优于事后的追讨。并不是所有主播的直播行为都足够对厂商产生影响（无论是正面还是负面），而对直播行为的聚合（多主播在相近的时间节点对同款游戏展开直播），或者明星主播的个人选择，平台都具有较强的调控能力，也有灵活机动的多套处置方案（包括屏蔽关键字、封禁账户、取消频道等）。同时，游戏开发商亦可以选择在玩家注册游戏账号时，在与之签订的相应用户协议中表明对包含游戏直播在内的商业利用之禁止。平台不提供土壤，厂商不提供种苗，仅依靠主播一人之力，难以栽培游戏直播市场的商业之花。

在文娱产业生态链条中，作品的创作、表演、传播的权利分配与授权许可机制是非常清晰的，网络游戏作为智力成果应该受到保护，后续的使用与传播当然应获得网络游戏开发者的许可。游戏直播即便属于转换性使用，也并不当然构成合理使用。一部小说或者剧本拍成电影是不是转换性使用,按理讲应该是,但为什么不能被界定为合理使用的原因很简单。因为不管是美国的四要素标准还是三步检验法,以及我国的法律规定与司法实践,均是综合各要素整体评判某种行为是否构成合理使用的。转换性使用仅是某行为是否构成合理使用的一项判断因素,不宜简单地将其等同于合理使用。

三 网络直播平台的侵权责任

直播平台对内容的有效传播固然重要,但若无内容,平台便成为空中楼阁。平台的营利依赖于其播出的内容,当其播出的内容存在违法或侵权的情况,应该根据经营模式的不同追究平台的相应责任。目前的直播平台运营,基本上存在主播签约、合作分成、平台服务等三种模式。在主播签约与合作分成的模式之下,平台可以被界定为内容提供者,而在平台服务的模式中,平台可以被界定为服务提供者。在网络直播平台为内容提供者的情况之下,当平台播出的内容存在违法或侵权时,平台应当负直接侵权责任;在网络直播平台为服务提供者的情况之下,当平台播出的内容存在违法或侵权时,平台如果存在过错,则应当承担帮助侵权的责任。实践中,网络直播平台同主播、主播的经纪公司之间的权利义务关系呈现多种样态,在认定及分配责任的时候,应当在遵守上述基本原则的前提之下进行个案分析。直播平台应履行与其能力相适应的注意义务,而不应过分加重。①

---

① 爱奇艺诉虎牙案中,法院在裁定书中说明:"华多公司提供的网络平台为直播平台,平台的注册用户数量巨大,月活跃用户上亿,网络用户在华多公司网站进行直播前并不需要经过华多公司审核。直播行为具有即时性和随意性,除明显违反国家禁止性法律规定的涉黄赌毒等内容可采取事前添加黑词处理等方式进行部分过滤外,华多公司客观上不可能对注册用户的直播内容进行事前或全程实时审查。""对于公法领域的审查义务,华多公司对明显违反国家禁止性法律规定的涉黄赌毒等内容采取事前添加黑词处理等方式进行部分过滤,符合法律的相关规定。在私法领域的著作权注意义务上,华多公司已经在平台上明确提示网络用户需要尊重他人知识产权并告知涉嫌侵权的法律责任,同时在平台上提供了版权保护投诉指引、设置了在线投诉功能等权利保护机制,已经尽到了事前管理责任,达到我国法律对网络服务提供者注意义务规定的标准。"

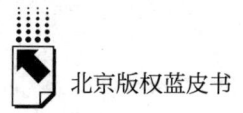

结　语

　　网络直播平台作为网络直播中重要的参与方，既是各类主播的聚合平台，也是直接提供网络直播的途径之一，需要根据平台不同的身份及不同的服务内容，承担相应的侵权责任。如平台为个人主播提供直播的平台入口，而不直接提供具有实质内容的直播服务，此时网络服务接收者通过网络服务商提供的窗口进行接入、上传等内容输出行为，网络服务商具有控制传播的能力，可以及时地采取措施停止侵权内容的蔓延。此种情况适用"通知—删除"规则，该规则可以有效率地减少网络直播中大量的侵权行为。

　　此外，网络直播平台的归责原则，应当是过错原则，要求网络直播平台主观上具有过错，否则可能会导致直播平台责任过重，阻碍直播产业的发展。

　　而对于主播，网络直播平台应当负担起对内和对外的双重责任。对内，网络直播平台内部需要对主播加强管理，对直播内容进行严格的审核；对外，直播平台应该积极承担责任，积极反馈对平台涉嫌侵权的质疑和投诉。此外，网络直播平台必须加强版权意识，积极主动地与直播中涉及的作品著作权人合作。

B.9
知识资源数据库平台的版权问题研究

梁 飞*

摘　要： 知识资源数据库平台促进了作品传播，但随之而产生的版权问题尤其是与著作权人间的版权许可问题长期没有得到有效解决。通过由点及面的分析方法，从期刊资源数据库平台出发剖析基于平台服务各主体之间的版权问题，对相关授权协议、投稿声明的效力进行了分析，提出发挥集体管理组织作用、增加延伸集体管理组织等建言，尝试为解决知识资源数据库平台版权问题探求出路。

关键词： 版权　知识资源数据库　网络平台　集体管理组织

2019年6月20日，北京知识产权法院对中国文字著作权协会（以下简称"文著协"）与《中国学术期刊（光盘版）》电子杂志社有限公司（以下简称"学术期刊公司"）和同方知网（北京）技术有限公司（以下简称"同方知网公司"）侵害著作权纠纷上诉案，做出终审判决：驳回上诉，维持原判。

二审法院认为，二上诉人对涉案作品实施了下载、传播服务，应承担侵权责任，一审法院认定结论正确。一审法院酌定学术期刊公司赔偿文著协经济损失10000元（其中同方知网公司对其中的2000元承担连带赔偿责任）及合理开支10000元并无不当，予以支持。上诉人在没有充分证据获得授权的情况下传播涉案作品，主观存在过错，一审法院认定结论正确，上诉人的

---

* 梁飞，中国文字著作权协会副总干事。

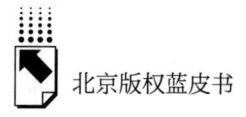

上述理由没有事实和法律依据，不予支持。

该案是我国文字著作权集体管理组织即文著协维护会员网络版权第一案，也是中国最大的知识资源数据库平台——中国知网被著作权集体管理组织诉诸法院的第一案。尽管经两级法院审理，历时两年，该案终于审结，但该案所揭示的知识资源数据库平台的版权问题并没有随着法槌的落下得以解决，仍亟待各方的努力方能走出版权合规性困境。

一 何为知识资源数据库平台？

文著协维权第一案的被告即中国知网，其"面向海内外读者提供中国学术文献、外文文献、学位论文、报纸、会议、年鉴、工具书等各类资源统一检索、统一导航、在线阅读和下载服务"。提供类似服务的网络平台还包括：万方数据知识服务平台，定位为"中外学术论文、中外标准、中外专利、科技成果、政策法规等科技文献的在线服务平台"；超星"是一家以技术、产品与服务创新为驱动力的教育信息化企业，是中国档案数字化、图书数字化、学术资源数字化的开创者，是中国精品课、视频课、公开课、MOOC、SPOC建设的先行者，是中国高校教学管理平台、移动教学平台、智慧教务系统研发的领军者，是中国通识教育、智慧教学、公共文化整体解决方案的提供者"；维普是"国内大型中文期刊文献服务平台，提供各类学术论文、各类范文、中小学课件、教学资料等文献下载"；人大书报资料中心的"学术期刊出版是书报资料中心的核心业务，共计148种，包括复印报刊资料、人文社科文摘、报刊资料索引和原发期刊四大系列。其中，复印报刊资料学术专题期刊'精选千家报刊，荟萃中华学术'，基本覆盖了我国人文社会科学二级学科，已成为在国内外具有广泛影响力和核心竞争力的学术品牌"。以上服务平台通常被认为是"知识资源数据库平台"。

何为"知识资源数据库平台"，首先从定义"数据库"开始，数据库是以一定方式储存在一起、能与多个用户共享、具有尽可能小的冗余度、与应用程序彼此独立的数据集合，可视为电子化的文件柜——存储电子文件的处所，用户可以对文件中的数据进行新增、查询、更新、删除等操作。① 由此可以归纳知识资源数据库平台的定义，即对分散的学术类作品进行整理、编辑、存储进而形成有特定结构的数据集合后，向用户提供可以在跨库的数据集合上统一检索进而获取学术类作品的信息网络传播服务的平台。

事实上知识资源涉及的学术类作品内涵极其丰富，包括期刊、报纸、图书、论文、课件等各种形式和内容的作品。但因篇幅所限，本报告仅对使用载体为期刊的作品展开讨论。

二　知识资源数据库平台提供期刊数据库的基本情况

我国的知识资源数据库业务发展得如何，可以从知识资源数据库平台（以下简称"平台"）自身的业务介绍中一探究竟。

中国知网的出版内容是以学术、技术、政策指导、高等科普及教育类期刊为主，内容覆盖自然科学、工程技术、农业、哲学、医学、人文社会科学等各个领域。收录国内学术期刊 8000 种，全文文献总量 5400 余万篇。产品分为十大专辑：基础科学、工程科技Ⅰ、工程科技Ⅱ、农业科技、医药卫生科技、哲学与人文科学、社会科学Ⅰ、社会科学Ⅱ、信息科技、经济与管理科学。十大专辑下分为 168 个专题。收录自 1915 年至今出版的期刊，部分期刊回溯至创刊。产品形式包括 WEB 版（网上包库）、镜像站版、光盘版、流量计费。②

万方期刊资源包括中文期刊和外文期刊，其中中文期刊共 8000 余种，涵盖自然科学、工程技术、医药卫生、农业科学、哲学政法、社会科学、科教文艺等多个学科；外文期刊主要来源于 NSTL 外文文献数据库以及数十家著名学术出版机构，及 DOAJ、PubMed 等知名开放获取平台，收录了世界各国出版的 40000 余种重要学术期刊。截至 2019 年 8 月 18 日，万方收录了

---

① 百度百科，https://baike.baidu.com/item/数据库，最后访问时间：2019 年 9 月 30 日。
② 中国知网官方网站，https://kns.cnki.net/kns/brief/result.aspx?dbprefix=CJFQ，最后访问时间：2019 年 9 月 30 日。

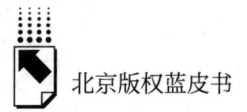

近 13380 万篇中外期刊论文。①

超星期刊目前涵盖中外文期刊 88000 余种，其中全文收录中文期刊 7400 余种（核心期刊超过 1300 种），实现与上亿条外文期刊元数据联合检索，内容涉及理学、工学、农学、社科、文化、教育、哲学、医学、经管等各学科领域。②

维普收录了 12000 余种中文期刊，有 3000 余万篇科学文献；期刊总数为 12000 余种，核心期刊达 1957 种，文献总量为 3000 余万篇。③

人大书报资料中心囊括了人文社会科学领域中的各个学科，包括政治学与社会学类、哲学类、法律类、经济学与经济管理类、教育类、文学与艺术类、历史学类、文化信息传播类以及其他类。每个类别分别涵盖了相关专题的期刊文章。收录年限从 1995 年至今，部分专题已回溯到创刊年。④

三 平台涉及的主要版权问题

传统的期刊出版涉及的版权关系相对简单，从内容提供及传播的角度来看，处理好期刊社与著作权人的许可关系即可。但在平台提供的数字资源服务中，涉及的主体除了期刊社和著作权人之外，还包括平台、数据库机构用户，这直接导致了传统纸质期刊出版相对简单的版权关系被打破，致使各方的利益关系需要重新调整和平衡。

根据五大平台显示的使用情况，涉及期刊种类最多的平台有 88000 余种，篇目最多的平台有 5400 余万篇。那么，平台对作品的使用是否经过著

---

① 万方数据知识服务平台官方网站，http://www.wanfangdata.com.cn/index.html，最后访问时间：2019 年 9 月 30 日。
② 超星期刊官方网站，http://qikan.chaoxing.com/search/openmag? index = index，最后访问时间：2019 年 9 月 30 日。
③ 维普网官方网站，http://www.cqvip.com/productor/pro_zk.shtml，最后访问时间：2019 年 9 月 30 日。
④ 中国人民大学复印报刊资料官方网站，http://ipub.exuezhe.com/qw.html，最后访问时间：2019 年 9 月 30 日。

作权人的授权呢？

文著协随机挑取了两位会员"贺某""尹某"，通过在中国知网、万方、超星、维普、人大书报资料中心五家平台的期刊搜索栏中输入"贺某""尹某"来检索五大平台选用其作品的情况。经检索发现，五家平台都收录了"贺某"作品，收录数目分别为：8篇、73篇、399篇、150篇、2篇；有四家平台收录了"尹某"作品，收录数目情况为：18篇、25篇、195篇、57篇。而事实上，无论是会员本人还是文著协，均没有授权五家平台使用其作品。仅仅是随机挑取的两位会员就有如此数量的未经许可使用的作品，一叶知秋，平台涉及的版权问题可见一斑。

从平台服务涉及不同主体的角度来看，平台涉及的版权问题可以梳理为平台服务者与期刊社的版权问题、平台服务者与著作权人的版权问题、平台数据库机构用户与著作权人的版权问题。

四 平台服务者与期刊社的版权问题

（一）期刊社的权利基础

1. 期刊社对期刊整体内容享有汇编作品的著作权

期刊社刊登的内容包括约稿的内容和著作权人主动投稿的内容。对于约稿的内容，编辑会根据选题的策划确定；对于投稿的内容，编辑亦会根据选题的策划、栏目的选排、内容的选取等因素确定是否刊登。这些内容的选取、体例的编排均体现出期刊社独创性的劳动，满足了汇编作品的构成条件，因此每一期、每一年度或者所有的期刊在整体上属于汇编作品，期刊社对于期刊的整体享有汇编作品的著作权。在中国社会科学院经济研究所诉重庆维普资讯有限公司等侵犯编辑作品著作权和版式设计专有使用权纠纷案中，判决书就认定"《经济学动态》、《中国经济史研究》、《经济研究》是其编辑者通过约稿和著作权人投稿的方式，将著作权人的作品进行选择、编排，为此付出了独创性劳动，使得《经济学动态》、《中国经济史研究》、

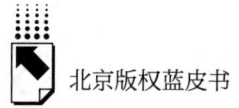

《经济研究》期刊具有著作权法规定的编辑作品的属性，是受著作权法保护的编辑作品"。①

2. 期刊社对期刊享有版式设计权

作品传播者因对作品的传播而享有邻接权。版式设计权作为出版者的邻接权，其权利来源于《著作权法》第三十六条规定的"出版者有权许可或者禁止他人使用其出版的图书、期刊的版式设计。前款规定的权利的保护期为十年，截止于使用该版式设计的图书、期刊首次出版后第十年的12月31日。"

在传统的纸质形式出版里，出版者对图书、期刊的版式设计享有版式设计权是没有争议的，但出版者的版式设计权是否能延伸至信息网络传播环境，司法实践经历了"肯定—否定—肯定"的历程。

同样在中国社会科学院经济研究所诉重庆维普资讯有限公司案件中，判决对期刊社享有版式设计权直接予以认定，"原告也应是其期刊作品的权利人，并对其期刊作品享有著作权，即编辑作品著作权和版式设计专有使用权"，②但对认定理由却没有着墨。

随着《信息网络传播权保护条例》于2006年7月1日正式施行，出版者对信息网络传播环境下是否享有版式设计权却产生争议，司法判决对此予以否定的答案，因为"根据《信息网络传播权保护条例》的规定，信息网络传播权的权利客体限于作品、表演、录音录像制品，版式设计并非信息网络传播权的权利客体"。③"版式设计与作品不同，版式设计难以达到独创性的要求，无法作为作品受到狭义著作权的保护，即版式设计不享有《著作权法》第十条规定的所有十七个权项，其保护范围一般仅限于复制权。如果将版式设计理解为与作品一样享有包含信息网络传播权在内的《著作权法》第十条规定的所有十七个权项，则不符合《著作权法》对狭义著作权

---

① 北京市第一中级人民法院一审判决书，案号：（2004）一中民初字第760号。因涉案内容制作行为发生在《著作权法》第一次修正之前，因此作品的类型为"编辑作品"。
② 北京市第一中级人民法院一审判决书，案号：（2004）一中民初字第760号。
③ 北京市海淀区人民法院一审判决书，案号：（2016）京0108民初5561号。

与邻接权予以区分保护的立法目的",因此"版式设计权利人无权就他人将版式设计置于信息网络中的行为主张侵权责任"①。

邻接权与狭义著作权作为不同的权利,邻接权客体如出版者、表演者、录音录像制著作权人、广播电视台、电台享有的权利,并不能直接适用《著作权法》第十条规定的十七个权项,而应当适用《著作权法》第四章邻接权条款的规定。因此对于图书、期刊的版式设计而言,不能依据《著作权法》第十条认定版权设计享有信息网络传播权,但能否据此认为在互联网使用版式设计不侵权,无须经出版者许可呢?这涉及《著作权法》第三十六条"出版者有权许可或者禁止他人使用其出版的图书、期刊的版式设计"中"使用"的理解,显然此"使用"涉及对行为的规制而非对权利的规制,只要涉及"使用"的行为即受版式设计权的规制而不受版式设计是否享有《著作权法》第十条规定的权利的影响,因此只要是对版式设计进行了使用,无论是纸质形式的复制,还是数字化形式的复制、信息网络传播形式的使用,都应当获得出版者的许可。

《北京市高级人民法院侵害著作权案件审理指南》第6.6条规定了"将图书、报刊扫描复制后在互联网上传播的,构成侵害版式设计权",据此以信息网络传播方式使用版式设计的行为人是否享有版式设计权的争议,随着比审理指南的颁布告一段落,期刊社享有的版式设计权延伸到互联网环境下。

(二)平台服务者与期刊社的版权法律关系

部分平台在早期发展过程中,的确存在未经期刊社许可直接使用期刊社的期刊的情况,导致平台收到期刊出版单位主张的汇编作品著作权、版式设计权的系列维权诉讼。但值得肯定的是,经过期刊出版单位系列维权的"洗礼",平台开始重视著作权许可问题,采取了与出版单位签约获取授权的方式,之前与期刊出版单位激烈的系列维权纷争终于基本偃旗息鼓。

---

① 北京知识产权法院一审判决书,案号:(2017)京73民终164号。

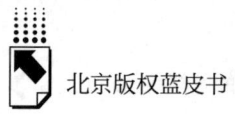

五 平台服务者与著作权人的版权问题

（一）平台与期刊社签署的授权协议不能解决著作权人授权的问题

平台与期刊社签订了授权协议，是否就一劳永逸地解决了合法使用的问题呢？答案显然是否定的，期刊社并不能因为刊登了期刊作品而自动获得了该作品的信息网络传播权和转授权，因此无权亦不能作为著作权人的代理人对外签署授权协议。在未获得著作权人授权的情况下，平台与期刊社即使签署了授权协议，基于合同相对性的原则，亦不产生对抗第三方的效力。

但在现实中，在被控侵犯著作权人著作权时，平台往往将与期刊社签署的授权协议作为免责抗辩的救命稻草。在文著协与知网案中，知网就以与杂志社签订的收录协议或许可协议作为免责的抗辩理由，比如，"2002年11月，学术期刊公司与名作欣赏杂志社签订《收录协议书》，期刊名称为名作欣赏。该协议约定：名作欣赏杂志社授权学术期刊公司将名作欣赏杂志社期刊的每期全文资料，编入 CNKI 中国期刊全文数据库；名作欣赏杂志社负责取得著作权人授权，学术期刊公司将名作欣赏杂志社和著作权人的著作权使用费统一交名作欣赏杂志社分配"；"2004年12月，学术期刊公司与天涯杂志社签订《收录协议书》，其中约定天涯杂志社向学术期刊公司提供自创刊至入编 CNKI 系列数据库之前的全部期刊的样刊、电子文件"；等等。对此，法院认定"收录协议或许可协议中要求杂志社取得著作权人的授权，但现无证据表明杂志社已取得了相应授权。故学术期刊公司未经涉案作品权利人或文著协的许可，在其经营的中国知网中提供上述九本期刊中涉案作品的下载服务，使用户可以在其个人选定的时间和地点获得涉案作品，侵害了涉案作品著作权人的信息网络传播权，应承担相应的侵权责任"。[①]

---

① 北京市海淀区人民法院一审判决书，案号：京 0108 民初 38381 号。

(二)期刊社"投稿声明"的法律效力分析

期刊涉及海量的著作权人,且根据《著作权法实施条例》第二十三条的规定,报社、期刊社刊登他人的作品无须签订书面合同,在此情况下,如需一一获得著作权人信息网络传播权的使用授权,是个基本无法实现的难题。

平台与期刊社试图通过刊登"投稿声明"的方式解决该难题。具体操作方式是:平台与期刊社在双方授权协议中约定期刊社应当在刊物上刊登"为适应我国信息化建设,扩大本刊及著作权人知识信息交流渠道,本刊已被 CNKI 中国期刊全文数据库收录,其著作权人文章著作权使用费与本刊稿酬一次性支付,如著作权人不同意文章被收录,请在来稿时向本刊声明,本刊将作适当处理"[①]的声明;据此,期刊社一般在期刊的版权页上刊登诸如"为适应我国信息化建设,扩大本刊及著作权人知识信息交流渠道,本刊已许可××在其平台及其系列数据库产品中,以数字化方式复制、汇编、发行、信息网络传播本刊全文。该著作权使用费及相关稿酬,本刊均用作出版、发行等用途,即不再另行向著作权人支付。凡著作权人向本刊提交文章发表之行为即视为同意上述声明"的声明。平台希望通过该"投稿声明"解决其收录期刊涉及所有著作权人授权信息网络传播权的问题。那么该"投稿声明"是否具有认定著作权人授权的效力呢?不妨从以下角度来分析。

1. "投稿声明"是否属于要约或者要约邀请

有观点认为,"投稿声明"构成要约,著作权人投稿的行为构成承诺,著作权人投稿行为完成,双方即构成合同关系,"投稿声明"的内容即发生合同效力。也有观点认为,"投稿声明"不构成要约而属于要约邀请,因为根据《合同法》的规定,要约的内容应当"具体确定",而"投稿声明"仅仅涉及合同中权利的内容,缺少了作品在期刊出版合

[①] 北京市海淀区人民法院一审判决书,案号:京 0108 民初 38381 号。

同的其他必要条款；同时，要约要"表明经受要约人承诺，要约人即受该意思表示约束"，而"投稿声明"本质上不是期刊社而是"承诺人"，著作权人要受到"投稿声明"的约束。基于此，"投稿声明"应当属于要约邀请。

现实中，著作权人向期刊社投稿，期刊社经审核予以刊登的，双方形成期刊出版合同，此时著作权人的投稿属于要约，期刊社刊登属于承诺。而著作权人的投稿并非依据"投稿声明"的邀请发出的要约，而是著作权人自身希望期刊社刊登其投稿的要约，因此对于著作权人来说，"投稿声明"亦非要约邀请。

2."投稿声明"构成合同条款的条件

在著作权人与期刊社没有签订将"投稿声明"囊括在内的书面合同，仅由期刊社在杂志发布"投稿声明"的情况下，能否认定"投稿声明"属于著作权人与期刊社出版合同的条款呢？

《合同法》第十条规定，"当事人订立合同，有书面形式、口头形式和其他形式。法律、行政法规规定采用书面形式的，应当采用书面形式"，《著作权法实施条例》第二十三条规定，"使用他人作品应当同著作权人订立许可使用合同，许可使用的权利是专有使用权的，应当采取书面形式，但是报社、期刊社刊登作品除外"，可见如果涉及作品专有使用权的授权，报社、期刊社使用他人的作品应当签订书面形式的合同，反之如果只是涉及作品非专有使用权的授权，报社、期刊社使用他人的作品可以不签订书面形式的合同。因此"投稿声明"是否能构成著作权人与期刊社作品许可使用合同的条款，本质上属于举证的问题，在著作权人否认知晓"投稿声明"的情况下，期刊社应当举证证明著作权人明知存在该"投稿声明"仍进行投稿或者著作权人的行为表明其已经接受了"投稿声明"的内容，此时方能认定"投稿声明"属于合同的条款，否则该"投稿声明"不属于合同的条款，对著作权人没有约束力。

3."投稿声明"是否属于格式条款，效力如何

如"投稿声明"被认定属于著作权人与期刊社作品使用许可合同的条

款的话，对著作权人是否就一定有约束力呢？

格式条款是"当事人为了重复使用而预先拟定，并在订立合同时未与对方协商的条款"，"投稿声明"系期刊社面向拟投稿的不特定的著作权人事先发布的单方声明，著作权人与期刊社并没有就此协商且签订书面合同，可见"投稿声明"符合《合同法》中对格式条款的定义，应当属于格式条款。

格式条款是否对被提供格式条款的对方发生效力，应当排除该条款属于合同无效法定情形的条款、造成对方人身伤害的或者因故意或者重大过失造成对方财产损失的免责条款，抑或是提供格式条款一方免除其责任、加重对方责任、排除对方主要权利的条款。如属于上述情形的内容，该格式条款无效。"投稿声明"是否有效，是否对著作权人有约束力亦取决于是否存在上述情形，为此可以从如下几方面进行分析。

第一，从著作权人对其许可权利后果的预期情况分析。著作权人授权出版单位出版其作品，签订的许可使用合同基本内容包括许可权利的权项、范围、期限、地域、专有或者非专有许可性质、报酬等内容。著作权人向期刊社投稿的目的在于在期刊刊登作品，著作权人对其权利许可使用的情况是有预期的：作品被许可使用的主体是明确的，即期刊社；许可的权利是出版（复制加发行）权；使用的范围在期刊上；期限为刊登的当期期刊；地域为期刊发行的区域；报酬标准基本是统一的。而"投稿声明"相比纸质期刊使用来说，涉及的被许可使用主体、地域、时间、报酬都变得不可预期。可见，与传统纸质期刊刊登作品相比，"投稿声明"中的使用行为导致著作权人对其许可的后果更难预期和掌控。

第二，从权利行使的范围情况分析。如前所述，作品以纸质期刊形式使用，著作权人对许可使用的后果是可预期的，但"投稿声明"中的使用行为则不然，不仅仅导致著作权人无法掌控许可使用的后果，对著作权人影响更大的是"投稿声明"中的权利范围远超过纸质形式的使用。比如，被许可使用的主体从期刊社扩展到不特定的主体即平台和平台授权的第三方；许可的范围从纸质期刊伸到互联网，相应的读者也从纸质期刊有限的发行

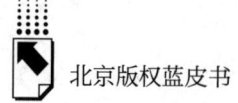

读者延伸到互联网不特定的读者，地域也扩展到全世界范围；许可的期限也从当期期刊的刊登延伸到了永久的时间。因此，"投稿声明"中的使用行为远远超过了期刊影响的范围，也超出了期刊社正常的经营业务所需的权利。

第三，从著作权人获得报酬情况分析。《使用文字作品支付报酬办法》第十一条规定"报刊刊载作品只适用一次性付酬方式"，第十二条规定"报刊刊载未发表的作品，除合同另有约定外，应当自刊载后1个月内按每千字不低于100元的标准向著作权人支付报酬"，因此根据该办法，著作权人的作品在纸质期刊刊登的，稿酬的标准是很明确的。但在"投稿声明"中稿酬标准并没有明确，且约定"该著作权使用费及相关稿酬，本刊均用作出版、发行等用途，即不再另行向著作权人支付"。

期刊社"不再另行向著作权人支付"报酬，那么平台是按什么标准与期刊社支付报酬的呢？从文著协与知网案中，可以一窥知网报酬的支付标准。《名作欣赏》杂志社："光盘部分为从名作欣赏杂志社所在CJFD专辑当年发行的税后销售额〔税后销售额＝定价×专辑发行量×（1－增值税率）〕中提取11%的版税，作为该专辑所收录期刊的编辑部和文章著作权人的著作权使用费，名作欣赏杂志社与其著作权人之间的分配办法由名作欣赏杂志社决定，各刊、各著作权人之间分配的比例按CJFD当年收录其文章数据所占比例及其质量权重计算；网络部分为历年累积的各类期刊网络数据，从其当年发行的税后销售额中提取11%的版税，作为该类数据库所收录期刊的编辑部和文章著作权人的著作权使用费，杂志社与其著作权人之间的分配方法由杂志社自定"；《天涯》杂志社："3年内每年从CNKI数据库中天涯杂志社所在专题精品光盘数据的营业税后销售额中，提取8%作为该专题期刊编辑部的著作权使用费，各刊的分配比例按该刊所占的页码比例计算，3年后直接按各刊当年编入的现刊数据比例计算，不再单独计算；"《阅读》编辑部："阅读CFED按税后发行收入的25%提取著作权使用费分配给各收录期刊编辑部和文章著作权人"；《芳草》《可乐》《文学界》杂志社："许可使用费于次年9月前，以版税制方式向杂志社支付上一年度期刊及著作权人稿酬，版税率为11%"。① 知网向读者的收费标准如何确定，可以文著协与知网案中《受戒》的销售价格作为参考。《芳草》杂志：点击PDF下载，显示价格为7元；《朔方》杂志：点击CAJ下载，显示下载价格为8元；《雪莲》杂志：点击CAJ下载，显示下载价格为6元；《可乐》杂志：点击PDF下载，显示下载价格为2元。

且不论"投稿声明"中报酬标准的制定是否与著作权人进行了确定，平台支付的标准不仅低于传统纸质期刊的稿酬标准，亦与《使用文字作品支付报酬办法》第十四条"在数字或者网络环境下使用文字作品，除合同另有约定外，使用者可以参照本办法规定的付酬标准和付酬方式付酬"，第十二条"报刊刊载未发表的作品，除合同另有约定外，应当自刊载后1个月内按每千字不低于100元的标准向著作权人支付报酬"的规定差距甚远，让著作权人应得的报酬严重缩水。

第四，从著作权人选择权的角度来分析。"投稿声明"中有"如著作权人不同意文章被收录，请在来稿时向本刊声明，本刊将作适当处理"的表述，但语焉不详，"适当处理"是如何处理并没有明确，另外"投稿声明"亦有"凡著作权人向本刊提交文章发表之行为即视为同意上述声明"的表述。我们知道与著作权人相比，期刊社无疑处于强势的位置，如著作权人不同意文章被平台收录，往往就意味着期刊社拒绝在期刊上刊登其文章。因此，这些表述无疑剥夺了著作权人的选择权，有违《合同法》规定的"当事人应当遵循公平原则确定各方的权利和义务"的原则。

综上，期刊社单方发布的"投稿声明"严重剥夺了著作权人的权利，应属无效的格式条款，其约定的内容对著作权人不具有约束力。期刊社如希望获得著作权人的信息网络传播权及转授权，应当采取著作权人单独授权的方式，而不能以一纸声明尽收其权利。

4. "投稿声明"中默示形式的问题

默示形式是民事立法确认民事法律行为的一种形式，是指不依赖语言或

---

① 北京知识产权法院一审判决书，案号：（2017）京73民终164号。

文字等明示形式，而通过某种事实推知行为人的意思表示而成立的民事法律行为形式。默示形式又可分为作为的默示和不作为的默示。①

有观点认为，"投稿声明"的"如著作权人不同意文章被收录，请在来稿时向本刊声明，本刊将作适当处理"属于不作为的默示；"凡著作权人向本刊提交文章发表之行为即视为同意上述声明"属于作为的默示；根据上述表述，只要著作权人有"作为"或者"不作为"相关的行为，则期刊社将获得著作权人许可的相应权利。事实上，"投稿声明"的上述表述并不存在约定的默示形式问题，因为根据上述分析，"投稿声明"属无效的格式条款，"皮之不存，毛将焉附"，条款已然无效，何来的默示形式？

六 平台数据库机构用户与著作权人的版权问题

平台向公众提供期刊社作品主要有两种方式，一种是通过互联网向公众提供，一种是通过镜像服务，由科研机构、图书馆、学校等机构用户在其内部局域网向公众提供。

何为镜像服务？以知网镜像服务为例，用户将 CNKI 知识库镜像"安装"到内部局域网，该机构局域网 IP 内的用户直接在内部网站使用资源，不需要上 CNKI 网站，用户按年支付使用费。镜像服务的使用及提供方式为：在单位内部网安装所订 CNKI 全文数据库；单位内部读者在内部网上使用所订 CNKI 数据库；全文数据采用光盘更新，或每天从"中国知网"下载。②

机构用户使用平台镜像服务通过内部局域网向用户提供期刊内容的行为性质属于行使信息网络传播权的行为，因此其通过网络传播行为应当承担的法律责任与"复制品的发行者"和"软件的复制品持有人"不同，后者如

---

① 百度百科，https://baike.baidu.com/item/默示形式/9060751？fr=aladdin，最后访问时间：2019 年 9 月 30 日。
② 中国知网官方网站，http://vipcard.cnki.net/ec/tj/jxfw.html，最后访问时间：2019 年 9 月 30 日。

能证明"有合法来源"或者"不知道也没有合理理由应当知道该软件是侵权复制品的",则不承担责任。事实上,自 2000 年初到现在,机构用户使用平台镜像服务提供期刊等内容服务引发的著作权侵权纠纷诉讼屡见不鲜,但对于机构用户的行为是否构成侵权、是否承担法律责任等争议焦点,不同的法院给出了不同的判决结论。

(一)认定图书馆不构成侵权,不承担民事责任

在樊元武诉知网、上海图书馆等被告著作权侵权纠纷一案中,对于图书馆的法律责任,法院认定"鉴于被告上海图书馆并非'中国知网'的分站而是 CNKI 数据库的用户,且其使用属于公益性使用,故上海图书馆未侵犯原告的著作权,也不承担任何民事责任"。[①]

(二)认定大学构成侵权,应承担停止侵权的民事责任,但不承担赔偿的民事责任

在李昌奎与超星公司、贵州大学等被告著作权侵权纠纷一案中,对于大学的法律责任,法院认定"贵州大学作为'超星数字图书馆'的使用者,通过其局域网传播涉案作品的行为,亦侵犯了李昌奎对涉案作品享有的信息网络传播权,应承担停止侵权的民事责任"。[②]

(三)认定图书馆或者大学构成侵权,应承担停止侵权、赔偿的民事责任

在三面向公司与超星公司、深圳大学、深圳图书馆、深圳大学城图书馆等被告著作权纠纷一案中,法院认定"对于共同侵权而言,不要求每一共同侵权行为人均直接实施全部侵权行为。本案事实表明,没有深圳图书馆、深圳大学、深圳大学城图书馆的联合创建以及读秀公司、超星公司的共同行

[①] 上海市高级人民法院二审判决书,案号:(2006)沪高民三(知)终字第 53 号。
[②] 最高人民法院判决书,案号:(2010)民提字第 159 号。

为，就没有'深圳文献港'，读者也不可能登录'深圳文献港'，相关侵犯作品信息网络传播权的行为也不可能发生。因此，无论共同侵权行为人有无明确的侵权主观故意的沟通与联络，均应对相关侵权行为承担法律责任。综合以上，深圳图书馆、深圳大学、深圳大学城图书馆与读秀公司、超星公司共同构建'深圳文献港'，未经许可提供涉案作品的定向链接，共同侵害了涉案作品的信息网络传播权"。①

在中国社会科学出版社与超星公司、重庆图书馆著作权纠纷一案中，法院认定"根据社科社提交的公证书及超星公司与重庆图书馆签订的《重庆图书馆数字图书馆共建协议书》，可以确认二被告具有共同提供涉案图书的主观意思联络，客观上也实施了提供涉案图书在线阅读服务的行为，即通过分工合作的方式共同向网络用户提供涉案图书的在线阅读服务，侵犯了社科社对涉案图书享有的信息网络传播权，应承担连带侵权责任"。②

值得一提的是，上述列举案例中，机构用户如图书馆、大学与平台作为共同被告被提起诉讼，即使机构用户未被认定侵权，无须承担民事责任，平台的行为仍被认定侵权进而需承担民事责任。

七　如何解决平台涉及的版权问题

平台的发展应当是建立在著作权人许可使用的坚实基础上，而不应当是建立在忽视甚至掠夺著作权人权益的基础上。如前所述，仅仅是文著协的两位会员，五大平台未经许可收录的篇目就达九百余篇，可以说平台发展到如今的体量，解决多年来对著作权人欠账的问题已经到了刻不容缓的地步了。如何解决著作权人信息网络传播权的许可使用这一平台版权问题的核心问题，平台首先应当端正态度，不能仅仅被动地应付著作权人的维权，"头痛医头，脚痛医脚"；亦不能采取"投稿声明"这种简单粗暴的办法，治标不

---

① 深圳市中级人民法院二审判决书，案号：（2017）粤03民终16893-16895号。
② 北京市海淀区人民法院一审判决书，案号：（2017）京0108民初9305号。

治本；更不能采取鸵鸟政策，对著作权人权益视而不见。

当然不可否认的是，平台二十余年的发展对知识信息资源的整合与传播的贡献有目共睹，并且从海量的作品中一一获取授权的确很困难，所以如何在保障著作权人权利的前提下减轻平台获取授权的压力，是一个需要各方面合力共治才能实现的。

（一）发挥著作权集体管理优势，维护著作权人合法权益，促进作品有序传播

著作权集体管理作为著作权法重要的配套制度，在保护著作权人权益、促进作品传播、便利著作权授权许可、提高著作权交易效率、降低交易成本、实现著作权价值等方面都发挥着不可替代的作用。

平台获取著作权人授权许可一直是其经营中的短板，平台如能在使用传播期刊作品的过程引入集体管理组织的授权，将有助于弥补该短板。

文著协作为中国唯一的文字类作品的著作权集体管理组织，成立于2008年，历经十年的发展，管理着10000余名会员的文字作品，而平台使用的期刊作品的类型基本为文字作品，因此平台与文著协的业务具有天然的契合性。基于文著协的会员基础，通过文著协的授权许可的发放，能够降低平台寻找著作权人的成本、提高授权的效率、降低侵权的风险、树立合法使用的形象。

著作权集体管理组织是沟通著作权人和使用人的桥梁，经由集体管理组织有助于实现双方利益的平衡。著作权人利益与使用人利益作为矛盾的统一体，其对立点集中体现在作品报酬的标准上。我国现行的由法定主管部门制定的稿酬标准是《使用文字作品支付报酬办法》，该办法的稿酬标准基本还是着眼于纸质环境下的稿酬标准，虽有"在数字或者网络环境下使用文字作品，除合同另有约定外，使用者可以参照本办法规定的付酬标准和付酬方式付酬"的规定，但网络环境下与纸质环境下适用同一稿酬标准，是否符合互联网海量传播的特点和互联网产业的发展，行业对此并不认同。在知识资源数据库行业中，对网络使用作品标准制定的需求更为迫切。在此背景

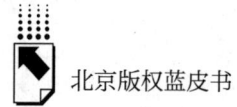

下,文著协平衡著作权人和平台利益、化解双方矛盾的桥梁作用更为彰显,因为根据《著作权集体管理条例》第十七条的规定,文著协享有"制定和修改使用费收取标准"的权利。依据该法定权利,文著协在充分调研的基础上,听取知识资源数据库行业、著作权人代表的意见,可以针对知识资源数据库行业制定平衡行业与著作权人利益的使用费收取标准,经由会员大会表决通过并履行备案手续后,该标准即成为具有法定效力的标准。

因此,文著协的工作有助于建立符合知识资源数据库行业发展需求且平衡著作权人和平台利益的稿酬标准,进而促进期刊作品的传播,保障公众利益的实现。

尽管《著作权法》规定了"先许可后使用"的著作权使用的基本原则,但在知识资源数据库行业俨然是一个自由王国,将许可使用的原则抛之脑后,抡起胳膊大干快上。这种现状对于平台和著作权人是双输的局面,对于平台来说,时刻面临着侵权被清算的风险,对于著作权人来说著作权沦为纸面的权利。所以平台如能通过文著协获取授权,将有助于扭转该局面,既能让著作权人的权利得到保障,也能让平台丢掉侵权负担、轻装上阵。

(二)《著作权法》修法应当考虑增加网络法定转载、延伸集体管理条款

著作权集体管理制度有助于平台授权许可问题的解决,但也应当看到著作权集体管理组织由于会员代表性,并不能完全覆盖所有著作权人,这必然会造成授权许可发放的盲区。破解该问题应当从立法层面建立相应的配套制度。当前,《著作权法》第三次修订工作正在紧锣密鼓地进行中,如能借此东风,在《著作权法》第三次修正案中增加网络法定转载、延伸集体管理制度,有助于解决包括知识资源数据库平台在内的互联网行业的相关版权问题。

1. 报刊法定转载应当延伸至互联网

报刊法定转载指的是《著作权法》第三十三条规定,即"作品刊登后,除著作权人声明不得转载、摘编的外,其他报刊可以转载或者作为文摘、资

料刊登,但应当按照规定向著作权人支付报酬"。可见报刊法定转载的范围在于报刊之间转载、摘编,并未延及互联网。

我国《著作权法》自1991年6月1日正式实施至今近三十年,互联网技术的迅猛发展促使著作权法的调整范围从传统版权向数字版权转变,法定转载,是否应当延伸至互联网就一直争议不断、莫衷一是。

支持法定转载延伸至互联网的理由包括:①有助于促进竞争主体地位的平等,使互联网媒体享有报刊媒体同样的权利;②互联网涉及海量使用作品,点对点的授权不符合网络发展的需要,而互联网法定转载可以有效满足互联网传播效率和时效的需求;③"先许可后使用"的版权原则与互联网传播的海量性、时效性构成悖论,很难调和,致使互联网传播"先上车后买票"的行为盛行。在"普遍性违法"的现实情况下,应将现实操作纳入法治轨道,将执法重点落在保护著作权人的获酬权上而不是纠结在事先许可上。

反对法定转载延伸至互联网的理由包括:①法定转载制度是一项具有"中国特色"的版权制度,在国际条约中并不能找到依据,其他国家的著作权法也没有类似的制度;②作品上网后,著作权人很难再控制作品的传播,对著作权人利益的影响将是不可控的;③报刊受版面所限,作品基本为篇幅短小的作品;而互联网媒体则不同,其存储信息具有天然的优势,所以在互联网中,动辄数万甚至几十万、上百万字数的作品比比皆是,将报刊法定转载延伸至互联网将会严重损害著作权人的利益。

双方的理由均有其合理性,所以不妨综合双方的理由,将网络法定转载的范围限定在报刊的范围内,即报刊的法定转载制度从纸质范围延伸至互联网,这样既疏解了反对者对法定转载范围延及到所有作品的担心,也符合互联网传播的特性,有助于解决现在互联网传播"严格立法、普遍违法"的局面。

2. 确立延伸集体管理制度

国务院法制办公室于2014年6月6日发布的《著作权法(修订草案送审稿)》第五十一条规定了"孤儿作品"的两种情形,即著作权人身份不明、著作权人身份确定但无法联系的作品。事实上,孤儿作品的许可问题是作品使用者无法回避且令其头疼不已的问题,苦于无法联系上著作权人,无法合法的使用作品，作品使用者迫切希望著作权集体管理组织有权发放孤儿作品的授权，以免侵权之虞。但囿于传统集体管理只能管理会员的权利，无法发放非会员权利许可，只能看着作品无法使用或者冒侵权的风险使用作品。鉴于此，北欧五国（丹麦、芬兰、挪威、瑞典和冰岛）于20世纪60年代在著作权法中确立延伸集体管理制度来解决该问题。著作权集体管理制度结构主要表现为：①在相关领域具有实质性垄断地位的组织被赋予承担延伸性集体管理的权利和义务；②该集体管理组织与使用者自由协商，订立的著作权许可使用合同具有适用于非会员著作权人作品的延伸效力，合同对于使用方式的约定需符合法律规定且在使用费的收取上不应损害非会员权利人的利益；③非会员权利人享有"选择退出权"。①

值得一提的是，尽管我国法律上没有规定延伸集体管理制度，但司法机关已经先行一步，以司法裁判的方式确定了延伸集体管理制度。无锡欢唱公司诉深圳声影公司侵害著作权纠纷二审裁定就是这样一则在中国著作权集体管理发展进程中具有里程碑意义的判例，该裁定书认为"本案中即便声影公司对涉案音乐电视作品享有著作权，因欢唱公司已经向音集协交纳了曲库的版权使用费，故欢唱公司依法仅应当承担停止侵权的民事责任。经查，音集协网站《关于公示授权作品及曲库信息的公告》显示，截至2015年12月1日，其取得授权音乐电视作品96790首。欢唱公司向vod生产厂商购买的vod点播机，已由vod生产厂商预装了音集协的曲库。由于vod点播机预装的曲库中歌曲数量巨大，如果要求卡拉OK经营者就曲库中的每一首歌曲的权利状态特别是音集协是否有权进行集体管理逐一进行核对，明显不当，赋予了使用者过于苛刻的注意义务，对其有失公允，也不利于倡导通过著作权集体管理制度推进音乐作品的付费使用。鉴于欢唱公司根据《著作权集体管理条例》已向音集协交纳了曲库的版权使用费，具有付费使用的明确意思表示及付费行为，欢唱公司已尽到尊重他人著作权的合理的注意义务，对侵权行为的发生没有主观过错，故即使认定构成侵权，亦只需承担停止侵

---

① 宋雪雨：《著作权集体管理可借鉴境外经验》，《中国新闻出版广电报》2017年6月29日。

权的责任，而无须赔偿损失"。① 至此，我国的延伸集体管理制度在司法领域被先行实践。

延伸集体管理制度问题经无锡欢唱公司诉深圳声影公司案件的裁判摆上了台面，可以说是随着相关产业，比如案件中的 KTV 产业、本报告论述的知识资源数据库产业等，发展到了一定的阶段的必然结果，在当前正在进行的第三次《著作权法》修订的大背景下，关于著作权集体管理组织问题不应予以回避，应当引起立法者的充分关注。

与传统集体管理组织权利管理来源于著作权人与集体管理组织的协议约定不同，延伸集体管理的权利管理来源于法律的规定，这实质上属于对著作权人权利的限制，因此延伸集体管理制度建立首先应当尊重非会员的意愿，保证非会员有对延伸集体管理说不的权利；其次应当明确延伸集体管理组织的资质，如由"能在全国范围代表相关权利人的利益"② 的集体管理组织来行使管理的职责；再次应当保证延伸集体管理的范围为"著作权法规定的表演权、放映权、广播权、出租权、信息网络传播权、复制权等权利人自己难以有效行使的权利"③，而不能涵盖著作权所有的权项。

《著作权法（修订草案送审稿）》第六十三条、第七十四条④确立了延伸集体管理制度。但与现实授权的痛点相比，送审稿规定的延伸集体管理还应当进一步修订，最主要的是延伸集体管理的范围不应以音乐作品为限，而应当以著作权人难以行使和难以控制的权利为限。

（三）行政机关发挥行政监管职能，促进建立合法高效的授权机制

近年来，版权行政管理部门及时出手，多措并举，充分利用行政处罚、约谈等手段，规范了网络视频、音乐、短视频、文学平台的授权问题，规制了内容平台版权秩序，推进了内容平台有序发展。而解决知识资源数据库平

---

① 江苏省高级人民法院二审民事裁定书，案号：（2015）苏知民终字第 00235 号。
② 《著作权集体管理条例》第七条。
③ 《著作权集体管理条例》第四条。
④ 《著作权法（修订草案送审稿）》第六十三条、第七十四条。

台版权问题，规范平台版权秩序，同样离不开版权行政管理部门有效亮剑和规范引导。

《著作权法》第四十八条规定，"未经著作权人许可，复制、发行、表演、放映、广播、汇编、通过信息网络向公众传播其作品的"且损害公共利益的行为，应当承担行政责任，如何判断"损害公共利益"，在广东省版权局与南海市西樵恒辉印花厂行政诉讼案中，广东省版权局提出了几项认定原则并得到法院的认可，这几项原则包括：是否违反"善良风俗"的；是否以营利为目的或侵权规模较大的；是否在同行业构成不正当竞争的；是否对消费者的利益造成侵害的；是否给国家的管理秩序带来混乱的。

平台发展至今已有二十余年，但从平台授权情况、被诉情况等信息的分析，我们并没有看到平台保护著作权人的工作有更大的作为。针对属于损害公共利益的行为，版权行政主管部门实行监管，协调知识资源数据库行业与著作权人利益代表，促使平台自身转变意识树立正确的版权观，引导双方达成利益平衡的方案，实现著作权人权益的保护和作品有效合法的传播进而保障公共利益的实现。

B.10
有声读物的版权问题研究

张 今 王轶凯*

摘 要： 有声读物顺应移动互联网发展呈现出新态势，具体表现为传播主体的多元化、制作主体的大众化，以及收听时段带有极强的规律性。以 UGC 为主要制作模式的有声读物引发大量版权纠纷，如有声读物制作者或传播者未经著作权人许可将其作品制作为有声读物上传，或者未经许可将有声读物在互联网进行传播，侵犯著作权人的复制权和信息网络传播权。针对有声读物的版权问题，与版权内容方展开合作是其寻求版权内容合法化的最佳路径。由传统的 UGC 模式向 PGC 和 PUGC 模式过渡，是提高其内容质量和市场竞争力的必由之路。此外，完善平台监管义务、增加网络服务提供者版权过滤义务、自发建立交易平台，也是有效化解有声读物版权问题的探索途径。

关键词： 版权 有声读物 网络平台

互联网的发展为人们提供了多元的知识获取途径，尤其是移动互联网的蓬勃发展，使人们越来越依赖于数字化、碎片化的内容获取方式。人们在上班路上抑或闲暇时间只需要打开移动终端 App 就可以收听广播、聆听歌曲或有声读物，获取知识和娱乐消遣。据了解，近年来继音乐、视频之后，有

---

* 张今，中国政法大学教授、博士生导师；王轶凯，中国政法大学知识产权法研究生。

声读物呈井喷态势增长，以喜马拉雅、蜻蜓 FM、荔枝 FM、企鹅 FM、懒人听书等为代表的网络音频平台蓬勃发展。在网络音频平台上，用户的收听时段广泛、收听场景多元，且平均收听时间长，用户黏性十分突出。[①] 伴随着移动音频平台的发展，有声读物也逐步深入人们的世界。数据表明，截至 2018 年底，喜马拉雅总用户规模突破 4.8 亿。

然而，相应的版权授权缺乏和用户版权意识的淡薄导致在移动音频平台出现了大量的侵犯著作权的有声读物，这给移动音频平台的发展带来了版权困扰。反应在司法上，杭州互联网法院已审理的懒人听书案、咪咕数字诉喜马拉雅案等一系列案件，无不涉及有声读物著作权问题，引起了行业内外人士对有声读物版权问题的关注。为此，本报告围绕有声读物著作权，就有声读物产生的背景、发展现状，有声读物产生的版权纠纷，有声读物的版权属性以及有声读物产生版权纠纷的原因进行总结和梳理，并就如何解决有声读物版权问题及其困扰提出一些看法和建议。

一 有声读物的概念及发展态势

一直以来，有声读物的概念都较为模糊。有解释认为，有声读物是指运用现代数字技术，以文字作品为内容，固定表演者声音并存储于数字文件之中，利用网络平台向公众传播的录音产品。[②] 美国有声读物协会将有声读物定义为：包含不低于 51% 的文字内容，复制和包装成盒式磁带、高密度光盘或者单纯数字文件等形式进行销售的任何录音产品。[③] 也有观点将其定义为，一种个人或多人依据文稿，并借着不同的声音表情和录音格式所录制的音频制品。其技术标准为数字无障碍信息系统，通过流媒体播

[①] 《蜻蜓 FM 的音频 IP 体系炼成记：电台、版权、主播和自制》，https://t.qianzhan.com/daka/detail/181009 - e08f2e52.html，最后访问时间：2018 年 10 月 9 日。

[②] 国家版权局：《有声读物该如何避免侵权风险》，2017 年 12 月 14 日。

[③] 周美指：《我国有声书产业生态模式及对策探析——以喜马拉雅 FM 为例》，《新兴传媒》2017 年第 4 期。

放或文件下载实现,其特征在于听众可以根据段落章节进行音频内容的跳转和收听。① 上述定义的共性在于,均认为有声读物即将文字读物以有声化形式向听众展示的录音制品,本报告对有声读物的讨论将建立在这样的概念基础上。

有声读物并非新生事物,其自兴起至今已有将近一个世纪之久。以互联网为分界,有声读物可划分为传统出版物时代和新媒体时代。从技术变革的角度结合不同地域状况,将有声读物的发展进行梳理和分析如下。

(一)有声读物在国外的发展

有声读物起源已久,自20世纪30年代发端于美国以来,其随着录音技术的发展、新载体的不断渗透,基本发展轮廓呈现为,从物理载体的录音制品到无载体的音频流,伴随于此的是人们对作品的获取"从占有到感受"。20世纪30年代,美国的有声书的制作方式为通过唱片等录音设备将以小说为主的文字作品进行朗读录制,目的在于为盲人等存在视觉障碍的人士提供文化设施,丰富视障人士的文化娱乐生活。20世纪70年代,磁带出现,逐步成为有声书的录制载体,在此基础上,有声书租赁行业兴起,美国的有声书市场得到进一步发展。美国几乎所有的出版商都拥有有声书版权部。1987年,以提升有声读物产品价值为宗旨的美国有声读物出版商协会(Audio Publishers Association,APA)成立,该协会是非营利性贸易协会组织,其对有声读物行业技术标准提出建议,为成员间信息交流提供平台。APA 2018年发布的报告显示,美国有声读物业在2017年继续保持猛增态势,销售额增长了22.7%,达25亿美元,高于2016年预期的21亿美元。② 美国最大的有声读物供应商之一Audible拥有强大的内容资源和平台,自创立之初就主营有声读物,早在

---

① 艾瑞咨询:《2016年中国在线音频行业研究报告》,2016年12月13日。
② 韩绍君:《美国有声书业先驱的商业之道——以Audible公司为例》,《出版发行研究》2019年第2期。

1997年便推出了第一款播放有声读物的便携式音频播放器（Audible Mobile Player）。①

（二）有声读物在我国的发展

有声读物在我国出现较晚，20世纪90年代初期，我国出现第一批有声读物，那是以传统出版业为主导，中央人民广播电台、中国唱片总公司、中国高等教育出版社等制作的以世界名著等文学作品为主的录音制品。现在仍受大众喜爱具有广泛收听市场的长篇小说《静静的顿河》《复活》《平凡的世界》《白鹿原》等作品，不仅因为是名家所著，演播者李野默老师委婉动听的声音也为作品增添风采，使作品极具可听性。互联网时代到来，我国有声读物步入新的发展时期，此时出现了以网页为载体的有声读物，2000年北京鸿达以太文化发展有限公司研发了MP3格式的有声读物，并在2003年创办了国内首家听书网站"听书网"，② 有声读物开始进入互联网传播领域。移动互联网时代的到来为有声读物的发展提供了新的土壤，移动互联网使我国网民规模进一步扩大。截至2018年6月，我国网民规模达8.02亿人，普及率为57.7%；2018年上半年新增网民2968万人，较2017年末增长3.8%；我国手机网民规模达7.88亿，网民通过手机接入互联网的比例高达98.3%。③ 在此基础上，数字阅读市场得到了前所未有的发展，无论是以Kindle、微信读书为代表的电子阅读，还是以蜻蜓FM、懒人听书为代表的移动音频平台的兴起，都使数字化阅读深入人们的生活。数据统计显示，中国数字阅读市场规模已经达到了254.5亿，其中，大众数字阅读占比超过九成，专业数字阅读市场规模达21.2亿。截至2018年，数字阅读用户规模达4.32亿，人均数字阅读量达12.4本，人均单次阅读时长达71.3分钟。④

---

① 韩绍君：《美国有声书业先驱的商业之道——以Audible公司为例》，《出版发行研究》2019年第2期。
② 段洁：《我国有声书发展现状、困境及对策研究》，《科学传播》2017年第24期。
③ 中国互联网络信息中心：《第42次中国互联网络发展状况统计报告》，2018年8月20日。
④ 中国音像与数字出版协会：《2018年度中国数字阅读白皮书》，2019年4月12日。

（三）新媒体时代我国有声读物市场的特点

有声读物市场的繁荣依赖技术和社会文化的双重支撑。从技术角度来看，移动互联网的发展和以智能手机为代表的移动上网设备在硬件和软件上的进步，使用户仅仅通过智能手机就能完成音频的录制—剪辑—上传，降低了音频的制作门槛。数字阅读终端设备不断多元化，包括智能手机、车联网、可穿戴设备、智能家居，为用户收听提供便利。从社会文化背景来看，用户付费意愿提升，多元文化不断涌现。[①] 社会经济的发展、收入水平的提高，使人们在满足物质生活需求之外，有了额外的经济能力为文化消费买单。优质的音频内容尤其是制作精良的有声读物可满足人们的文化需求，越来越多的用户愿意付费来满足个性化文化娱乐需求。多元文化刺激音频平台内容创作更加多样化，是平台保持用户黏性的重要因素之一。上述因素为有声读物市场的发展奠定了社会基础。

归纳起来，新媒体时代的有声读物市场呈现以下的特点。

传播主体的多元化和去中心化。以喜马拉雅、蜻蜓 FM、荔枝 FM、懒人听书等为代表的有声读物传播载体的诞生，拉动了有声读物市场的发展。从媒体（载体）看，有声读物的传播媒体不仅有各类移动音频平台，还有以微信公众号为代表的社交平台有声类节目，如为你读诗等。新媒体的出现打破了广播组织在声音传播中的独占地位，网络平台商华丽转身成为大众传播新媒体，与广播组织并存形成多元的网络传播市场格局。

制作主体的大众化。移动音频平台以其低门槛、低制作标准的特点吸引了大量的草根内容制作者。移动音频平台的受众，既是有声读物的消费者也可以成为有声读物的制作者。在这种背景下，有声读物制作呈现多样化、大众化趋势。

内容多样化可满足个性化需求。用户收听内容呈现多样化、细分化、个

---

① 艾瑞咨询：《2016 年中国在线音频行业研究报告》，2016 年 12 月 13 日。

性化趋势，各类内容百花齐放。受用户偏好的影响，各类音频内容具有基本不相上下的听众规模。受听众喜爱的内容形式有小说、脱口秀、广播剧、历史文化、喜剧小品、养生、职场、育儿、音乐、游戏娱乐等。数据显示，2016年我国有声读物用户偏好节目类型中，音乐类占比54.3%，新闻及政治为49.2%，历史文化为47%，其他各节目类型均呈现较高的占比。① 有声读物内容多样用以满足不同听众的个性化需求。以用户为导向的商业模式使其内容生产日趋精细化、个性化和定制化。

收听时段广泛、带有规律性。我国移动音频平台用户收听时段多样且呈现较强的规律性。根据2016年调查数据，56.7%的用户在睡前或休息时使用，52.5%的用户在上下班或通勤路上使用，40.2%的用户在做家务或进行体力劳动时收听。② 中国数字阅读分时段阅读用户数量占比显示，七点及十八点是用户通过手机收听有声节目的高频时间，其中晚高峰使用手机收听有声节目占比高达43.89%，较2017年增长近20个百分点。数字阅读内容生态结构中，有声内容占据重要的地位。

二 有声读物的内容生产模式

有声读物所涵盖的内容包括用户创造内容（UGC）和专业生产内容（PGC）。所谓UGC是指由非专业人士基于兴趣所创造的内容，这些非专业人士制作并将内容上传至平台，平台所有用户均可收听有声内容。其特点在于由个人或松散的小团体制作完成，以兴趣爱好和交流互动需求为导向，主播投入业余精力，少有经济方面的诉求。早期有声读物以UGC为主，移动互联网和智能移动设备的发展为有声读物提供了新的载体，即移动音频平台。如前所述，移动音频平台具有门槛低、去中心化的特点，平台用户既是UGC的生产者也是UGC的消费者。用户可以使用平台提供的版权内容、软

---

① 艾瑞咨询：《2016年中国在线音频行业研究报告》，2016年12月13日。
② 艾瑞咨询：《2016年中国在线音频行业研究报告》，2016年12月13日。

件设备,通过智能手机自主地完成音频的录制—剪辑—上传过程。其他用户登录移动音频平台,基于兴趣爱好以及音频节目质量,选择收听节目。这既为移动音频平台带来了大量的用户,也使平台内容极具多样性。也正是因为UGC门槛较低,大量的粗制滥造、同质化乃至侵权有声读物层出不穷。

所谓PGC则是指由专业人士创造的内容,专业人士大多为传统电台节目主播或专业内容制作团队转型而来的内容制作者,其节目制作经验丰富,节目质量较高并有一定水准,能够凝聚一定数量的粉丝,同时他们也具有较强的商业诉求。如蜻蜓FM的"大咖来了"板块所推出的高晓松、老梁等文化名人的脱口秀节目,都已从早期的免费收听过渡到现在收费模式。此外,还有专业自制类节目,其往往由某一行业专业人士创作产生,主播往往是其所创作作品的版权人,如蜻蜓FM上蒋勋的《细说红楼梦》。在该种模式下,版权纠纷发生的概率微乎其微。PGC在节目制作水准和质量、更新周期和频率、主播专业性方面占有绝对的优势,[①] 而这也是节目能否吸引用户长期关注的关键因素。

综上,有声读物的内容生态经历了从UGC到PGC发展的过程。UGC是移动音频平台发展的基础,UGC制作者多数基于兴趣爱好进行有声录制,其拓宽了平台内容的广度,使平台内容多样性得以保障。PGC具有较高的制作水准,多由专业主播来完成,决定了有声读物内容的深度和专业性,保障了制作内容的质量和水准,有助于平台打造精品化节目,长期吸引听众。二者共同构成了有声读物内容布局的多样性和专业性。但从保持用户黏性角度来看,高质量和发布周期稳定的PGC更能满足用户需求。当前,随着市场的发展,为了争夺有限的用户,平台之间版权内容争夺日趋白热化。在这种情况下,PGC数量有限且购买成本高昂而UGC由于自身质量参差不齐,优质内容较少,加之版权纠纷不断,探索新的内容生产模式已经成为移动音频平台维系发展可持续性的必然选择。PUGC(专业用户生产内容)应运而生,PUGC模式下,平台通过与上游版权内容方签订版权协议,获

---

① 艾瑞咨询:《2016年中国在线音频行业研究报告》,2016年12月13日。

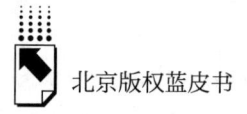

得版权内容。再通过与平台优质主播签约，由主播来完成内容录制，最后由专业团队来完成录音后期制作。在PUGC模式下，平台商不再仅仅是网络服务提供者，而是以制作者的身份参与到有声读物的生产过程中。

三 有声读物所涉版权纠纷

近年来，移动音频平台围绕版权的纠纷不断上演，引起人们关注，其中有声读物版权侵权成为移动音频平台版权问题频发的主要原因。在"剑网2018"中，安徽滁州查处的"懒人听书网"侵权案涉及的有声小说等录音作品多达12398部。笔者以"有声读物"为关键词在法信法律平台上检索到裁判文书176份，以"麦克风文化传媒有限公司"（蜻蜓FM为其旗下产品）为关键词在法信法律平台上检索到案例63例，以"证大喜马拉雅"为关键词在法信法律平台检索到涉及信息网络传播行为的案例312例。这些案件大多是发生在移动音频平台与作者或著作权人之间的版权纠纷，诉讼事由系未经权利人许可在互联网传播有声读物。

上述版权纠纷主要有以下两种类型：一是有声读物的制作者未经作品著作权人许可擅自使用其作品进行录音并上传至音频平台进行网络传播，被指控侵犯复制权、信息网络传播权；二是未经有声读物制作者许可，擅自使用其录制的有声读物，上传至音频平台进行传播，侵犯了录音制品的复制权、信息网络传播权。

（一）未经许可制作并传播有声读物

有声读物制作者未经许可使用文字作品制作和传播有声读物，这种行为触及著作权人的复制权、信息网络传播权，在某些情况下可能涉及改编权。具体表现形式又有两种，一是有声读物制作者未经著作权人许可擅自将文字作品进行数字化、有声化处理，二是在有声读物录音制品中加入背景音乐，而未经音乐作品著作权人授权。前种行为将文字作品进行数字化的过程属于《著作权法》所规定的复制行为，表现形式为将作品从有形载体到数字载体的复制，实施了著作权人所控制的对其文字作品的复制行为和信息网络传播行为，侵犯了著作权人文字作品的复制权和信息网络传播权，后一种行为则侵犯了著作权人音乐作品的复制权和信息网络传播权。在某些情况下，由于录制需要或出于其他原因，有声读物制作者会将作者的文字作品进行改编，如果改变了文字作品的表达，则可能实施了著作权人所控制的改编权，构成对改编权的侵犯。

以喜马拉雅为例，UGC 模式激发了用户的积极性，但是由于网络用户缺乏版权意识，大量的侵犯版权的现象发生。常见的情形是，未经作者许可，擅自将其小说等文字作品录制为音频作品并在平台传播，在音频节目中插入背景音乐而未经音乐作品著作权人同意。这种行为无疑触及了权利人的信息网络传播权和复制权，而用户却是在"不经意间"实施了侵权行为。例如，《世上有颗后悔药》一书的作者曾鹏宇，曾发现喜马拉雅未经作者及出版方中信出版社授权将该书全本内容上传到网上。影视编辑蔡春猪的《爸爸爱喜禾》等作品也存在类似情况，在没有得到作者和出版方授权的情况下，其文字作品被用户制作为有声读物在喜马拉雅上传播。类似情况也发生在音频平台，如蜻蜓 FM 的运营商上海麦克风文化传媒有限公司在未经版权人授权的情况下，便将《一无所有》《一块红布》等歌曲上传到平台，使用户可以在其平台上在线收听和下载，从而引发了版权纠纷。

（二）未经许可上传有声读物

这种情况是指，未经有声读物制作者和文字作品的著作权人许可，将有声读物上传至音频平台进行传播。这类侵权行为中，上传者并没有参与有声读物的制作过程，而是将其他平台的有声读物"搬运"到另一平台进行传播。这种行为侵犯了有声读物制作者的录音制作者权和文字作品著作权人的信息网络传播侵权。NewRadio 创始人杨樾曾指出，多听 FM 平台传播的音频内容有大量属于非法使用，其中《李青的音乐枕头》《大手牵小手》等500 余档节目来自 NewRadio，却未经 NewRadio 的授权许可。在咪咕诉喜马拉雅案中，原告咪咕诉称，被告喜马拉雅主播未经许可，在喜马拉雅平台上传《人性禁岛》音频，供用户收听和下载。

在咪咕数字传媒有限公司与喜马拉雅著作权纠纷一案中，杭州市西湖区人民法院认为，喜马拉雅作为网络服务提供者，其本身制作并发布音频文件，故对网络用户上传的有声读物是否获得作者授权、是否涉嫌侵权，应当负有一定的著作权审查义务。被诉喜马拉雅公司网站设置热门推荐、节目分类、声音广场、人气主播等栏目，另根据类型、内容划分为有声小说、综艺节目、相声评书等，可见被告对音频文件进行了整理、分类、推荐；而喜马拉雅并未设置便捷程序接收侵权通知。基于上述理由，西湖区法院认为，被告主观上应知网络用户利用网络服务侵犯了涉案作品的复制权、信息网络传播权，客观上未采取任何预防或避免侵权结果发生的措施，从而帮助了案涉作品侵权后果的扩大，故被告的行为应当依法认定构成间接（帮助）侵权。[1] 在吴雪岚与上海麦克风文化传媒有限公司和上海倾听信息技术有限公司著作权权属纠纷一案中，被告通过信息网络非法向公众提供涉案作品《后宫·如懿传》的在线听书服务，且未将原告署名。杭州市滨江区人民法院认为：首先，以日常经验法则判断，权利人通常情况下不会许可他人将根据自身作品内容制作的有声读物上传至他人网站免费发布供公众无偿在线收听，被告作为专门从事包括有声读物在内的音频类内容服务网站的经营者，应当意识到网络用户上传的侵权音频中存在的版权问题。而涉案作品《后宫·如懿传》知名度高，近年来更是被改编成电视剧拍摄，获得了公众广泛关注，被告只要尽到合理的注意义务，应当有能力核实并采取措施避免侵权音频的传播。本案中，被告对其平台上传播涉案侵权音频听之任之，未见采取任何措施，主观上存有过错，客观上为他人实施侵权行为提供了帮助。其次，涉案被控侵权音频所在页面无法清晰显示所属播客相应的信息。综上，被告作为网络服务提供者未尽到合理的注意义务，对其平台用户的侵权行为构成帮助侵权。[2]

---

[1] （2016）浙0106民初11731号判决书。
[2] （2017）浙0108民初1915号判决书。

四 有声读物的版权属性——从复制到演绎的界限

有声读物是通过对文字作品的朗读,将声音进行固定而制作成的录音产品。在目前实践中,对有声读物的版权属性存在一些争议。有观点主张有声读物系对文字作品的改编,属于演绎作品。另外一种观点认为,有声读物是对文字作品的有声化、数字化复制,其本质上属于录音制品。本报告认为上述两种意见并不冲突,有声读物的著作权属性因其制作方式的不同可能构成演绎作品,也可能构成录音制品。

(一)作为录音制品的有声读物

对文字作品进行朗读或者仅做一些简单微小改动的有声读物构成文字作品的录音制品,不属于演绎作品。文字转化为声音的过程对原作不加任何文字表达上的改变,并未与文字作品产生实质上的区别,因此属于对文字作品的复制,如以《三国演义》《西游记》等名著为蓝本制作的有声书。从本质上来讲,这类有声读物是对文字作品的有声化、数字化,是对文字作品的复制,而非改编。实践当中,那些"严格对照文字作品原文朗读形成的有声读物,无论其是否增加了背景音乐、音效,都没有改变文字作品的独创性表达,不构成对文字作品的改编"。[①] 我国《著作权法》上复制权所控制的行为形式是多样的,包括将作品进行录音、录像、从平面到立体的复制、从立体到平面的复制、从有形载体到无载体的复制,即将作品进行数字化的再现,有声读物即属于这种形式的复制。

实践中,某些有声读物的制作者主张其所制作的有声读物系对原作的改编,故而有声读物属于改编作品。改编是一种比较概括的概念,可以适用于所有种类的作品,对作品的改编主要涉及为用于其他目的而对原作品加以变更,最显著的例子是将小说转换成戏剧、电影、电视剧。按照《著作权法》

---

① 张书青:《"有声读物"涉著作权若干问题浅析》,《法律适用》2018年第22期。

的规定，改编指的是改变作品，创作出新的具有独创性的作品。对文字作品进行改编，要按照改编的目的变文字语言表达形式为其他表达形式，在原作品上增添不同种类的元素，这样的更改既有原作品的利用又有新的创作，所产生的结果是一件新的作品。而照本宣科地朗读文字作品，只是再现原作品，并未增加新的创作元素，因此，有声读书对文字作品的朗读一般未达到改编的要求，并非改编作品。在谢鑫与深圳市懒人在线科技有限公司、杭州创策科技有限公司等侵害作品信息网络传播权纠纷一案中，一审杭州铁道运输法院认为，作品均以形成外在表达为其前提要件，对作品的改编应以改变作品之表达，且该改变具有独创性为前提。对于文字作品而言，文字表述是作品的表达所在，改编文字作品应以文字内容发生改变为前提。该案中，首先，涉案作品被制成有声读物，改变的仅是形式，并非文字内容，制作有声读物的过程属于对涉案作品的复制，而非演绎。其次，法院认为对涉案作品的朗读不会形成改编作品。在《著作权法》中，朗读行为仅属于对作品的表演，而非创作行为，朗读本身不会为作品添加新的独创性成分。固然，对同一作品，不同的朗读者在朗读时在音调、语速上会有不同的选择，传递的声音会有所不同，此外，部分朗读者还会加入富有个性化的背景音乐。但因这种选择与安排并未改变作品的文字内容，即未改变作品之表达，故不属于对作品的演绎。因而，涉案有声读物实为对朗读文字作品进行录音后形成的录音制品，是对涉案作品的复制，而不属于对涉案作品进行演绎之后形成的新作品。[①] 在咪咕诉酷我听书一案中，被告酷我听书未经许可擅自上传了《陆犯焉识》文字作品的有声读物。《陆犯焉识》文字作品由咪咕享有独家制作成有声读物并进行信息网络传播的权利，法院认为将朗读行为进行录音形成录音制品，被改变的仅仅是文字作品的载体形式，文字表达方式并未改变，故不属于改编行为，实质上系对文字作品的复制。[②]

综上所述，有声读物并非对其所朗读文字作品的演绎，而是复制，其本

[①] （2016）浙8601民初354号判决书。
[②] （2016）浙0106民初11732号判决书。

质上属于录音制品。根据《著作权法》规定，录音制品制作者对其所制作的录音制品享有录音制作者权，该项权利属于邻接权的范畴。《著作权法》第四十条规定：录音录像制作者使用他人作品制作录音录像制品，应当取得著作权人许可，并支付报酬。录音制品制作者在制作录音制品时，如果使用他人的作品，应当经过著作权人的许可，并支付相应的报酬。录音录像制作者对其制作的录音录像制品，享有许可他人复制、发行、出租、通过信息网络向公众传播并获得报酬的权利。因此，有声读物制作者使用他人作品制作有声书应当经过著作权人许可并支付报酬；他人复制、发行、出租、通过信息网络传播有声读物需获得有声读物制作者和文字作品著作权人的双重许可。

（二）作为演绎作品的有声读物

录制有声读物的另一种情况：由影视剧改编而成的有声书或者广播剧。将影视剧改编为有声书，为了实现从"可视"到"可听"这一过程的转变，让听众能身临其境，需要进行必要的解说，对剧中人物、场景进行描述。这种情况必然涉及对原作的改编，当有声读物在文字表达上与原作产生实质性区别时，一般可构成演绎作品。此外，广播剧也可能构成文字作品的演绎作品。广播剧是在文字作品的基础上进行改编所形成的剧本，由剧团及配音演员对剧本进行有声化的表现。如喜马拉雅平台的《可爱的中国》，就是在影视剧的基础上，通过混音等技术处理，配以解说词所形成的广播剧。他人使用此类有声读物应当获取有声读物制作者也即演绎作品著作权人及原作著作权人的双重许可。

五 有声读物版权侵权的原因分析

有声读物版权纠纷产生的原因是多方面的。一方面，有声读物所涉及的主体较多，包括著作权人、出版社、音频平台、录音制作者，版权交易渠道分散，层层授权增加了侵权风险。另一方面，UGC模式天然具有侵权温床属性。此外，平台未尽到合理注意义务、避风港原则的滥用也在一定程度上纵容了侵权行为的发生。

首先，如上文所述，UGC、PGC是平台内容的主要来源，移动音频平台中庞大的主播数量导致传统的UGC仍占据平台的大半江山。UGC模式可谓双刃剑，一方面，这种模式能够最有效地发掘优秀的内容创作者，带来丰富的产品内容，为平台吸引大量的用户，为平台长期发展带来可观的流量和变现基础；另一方面，由于内容提供者良莠不齐，该模式的弊端也日益凸显，成为制约移动音频平台发展的短板。由于普通网络用户的版权意识较弱，加之长期以来平台方对于版权保护的漠视以及对平台用户版权侵权行为的不作为，平台版权侵权现象层出不穷，UGC几乎占据了目前移动音频平台版权纠纷的绝大多数。

其次，平台未尽到合理注意义务以及避风港原则的滥用是版权侵权现象泛滥的另一主要原因。在UGC模式下，由于内容体量较大，平台往往怠于严格审查，如用户上传自制内容时，平台未对其是否获得授权进行严格审查。据笔者了解，喜马拉雅已采用"机器+人工"双重审核模式，然而在庞大的平台内容面前，这样的审核模式仍然会导致版权侵权现象的发生。此外在"通知—删除"规则下，在接到用户的侵权通知后，平台往往慢作为或不作为，给权利人造成经济损失，由于音频具有较强的时效性等特征，损失较文字作品可能更大。

最后，有声读物牵涉主体较多，法律关系复杂。有声读物产业链庞大，从上游的出版公司、版权机构、著作权人，到中游的制作公司、制作个人，以及下游的有声读物传播平台。如果缺乏必要的监管或协调，则有可能导致侵权行为的发生。对于UGC来说，由于有声读物的制作往往会使用多方面的内容，涉及音乐作品、文字作品，牵扯到的版权内容较多，普通用户获取版权相对难度较大，且花费的时间和金钱成本较高，这在一定程度导致了移动音频平台上版权侵权行为的增多，使音频市场不能良性循环发展。

六 有声读物版权问题的解决途径

移动音频平台作为一种新生的互联网商业模式，一方面方便了人们的生活，为人们提供了多元的文化产品；另一方面，平台传播有声读物版权问题突出，不仅侵犯了著作权人的经济利益，而且打击了相关作品著作权人创作的积极性。为了使移动音频平台朝着良性循环的方向发展，一些大的移动音频平台做出了积极探索。

（一）寻求版权合作

音频平台与内容版权方开展深度合作是寻求其产品内容合法化的根本路径。近年来，音频平台与网络文学、图书出版等相关文化产业保持密切合作。一些平台通过购买文学、音乐作品版权为其用户提供合法作品，在此基础上用户对文字作品进行数字化、有声化。目前，我国有文字作品著作权协会和音乐作品著作权协会，移动音频平台可通过与著作权集体管理组织签订一揽子协议的方式高效获得授权。除此之外，平台也可以与版权商进行广泛合作。据笔者了解，2015年喜马拉雅与全球最大的中文数字阅读平台阅文集团达成排他性合作。2016年，喜马拉雅与中信出版集团、中南出版集团、上海译文出版社、果麦文化、企鹅兰登等出版商在有声改编、IP孵化、版权保护等方面达成深度战略合作，并就国内有声出版发展方向及产业规范首次达成行业共识。[①] 此外，喜马拉雅合作方还包括中作华文、博集天卷、磨铁中文网等，目前已拥有市场上70%畅销书的有声版权。蜻蜓FM也在内容的优质化和合法化上积极探索，2014年底蜻蜓FM并购了央视的音频内容生产团队——央广之声。作为国内最早成立的网络音频平台，蜻蜓FM是业内对有声阅读上下游产业链布局最早和最完善的内容平台。如今，蜻蜓FM已与纵横文学、中文在线、掌阅科技、朗锐数媒等数家版权方达成战略合作，2017年蜻蜓FM与国内最大的正版音频版权供应商鸿达以太达成版权战略合作。鸿达以太作为中文在线旗下包括17K小说网、汤圆创作的音频制作与发行公司，将把相关有声作品权利授权于蜻蜓FM。

[①] 《有声出版进入2.0时代》，http://www.ce.cn/culture/gd/201704/12/t20170412_21899638.shtml，最后访问时间：2017年4月12日。

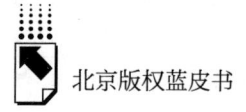

（二）完善平台监管责任

随着移动互联网技术的进步，移动内容类平台飞速发展，这更使版权保护遇到新的难题。在当前的移动音频市场中除了喜马拉雅、懒人听书、蜻蜓FM之外，有不少音频平台陷入版权纠纷，不断发展的技术、不同于文字的音频等各种因素为版权监管增加了一定的难度，也给了一些有意钻监管漏洞的用户以可乘之机。在此背景下，笔者认为，移动音频平台应当建立起完善的版权审查制度，尽可能地将版权侵权斩断在源头。

第一，建立用户资质审查机制。平台在用户注册阶段的协议中设立相应条款，告知用户在上传有声读物的过程中不能侵犯他人知识产权，并要求用户提供相关的版权授权协议。据笔者了解，目前各大移动音频平台均采取该项措施。

第二，完善版权内容过滤技术。对于平台上所有上传的有声读物，移动音频平台应尽可能通过技术手段进行版权审查，针对不同类目、不同板块，总结侵权规律，设计相应算法，确定疑似侵权用户和录音制品，并及时进行确认处理，从而避免版权纠纷扩大化。

第三，定期或不定期的展开平台内部自查自纠，对平台用户上传的有声读物进行抽查，以确认用户所上传录音制品是否获得作品著作权人授权。

第四，对于侵犯知识产权的案件，平台应建立侵权投诉平台并提供专门的投诉团队。当著作权人发现平台上的侵权录音制品，可以选择通过线上侵权投诉平台、电子邮件等方式进行投诉。平台收到权利人的有效通知后，应及时通知上传用户，如果用户提出反通知，平台应根据其注意义务介入判断。对于认定为疑似侵权的有声读物，应当采取相关措施，删除涉嫌侵权的有声读物。

据笔者了解，目前喜马拉雅已经建立了"机器+人工排查"双重排查模式，由机器运用大数据对用户上传的音频进行版权监测，再由人工进行筛检。同时，对于用户上传或录制的音频，一般均要求用户提供作者授权许可书。

（三）增加网络服务提供者版权内容过滤义务

《侵权责任法》第 36 条规定：网络用户利用网络服务实施侵权行为的，被侵权人有权通知网络服务提供者采取删除、屏蔽、断开链接等必要措施。网络服务提供者接到通知后未及时采取必要措施的，对损害的扩大部分与该网络用户承担连带责任。网络服务提供者知道网络用户利用其网络服务侵害他人民事权益，未采取必要措施的，与该网络用户承担连带责任。该条款即"通知—删除"规则。从中可以得出：网络服务提供者在提供网络服务时对用户在其平台上所上传的内容没有主动审查的义务，但是要采取必要措施阻止侵权损害的扩大，防范侵权行为的发生。实践中，在认可网络服务提供者没有主动审查义务的前提下，要求网络服务提供者应当有合理的注意义务，已成为共识，并为司法实践所接受。随着大数据和人工智能技术的发展，版权内容过滤技术不断成熟，合理注意义务也随之提高了标准。如果依靠传统的人工"通知—删除"模式，将消耗大量时间和精力，导致著作权人维权成本过高，而网络服务平台也需要通过人工将侵权作品删除，这种模式已经不再适用于当下的互联网环境。因此，广泛地应用版权内容过滤技术是当下互联网著作权侵权环境下的应对之策，且版权内容过滤应成为网络服务商的合理注意义务的内容。当然，在这个过程中也要合理的区分不同的网络服务提供者，比如提供信息传输和基础服务的网络服务提供商则不需要承担版权内容过滤义务，而类似于移动音频平台这种提供内容的网络服务提供商则需要承担相应的版权过滤义务。另外，避风港原则已经成为网络服务提供商不主动作为的借口，这带来了诸多弊端。在权利人发出侵权通知后，由于平台内容太过庞杂，平台在处理通知过程中可能存在延时现象，从而被权利人认为没有及时删除侵权内容，而与上传侵权内容的用户承担连带责任。实践中，有的法院认为网络服务提供者应当对其用户所上传内容是否获得授权有一定的审查义务。如在咪咕诉喜马拉雅一案中，法院认为，由于喜马拉雅对用户所上传的音频内容进行整合、分类、推荐，故对网络用户上传的有声读物是否获得作者

授权、是否涉嫌侵权，应当负有一定的著作权审查义务。①

综上所述，笔者认为，在版权过滤技术不断发展的当下，适时的增加网络服务提供者的版权内容过滤义务是合理的，这对于减少平台版权纠纷和侵权现象有着重要的现实意义。

（四）内容生产由UGC向UGC+PGC+PUGC转变

移动音频平台引发版权纠纷的根源在于其长期以来采用的UGC模式。由于在UGC内容生产模式下，平台内容质量良莠不齐且版权纠纷不断，在优质版权内容稀缺的背景下，除了与版权商建立广泛的合作，发展PGC+PUGC成为移动音频平台的必然选择。对此，各大移动音频平台在平台内容生态布局结构上采取了积极措施。其中逐步改变传统的UGC模式，引入PUGC是其主要战略。UGC为平台吸引来大量用户，他们参与内容的生产，使平台内容更为多样性；PGC多是某一领域的专业人士，或者网络红人，有一定的粉丝基础，也为平台生产更多的专业性内容，提高平台的内容质量。喜马拉雅、蜻蜓FM等音频平台在意识到UGC模式的局限性后，均由最开始的UGC模式向着PUGC模式转变。

喜马拉雅为PUGC有声读物搭建了一条从内容生产到主播培养的完整的内容产业链。在专业人才选拔方面，喜马拉雅平台的"喜配音"版块设置了完整的主播选拔培养机制，有着严格的主播考核机制和完善的主播培养计划，旨在打造优质主播，助力内容有声化。平台主播来源途径多元，有喜马拉雅优质主播、央视知名主播、知名配音机构主播等。

各种内容百花齐放是移动音频平台发展的方向。目前已有郭德纲、余秋雨等优质的内容生产者入驻喜马拉雅。此外，喜马拉雅还拥有数量可观的知识网红和付费内容，内容涵盖了多个类目，广泛布局娱乐、知识、生活、电视电台节目、音乐、有声小说等多种音频。蜻蜓FM则在2015年启动了PUGC战略，邀请了传统的电台主持人、专业的声音玩家，以及自媒体KOL

---

① （2017）浙0108民初1915号判决书。

专门为平台制作内容。① PUGC 在移动音频平台得到极大发展,也为移动音频平台带来了新的商业生机。目前入驻蜻蜓 FM 的专业主播已经过万名,包含高晓松、马未都、袁腾飞等知名主播。

PUGC 模式改变了传统的 UGC 模式内容虽丰富但质量偏低且同质化严重的状况。同时拓宽了移动音频平台内容结构的广度,部分音频平台还增加了音频直播板块,提高了用户的参与度,使平台与主播的商业变现都更容易。在 PUGC 模式下,平台直接参与到有声节目的制作过程中,成为有声读物制作的核心,且平台是其制作的有声节目的版权所有人,成为解决音频平台版权困扰的途径之一。

(五)提升平台用户版权意识

从防范侵权角度来讲,重点是要提升主播用户的版权意识,扭转平台内容生产唯流量和变现是图的趋向。

在目前的互联网音频平台中,存在较为严重的用户版权意识淡薄的现象,多数用户只想着把节目做好吸引流量,却忽略了版权问题,导致大量的用户使用未经授权的版权作品。在此背景下,提升平台用户的版权意识显得尤为迫切和重要。当然,版权意识的建立需要全社会共同形成尊重版权和保护版权的共识,这个过程可能是较为漫长的。因此,除了加大版权普及力度和营造尊重版权的社会氛围外,平台方也要有所作为,积极地引导用户正确使用版权作品,建立起有效的用户行为规范。在用户上传有声作品时应当尽到版权授权许可审查的义务,从而减少平台侵权作品的上传。

(六)自发建立交易平台

互联网为有声书的发展带来了新的机遇和挑战,互联网同样可以为有声书市场的秩序规范提供土壤。借鉴音乐作品使用模式,建立自发交易平台,

---

① 《新媒体观察:蜻蜓 FM 如何打造音频类自媒体平台?》,http://www.xmtnews.com/p/2479.htmll,最后访问时间:2015 年 7 月 28 日。

对于以网络小说这种作品形式为蓝本制作的有声书具有较高的可行性。以美国为例，美国Audible推出了"有声书创作交流平台"（Audiobook Creation Exchange，ACX），出版商或著作权人将其有声书上传至平台定价销售，或将其文字作品上传至平台，同时附上对朗读者的要求。有声书出版商以及有专业技能的个人朗读者可在平台寻找目标内容，试音然后将其录制为有声书。版权所有者可以自主雇佣朗读者，也可以给有声书制作方40%的版税分成，从而免去有声书制作的前期成本。[1] 这种方式对于有声书的权利人和有声书的制作者来说是双赢的，极大地提升了双方版权交易的自主性。笔者认为，我国有声读物产业可借鉴此类模式，由有声读物制作者和版权人自发地建立起版权交易网站。

喜马拉雅推出的"作品有声化平台"在某种程度上较为接近自发交易平台的宗旨。"作品有声化平台"是一个连接著作权人、出版社、主播以及音频制作人的资源撮合平台，该平台以生产优秀的有声读物，提升文字作品价值为宗旨。在该平台上，作家或出版社向平台提供有版权的内容，并以发布任务的形式寻找合适的主播进行录制。之后，主播会按照要求完成作品录制，最后由后期制作人对音频进行后期制作。"作品有声化平台"下，版权人和主播的收益来源大致有录制音频佣金、付费作品分成和广告收益。从著作权人角度来看，将版权内容授权给平台将享受有声化的推广收益，同时可以享受构成喜马拉雅亿万流量的用户群。版权方可选择平台代理和音频推广两种合作模式。平台代理模式下，将有版权的文字交由平台代理，可获得30%的推广收益分成。版权方与平台签约后，将视为版权人将其文字作品的信息网络传播权授权给喜马拉雅公司，且将文字作品的有声改编权以独家许可的方式在全球范围授权给喜马拉雅公司，喜马拉雅公司有权对文字作品进行有声改编并在其运营的平台上展示。有声改编后的音频作品著作权归喜马拉雅公司所有，且其有权行使改编后的音频作品的复制权、发行权、信息网络传播权等完整的著作权利及相应转授权，并向再授权的第三方分销渠道用

---

[1] 王睿：《浅述欧美有声书产业的发展情况》，《中国编辑》2017年第7期。

户提供付费及免费收听、下载服务。对于用户付费收听或下载音频所得之收益，版权人将与喜马拉雅公司进行分成，喜马拉雅平台不对音频内容进行任何改编，仅仅承担网络服务提供者角色。

上述"作品有声化平台"借鉴了 CC 协议的模式。所谓 CC 协议即共享协议，是指作者允许任何人在限定条件下，不必经作者同意而复制或传播其作品。在传统模式下，著作权人虽然可以保留全部的权利，但是同时作品的传播也受到限制，作品的传播利益无法得到实现。在 CC 协议模式下，版权人的作品可以得到最大规模的传播，虽然版权人通过该协议放弃部分权利，但是可以获得更多的传播利益和后期运作的经济回报。同时，作品可以以新的形式得以传播、演绎，从而促进作品的再创造，为民众提供多样化的文化产品，加快整个社会的创新周期，为有声读物的创作和传播提供良好的环境。

B.11
文字类知识分享平台版权侵权责任研究

丛立先 李静恬*

摘　要： 文字类知识分享平台一方面提高了知识传播的效率，另一方面又因平台主体多样性、平台具有的公共属性等，频发版权侵权行为。然而，在知识共享的前提下，如何认定权利主体、判断侵权行为的存在，如何确定是否构成合理使用以及信息网络传播权侵权行为等是实践中版权保护的难点。本报告通过结合美国、欧盟的法律规定，以及国内互联网公司的司法实践，确立了由数据权利与版权权利先行，民事、行政以及刑事权利并举的多维度保障方式，以达到平衡、维护文字类知识分享平台、用户及聚合平台第三方权利的目的。

关键词： 文字类知识分享平台　版权侵权　数据权利

分享经济是指通过以群体为基础的在线服务，每个个体能够取得、给予或者分享自身能够得到的商品或者服务的经济形式。[①] 而近些年崛起的知识分享是指通过一系列方式使知识能够被更及时、更可信、更便捷地获取，这些形式包括音视频包装、垂直内容搜索、问答平台以及社交

---

* **丛立先**，华东政法大学知识产权学院教授、博士生导师；李静恬，北京外国语大学法学院博士研究生。
① Juho Hamari and Antti Ukkonen, "The Sharing Economy: Why People Participate In Collaborative Consumption", *Journal of the Association for Information Science and Technology*: (2013) 67.

网络等。① 然而，用户创造分享知识并不是一个完全创新的行为，几十年前用户便可以通过邮件、博客和网站来交流信息思想。目前的知识分享一脉传承于传统的做法。② 真正使之不同的是信息创造主体更为多元，目前每天的知识传播量巨大，并且几乎每个用户既是信息接收者又是信息创造者。③ 同时，随着大众版权意识的觉醒，知识付费市场成为一片蓝海。艾媒咨询发布的《2018~2019中国知识付费行业研究与商业投资决策分析报告》显示，2018年我国使用知识付费服务的用户已经达到2.92亿人，2019年预计将达到3.87亿人。④ 然而，在免费到付费的过程中，如何保障知识分享平台中用户创造的内容不被非法利用，避免有价值的内容被免费传播导致用户创造性受抑制，是目前亟须解决问题。

按照分享的形式，知识分享平台包括在线问答网站（如Quora）、产品或者服务评价网站（如Tripadvisor），还有社交网络平台等形式。⑤但是这种分类形式中不同类型的知识分享平台交融在一起，不便探讨。由此，本报告按照知识的种类，将知识分享平台分为文字类分享平台（如知乎）、视频类分享平台（如沪江网校、猿辅导）以及音频类分享平台（如喜马拉雅）。⑥ 由于文字类作品相较其他两者更易于传播复制，本报告将仅讨论文字类分享平台中内容利用的版权侵权问题。本报告将结合美国、欧盟的相关判决，讨论文

---

① Madeline Jacobson, "Knowledge Base Vs. Knowledge Sharing Platform | Bloomfire", (*Bloomfire*, 2018) < https：//bloomfire.com/blog/dt-knowledge-base-vs-knowledge-sharing-platform/ > accessed 31 July 2019.

② Sttphanie Carre and others, "Response Of The CEIPI To The Public Consultation Of The European Commission on The Review of The European Union Copyright Rules", [2014] SSRN Electronic Journal.

③ Dusollier Severin, *The Relations Between Copyright Law And Consumer's Rights From A European Perspective* (2010) < https：//ssrn.com/abstract=2127736 > accessed 11 August 2019.

④ 戚硕：《互联网教育创新：知识付费站上风口 为有价值内容买单》，http：//www.cnipr.com/sj/jd/201907/t20190724_233776.html，2019年7月24日。

⑤ José van Dijck, "Users Like You? Theorizing Agency In User-Generated Content", Media, Culture & Society：(2009) 31.

⑥ 尚钺：《我们研究了28家平台，为你揭开知识付费的现状与未来 | 36氪知识新经济报告》，https：//36kr.com/p/5073744，2017年5月6日。

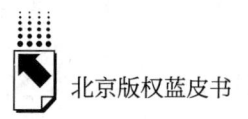

字内容的权利归属以及利益分配,以及利用反不正当竞争法、用户数据权利规制的可行性,最终结合文字类知识分享平台的特殊性,给出意见和建议。

一 平台分享性对版权专有性的挑战

版权具有专有性的特点,权利主体能够控制作品何时传播、面向的公众范围等。然而,文字类知识分享平台所具有的大众创造、大众传播的特性给版权保护带来了挑战。这些挑战源起于平台的公共产品属性以及各方利益相关者的权利冲突和权益分配等。此外,这些挑战在司法实践中也导致了相关的权利冲突。

(一)文字类知识分享平台的公共产品属性及其特点

虽然知识分享平台大多数由私人持股企业运营,但是从其效果和作用来看,知识分享平台具有一定的公共产品属性。

首先,知识分享平台有利于信息以较低价格进行分享、传播、聚合以及使用。在知乎、今日头条等平台中进行问题回答、心得分享的个人,能够做到在相同群体中进行知识的传播,同时每个人的传播行为都可以互相独立、区分开来。这使得其他用户可以在相同话题下产生共鸣,也可以进行再创作进而传播。

其次,知识分享平台有利于消除歧视。对于如大众点评、Tripadvisor的评价平台来讲,可以突破地域和时间的限制,交流被评价者的声誉、相关服务质量、可信程度等,也可以使其他用户在看到整体评价的同时,关注相关细节。比如在Tripadvisor平台中,用户还会对于所用菜品进行展示评价、介绍入住酒店的相关细节描述等。

最后,知识分享平台具有教育意义。作为传播知识文化、表达见解的平台,分享平台扩大和提高了公众接收信息的来源和层次。除此之外,通过线上协议的签订,以及付费宣传推广的普及,知识分享平台还向用户普及关于版权的相关知识,提供了知识变现的另外一种可能。

总体而言，知识的互联互通使知识分享平台与聚合信息平台出现逐步融合的趋势，以完成对知识内容的广泛推送，进而有利于社会中文化的进一步传播。2019年8月12日，知乎完成了约4.5亿美元的融资，本轮融资有可能开启百度与知乎问答社区的业务联动。从技术、资本等方面来说，文字类知识分享平台与聚合信息平台互联互通的可能性进一步提高。为此，在对知识分享平台保护时应注意平衡向社会提供的知识产品，以及防止公共产品被滥用的情况。

（二）文字类知识分享平台利益相关者的权利冲突

在相关法律关系中，利益相关者是指那些"可以影响组织目标的实现或受该目标影响的群体或个人"。[①] 在文字类分享平台中，版权权利的利益相关主体有三个。一是文字内容权利人，下文也称用户。他们是产生内容的主体，用户在分享平台中的注册、活跃行为是产生内容的源泉。[②] 二是文字类知识分享平台。文字类知识分享平台提供技术设施、人力物力维护网络平台的正常运行，并存储用户留存的账号内容、记录以及内容信息等。三是第三方平台，这些平台包括搜索引擎平台、知识分享平台或者其他信息聚合平台，通过收集文字类知识分享平台的内容吸引更多用户。

用户的控制决定权。出于吸引用户以及将用户产生内容的影响最大化考虑，当今社会对于内容的传播、使用已经不可避免。此种情况下，对于用户权利保护的核心点在于其能够在内容被他人收集、使用、收益、处分时控制决定的权利。[③]

一方面，文字类知识分享平台通过与用户签订注册协议取得对用户内容利用的权利。注册过程即合同签署过程，即能够在商议的范围内行使权利。

[①] R. Edward Freeman, "The Politics of Stakeholder Theory: Some Future Directions", *Business Ethics Quarterly*: (1994) 4, 409 – 421.

[②] 王太平:《云计算环境下的著作权制度：挑战、机遇与未来展望》,《知识产权》2013年第12期。

[③] 张平:《大数据时代个人信息保护的立法选择》,《北京大学学报》(哲学社会科学版) 2017年第3期。

另一方面，一部分学者认为文字类知识分享平台可以取得对所收集数据整体的运用权利，而这部分权利并不需要用户的授权，[①] 属于文字类知识分享平台的自身权利。在商业实践中，平台认为自身有对这一部分数据权利的处理权限，与用户同时享有此类权益，同时可以通过数据的处理进行大数据的分析、利用以及处理等。[②]

聚合第三方平台的权利边界。知识的传播以及利用会产生流量和收益，[③] 而第三方网络平台通过网络爬虫等方式从分享平台直接获取内容进行再次传播。本报告认为，使用网络爬虫获取内容的方式并不能一概认定为构成侵权，应当结合平台是否违反robots协议、是否破坏文字类知识分享平台技术措施进行综合判断。

（三）实践中的争议

文字类知识分享平台在便利人们生活的同时，由于其内容的高度共享性，也导致了一系列纠纷的发生。法院针对这些案件给出的不同裁判结果也使这部分争议变得更复杂。

1. hiQ & LinkedIn

在hiQ案件中，作为一家数据分析公司，hiQ通过分析LinkedIn用户公开资料中的数据向hiQ的客户提供有关员工的信息，主要包括员工的离职风险、技能评估等。因此，如果没有LinkedIn的数据，就不会有hiQ公司。2017年5月，LinkedIn采取技术手段屏蔽hiQ公司，使其不能通过信息监测抓取系统访问LinkedIn网站，协商未果后，hiQ将LinkedIn诉至加州北区地方法院，请求法院认定其获取公开用户资料的正当权利。经过审理，该案法官判令LinkedIn在24小时内解除对hiQ使用公开资料的技术限制。[④]

[①] 童彬：《数据财产权的理论分析和法律框架》，《重庆邮电大学学报》（社会科学版）2019年第31期。
[②] 梅夏英：《数据的法律属性及其民法定位》，《中国社会科学》2016年第9期。
[③] 邱均平、陈远、倪超群：《论网络信息传播的价值》，《山东社会科学》2009年第1期。
[④] HIQ v. LinkedIn, 17 – cv – 03301 – EMC.

2. 新浪诉脉脉案

在新浪诉脉脉案中，脉脉作为社交平台，与微博的合作结束之后，在通过 Open API 接口获取相关信息时未取得用户的同意，同时通过用户上传的通讯录展示非脉脉用户的微博信息，损害了非脉脉用户的知情权和选择权。法院认为脉脉在与微博合作中及合作结束后获取用户信息的行为缺乏正当性。第三方应用开发者使用内容要遵循诚实信用原则以及公认的商业道德。也是通过此案，确定了实施开放平台战略中平台的"用户同意"＋"用户授权"＋"平台授权"的三层授权模式。①

3. 大众点评诉百度案

大众点评是用户交流对餐厅评价的网站，交流的内容包括环境、菜品的介绍、评价以及照片等。然而，百度在其运营的软件中大量直接使用大众点评网站的信息，被大众点评以不正当竞争为由起诉至人民法院。在判决中，法院认为百度搜索引擎大量抓取大众点评网站中信息的行为，虽然遵守了 robots 协议，但是违反了诚实信用原则，利用大众点评的内容以及流量来吸引用户，培植自身业务，已经构成了不正当竞争。② 该案说明依照 robots 协议调取作品的行为并不违法，法院应当考虑第三方平台调取内容之后的使用行为是否侵犯了分享平台的合法权益。

总之，文字类知识分享平台的开放性与版权权利专属性的冲突导致了纠纷的频发，从保护用户权益、促进产业发展的角度讲，明晰侵权责任的分配和构成非常必要。版权法具有保护作者独创性权益，激励文化产业发展的功能，③ 但是在目前的文字类知识分享趋势下，版权保护将会被赋予更多的含义。此外，文字类知识分享平台的版权权利如何界定，对于用户产生的内容分享平台能够享有的边界如何界定仍需明确。这些分享平台投

---

① 北京淘友天下技术有限公司等与北京威梦创科网络技术有限公司不正当竞争纠纷二审民事判决书，案号：(2016) 京 73 民终 588 号。
② 北京百度与上海汉涛不正当竞争纠纷二审民事判决书，案号：上海市知识产权法院 (2016) 沪 73 民终 242 号。
③ 邱均平、王伟军、付立宏：《论国家创新体系建设中的知识产权保护》，《武汉大学学报》(社会科学版) 2001 年第 2 期。

入人力物力运营,① 在聚合第三方平台调用文字内容时,也必将侵犯分享平台的权益,如何对这些平台的权益进行保护,探讨在何种程度上信息利用行为可以发生并对平台的未来发展有重要意义。

二 文字类知识分享平台版权侵权责任认定

在文字类知识分享平台中,终端用户既是消费者又是生产者。② 比如点评类知识分享平台中,用户点评餐厅环境、菜品,或者回答平台中其他用户提出的问题,分享自己的专业或生活经验。③ 为此,认定文字类知识分享平台的版权侵权责任首先需要讨论用户产生成果的权利归属、是否具有可版权性,从而探讨分享平台对于该成果的权利属性以及如何维权。

(一)版权归属的问题

在讨论文字类知识分享平台版权权利归属之前,应当先探讨是否所有的分享内容都符合版权法的要求,如果不是,应当如何区分和界定两者的权利。用户创造内容获得版权法保护的前提是具有独创性,然而,关于独创性的规定在《著作权法》中并未明确表明。结合我国对于作品和制品的区分,可以看到我国对于独创性仍有一定要求。比如在新浪诉凤凰网的体育赛事直播一案中,知识产权法院认定体育赛事节目并不具备足够的独创性,因此并不构成作品。④ 反观知识分享平台,用户群体可分为专业以及业余群体。⑤

---

① 杨思洛、毕艳娜:《搜索引擎的互动问答平台及其对数字参考咨询服务的启示》,《图书馆情报工作》2007年第2期。
② Megan Gray, "Copyright Infringement and the First Amendment: User-Generated Content and DMCA Interpretation—Youtube, I Tube, We All Tube",[2018] SSRN Electronic Journal.
③ 吕秀莹:《浅析Web2.0环境下我国第三方点评网站的发展现状——以大众点评网和豆瓣网为例》,《东南大学学报》(哲学社会科学版)2011年第1期。
④ 北京新浪互联信息服务有限公司诉北京天盈九州网络技术有限公司侵犯著作权及不正当竞争纠纷案二审民事判决书,案号:北京知产法院(2015)京知民终字第1818号。
⑤ 比达咨询:《2019年第1季度中国知识付费市场研究报告》,http://www.bigdata-research.cn/content/201905/959.html,2019年5月21日。

专业群体如知乎平台中撰写用户评论信息的大V等，是有相关行业经验的专业人士或者学者等。这部分群体产生的内容具有较高的独创性，符合我国对于作品独创性的要求，从而得到版权法的保护。而业余群体常常在点评平台或者问答平台中发布对饮食、旅游的心得探讨，或者对于特定问题进行回答，他们的作品有可能不构成作品。现实中较具有商业价值的问答或者分享体验类知识多数与用户的自然表达相关。总体而言，不论是专业群体还是业余群体所分享的知识，除了事实或者想法之外，都有可能因为具有足够的独创性而作为作品受到著作权法的保护，在此基础上，用户是直接生产内容的主体，由其享有全部的财产权和人身权益。

（二）侵权行为构成的问题

目前第三方平台对文字类知识分享平台的侵权形式主要表现为将平台上的相关信息直接移植到自身平台之中，以便达到吸引用户、增加访问量的目的。这种形式被称作网页抓取，指的是通过自动的软件系统从某个网站提取大量信息的行为。[1] 网页抓取行为属于法律规定的灰色地带，虽然没有明文法律禁止，但是不仅会造成已有信息的再次传播，而且会影响原平台网站的权益。[2]

法院对于网页抓取案件至今仍无法达成一个稳定的结论。一方面是保护权利的不同导致保护手段的多元化，若作品可以达到独创性条件，则会寻求著作权法的保护；或者如大众点评诉百度案，通过反不正当竞争法进行保护；再或者如果在抓取过程中发生了侵犯技术措施的行为，还有可能通过主张侵犯计算机信息系统罪进行处罚，如美国对于侵犯计算机信息有专门的法案予以保护，即计算机欺诈以及滥用法（CFAA）。[3] 如果原告可以证明：被告有意未经许可或者超过许可权限进入计算机信息系统并且获得信息；同时

---

[1] Vladimir Fedak, "Big Data: What is Web Scraping And How To Use It, Towards Data", *Toward Data Science*: 2018 <https://towardsdatascience.com/big-data-what-is-web-scraping-and-how-to-useit-74e7e8b58fd6> accessed 9 July 2019.
[2] 李慧敏、孙佳亮：《论爬虫抓取数据行为的法律边界》，《电子知识产权》2018年第12期。
[3] hiQ Labs, Inc. v. LinkedIn Corp., 273 F. Supp. 3d at 1108。

根据这一行为实施进一步的欺诈，获得有价值的物品，除非欺诈和所得的物品只是计算机的使用，同时使用的价值在任何一年期间内不得超过 5000 美元；或者明知会造成项目、信息、指令或者命令的转移，同时通过这种行为故意引起受保护计算机系统的损害。① 但是，由于 CFAA 中的违法结果包括刑事处罚，同时法院希望能够保持法律应用的连贯一致性，法院的判断也倾向于轻微违法并不适用 CFAA。为此，在 Nosal 一案中，法院认为超出许可并不会构成对公司使用限制的违反，但是该案赋予了平台撤销其他第三方平台接入的权利。② 值得注意的是，在 Nosal 案件中，平台中的信息是受到密码认证系统保护的，而不是在公共渠道可以获取的，正如在现实生活中，图书馆的书目一般有纸质的借书卡，上面有书目的借阅记录。③ 这一点区别使对公共可获取资源的保护应与其他需要密码系统识别的保护相区分。对应到聚合第三方平台的行为，文字类知识分享平台是否需要付费取得，同样也影响到系统是否可以获得公共获取，进而影响对于侵犯计算机信息系统行为的认定。

另一方面是对网页抓取这一商业模式商业和社会意义的再度衡量。比如 Google 的网页抓取工具 Googlebot，用户可以通过它达成对全网网页的搜索。如果没有 Googlebot 这一个工具，Google 将不可能进行排名、调取、引用搜索结果。可以说，网页抓取工具本身并无侵权的风险，需要审视的在于如何运用这一工具。而本报告将集中于对第三方平台利用网页抓取工具获得知识分享平台内容的行为进行探讨，以期认定其是存在侵权责任。

（三）合理使用构成的问题

对于版权法通过合理使用的设定来平衡竞争以及公平的问题，④ Story 法

---

① 18 U.S.C. § 1030 (a) (4) (2008).
② United States v. Nosal, 844 F. 3d 1024, 1029 (9th Cir. 2016).
③ Allison Frankel, "Hiq V. Linkedin: Does First Amendment Limit Application Of Computer..." (U.S., 2019) < https://www.reuters.com/article/us-otc-linkedin/iq-vlinkedin-does-first-amendment-limit-application-of-computer-fraud-law-idUSKBN1AH59X >.
④ Amanda Levendowski, "How Copyright Law Can Fix Artificial Intelligence's Implicit Bias Problem" (2018) 93 WASH. L. REV. 579.

官曾表示，并不是所有的复制都构成侵权。① 在被纳入版权法案之前，美国对于合理使用原则的规定是由司法创造的。② 在版权法中对合理使用的规定有四个考虑要件，即使用的目的及性质、受版权保护作品的本质、被使用作品部分的数量和质量占受版权保护作品这一整体的比例、受版权保护作品被使用对潜在市场的影响等。③ 这一弹性因素的设置是为了更好地平衡版权所有者、竞争者以及社会公共利益之间的关系。我国的规定更倾向于列举式，在《著作权法》第22条中规定了例如"为个人学习、研究或欣赏，使用他人已经发表的作品""为介绍、评论某一作品或者说明某一问题，在作品中适当引用他人已经发表的作品"。

在第三方平台使用文字类知识分享平台内容的过程中，首先，使用的目的或者本质并不是为了个人研究或公共利益，而是出于自身商业目的。第三方平台希望通过整合在平台上已有的知识内容，吸引分享平台中的用户，从而达到加大自身平台点击量的目的。其次，就受版权保护作品的本质而言，知识分享平台具备较为特殊的性质。目前的分享平台分为免费分享和付费分享，④ 免费分享仅为用户希望能通过平台学习、交流，以及评价自己获得的知识，而付费分享在上述需求之外，还增加了对于报酬的要求。这些知识在产生之时就是为了进入商业利用领域，进而为作者获取资源。

但是，在美国的 Authors Guild v. Google 一案中，法院的观点值得借鉴。⑤ 该案的起因是谷歌图书计划，通过这个计划，谷歌扫描并将2亿本图书电子化。在电子化的形式中，谷歌图书使研究人员可以突破时间、地域以及语言的限制，同时新增的"snippets"功能还可以使普通用户看到文本的有限镜像，另外，谷歌还允许提供图书资源的用户得到他们提供的图书的全文。法院认为建造一个可以搜索到图书版本的数据库可以称为著作权法中的

---

① Folsom v. Marsh, 9 F. Cas. 342, 348 (C. C. D. Mass. 1841).
② Campbell v. Acuff-Rose Music, Inc., 5 10 U. S. 569, 575, (1994).
③ 17 U. S. C. § 107.
④ 蒋大兴、王首杰：《共享经济的法律规制》，《中国社会科学》2017年第9期。
⑤ Authors Guild v. Google, Inc., 804 F. 3d 202 (2d Cir. 2015).

使用。然而，对于商业使用来说，法院引用了最高法在Campbell v. Acuff-Rose Music的判决，并不认为商业合理使用从根本上无法实现。① 关于使用的数量和质量占比以及是否对原作品产生了替代效果，法院认为镜像可以看到的文本数量有限，大多数文本并不能够公开获取，因此谷歌的行为构成合理使用，并不能侵犯作者的著作权利。因此，在美国判例法中，商业性的获利行为并不必然导致合理使用的无法实现。同时，由于谷歌的目的并不是将作品转换形式在网络可以让所有公众免费获取，而是通过一部分内容公开，吸引更多的用户为全部的作品付费。为此，在探讨聚合第三方平台使用文字类作品的性质时，并不应当直接否定商业性合理使用的存在。② 如果使用的模式并不能够替代用户在文字类知识分享平台发表的内容，比如用户想看到全部内容仍然需要跳转到原网站，或者依照付费规则向用户付款，那么这种使用形式将有可能构成合理使用。然而，在实际产品设计中，跳转原网站或者还需付费的形式不符合高效、便捷的互联网时代要求，③ 无法快速实现聚合平台吸引用户流量的目的，是否能够在商业实践中占有一席之地还需经过检验。

（四）信息网络传播权侵权行为构成问题

聚合平台对于文字类作品的传播突破了原有版权侵权方式（即直接将作品展现在平台中，而未体现作品的来源、作者的信息等）。④ 在大众点评诉百度案件中，所链接内容中仍包含了原作者的账号名称以及大众点评网的来源，这种传播方式突破了对于传统"提供行为"的理解，司法审判中仍有许多争议。

1. 服务器标准

该标准认为只有将作品上传到服务器的行为才能够被认定为信息网络传

---

① Ibid 31.
② 蔡元臻：《新媒体时代著作权法定许可制度的完善——以"今日头条"事件为切入点》，《法律科学》（西北政法大学学报）2015年第4期。
③ 王靖：《网络环境下新闻作品版权保护困境与对策》，《科技与法律》2016年第1期。
④ 崔国斌：《著作权法下移动网络内容聚合服务的重新定性》，《电子知识产权》2014年第8期。

播行为，① 同时在一定程度上扩展了服务器的定义，不再狭义地界定"服务器"为某种计算机类型，而是具有网络传输功能的计算机硬件与软件的结合体。② 该标准强调信息网络传播行为的认定是一个事实认定，只需对涉案主体是否有将作品置于向公众开放的服务中的行为进行判定即可，③ 其中并不涉及法官的自由裁量权。然而，此标准仍然具有局限性。

首先，在现有技术条件下，无法定位上传者。服务器标准将服务器界定为存储介质，既包括网站服务器，又包括个人电脑、手机等。④ 然而，在现代的技术发展趋势之下，分布式存储和冗余存储使作品并不以一个整体的形式来获得，⑤ 而是以多种备份、分散式的方式存储于多个不同的服务器之中。每个服务器之中的碎片并不能等同于传播的整个作品，为此，如果固守这个标准，将会导致根本无法定位上传者的问题，权利人因此无法维权。

其次，现有的信息网络传播将也不再需要将作品置于自己控制的服务器中作为传播要件。由于对于文字类作品的存储行为探讨较少，本报告以视频类作品的存储作为类比，可以更清晰地理解作品服务器存储问题。在互联网技术并不成熟时，为了提供流畅的网络体验，侵权平台选择将作品存储在自己的服务器中，比如快播的碎片化存储等。⑥ 如果不存在稳定的服务器中，有时候非常低的网速很难保证在线观看视频的流畅性，这也导致大型视频网站的在线观看业务兴起较晚，之前的用户观看形式往往是下载或者购买光盘。但是将内容上传到服务器的方式，或者说是侵权行为人将涉案作品放在自己的存储设备上的方式，并不符合现在技术发展的趋势。目前的技术使侵权人根本无须在自己的设备（无论软硬件）上存储作

---

① 典型案例为：快乐阳光诉同方案（2015）京知民终字第 559 号民事判决书，腾讯诉快看影视案，案号：（2016）京 73 民终 143 号。
② 冯刚：《涉及深度链接的侵害信息网络传播权纠纷问题研究》，《知识产权》2016 年第 8 期。
③ 冯晓青、费氧：《互联网电视著作权侵权问题研究》，《知识产权》2016 年第 2 期。
④ 吴子芳、刘超：《"盗链"行为的法律责任浅析》，2015 年 12 月 15 日。
⑤ 吴吉义、傅建庆、平玲娣等：《一种对等系统的云存储系统研究》，《电子学报》2011 年第 5 期。
⑥ 范君：《快播案犯罪构成及相关审判问题 从技术判断行为的进路》，《中外法学》2017 年第 1 期。

品,这样的方式费带宽费流量,会使侵权人负担许多的成本。① 在如今技术飞速发展的情况下,无须存储,只需破坏他人技术措施进行链接,即可获得高质量的资源。同时,侵权人无须担心网速或者网络稳定性的问题,目前的观看影片方式往往集中于在线观看。所以,在新技术、新形势下,"上传"这种行为已经没有必要了,若随着不断的发展,技术突破了链接的形式,此时再纠结于要求"上传"这一行为,无疑会不利于权利人权利的保障。

最后,信息网络传播行为的认定属于法律认定。根据近代的裁判机能观,民事裁判的过程被理解为三段论法的涵摄过程,即裁判是以法规为大前提、事实为小前提,将法规运用于事实而导出结论(判决)的过程。② 为此,在判断聚合平台承担侵权责任时,所运用的法律法规正如前面所列举的,由权利人举证对涉案作品的权属文件、聚合平台播放涉案作品的行为证据、法院根据查明的证据等,可以结合法律法规做出是否侵权的判断。以民法中常见的借贷纠纷为例,在法院审查的时候,依据的是关于民间借贷的一系列法律法规,原告会提供相关的借款证明、转账证明等,而被告有时会抗辩两者之间并无借款的关系。③ 而法院审查时对借款证明、转账证明等客观事实的认可与否其实是事实认定,根据事实认定才能结合法律判断涉案行为是否构成借贷关系,再行依据法律进行审判。

为此,关于聚合平台的展示界面、如何获取链接,这些行为的举证判断是事实方面的认定,法院需要综合考虑才能做出法律方面的判断,认定相应行为是否构成法律意义上的提供行为、是否侵犯权利人的合法权利等。鉴于信息网络传播行为被认为是一个法律上的行为,所以在司法实践中应当结合各方面的基本客观事实进行综合认定,不同情况下的聚合平台行为在法律上的定性不尽相同,不能一揽子地认定所有的行为都属于或者不属于信息网络传播行为。

---

① 刘晓庆、万柯:《视频聚合平台的版权侵权责任》,《中国版权》2014年第4期。
② 罗蔺:《民事裁判中事实认定的对象》,《现代法学》2001年第3期。
③ 岳彩申:《民间借贷规制的重点及立法建议》,《中国法学》2011年第5期。

2. 用户感知标准和实质性替代标准

有的学者持有"用户感知标准",认为只要从用户的感知方面认为是聚合平台实际提供了作品,就应当认定直接侵权责任。① 此理论规避了服务器标准在技术发展上的局限性,但是往往用户的主观感知因素难以判断,会对我国的司法实践的稳定性造成困扰。②

还有的学者认为只要聚合平台提供作品达到了对权利人作品的"实质性的替代",即构成侵权,也就是"实质呈现"标准。③ 但是"实质性替代标准"中的"实质替代"其实是信息网络传播行为构成的一个必要而非充分条件,因此同样具有一定的局限性。

3. "法律标准"的重新认识

"法律标准"认为判断信息网络传播行为时应当以法律标准进行衡量,即必须基于法律特征和法律本质,符合法律调整的要求。具体规定可见最高人民法院的相关规定。④

第一,"提供"行为不以自行复制为前提。最高人民法院《关于审理侵害信息网络传播权民事纠纷案件适用法律若干问题的规定》的第三条第二款规定了三种具体提供行为,分别是上传到服务器、设置共享文件以及利用分享软件。三种具体行为中,仅有"上传到服务器"具有完整的复制行为,"利用分享软件"在多数情况下只会在服务器的缓存中短时间存储文件的部分碎片,而"设置共享文件"的过程完全不存在复制行为。因此,"提供"行为并不以复制为前提,需要考虑其内在有机联系的行为整体,以及主客观相结合来进行综合认定。在此意义上,"聚合链接"恰恰是为了行传播之

---

① 吕长军:《简析深度链接、加框链接与盗链》,《中国版权》2016年第2期。
② 王艳芳:《〈关于审理侵害信息网络传播权民事纠纷案件适用法律若干问题的规定〉的理解与适用》,《人民司法》2013年第9期。
③ 崔国斌:《加框链接的著作权法规制》,《政治与法律》2014年第5期。
④ 最高人民法院《关于审理侵害信息网络传播权民事纠纷案件适用法律若干问题的规定》第三条,其中规定"通过上传到网络服务器、设置共享文件或者利用文件分享软件等方式,将作品、表演、录音录像制品置于信息网络中,使公众能够在个人选定的时间和地点以下载、浏览或者其他方式获得的,人民法院应当认定其实施了前款规定的提供行为"。

实,用"盗"的方式,有效获取并控制作品的来源,将作品置于网络中,使不特定公众获取,已经构成了"提供"。

第二,"法律标准"更着眼于"提供"与"获得"以及两者之间的因果关系。将作品"置于信息网络"中,以让公众能够"获得"才是"提供"行为的本意,[①] 而在"置于信息网络"之前的任何上传、共享或者分享行为都只是一种手段,"法律标准"更重要的是厘清"提供"与"获得"的因果关系,"提供"作品、使公众"获得"就构成信息网络传播行为。

第三,"聚合链接"与"等方式"中列举的具体行为具有等效性。在对象、手段和传播范围上,"盗链"与最高人民法院《关于审理侵害信息网络传播权民事纠纷案件适用法律若干问题的规定》第三条第二款所列举的"设置共享文件"行为具有等效性,其等效于入侵他人电脑,远程操作在他人电脑上"设置共享文件"的行为。"盗链"也应当构成"提供"行为,受到信息网络传播权的规制。

总之,"聚合链接"已将作品进行了实际的有效获取和控制并"置于信息网络中",是对权利人信息网络传播权的直接侵害,应当认定为"提供"行为。仅仅以破坏技术保护措施的特殊侵权方式进行救济,未能真正指向需要调整的法律关系及保护客体的核心。在判断具体行为是否构成信息网络传播行为时,我们应着眼于"法律标准",而不应仅仅局限于"服务器标准"。对于聚合链接方与文字类知识分享平台没有意思联络的情形,聚合链接方因为非法提供作品,构成信息网络传播权的直接侵权。[②] 同时,聚合链接方破坏技术保护措施的行为构成特殊侵权,当权利人与文字类知识分享平台为同一主体时,目的吸收手段,仅追究聚合链接方的信息网络转播权的侵权责任;另外,聚合链接方过滤广告、绕过付费机制,构成对文字类知识分享平

[①] 吴永琪、万小丽:《聚合平台深层链接:以"链接服务"掩饰"内容提供"》,《电子知识产权》2016 第 8 期。

[②] 张钦坤、孟洁:《搜索类新闻聚合 App 的侵权认定分析》,《知识产权》2014 年第 7 期。

台的不正当竞争,① 文字类知识分享平台可以追究聚合链接方的不正当竞争责任。这三种维权路径分别对应权利人和文字类知识分享平台的不同权利,实施起来并行不悖、缺一不可。

三 文字类知识分享平台的版权保护路径优化

虽然用户对分享平台中的文字类作品享有版权权利,但是知识分享平台的维护运营、宣传推广以及其他商业行为同样需要大量人力物力的投入。为此,在讨论用户能够享有的权利之外,对于平台权利的有效保护也是促进平台优化用户体验、提高技术水平的动力之一。② 对于知识分享平台的保护可以从知识产权、反不正当竞争法以及数据库权利保护等方面展开。

(一) 版权保护的主导地位

对于知识分享平台来说,权利来源有两个层面。第一个层面是用户注册协议,即通过合同关系获得相关权益,③ 比如知乎网的《知乎协议》明确约定,用户在知乎上发表的内容著作权全部归用户所有,④ 同时,授予知乎免费的、非独家的使用许可。对于第三方的转载行为,知乎明确要求此种行为需出于非商业目的,同时需要标注作者姓名,附加链接和来源,并不得对内容进行改变。与此类似,在今日头条的用户协议中,⑤ 明确了用户的文字信息归用户所有,授予平台免费的、非独家的使用许可。此外,还明确了在发生侵权的情况下,可由今日头条代为维权。另一个层面,平台可以主张发表内容相关的汇编作品权利。《著作权法》第14条规定了汇编作品,具有独创性的数据如果构成汇编作品,就受到《著作权法》的保护。然而,

---

① 张钦坤、刘娜:《浅析屏蔽视频网站广告行为的违法性》,《中国版权》2015年第4期。
② 郑联盛:《共享经济:本质、机制、模式与风险》,《国际经济评论》2017年第6期。
③ 柴振国、赵晨光、王晶:《互联网立法背景下网络交易平台提供者注意义务探讨》,《河北经贸大学学报》2017年第3期。
④ 《知乎协议(草案)》,https://www.zhihu.com/plainterms。
⑤ 《今日头条用户协议》,https://www.toutiao.com/user_agreement/。

著作权法并不保护不具有独创性的事实数据。在此前提下，能够得到保障的前提就在于是否能够因为汇编的独创性而使汇编系统受到著作权法的保护。著作权法上，我国对于作品的独创性的要求比很多国家都要严格。比如说体育赛事节目和游戏竞技类的视频节目是不是作品，在美国法律上都得到了证实，在我国依然存在争议。① 此种情况下，知识分享平台服务提供者收集到的用户回答内容是否具有足够的独创性是平台汇编作品权利能否成立的基础。在大众点评诉百度案中，法院只明确了百度侵害的是"他人劳动成果"，但是并未确定这一劳动成果属于民法或知识产权法中的哪一个具体权利。从版权法保护角度来讲，虽然分享平台本身不对作品享有所有权，但是对于内容的编排整理投入大量人力物力，应当认定其享有汇编作品的权利。尤为明显的是对一家餐厅的点评，如果仅有一名顾客的点评，那么对潜在消费者的影响就太过细微。为此在大众点评诉百度案中，百度引用的是对这家餐厅的多条点评，虽然用户可以针对单条点评信息主张著作权侵权权利，但是餐厅相关所有点评的总和，也具有相应的汇编作品属性。由此，在第三方平台链接引用平台上的内容时，这些共享平台可以提出保护自身汇编作品权利的主张，以此突破依靠原作者同意或者参与才能维权的局限，强化平台利益的保护。

然而，在文字类知识分享平台对侵权行为提起诉讼时，需考虑其是否符合诉讼请求的适格主体。如前所述，实际产生内容的用户是受侵犯作品的版权主体，而平台享有的是汇编作品的权利。针对侵权内容上的维权来说，应当由用户提起诉讼。从汇编作品层面来讲，整个汇编作品应当从整体或者实质上受到复制侵害，才可以由平台提起诉讼。而相当一部分用户进行知识共享的目的就是取得广泛的传播，使自己的内容受到关注，为此针对一些盗用行为并不会意图追究版权侵权责任。但是对于平台来说，运营所付出的人力物力巨大，因为链接行为所损失的用户访问量将会使平台遭受巨大损失。如

---

① 曹建峰：《民法总则数据保护路径：概括式保护及与知识产权协调》，《大数据》2017年第3期。

果无法通过版权法维权的话，平台将会丧失进一步开发技术的动力。为此，在实务操作中，赋予文字类知识分享平台诉讼主体的资格符合对用户权利和平台权利保障的目的。

（二）反不正当竞争保护的补充地位

反不正当竞争法第二条第二款是数据权利保护的兜底条款，如前所述，大众点评诉百度案的保护基础正是基于第二条。然而，反不正当竞争法并不能给文字类知识分享平台提供者创设一种稳定的财产权，从而导致反不正当竞争法理论缺乏稳定的分析基础。[1] 除此之外，不正当竞争行为与垄断行为向来相依相生。[2] 正如 hiQ 案件中法院认定的，大型数据服务提供商拒绝共享数据的行为，同时构成了数据市场的垄断。尤其在数据为王的时代，从用户利益角度来讲，信息的流通有助于优化用户在互联网中的体验，享受更便捷高效的服务。从国家角度而言，促进大数据市场的交流共享，能够使我国在大数据竞争中占据较优势的地位。为此，如何在保障数据服务提供商在反不正当竞争法第二条第二款的权利的同时，又能防止信息垄断等损害公共利益情况的发生，是司法实践需要解决的难题。反不正当竞争法的保护虽然有相应的司法判例，但是基于特定的案件事实以及科技的快速发展，明确权利的属性是解决争端的必要条件。

对于数据库所有者使用不正当竞争法进行保护在美国也有例可循，建立在对数据库控制者劳动成果保护基础上的不当使用原则（Misappropriation Doctrine）被用来规范对数据库信息的违法使用行为。但是由于该原则是在知识产权法规则之外的侵权模式中成立的，并未具备严密的概念基础，在司法判例中也少有确立，[3] 因此原则的适用主要集中在对于时事新闻、录音信息以及股票指数等的保护之中，对于例如文字作品等版权法可保护的类型来

---

[1] 蒋舸：《〈反不正当竞争法〉网络条款的反思与解释——以类型化原理为中心》，《中外法学》2019 年第 1 期。
[2] 王晓晔：《依法规范行政性限制竞争行为》，《法学研究》1998 年第 3 期。
[3] 248 U.S. 215（1918）.

说，并未明确其保护基础。美国的 H. R. 3261 即数据库和信息收集作品不当使用法，是对不当使用原则的进一步发展，该法律与不当使用原则保持一致，同时提供了稳定的维权基础。首先，该法案明确了数据库控制者可以追究第三人未经许可授权，将实质性信息商业性地向他人提供的责任。[①] 其次，数据库的保护范围限定在了数据库的提供，排除了对于数据的保护。[②]

然而，这种数据库不正当竞争保护方法若在我国运行，仍存在两点顾虑。第一，聚合平台对于数据库信息的使用商业性的判断较难举证。由于聚合平台如百度等并未进行营利，吸引流量的目的难以单纯通过点击量的提高进行佐证，由于平台运营所受影响因素众多，无法准确说明某一具体因素所起到的作用。第二，美国的先例判决也仅集中于少数案例之中，而对于我国目前出现的知识分享平台的保护是否还需要增设这一原则来实施，仍需从利益平衡的角度进行探讨。

（三）数据库权利保护的特殊安排

对于文字类知识分享平台来讲，平台中用户信息的集合构成了用户信息的数据库。虽然用户才是这些数据的权利主体，但是从维护贡献的角度来讲，平台方也应对这些数据享有相应的权利。在 2012 年，欧盟就意识到互联网作为创造、传播以及分享内容工具的重要性，并且指出版权以及与版权相关的实践（比如许可等）应当在新技术时代与这一目的相适应。[③]欧盟提出的数据库权利保护也为平台方的权利实现提供了可选择路径。

欧盟的数据权规定在 1996 年 96/9/EC 指令之中。指令对于数据库范围

---

① Sharon K. Sandeen, "A Contract by Any Other Name is Still a Contract: Examining the Effectiveness of Trade Secret Clauses to Protect Databases", *The Journal of Law and Technology*: (2005) 119.

② Philip J. Cardinale, "Sui Generis Database Protection: Second Thoughts in the European Union and What it Means for the United States", Chicago-Kent *Journal of Intellectual Property* (2013) 6. 157.

③ ESharon K. Sandeen, "A Contract by Any Other Name is still a Contract: Examining the Effectiveness of Trade Secret Clauses to Protect Databases", *The Journal of Law and Technology*: (2012) 182.

的定义是指"以系统性地方式收集数据,并且可以以个人的身份通过电子或者其他方式登录",① 而数据库权利是数据库控制者能够禁止对数据库中内容的全部或者实质性部分(定性或定量)进行摘录或者再利用的权利。聚合平台使用文字类作品的情况,构成了将文字类知识分享平台中用户的数据、分享的知识转到了聚合平台展现的行为。由此可见,聚合展现信息的行为落入了数据库控制者即知识分享平台的数据库权利范围,在此基础上,仍需讨论聚合平台的使用数据行为是否构成了侵权。指令要求数据库控制者对于信息的维护进行了资本、智力或者数量上的投入,② 与作品独创性的保护要求近似,这种投入仅要求达到"额头流汗"的标准即可。对于文字类知识分享平台来说,存储以及运营巨大的用户信息数据库,并且提供账号体系、保存用户相关信息,应当认为这些已经达到了数据库权利保障的标准。

实践中,由于数据库权利的无形性以及没有在先判例,出现了关于对侵权认定所需要的"实质性"以及数据库"制作者"身份的争议。比如在荷兰鹿特丹地方法院对于名为"Kranten.com"的在线自动链接报纸文章的网站的诉讼中,原告报纸出版商 PCM 认为,Kranten 对于其所刊登在报纸上的新闻内容摘要未经授权的使用构成了数据库侵权。最终法院并未支持 PCM 的诉讼请求。理由是法院认为内容提要只是其出版报纸的"副产品",不能表明其进行了实质性的投入。③ 然而稍早的关于 KPN 以及 XSO 的判决中,海牙地方法院认为搜索引擎服务提供商 XSO 侵犯了 KPN 的数据库权,该运营商从 KNP 的号码列表中摘取数据联系用户并且不向用户指明网址,从而影响了 KNP 的广告收入。在该案件的审理中,法院驳回了 XSO 关于"副产品"的抗辩。④ 可见,在涉及数据库的实质性摘录导致侵权的判定中至今仍

---

① Banterle. F., "The Interface between Data Protection and IP Law: The Case of Trade Secrets and the Database Sui Generis Right in Marketing Operations, and the Ownership of Raw Data in Big Data Analysis" (2018) 28 Personal Data in Competition, Consumer Protection and Intellectual Property Law.
② ECJ, Fixtures Marketing Ltd v Oy Veikkaus Ab., C – 46/02, ECLI: EU: C: 2004: 694, para. 38.
③ President District Court of Rotterdam, Kranten. com, 22 August 2000, Media forum 2000, p. 344.
④ KPN v. XSO, President District Court of the Hague 14 January 2000, Media forum 64, note P. B.

存在模糊地带。

在英国法院2014年的一个判决中,上诉法院认为衡平法区分了有形财产权和无形财产权,留置权只适用于有形财产权,而电子数据库并未归属于此类。虽然留置权可以扩展到电子产品,但是这极大地偏离了现有法律,因此需要议会来修改法律。目前,英国法院明显并未认定数据库是一种财产。①

结合欧盟以及各成员国的立法以及判例,数据收集服务提供者付出了实质性的劳动编辑出个人信息数据库,应当享有数据库权利。然而,如何准确判断实质性的意义以及如何平衡数据库权利与公共利益,仍然未得到解决。从我国的实践来讲,虽然对于在著作权法修改中加入数据库特殊权利保护制度的探讨仍在继续,②但是在法律并未赋权的前提下,司法实践中也无法通过这一权利来保护平台方的利益。这也是在大众点评诉百度判决中法院将平台方权利仅描述为成果的原因。随着修法进程的推进,相关权利属性也会得到明确。

四 文字类知识分享平台版权保护的完善建议

从目前我国知识产权以及数据保护的立法司法实践来看,用户可从版权法、数据安全等角度对自身权利进行维护。虽然对于聚合第三方平台的行为是否构成版权侵权行为仍有争议,但对破坏技术措施等行为的处罚仍旧可以给予用户相应的保护。然而,对于知识分享平台来说,权利保护的基础较难确定,保护内容的性质无法准确定位,仅通过保护"劳动成果"仍显不足。为此,应结合知识分享平台的公共产品属性,考虑文字类知识分享平台的特殊性,提供版权以及数据权利维护并行的新举措,加之行政、刑事处罚多措并举,有效平衡公众、文字类作品作者以及平台间的关系。

---

① Your Response Ltd v Data team Business Media Ltd [2014] EWCA Civ 281; 3 W. L. R. 887.
② 胡雍:《数字图书馆建设与知识产权保护研究》,天津科学技术出版社,2017,第132页。

（一）数据权利与版权权利保护并行

在以版权法的思路无法充分解决知识分享平台问题时，应考虑用数据解决的新思路，尤其在文字类作品便于复制且便于传播的情况之下。版权权利的侵犯并非在侵犯作者人身权层面，因为聚合平台往往会导入包括作者名称在内的相关信息，但是这种信息同步侵害了知识分享平台账号体系的权利。因为在账号中或者在内容中体现的是知识分享平台账号中个人的名称与昵称，① 侵犯账号体系也可作为侵犯汇编作品权利的一个方面进行规制。因为昵称的规制以及排列命名等规则都是平台特定的，信息的存储等也由平台花费人力物力进行维护，若用户丢失账号等，也需通过平台登录找回用户名、密码等。由此可见，平台的维护运行占据着文字类分享平台的重要地位。只有充分保障文字类分享平台的权益，才能促进平台的开发，由平台维护系统稳定，繁荣整个文字类知识分享平台产业。虽然文字类分享平台中的答案内容在符合独创性的要求下，由作者享有版权法上的权利。但是，在第三方聚合平台进行链接使用时，还会导入用户的昵称、姓名等个人信息，这一部分信息数据用户的个人数据，可以通过数据财产权进行保障。

我国对于公民的数据财产权并没有明确特殊的规定。在《民法总则》第一百二十七条中，规定了"法律对数据、网络虚拟财产的保护有规定的，依照其规定"。② 局限于总则的篇幅以及数据权属问题的特殊性，立法者并未在总则中对数据权利的归属做出明确的约定，保护的方式等还需要分则进一步填补和细化。同时，鉴于互联网的飞速发展，数据和网络虚拟财产的种类繁多，难以对各种数据和财产适用统一的保护手段，③ 还需要专门的法律

---

① 邵力：《微信互动中"个体社会"的呈现》，《哈尔滨工业大学学报》（社会科学版）2018年第3期。
② 《民法总则》第127条。
③ 张羽君、高琴：《网络虚拟财产的可继承性及其实现路径》，《北京邮电大学学报》（社会科学版）2017年第19期。

加以规定。而民法总则将数据权利分开进行描述和规定，确立了数据权利是一种新型的、不同于以上民事权利的独特权利。由于个人数据权利兼具人格权和财产权的双重属性，在目前我国法律体系中从人格权、知识产权以及反不正当竞争法角度进行保护都各有缺陷。

基于上文讨论的从知识产权、不正当竞争以及数据库权利角度维权的难点，本报告建议可通过用户授权版权维权权利，通过数据维权的方式，克服数据权利主体分布过于广泛、无法便利维权的局限性，同时能弥补平台维权权利基础的有限性。一方面，平台在维权时可突破取得用户代维权许可的限制。虽然目前一些文字类分享平台（如今日头条等）在用户协议中会加入用户授权平台代为进行版权维权的条款，但是用户协议格式条款的属性有可能使这些条款无效。若通过签订授权协议的方式单独取得用户的许可，则对用户以及平台都加重了成本的负担。另一方面，用户对自身数据财产权的主张突破了知识分享构成汇编作品的独创性最低限度的要求。虽然目前对于数据的维权主张规定仍不完善，但是在诉讼过程当中无须认定作品独创性的问题。直接讨论认定用户数据在未经同意的情况下被聚合平台使用，举证难度较小。

然而，通过单独的数据权利保护有其局限性。首先，这并不能解决用户同意聚合第三方平台数据分享的前提之下文字类知识分享平台维权的问题。如新浪微博诉脉脉案中确认的，第三方聚合平台使用开放平台用户数据需要通过"用户同意" + "用户授权" + "平台授权"的三层授权模式。对于用户未同意情况下，侵权事实及行为较为明显，可以认定第三方侵犯数据权利。然而，在用户同意且授权第三方平台展示个人信息及作品的情况下，知识分享平台是否还要授权在实务中仍有争议。大众点评诉百度案中，法院认为数据获取行为并不违反 robots 规则，需要考量的是获取数据信息之后的使用行为。百度的使用行为对大众点评的业务构成了实质性替代，会导致大众点评用户的减少，构成不正当竞争。然而，在 hiQ v. LinkedIn 案件中，LinkedIn 禁止 hiQ 的使用行为涉嫌构成垄断，而 hiQ 的经济模式恰恰依赖从 LinkedIn 中公开获取的信息。由此可见，对于文字类知识分享平台服务提供者具有的权利仍旧存在争议,尤其是在用户同意并授权的基础上。其次,我国数据保护的规定不尽完善,① 相关案例较少。虽然我国对于数据保护的探讨随着相关案件的出现日益完善深入,但是由于数据领域发展的飞速性以及立法司法的相对滞后性,如何认定侵权、如何进行举证、如何确定判赔金额等仍存在不确定性,在一定程度上也阻碍了权利人的维权主张。

由此,从保护用户以及平台权益的基础上,可由文字类知识分享平台在取得用户同意授权的基础上,代为提起版权以及数据权利侵权的诉讼。由版权和数据权利相辅相成、互相补充,完善对于知识分享内容的保护。

(二)民事、行政、刑事责任并举

除了民事侵权责任规制之外,行政处罚也应用作规制的手段之一。对于未经用户同意的展示文字类知识分享作品的行为,可以由著作权行政管理部门处以责令停止侵权行为、罚款、没收非法所得等行政处罚。② 对于侵犯用户数据的行为,则可以由国家网信办根据网络安全法责令改正或者进行约谈、要求改正等。③ 但是对于在用户同意的情况下,聚合第三方平台调取使用用户数据信息的行为,则应当根据知识分享平台作为整体的数据库财产权权利是否能够实现而定。与民事、刑事责任相比,行政处罚的效率以及反馈速度将更高更快,④ 对应文字类作品传播速度快的特点,平台应综合考虑寻

---

① 周汉华:《探索激励相容的个人数据治理之道——中国个人信息保护法的立法方向》,《法学研究》2018年第2期。
② 中华人民共和国国家版权局《著作权行政处罚实施办法》第四条:"对本办法列举的违法行为,著作权行政管理部门可以依法给予下列种类的行政处罚:(一)责令停止侵权行为;(二)没收违法所得;(三)没收侵权复制品;(四)罚款;(五)没收主要用于制作侵权复制品的材料、工具、设备等;(六)法律、法规、规章规定的其他行政处罚。"
③ 《网络安全法》第四十七条规定:"网络运营者应当加强对其用户发布的信息的管理,发现法律、行政法规禁止发布或者传输的信息,应当立即停止传输该信息,采取消除等处置措施,防止信息扩散,保存有关记录,并向有关主管部门报告。"
④ 李积霞:《相对集中行政处罚权制度的法理探讨》,《甘肃政法学院学报》2004年第4期。

求行政机关管理的路径。

文字类知识分享平台的侵权行为还涉及刑事责任规制。对于未经用户同意，聚合第三方平台链接作品进行展示，侵犯了作者的著作权的行为，根据我国刑法规定，若以营利为目的，未经著作权人许可复制发行其文字印象作品的，违法所得较大的，构成侵犯著作权罪。① 根据《著作权法实施条例》可知，复制是指将作品复制一份或多份的行为，发行是指通过出售、出租向公众提供作品复印件的行为，复制发行两个行为同时具备才能构成著作权犯罪。然而在我国的著作权法权利规定中，复制发行与信息网络传播权是不同的权利，在网络环境下，传统的对于复制发行的定义已经不能够涵盖新型侵权行为。② 为此，在实际运用中，应将"发行"进行扩大解释，使之包含"信息网络传播"，以此为基础才能够讨论侵犯著作权罪的认定和成立问题。③

若认定"复制发行"包含了"信息网络传播"行为，应当探讨聚合第三方平台展示用户文字类作品内容是否侵犯了用户的信息网络传播权利。如上文所述，对于深度链接行为是否构成信息网络传播权侵权，目前有用户感知标准、服务器标准以及法律标准三种判断标准。在法律标准下，聚合平台行为构成了"提供"行为，在未取得用户许可的情况下，有可能构成侵犯著作权罪。虽然实践中举证非法经营数额有较大难度，④ 但是根据法律规定，若构成"其他严重情节"，也将承担3年以下，或者3年以上7年以下

---

① 《中华人民共和国刑法》第二百一十七条规定，"侵犯著作权罪，是指以营利为目的，未经著作权人许可复制发行其文字、音像、计算机软件等作品，出版他人享有独占出版权的图书，未经制作者许可复制发行其制作的音像制品，制作、展览假冒他人署名的美术作品，违法所得数额较大或者有其他严重情节的行为"。
② 彭学龙：《技术发展与法律变迁中的复制权》，《科技与法律》2016年第1期。
③ 欧阳本祺：《论网络环境下著作权侵权的刑事归责——以网络服务提供者的刑事责任为中心》，《法学家》2018年第3期。
④ 曹丽萍：《诉讼中证明链接服务的难度》，http：//www.chinaipmagazine.com/zl/ColumnView.asp？fId＝40&id＝175，2018年11月1日。

的有期徒刑。① 对于聚合平台展现用户相关文字作品的情况，如果作品数量以及实际被点击数达到法定入刑标准，将承担刑事责任。

结　论

互联互通时代，知识分享平台的意义逐步凸显。作为突破地域、时间限制的平台，正在不断促进全球经济、文化等一体化进程。在每个互联网个体既可以作为知识的创造者，也可以作为知识的传播者、受益者的当代，知识平台入口即意味着流量和平台优势。因而，目前出现了聚合平台抢占入口，争夺用户分享内容以达到吸引更多流量的情况。这可能涉及对用户信息网络传播权和数据权利的侵害，对平台汇编作品权利、数据库权利侵害，以及平台竞争优势等的阻碍。但是，在考虑对聚合第三方平台传播责任的认定时，应将知识的公共产品属性考虑在内，同时加入对免费和付费平台的区别考虑。文字类作品的易于复制传播的特点，以及改编成视频、音频类作品的商业营利性使保护的必要性、难度有所增加。为此，应结合版权保护与数据权利保护，多管齐下保障文字类知识分享平台中的内容。除此之外，对于大规模如500条以上侵权内容，或者5万次以上点击的情况来说，加入刑事责任这一路径选择也是能够加大保护力度的重要一步。考虑到维权效率的提高，行政责任的引入也有必要。

总之，互联网趋势的不可逆转催生了聚合平台这一商业模式，而如何通过法律制度设计平衡用户、平台、聚合第三方平台的权利义务是立法司法应重视的根本。人人都是自媒体的时代下，通过平台分享经验、体会以及专业知识等成为不可逆转的大趋势。从社会整体文化分享的角度来讲，扩大知识

---

① 最高人民法院、最高人民检察院、公安部《关于办理侵犯知识产权刑事案件适用法律若干问题的意见》第十三条规定，"具有下列情形之一的，属于上述规定的'其他严重情节'：非法经营数额在5万元以上的；传播他人作品的数量合计在500件（部）以上的；传播他人作品的实际被点击数达到5万次以上的；以会员制方式传播他人作品，注册会员达到1000人以上的；数额或者数量虽未达到上述四项规定标准，但分别达到其中两项以上标准一半以上的"。

传播的范围将对提升社会知识文化水平有所帮助，但也应考虑对分享平台和用户的激励。完善知识分享经济的版权保护，为"天才之火"加上"利益之油"，① 知识分享产业也将会有更长远的发展。

---

① 吴汉东：《知识产权理论的体系化与中国化问题研究》，《法制与社会发展》（双月刊）2014年第6期。

B.12
5G时代我国版权规则调整与版权监管研究

丛立先 庄 蕾*

摘 要： 随着5G技术的运用与推广，其海量化、快速化和场景化等特点将会给内容传播和版权产业带来革命性的影响，加剧网络环境下的版权侵权态势。本报告结合5G技术的特点分析其对作品传播的影响和可能带来的问题，提出网络直播、短视频创作和利用以及云计算技术下网络接入服务提供者责任规制的完善建议；结合典型地区的版权机制建设经验，提出对监管规定的完善建议和版权行政执法监管的基本思路和路径方法，从而推进5G时代下我国版权规则和版权监管的更好运行。

关键词： 5G技术 内容传播 网络版权 版权侵权 版权监管

5G时代渐行渐近，5G技术不但将在通信领域带来深刻的技术变革，也为内容传播产业和版权产业带来革命性的影响。2015年6月，国际电信联盟（ITU）将5G技术正式命名为IMT-2020，又称为第五代移动通信技术，广义上包括无线接入网、核心网及相关支撑系统的完整的技术体系。[①] 5G

---

* 丛立先，华东政法大学知识产权学院教授、博士生导师；庄蕾，华东政法大学知识产权学院硕士研究生。
① 《5G，不只是"无与伦比的快"》，中央政府门户网，2016年1月30日。

传播技术的海量化、快速化、场景化等特点决定了版权问题将是其中的主要问题之一。无论从核心版权产业的进一步做强做大来看，还是从新兴内容产业的健康发展和有序监管来看，中国5G时代的版权规则调整和版权监管命题都十分重要。本报告围绕5G技术的特点针对5G技术的运用将会给版权保护造成怎样的影响、对我国现有的法律规则将会带来哪些冲击、对我国的版权执法将产生哪些新的要求等问题进行研究，就版权权利人保护、版权产业发展、加强版权监管、版权规则和实践的有效调整进行系统分析，并提出有效的问题解决建议。

一 5G对于作品传播的影响和带来的问题

4G和WALN时代衍生了许多新的对作品的利用方式和传播形式，例如利用4G或WALN对文艺表演或者体育赛事节目进行实时传播、利用移动设备随拍随录制作短视频并进行及时网络发送、利用云技术在平台发布小程序或其他作品。一方面技术的发展使作品传播和利用的速度更快、影响范围更广，但是另一方面未经版权权利人许可进行上述行为将会给版权人的经济利益等造成不小的损失，而5G技术的商用化又会使利用、传播作品的新型方式在现有通信技术的基础上进一步提升，将有可能加剧版权侵权的态势。

（一）违法网络直播形势严峻

5G技术以其自身低时延和高速率的传输，使视听作品和相关制品的传输更加便捷、质量更高。目前的4G技术虽然可以为用户提供视频直播所需要的上网速度，但是高清视频传输能力有所不足。高清视频输入通常需要50Mbps的带宽，随着直播的清晰度提高，例如4K直播对带宽的要求可能会达到100Mbps。① 随着5G技术的不断完善，预计到2020年移动通信将要求

---

① 赵瑜、张羽帆：《5G时代的试听传播》，《中国编辑》2019年第6期。

5G的传输速率在原先的基础上提升10~100倍，峰值传输速率达到10Gbit/s。①资料显示，目前5G技术已经被运用于2019年全国两会的移动5G高清直播和2019年中央电视台春晚4K超清直播，为观众提供了更清晰、低时延的视听享受。② 5G的极速传输和低时延的特点，提高了作品传播的质量和效率，一方面为观众带来了更好的视听体验，另一方面也成为版权侵权者所利用的高科技手段，这使在4G时代下已经存在的网络盗播现象在5G技术的运用下会进一步加剧，机构未经许可对作品以及尚不构成作品的体育赛事等节目进行网络转播的案件屡屡频发，例如在"央视诉千杉案"中，被告未经许可对2016年春晚进行网络直播；③ 再如在"新浪诉天盈九州案"中，被告未经许可对体育赛事进行网络转播等。④ 由此可见，在5G技术的运用下，行为人未经许可对文艺表演、体育赛事以及新闻现场等的直播将变得更加容易，这对现行版权法律制度以及版权执法都提出了不小的挑战。

（二）短视频违法利用更加普遍

5G技术的高速传输特点，结合碎片化使用场景以及更低的流量收费模式，将会使短视频在未来变得更为丰富。⑤ 在4G和WALN的网络条件下，人们可以利用设备拍摄具有原创性的短视频并发布到短视频平台。根据内容生产的方式不同，目前短视频可以分为UGC、PGC和PUGC。⑥ 然而，4G和WALN在一般的传输速度下，想要实现随拍随录其实并不容易，如果想要发送时长达到5分钟以上的短视频则需要更长的上传时间。5G技术的运用下，短视频的传播将会在速度上得到极大的提高，覆盖的范围也将会更广。这一

---

① 赵国峰、陈婧、韩远兵、徐川：《5G移动通信网络关键技术综述》，《重庆邮电大学学报》（自然科学版）2015年第4期。
② 赵瑜、张羽帆：《5G时代的试听传播》，《中国编辑》2019年第6期。
③ 上海市浦东新区人民法院（2016）沪0115民初38167号民事判决书。
④ 北京知识产权法院（2015）京知民终字第1818号民事判决书。
⑤ 赵瑜、张羽帆：《5G时代的试听传播》，《中国编辑》2019年第6期。
⑥ UGC是指普通用户生成的内容，PGC是由专业机构生成的内容，而PUGC是由专业用户所生成的内容。

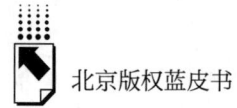

方面使作者可以更快地将新鲜作品发布到网络上供人们观看，另一方面使违法利用短视频的现象变得更加普遍。短视频作品在独创性方面可以分为原创短视频作品和演绎短视频作品，短视频虽然时长短、内容少，但一般情况下其本质上是带有声音的画面，因此原创短视频在创作时不免需要使用音乐、文字、图片和视频等，如果这些素材在版权保护期内，则短视频作者还需要取得素材作者的许可并支付费用。

然而短视频侵权在近年来的现实中呈现猖獗的趋势，在平台中传播的许多短视频在制作时并没有取得素材作者的许可，对原创短视频进行剪辑、改编再发布的演绎短视频作品比比皆是。2018年"快手诉华多案"① 的判决使短视频侵权开始出现在司法裁判的视野之中；"剑网2018"专项行动更是重点针对网络转载、短视频、动漫等领域的侵权行为进行专项整治，针对短视频领域的版权问题国家版权局集体约谈了抖音等15家短视频平台，经过整改后的网络企业下架了57万部侵权短视频。② 在短视频侵权频繁的现实中，5G技术的商用化很有可能会加剧版权侵权的态势。5G时代，海量的文字、图片、音乐和视频等作品的授权问题将会是一个难题。

首先，创作人在寻找某一作品的权利人时就具有一定难度，一方面作品的权利人通常采用昵称署名，另一方面在浩如烟海的素材信息中准确、快速寻找到其权利人并非易事。其次，在网络传输速度如此之快的当下，权利人想要对侵权短视频作品的创作者和传播者一一主张权利和费用也并非易事。再次，即使存在现有的版权集体管理制度，也需要版权权利人先向版权集体管理组织授权，成为集体管理组织的会员，才能由集体管理组织代为管理版权的相关事宜，而非会员作品仍然不受集体管理组织的管理，某人要想使用某作品还须找到权利人寻求授权才可以合法使用版权作品。因此，在5G时代下，短视频领域的重点在于如何对素材授权以及短视频利用授权的法律机制进行建立和完善。

---

① 北京市海淀区人民法院（2017）京0108民初51249号民事判决书。
② 左志新：《国家版权局通报"剑网2018"专项行动工作成果》，《传媒》2019年第5期。

(三）云计算技术发展下版权侵权更加严重

目前云计算技术已经得到了普遍的运用，人们日常使用的百度云盘和 V 盘等应用程序都是云计算技术的产物。移动云计算技术使移动设备需要处理的复杂计算和数据存储从移动设备迁移到了云中，降低了移动设备的能源耗费并弥补了本地资源不足的缺点。在 5G 时代，移动通信技术所具有的高速传输特点将会使移动用户无缝利用云服务而不会产生延迟、抖动，它能够解决目前移动智能终端与云计算中心的端到端网络传输有时延且带宽不稳定的问题。例如，SaaS 软件服务为用户提供了所需要的软件应用，终端用户不需要将软件安装在本地的服务器中，只需要通过网络向原始的服务提供者发送指令就可以在云端使用应用。[①] 类似的服务在国内已经出现，比如软件应用市场平台，用户可以在平台上搜索关键词或者根据平台的分类推荐下载自己需要的软件应用，而平台只是提供了一项数据接入服务，而前述的 SaaS 软件服务则是在现有的软件应用市场平台上加入了云计算的技术。5G 时代下云计算技术得到了进一步的发展，一方面为信息的交换提供了更加便利的渠道，另一方面云计算平台也成为版权侵权滋生的载体，例如侵权者通过小程序等社交平台或者移动应用市场所陈列的软件应用传播盗版内容，给创作者带来了巨大的经济损失，影响了整个内容行业的原创生产。[②] 云计算技术发展下版权保护形势严峻，版权立法和执法应该对此做出相应的完善和调整。

二　5G 时代版权法基本规则存在的问题及其完善建议

面临上述问题，在 5G 时代下我国的现行版权法基本规则是否能够有效规制即将出现的新型版权侵权行为、现有立法体例的设置对于司法裁量者正

---

① 赵国峰、陈婧、韩远兵、徐川：《5G 移动通信网络关键技术综述》，《重庆邮电大学学报》（自然科学版）2015 年第 4 期。

② 中国信息通信研究院：《2018 年中国网络版权保护年度报告》，2019 年 4 月 26 日，http://www.caict.ac.cn/，最后访问时间：2019 年 8 月 1 日。

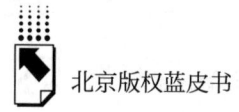

确适用法律是否存在模糊之处以及在特殊情形下是否需要对某些版权规则另行特别规定,下文将对此进行研究与分析。

(一)广播权和广播组织邻接权在网络实时转播的延伸

1. 涵盖网络直播的传播权适用

对于未经许可将版权人的作品进行网络直播的行为是否侵犯权利,目前理论和实务界已经没有争议,我国现行著作权法第10条虽然为版权权利人规定了广播权和信息网络传播权,但针对未经许可将作品或邻接权客体进行网络传播的行为究竟该适用现行著作权法中的哪一条权利项,仍然没有统一的答案。

在司法实践中,有观点认为未经许可网络直播作品等行为侵犯的是广播权。例如在"央视国际与百度案"中,一审法院认为:"根据我国著作权法第10条第(11)项的规定,广播权是指以无线方式公开广播或者传播作品,以有线传播或者转播的方式向公众传播广播的作品,以及通过扩音器或者其他传送符号、声音图像的类似工具向公众传播广播的作品的权利。由此可知,关于授权央视公司通过信息网络向公众广播《春晚》的权利系广播权中以有线传播或者转播的方式向公众传播广播的作品的权利",① 即一审法院认为,利用网络对文艺表演节目进行直播的行为可以被现行法中的广播权所涵盖。

也有观点认为应该依据传播内容的初始传播方式的不同而有所区别,从而认定该行为侵犯的是广播权还是侵犯"兜底"权利。例如在"央视与搜狐、百度上诉案"中,二审法院不同于本案一审法院的观点,其认为:"现行著作权法第10条中的广播权控制的是三种'无线广播'行为,'无线广播'行为,为初始广播行为,后两种行为均是在接收到无线信号后对无线广播的转播。因此就现有传播方式而言,广播电台、电视台及卫星广播组织的广播行为通常采用的是无线方式,故作为初始广播行为

---

① 北京市海淀区人民法院(2012)海民初字第20573号民事判决书。

的'无线广播'通常指的是广播电台、电视台及卫星广播组织的广播行为。对于后续的转播行为而言，亦通常只有对于广播电台、电视台及卫星广播组织的广播进行转播的行为，才属于广播权的调整范围。因此具体到本案中，本院认为对于本案所涉网络实时转播行为而言，因其所转播内容的初始传播方式既可能采用'无线'方式（即来源于广播电台、电视台或卫星广播组织），亦可能采用'有线'方式（如来源于其他网站），故依据上述分析可知，如其初始传播采用的是"无线"方式，则其属于广播权的调整范围，但如采用的是'有线'方式，则不属于广播权的调整范围"。①

在学理上，一种观点认为应该将网络直播文艺节目的行为纳入"兜底"权利中，因为广播权规制的是"无线广播"以及对"无线广播"进行的后续传播行为，而网络直播不属于这样的范畴之中，因而不能受广播权的控制。另外，为了有效及时地应对新的作品使用方式，用"兜底"条款来规制网络直播行为是一种较为稳妥的选择。② 另一种观点认为，根据《世界知识产权组织版权条约》（WCT）第 8 条的规定，可以将该条中"以有线或无线方式"理解为所有向公众传播作品的手段，因此"以有线或无线方式"是包括互联网传播方式的。我国作为 WCT 的成员国可以根据 WCT 对"广播权"进行扩大解释，使其能够控制对作品进行网络直播的行为。③ 同样的观点还认为，网络直播的效果相当于打开电视机，在某一频道收看电视台正在播放的电视节目，只是传输终端从电视机变成了电脑而已，因此网络直播虽然不能被包含在信息网络传播权之下，但完全可以被广播权所覆盖。④

---

① 北京市第一中级人民法院（2013）一中民终字第 3142 号民事判决书。
② 苏志甫：《从著作权法适用的角度谈对网络实时转播行为的规制》，《知识产权》2016 年第 8 期。
③ 王迁：《论我国〈著作权法〉中的"转播"——兼评近期案例和〈著作权法修改草案〉》，《法学家》2014 年第 5 期。
④ 刘春田、熊文聪：《著作权抑或邻接权——综艺晚会网络直播版权的法理探析》，《电视研究》2010 年第 4 期。

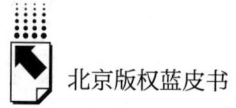

我国现行《著作权法》第 10 条规定了广播权和信息网络传播权，根据文理解释广播权目前只能控制三种行为，即无线广播行为、以有线或无线方式的转播行为以及通过扩音器等设备传播广播电台、电视台"广播的作品"的行为，也就是说现行著作权中的广播权无法调整网络直播这种行为。而网络直播由于其实时性特点，不能让观众在其选定的时间和地点观看作品，因此也不能受信息网络传播权的调整。笔者认为，我国现行《著作权法》第 10 条对著作权人享有的著作财产权采取了详尽列举的立法体例，不能够灵活地适应科学技术发展对作品传播带来的影响，立法的滞后性体现得比较明显。我国现行《著作权法》按照《伯尔尼公约》的要求规定了众多的权利项，然而目前的权利项之间存在着冲突与交叉，而且尚不能够涵盖一些对作品的使用行为，例如针对有线广播行为，目前达成的共识是用"兜底"条款进行规制。

另外，目前这样非常详尽的列举式立法在司法程序中加剧了原告的诉讼负担，因为法院要求原告必须说明具体侵犯了哪些权利项，如果原告在诉讼中对权利项主张错误，法院并没有义务向其释明具体应主张的权利项。① 而且，在技术不断更新的今天，尤其是 5G 技术的运用，又将会产生更多新的作品传播形式，在成文法的背景下，立法的滞后性使现行法面临能否规制某一利用作品的行为的问题，这使司法裁量者在判定某一对作品的新型利用行为时，可能会出现同案不同判的情况，这也是现行《著作权法》过于细碎的权利项列举体例所带来的问题。为了更加科学化，使我国《著作权法》能够更好地应对技术的发展，在我国《著作权法》的第三次修改之际，笔者建议可以考虑将目前纷繁复杂的著作权权利项梳理为：人身权的四项保持不变，将财产权的十三项归纳总结为概括性和包容性很好的复制权、传播权和演绎权三大权利项，再加上一项开放性的"兜底"权

---

① 丛立先：《〈著作权法〉修订亟待解决四大问题》，《中国新闻出版广电报》2019 年 5 月 30 日，第 5 版。

利项。①

2. 广播组织权在网络实时转播的延伸

我国现行《著作权法》第 45 条对广播组织规定了邻接权,其第 1 款赋予了广播电台、电视台权利来许可或者禁止他人将其播放的广播、电视进行转播的行为。虽然现行《著作权法》没有明确该条的"转播"行为性质为何,笔者认为在 5G 时代下应当对第 45 条第 1 款的"转播"行为进行扩大解释,使其能够控制网络转播行为。

(1) 网络转播与传统传播广播行为不应当区别对待

网络广播(webcast)是指使用流媒体技术、通过互联网将单个内容源分发给众多同时收听或观看者的媒体呈现方式。② 虽然网络转播与传统传播广播行为相比在技术上存在不同,前者是一种"点对点"传播的网络数据流,后者呈现的是"点对多"的传播过程,但是二者在传播效果上不存在实质性差异,共通性在于二者的非交互性传播,即公众要想收听或观看相应的节目必须按照播放者的时间表,一旦错过了节目的播放时间,就无法在节目结束后自行回放。二者的区别仅在于传播手段不同,网络转播利用的是信息网络进行传播,而传统传播广播行为是利用无线电信号或有线电缆等方式传播。而根据技术中立的立法原则,法律对行为的定性依据是行为人的目的和行为效果,而不是具体的技术手段。③

网络转播,从行为人的目的上看,是将作品或者与版权相关的邻接权客体传播到远端,使不在现场的不特定公众能够进行观看,这与行为人利用传统传播广播行为——目的是将上述客体向远端的公众进行传播,并无不同。从行为效果上看,网络转播使公众要按照节目播放者已经确定了的播放时间表进入相应的播放网页进行观看,并且不能进行回看,这与传统传播广播行

---

① 丛立先:《〈著作权法〉修订亟待解决四大问题》,《中国新闻出版广电报》2019 年 5 月 30 日,第 5 版。

② 维基百科,https://zh.m.wikipedia.org/zh-hans/%E7%BD%91%E7%BB%9C%E5%B9%BF%E6%92%AD,最后访问时间:2019 年 8 月 3 日。

③ 王迁、徐晓颖:《网播组织的邻接权保护》,《中国版权》2016 年第 6 期。

为的效果也相一致，因此按照技术中立原则网络传播与传统传播广播的行为具有法律上相同的性质。

（2）大量网络转播的侵权行为需要法律进行明确规制

2015年的"新浪诉天盈九州案"，2016年的"央视诉千杉案""快乐阳光诉视畅案"等，①反映了在网络技术发展的背景下，网络直播在传播行为中已经越来越成为一种主流方式。正如法院在"新浪诉天盈九州案"的二审判决书中提出的观点："现行著作权法第四十五条的规定产生于2001年，在当时的环境下，网络直播行为还极少出现，并未成为对于广播组织权利造成实质影响的行为。但随着网络技术的发展，网络直播行为这一有线转播方式对于广播组织权人利益的影响愈发强烈，甚至远远超过无线转播方式，客观形势的发展显然对广播组织权的权利范围提出修改的需求。"②

有观点认为依据相关国际条约的制定情况，不宜对我国的广播组织权进行扩大解释，使其包括网络转播这种行为。理由是我国在2001年修订著作权法时加入信息网络传播权是由于履行《世界知识产权版权条约》（WCT）和《世界知识产权表演和录音制品条约》（WPPT）规定的条约义务，而没有就广播组织的网络传播进行规定是由于当时技术发展的限制，网络传播广播组织播放的节目并不普遍，另外，在《保护广播条约》（草案）的制订过程中，缔约国就广播组织的转播权是否应该包括网络传播这一方式没有达成一致意见，因此该观点认为我国不应该在达到《TRIPs协定》所要求的保护标准之外进一步提高我国的著作权保护标准。③ 然而，随着我国通信技术的不断发展，尤其是5G技术的极速传播特点将会使网络传播广播组织的节目的行为变得更加容易，大量出现的网络转播侵权案例已经预示了应用版权制度对此进行规制，权利人版权利益保护的现实需求需要法律制度的回应。

---

① 上海市浦东新区人民法院（2016）沪0115民初38167号民事判决书、北京知识产权法院（2015）京知民终字第1818号民事判决书、湖南省高级人民法院（2017）湘民终326号民事判决书。
② 北京知识产权法院（2015）京知民终字第1818号民事判决书。
③ 苏志甫：《从著作权法适用的角度谈对网络实时转播行为的规制》，《知识产权》2016年第8期。

关于我国是否需要提升对广播组织的邻接权保护水平，在我国的传播技术水平没有达到一定高度时的确没有必要进行高水平保护，以免出现超国民待遇保护的现象。随着5G极速传播技术的日渐成熟，到2020年我国将实现5G的商用化，我国对5G技术的开发和运用将会使传播水平达到一个更新的技术高度，因此对于规制网络转播等新型侵权行为的法律保护水平也需要随之提高。《著作权法》第三次修订恰逢5G技术的运用推广时期，完善我国在网络高速发展背景下的版权法律制度具有重要的现实意义。结合上述的分析笔者建议，可以考虑将《著作权法》第45条广播组织权中的转播权扩大解释为包含网络转播这种行为，继而完善相应的其他配套法规，以更好地应对5G时代下愈加严峻的网络转播侵权行为，保护广播组织为制作节目和传播信号所进行的投资，激发合法传播者为观众提供更好的直播服务。

（二）转载摘编法定许可应考虑包括短视频作品

为了实现5G时代下人们能够高效、合法地利用素材作品和短视频作品，激励人们进行再创作，笔者认为可以考虑将短视频等短小视听作品纳入转载摘编的法定许可之中。在5G通信技术的快速发展之下，侵权的门槛降低、侵权的速度变快、侵权作品传播的范围也愈加广泛，加强对权利人的保护刻不容缓。但是在当下的大数据时代，如何利用作品并创作出新的作品便成为人类所面临的更重要的命题，因此在5G时代下平衡好版权人和公众之间的利益显得尤为重要。当下的版权保护形势需要这样的一项制度——既能够保持新兴产业的持续发展，又不过度损害传统媒体行业的利益；既能保障网络短视频作者、发布平台、电商即广告商的合法权益，又能满足社会公众网络信息交流的需要。通过适当扩大法定许可与合理使用的范围来平衡版权人与社会公众之间的利益，不失为一种缓解短视频版权保护与合理使用之间冲突的可行方案。①

不同于法定的音乐作品、电影和类电影作品，短视频这类时长短、内容

---

① 张伯娜：《短视频版权保护与合理使用判断标准探究》，《出版与发行研究》2019年第3期。

少的作品，其在被创作的过程中所使用的素材（比如音乐作品、电影作品等）本身的篇幅也受到相当程度的限制，后人要想对已经发表的短视频作品进行二次利用也不会产生过大的影响，而且观众如果想要以观看短视频替代一首完整的曲子，甚至是时长达几个小时的电影，几乎是不可能的。所以，针对短视频这类时长短、价值小的特殊作品，如果全部采用"一授权一使用"的作品许可模式，虽然能够较大限度地保护版权权利人的许可权和获得费用的权利，但是在作品海量授权的时代下这种机制已经变得臃肿不堪。正如有的观点指出的，在"人人都是作者、人人都是使用者"的社会，通过繁复的版权授权制度来体现对个人权利的保护是非常低效的。另外，如果权利人要向每一位复制其作品的人行使授权和收取报酬的权利，那么这种制度本身就难以维持了。①

采用现行的集体管理制度来辅助"一授权一使用"的作品许可模式，也不能解决上述的问题。一方面，现行《著作权法》第8条规定，只有在版权人授权给版权集体管理组织之后，版权集体管理组织才能代为管理与版权相关的事宜。② 这就意味着版权集体管理组织作为版权人的代理人，仍然要面对海量作品的海量许可难题。另一方面，版权人没有将权利授权给版权集体管理组织的，使用人要想使用该非会员的作品仍然面临着不易找到权利人的难题。正如上文进行的论证，短视频通常篇幅短、价值小，对其进行二次创作的使用并不需要经过授权，只需要向权利人支付合理的报酬就可以对素材作者、短视频第一次创作者的创作付出进行回报，同时有利于素材利用者进行自由创作，因为后者不必担心因没有拿到授权而承担版权侵权的责任。

2014年《著作权法修订草案（送审稿）》第74条规定了延伸性集体管理制

---

① 秦珂：《法定许可权利在数字图书馆的适用与限制》，《图书馆理论与实践》2005年第4期。
② 《著作权法》第8条："著作权人和与著作权有关的权利人可以授权著作权集体管理组织行使著作权或者与著作权有关的权利。著作权集体管理组织被授权后，可以自己的名义为著作权人和与著作权有关的权利人主张权利，并可以作为当事人进行涉及著作权或者与著作权有关的权利的诉讼、仲裁活动。著作权集体管理组织是非营利性组织，其设立方式、权利义务、著作权许可使用费的收取和分配，以及对其监督和管理等由国务院另行规定"。

度,该制度允许版权集体管理组织对非会员的作品取得默示授权,并予以管理,这样可以较好地解决使用人找不到权利人的问题,同时赋予了权利人声明不予集体管理组织管理其版权及相关权利的权利。① 但是在延伸性集体管理制度之下,使用人需要承担权利人不予授权的风险。因此,延伸性集体管理制度的根本还是在于"授权",这并不适合短视频合法、高效利用的特殊情境。

法定许可制度的特点在于在符合法律规定的条件下,使用人可以不用经过版权权利人的许可,只要支付合理的费用就可以对某件作品进行利用。这一特点就可以很好地解决5G时代下短视频的利用问题。我国现行《著作权法》第33条第2款规定了"报刊转载摘编法定许可",规定已经发表的作品,其他报刊可以进行转载或者作为文摘、资料刊登,但必须向版权人支付报酬,但是如果版权人声明不许转载、摘编的,则不能适用本条款。现行法对适用"报刊转载法定许可"规定了一定的限制条件。首先只能针对报刊,不能是书籍。其次,只能是传统报刊之间进行转载摘编,不能适用于网络媒体间和网络媒体对传统报刊进行转载摘编。当前传统报刊的网络化、报刊与网络媒体深度融合、网络上短小作品的传播和使用普遍违法或侵权的现实背景下,可以重新思考转载摘编法定许可规则拓展于网络空间的价值和意义。如果能够将转载摘编延伸到网络转载的情形下,就可以大大提升作品利用和传播的效率。这里的短小作品是指转载摘编法定许可所针对的包含短视频在内的短小的作品,它们可以是小段的文字、单幅图片、音乐片段等,其"短"是指篇幅短,其"小"是指价值小。值得注意的是,篇幅短的作品如果具有较大价值,则可以允许版权人声明保留的权利从而不适用法定许可的规定。②

---

① 2014年《著作权法修订草案(送审稿)》第74条:"使用者使用权利人难以行使和难以控制的权利,依照与著作权集体管理组织签订的合同向其支付会员的报酬后,非会员权利人就同一权利和同一使用方式提起诉讼的,使用者应当停止使用,并按照相应的著作权集体管理使用费标准赔偿损失。下列情形不适用前款规定:(一)使用者知道非会员权利人做出不得以集体管理方式行使其权利的声明,仍然使用其作品的;(二)非会员权利人通知使用者不得使用其作品,使用者仍然使用的;(三)使用者履行非会员诉讼裁决停止使用后,再次使用的。"

② 丛立先:《论短视频作品的权属与利用》,《出版发行研究》2019年第4期。

在目前已经制定的关于法定许可制度的国际条约中，《伯尔尼公约》第9条第2款规定："本同盟成员国法律得允许在某些特殊情况下复制上述作品，只要这种复制不损害作品的正常使用也不致无故侵害作者的合法利益。"《TRIPs协定》第13条关于权利的限制和例外规定："缔约国应将专有权的限制或例外限于某些特殊情况，只要这种使用不与作品的正常利用相冲突，又不无理地对作品造成损害权利人的合法权益。"由此可见，关于权利的限制和例外，国际条约只规定了抽象的一般条款，它们将具体的权利限制规定的立法自由留给了各成员国。因此，如果我国将"报刊转载摘编法定许可"规定延伸到网络转载之中，并不会违反国际条约的规定。有学者也指出，网上传播一般作品的全面法定许可制度应当成为和有可能成为今后世界通用的"交通规则"和新的国际惯例，这是由网络科学背景与技术条件下信息扩散与传播的新特点决定的。① 因此在5G技术的条件下，将"报刊转载摘编法定许可"适用于网络环境可以有效缓解短视频的授权和利用问题。

（三）网络接入服务提供者或将承担接收投诉的责任

针对网络服务提供者，我国《信息网络传播权保护条例》将其细化为网络接入服务提供者、信息存储服务提供者以及信息定位服务提供者三类。根据《信息网络传播权保护条例》第14条的规定，信息存储服务提供者和信息定位服务提供者需要遵守"通知—删除"规则并承担相应的义务，而网络接入服务提供者并不需要承担该义务。② 客观上，以上三类网络服务提

---

① 陶鑫良：《网上传播国内一般作品应当适用"法定许可"》，《法学》2000年第8期。
② 《信息网络传播权保护条例》第14条："对提供信息存储空间或者提供搜索、链接服务的网络服务提供者，权利人认为其服务所涉及的作品、表演、录音录像制品，侵犯自己的信息网络传播权或者被删除、改变了自己的权利管理电子信息的，可以向该网络服务提供者提交书面通知，要求网络服务提供者删除该作品、表演、录音录像制品，或者断开与该作品、表演、录音录像制品的链接。通知书应当包含下列内容：（一）权利人的姓名（名称）、联系方式和地址；（二）要求删除或者断开链接的侵权作品、表演、录音录像制品的名称和网络地址；（三）构成侵权的初步证明材料。权利人应当对通知书的真实性负责。"

供者所提供的接入服务和存储服务帮助侵权人的侵权行为得以进行，但如果网络服务提供者在主观上并没有过错，其行为并不构成间接侵权。① 因此在判断网络服务提供者是否构成间接侵权的问题上，最主要的是判断其是否具有主观过错，而判断行为人是否具有主观上的过错则是根据其客观行为来推断，一旦具备过错间接侵权就成立。

通常情况下，网络接入服务提供者由于其提供的是自动接入和传输服务，而非存储、链接以及搜索服务，其无法进入开发者服务器查看或处理相关内容，对开发者提供内容的控制力非常弱，要求其按照"通知—删除"规则对特定内容进行"定位清除"难以实现。② 但是在特殊情形下，比如应用程序平台服务提供者是否也属于通常意义上的接入服务提供者从而可以免于遵守"通知—删除"规则。在"苹果公司与北京中文在线数字出版公司上诉案"中，二审法院认为应用程序平台服务提供者应当承担较高的注意义务，因为涉案应用程序平台的提供者可以对涉案应用程序进行技术性审查，并且可以知晓涉案应用程序的内容是否为侵权作品。③ 应用程序平台不同于微信小程序，首先是进入平台的标准不同，微信小程序平台上的应用程序庞杂，而专门提供程序下载的应用程序平台对于进入该平台的程序应用则有较高的门槛；其次在服务提供者对其平台内容的了解程度上，应用程序平台相比微信小程序平台更为了解，例如应用程序平台对各应用程序具有分类，可以指引用户下载所需要的软件应用；最后，在控制力和管理能力上应用程序平台明显要高于小程序平台。值得思考的一个关键问题在于，是否在所有情况下网络接入服务提供者都不需要在收到权利人关于侵权的通知后采取必要措施制止侵权行为。

我国现行《信息传播权保护条例》与美国《千禧年数字版权法》的不同之处在于，后者为网络接入服务提供者和其他网络服务提供者设立了同样

---

① 王迁：《知识产权法教程》，中国人民大学出版社，2019，第 245 页。
② 丛立先：《判决结果避免了对小程序平台处理矫枉过正》，《中国新闻出版广电报》2019 年 3 月 7 日，第 5 版。
③ 北京市高级人民法院（2015）高民（知）终字第 3536 号民事判决书。

的接收侵权投诉并采取相应措施的机制。《千禧年数字版权法》第512（i）为所有类型的网络服务提供者规定了享有避风港免责条款的条件，一是服务提供者在适当情形下合理地采取了对反复侵权人终止服务的政策，并通知其用户和账户持有人；二是兼容且不干涉版权人用来识别或保护作品的标准技术措施。可以看出，虽然网络接入服务提供者不需要同信息存储服务提供者以及信息定位服务提供者一样承担"通知—删除"规则的相应义务，但《千禧年数字版权法》并没有使其完全脱离于设立接收和处理通知的要求。①

云计算提供者对于拒绝为问题用户提供网络接入服务具有方便性。每一个用户以唯一的账户和口令来获得服务，云提供者只需要暂停某个账户就可以达到终止服务特定用户的目的。根据法经济学的分析，如果一方当事人有足够的地位来检测或阻止另一方当事人的非法行为，第三方责任是可行的。② 另外，接入服务提供者的可归责性不仅体现在其主观上对侵权行为的明知，还体现在有能力采取合理措施制止侵权而故意不作为。③ 在法理上，法律的目的和作用之一在于指导人们为一定的行为或不为一定的行为，从而实现社会关系的井然有序。具体到网络接入服务者的责任方面，法律本应鼓励网络接入服务提供者自觉遵守法律，在有能力的范围内采取适当的措施积极制止版权侵权行为，尽可能地减小版权权利人的损失，而不是在获悉了侵权事宜后躲避、在现行法的缺漏下保持沉默，这并不是法律所希望看到的结局。

正如技术保护措施，人们可以针对侵权行为通过设置技术保护措施的方式如同建立篱笆一样将作品保护在其中，侵权行为人需要破坏第一层屏障后才会触发法律的事后救济，网络服务提供者在接到侵权通知之后不必须采取断开、移除链接等措施，而可以通过转通知的方式来警示或提醒被投诉方，如果被投诉方发出了反通知，此时服务者只能对该反通知进行最后一次转

---

① 刘文杰：《"通知删除"规定、必要措施与网络责任避风港——微信小程序案引发的思考》，《电子知识产权》2019年第4期。
② 梁志文：《云计算、技术中立与版权责任》，《法学》2011年第3期。
③ 梁志文：《云计算、技术中立与版权责任》，《法学》2011年第3期。

达。这样的一种平衡机制可以帮助双方将大量争议提前解决在法庭之外，可以起到提高纠纷化解的效率和节省司法成本的作用。[①] 在5G时代下移动云计算的发展对化解网络传播侵权纠纷的效率提出了更高的要求，因此笔者建议可以在《著作权法》修订中为网络接入服务提供者建立接受和处理侵权通知的机制，根据个案的严重情况灵活地采取合理的措施制止侵权行为的扩大，更好地保护版权人的权利。

三 5G时代版权监管的基本思路和路径方法

近年来，我国的网络版权业得到了巨大的发展，截至2018年12月，我国版权产业已经成为国民经济的增长点和经济发展中的支柱产业。最新数据显示，我国版权产业的行业增加值达到60810.92亿元，网络版权产业市场规模已经达到7400亿元。[②] 然而与此同时，技术的不断发展使侵权盗版方式不断变化，侵权的隐蔽性也在增强。在现有技术条件下网络版权的问题尚且无法得到彻底解决的现实下，如果无法在版权监管上进行及时的完善，那么5G技术的到来无疑会加剧版权侵权的态势。基于目前的现实背景，我国一直以来采取了行政管理机关直接执法、专业行政执法机关行政执法与法院等司法机关司法并存的双轨制。[③] 因此，在坚持现有版权治理的双轨制的基础上，加大网络版权行政执法力度、创新执法方法是5G时代下版权监管的发展方向。

（一）针对5G特点制定版权监管规定

首先，5G的极速传输和低时延的特点，使个人在现场对文艺表演和体

[①] 刘文杰：《"通知删除"规定、必要措施与网络责任避风港——微信小程序案引发的思考》，《电子知识产权》2019年第4期。

[②] 中国信息通信研究院：《2018年中国网络版权保护年度报告》，2019年4月26日，http://www.caict.ac.cn/，最后访问时间：2019年8月15日。

[③] 李顺德：《对加强著作权行政执法的思考》，《知识产权》2015年第11期。

育赛事进行违法直播或者有组织截取信号进行违法的网络转播更为便利，在现行法律法规尚缺乏对该行为规制但又确有必要对其予以打击的现实需求下，建议可以先行制定版权监管的暂行规定，对未经许可进行文艺表演和体育赛事等受版权保护的客体进行网络传播的行为予以禁止，并进行相应的行政处罚。其次，5G 移动通信技术凭借其高速传输的特点，使云计算技术在能够让以往需要处理的复杂计算和数据存储在云中进行的基础上，改善了延迟、抖动的技术缺陷，将来会有越来越多的人选择直接在移动应用市场进行个性化操作。在那时的技术背景下，应该在版权监管方面及时制定相应的规定，对违法利用移动应用市场发布含有侵犯版权软件应用的行为予以禁止和打击。在实践中，北京市版权局制定了《〈关于规范软件应用市场版权秩序的通知〉（征求意见稿）》，其中就有关于应用市场应设置相应的接收投诉和采取适当措施的规定。[1] 建议加快对软件应用市场的服务提供者全国范围内监管规定的制定和完善，促进 5G 技术下网络版权秩序的健康发展。

（二）持续推进"剑网"专项行动

新技术的发展使版权侵权方式不断变化，给版权执法带来了挑战。"剑网"专项行动的优点在于针对侵权情况较为严重、取证难度较大的案件明确提出重点任务，集中力量层层部署进行监管和处置。在执法专门项目的确定方面，版权监管部门抓住问题的主要矛盾，例如在 2016 年，版权监管部门在兼顾往年重点治理领域的执法的基础上，针对互联网治理的热点和难点，明确了网络文学、App、广告联盟、私人影院和电子商务平台等五个重点整治领域，实施分类管理和专项整治。[2] 在专项执法方面，例如在 2015 年的"剑网"专项行动中，国家版权局对北京九州网络技术有限公司做出了罚款 25 万元的行政处罚。该案授权链条长、取证难度大，执

---

[1] 北京市版权局：《关于〈规范软件应用市场版权秩序的通知〉征求意见稿》，2016 年 10 月 21 日。
[2] 中国信息通信研究院：《2016 年中国网络版权保护年度报告》，http://www.ncac.gov.cn/chinacopyright/contents/483/329978.html，2017 年 4 月 26 日。

法人员在成功锁定当事人在网页端和移动端双重的侵权证据后对侵权网站进行了行政处罚。①

预计到 2020 年,我国将实现 5G 技术的商用化,在其极速传播的特点之下未经许可对文艺表演和体育赛事节目进行违法网络转播的现象将会更加普遍,版权执法部门可以考虑将该情况纳入重点执法的项目之中,加大主动巡查力度,体现行政手段对制止版权侵权行为的高效性和有力性。建议完善执法法规来加大对严重侵犯公共利益、侵权性质严重的版权侵权行为的处罚力度,执法部门根据比例原则根据具体的案件进行监管和查处。

(三)构建版权协作监管机制

版权协作监管机制需要多方面的监管力量,包括多部门的版权执法机构间的合作监管、行业组织的监管、产业机构的监管以及线上和线下的群众监管,共同合作,在各自的领域发挥版权监管的作用。

首先,加强部门联动执法。由于数字版权高度数字化的特性,仅凭借版权局的一家之力难以达到精确打击、及时惩治版权侵权的效果,因此需要版权局联合通信、市场监管等相关职能部门,加强信息共享与执法联动。② 江苏省常州市文化行政综合执法支队与公安、法院、检察院、通管办、网络运营商等相关部门和企业建立联席会议制度,支队作为联席会议常设办公室,每季度组织召开联席会议,分析研判网络版权执法工作中落地查人、两法衔接等问题。江苏省常州市文化行政综合执法支队与通信管理部门以及 ICP 运营商共同协作,对全省的版权侵权行为进行集中打击,并在部分案件中取得进展。③ 在网络侵权案件中,跨区域办案尤其需要部门之间的配合,联动执法。例如入选了国家版权局 2017 年公布的 16 起网络侵权盗版案件的"广东佛山左某某侵犯软件版权案",具有案情复杂、时间空间跨度大等特点。在广东省和湖南省两个地方版权执法部门的联动配合之

---

① 于慈珂:《持续开展"剑网"专项行动更加有效保护网络版权》,《中国出版》2016 年第 1 期。
② 郑心韵:《网络版权侵权惩治的国际经验和中国方案》,《中国出版》2018 年第 14 期。
③ 《江苏常州:探索网络版权执法新模式》,广东省广播电视局网,2018 年 7 月 31 日。

下,版权执法部门最终锁定了侵权人并对其做出了6万元的行政处罚。①在5G技术的发展环境下,继续推动部门联动执法,可以进一步强化版权行政主管部门与公安、电信部门的沟通合作,建立日常信息共享和侵权盗版案件线索共享平台,加强与公安机关网监部门的合作,在证据收集、对非法网络主体采取强制措施、案件移送等方面理顺工作程序,使网络侵权盗版案件得到及时处理,更好地保护权利人的合法利益。另外,在网络版权侵权案件中,可以考虑将跨区域联动执法作为新常态的执法方法,让更多区域和层级的政府管理部门配合执法,使更加顺畅快速的区域间联动执法方法成为打击侵犯版权行为的有效方式。②

其次,行业组织的规范。行业组织作为一种民间性、非营利性社会团体,是行业成员利益的维护者,能够代表其成员与行政机关进行沟通和协调。规范行业组织,使其能够起到一定程度的行业内部版权秩序的有效维护作用。例如,在新闻作品未经许可被网络随意转载的情形下,为了维护传统版权在网络时代挑战下的利益,改变传统媒体版权保护、维权、交易方面的不利境况,进一步规范新闻作品版权保护秩序,中国行业报协会协调国内30余家财经、行业媒体共同发起了中国财经媒体版权保护联盟的倡议,于2018年12月15日正式成立中国财经媒体版权保护联盟。从成立至今版权联盟积极团结联盟内的成员,借助集体力量开展维权,打击版权侵权行为。③ 在5G时代下,凭借极速传输的技术将会有更多的版权利用和传播形式,行业内的经营者可以借鉴中国财经媒体版权保护联盟的经验,成立相应的行业组织,发挥其版权自主监管的作用,共同应对非法传播作品的严重侵权行为。

再次,加强产业机构自律。加强产业机构自律能够同时促使产业内具有

---

① 《广东佛山左某某侵犯软件著作权案告破 跨区域联动成版权执法新常态》,中国国家版权局网,2017年12月28日。
② 郭欣:《网络时代版权行政管理面临的困境与对策》,《中国出版》2013年第5期。
③ 中国财经媒体版权保护联盟网,https://fmcpa.org.cn/2018/11/07/lian-meng-zhang-cheng/,2018年11月7日。

一定影响力的企业加强其对权利人版权利益的保护意识，同时为其敲响警钟使其提高版权意识，加强在其控制领域内对版权侵权行为的监管，杜绝行为人利用其平台实施版权侵权行为，在条件满足的情况下组建企业间的自律组织，共同发挥产业机构的自律监管作用。例如，在2016年由掌阅科技、阅文集团、咪咕数字传媒等33家企业共同发起的"中国网络文学版权联盟"正式宣布成立，在该联盟发布的《中国网络文学版权联盟自律公约》中，其共同约定增强版权保护意识，自觉抵制侵权行为，不为侵权盗版网络作品的行为提供技术上的帮助，并积极配合政府部门开展打击盗版、维护版权的行政活动。①

最后，发挥群众版权监督的作用。版权行政执法部门可充分发挥"线上与线下"同步监管机制作用，拓宽群众举报渠道，建立举报信息采集录入、问题分流督办、结果跟踪反馈一体化工作流程，② 可以考虑发挥群众举报的监督作用，对举报侵权行为、提供侵权行为相关线索的群众予以奖励；同时加强版权行政执法的主动性和积极性，将盗版侵权的行为尽早制止，而不用等到事后的司法救济，充分体现行政执法在5G时代下高效打击版权侵权的作用。

（四）利用新技术提高版权监管能力

在新技术的发展下，网络版权侵权衍生出了诸如聚合盗链、软件应用市场中的侵权应用、网盘分享等新型侵权形态，手段更加隐蔽化已经成为当今网络侵权盗版的突出特征。③ 在5G时代下，移动云计算技术的发展，盗版软件应用或夹带侵权内容的软件应用在软件市场上屡禁不止的问题可能会再度加剧。因此，版权执法应该提高对新技术的利用从而提高版权监管能力。

区块链技术是一种不依赖第三方、通过自身分布式节点进行网络数据的

---

① 《割除网络文学领域毒瘤需利器——来自"网络文学版权保护研讨会"的声音》，新闻出版广电网，2016年9月22日。
② 陈前进、代永生：《新时代网络版权执法监管的新挑战》，《出版广角》2018年第15期。
③ 陈卓威、唐英：《新技术下网络版权保护的新局面、难点与治理对策》，《中国出版》2019年第9期。

存储、验证、传递和交流的一种技术方案。① 区块链技术具有链上信息不可篡改,能够提供一个强有力的电子信息存在证明的特点,从而被逐渐运用于司法和行政程序之中。当下版权侵权匿名性、侵权链接删除便捷性,容易让侵权人消除其实施侵权行为的证据,因此版权监管部门可以加强对区块链技术的运用,对监测到的侵权证据进行及时的固定,从而进行版权执法。

近年来"中国财经媒体版权保护联盟"采用区块链、公钥加密和可信时间戳等技术,为原创作品提供原创认证、版权保护。区块链技术会在文章中嵌入具有唯一性的标识"DNA",嵌入此"DNA"后,只要文章保持70%的相似度,无论文章被转到微博、微信还是其他网站,都可以通过这个"DNA"进行溯源和追溯,一旦发现侵权行为,技术平台便会立即取证存证。目前,每日经济新闻、北京商报、中国教育报、金融时报、中国经济周刊、华龙网等多家媒体已与联盟完成了技术接入,实现了原创内容认证,实时监测文章被侵权情况。此外,为了简化维权流程,降低维权成本,联盟还与杭州互联网法院进行了技术接入,与北京互联网法院的接入也正在推进中。②

利用DCI加强网络版权的监测取证能力。DCI又称数字版权唯一标识符,是中国版权保护中心为更好地在数字网络化环境下提供公共服务提出的创新服务体系。DCI基于数字版权唯一标识技术,可以实现以数字作品版权登记、费用结算、监测取证为核心的综合、科学、有效的版权公共服务创新模式。③ 在5G技术的商用化背景之下,版权执法部门可以利用DCI对应用程序市场平台内的程序、视频分享网站内的视听作品等进行监测,或者建立新的平台应用,实现版权执法、版权登记和软件正版化等版权工作信息的及时报送、统计、公告和查询,对互联网及其他新媒体的侵权盗版行为实时监管,提升版权保护工作水平。④

---

① MBA智库,https://wiki.mbalib.com/wiki/%E5%8C%BA%E5%9D%97%E9%93%BE,最后访问时间:2019年9月9日。
② 《中国财经媒体版权保护联盟在京成立》,中国工业新闻网,2018年12月17日。
③ 《知识立国的探索:中国进入版权保护的全兴时代》,新财富杂志网,2016年8月10日。
④ 陈前进、代永生:《新时代网络版权执法监管的新挑战》,《出版广角》2018年第15期。

四 5G时代前沿典型地区的版权机制建设

近年来，我国地方版权行政机构为加大对版权人利益的保护力度，促进优秀文化成果的创造和传播，根据国家版权局的通知文件，就网络版权的执法机制进行了创新，得出了版权执法的实践经验，这对于2020年之后5G技术的商用化背景下我国的网络版权管理具有重要的参考意义。

（一）约谈工作机制

约谈工作机制主要体现为版权行政部门针对某一版权领域的突出问题，邀请该行业的主要企业或者其他社会主体召开座谈会，加强该行业领头企业的版权保护意识，促使其采取合理措施来制止其所负责领域内的版权侵权行为，保护版权人的合法利益。例如，为了遏制利用网络云空间进行侵权盗版的违法活动，维护良好的互联网视频传播秩序，2015年8月，北京市版权局组织云盘企业及各大视频网站召开了"云空间侵权治理座谈会"，约谈了包括百度、360等主要云盘，以及搜狐视频、优酷、腾讯、爱奇艺、乐视等主要视频网站；[①] 2017年上海市网信办对财经资讯类网站存在的不合法转载新闻等问题，依法约谈了东方财富网、证券之星、每日经济新闻网、华尔街见闻、环球老虎财经5家网站，效果显著。[②] 在极速、低延时传播技术，移动云计算技术的发展之下，新形态的网络版权侵权行为不断衍生，版权执法机制可以借鉴上述约谈工作机制，由版权行政部门针对某一版权领域的突出问题约谈该领域具有代表性的企业，加强其在某些重要问题上的版权维护意识，发挥其在产业内的影响力，为其他企业起到维护版权、打击盗版的示范作用，同时督促其对平台内存在的侵权行为采取合理的措施，加大对侵权行为的防范

[①] 《北京市版权局组织召开"云空间侵权治理座谈会"》，搜狐法律观察网，2015年8月31日。

[②] 中国信息通信研究院：《2016年中国网络版权保护年度报告》，2017年4月26日。

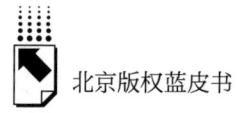

和阻止力度，更好地维护平台内版权人的合法利益，使经营者在良好的版权秩序环境中更好地发展。

（二）"黑白名单"制度

为了提高打击版权侵权行为的效率和精准度，国内一些典型版权执法机关健全失信惩戒机制，提高违法行为人的失信成本，建立并完善了一些领域的版权失信黑名单，增强版权使用人的版权保护意识。2016年国家版权局在网络文学、广告联盟、App等领域推行了"黑白名单"制度，一方面将从事侵权盗版的网站纳入"黑名单"，切断专门从事盗版网站活动的非法利益链条，从源头上遏制侵权盗版势头；另一方面，通过公布重点监管作品"白名单"，明确热门文学作品等领域的授权链条，解决网络提供服务者在"明知"和"应知"认定上的问题。[①] 互联网时代下信息传输具有反复和持续性的特点，每一个个体都可以成为大量信息的反复、持续传播者。[②] "黑名单"的设立将会对反复实施侵权的行为主体进行惩戒，企业一旦进入"黑名单"，将会对企业商誉产生很大的负面影响，使侵权方很难在该行业继续下去；而"白名单"则是在海量的网络文学作品中对优质的作品进行重点保护。另外，进入"黑名单"的行为主体将成为版权行政部门的重点监管对象，这也为精准打击利用5G技术实施版权侵权行为的主体提供了依据。

（三）多位一体的版权保护机制

近年来，部分地区将"版权保护"、"社会服务"和"产业发展"相结合，建立了多位一体的版权保护机制。为了更好地发挥版权对国家经济的推动作用，首先需要加大版权保护力度，建立良好的版权秩序，从而鼓励更多智力成果的创作。与此同时，完善版权服务使版权使用人能够安全、高效地

---

① 中国信息通信研究院：《2016年中国网络版权保护年度报告》，2017年4月26日。
② 刘文杰：《"通知删除"规定、必要措施与网络责任避风港——微信小程序案引发的思考》，《电子知识产权》2019年第4期。

利用版权作品，促进版权许可和交易市场的不断发展，焕发版权产业的生机与活力。5G极速传播时代下对版权的保护离不开多方位的考量，先行地区的实践经验可以为其他地区的版权保护机制提供更多的选择。

（四）自律与他律相结合的网络版权监管机制

不同于前述的约谈工作机制，自律与他律相结合的网络版权监管机制更具有长效性，而约谈机制具有临时性的特点，虽然针对性更强，但效果并不持久。自律和他律相结合的网络版权监管机制的实行能够弥补约谈工作机制在持续期间上存在的空缺，二者双管齐下能够更好地提高对网络版权的监管水平。同样的，百度手机助手、豌豆荚、小米应用商店、华为应用市场、搜狗手机助手、360手机助手等十余家应用商店签署了《关于规范应用市场版权秩序的共同声明》，包括支持、配合版权行政部门依法查处侵权盗版软件进入应用市场的第三方侵权行为、建立健全投诉受理通道，及时受理权利人的通知并进行及时反馈等内容。① 在5G时代下，自律与他律相结合的网络版权监管机制所具有的专业性、长效性和规模性能够很好地解决网络版权领域的侵权问题。

结 语

5G技术的商用化将会给版权保护带来严峻的挑战，5G通信技术凭借其极速传输、低延时、更高带宽等特点对作品的传播提供了便利，但也容易沦为侵权人的侵权工具，更加严重的违法网络直播、更加普遍的短视频违法利用、移动云计算技术下更加复杂的网络服务商责任认定等问题相伴而生。

在构建良好的版权监管机制问题上，笔者建议，在立法层面，可以考虑将广播权和广播组织邻接权在网络转播领域进行延伸，能够使规制违法直播

---

① 《北京版权局规范软件应用市场，百度、360等10余家签署声明》，凤凰网，2018年11月16日。

文艺表演和体育赛事等节目有法可依，统一司法裁量；将短视频作品这类短小作品纳入转载摘编法定许可制度中，可以解决在海量信息下授权难、付费难的问题，在保护作者创作所付出的智力劳动的同时，兼顾鼓励利用短小作品进行再创作；可以为网络接入服务提供者设置接收投诉的责任规定，对明知且有能力制止版权侵权的网络接入服务提供者规定义务，使其采取必要措施担负起适当的社会责任，制止侵权的进一步扩大。

在执法层面，可以采取持续推进"剑网"专项行动、加强部门联动版权执法、利用新技术提高版权监管能力、"线上与线下"同步监管等执法思路和执法方法，针对网络版权侵权问题，充分体现高效、精准、有力和能动性的行政执法特点，尽早制止版权侵权行为，发挥快速化解侵权纠纷的优势，避免侵权人对版权人利益损害的进一步扩大。

在管理层面，版权执法机构可以借鉴北京等前沿典型地区的版权管理机制建设经验，例如约谈工作机制、预警工作机制、"黑白名单"制度、多位一体执法机制和自律与他律相结合的网络版权监管机制等，结合本地区或某领域的特点，有针对性地创新和完善版权管理机制。

中国已在互联网内容产业居于世界前列，进一步有效调整版权规则和加强版权监管，更好地促进产业发展和良好版权生态环境的营造，在未来的5G时代，可以更好地应对重大机遇带来的重要挑战，实现经济和文化的更好发展。

案 例 篇
Case Reports

B.13
网络媒体转载传统媒体作品的侵权认定：
现代快报诉今日头条著作权侵权案

丛立先 张媛媛*

摘　要： 时事新闻不受著作权法保护的原因在于其与事实发生了混同，单纯地对事件的发生时间、地点、人物、经过进行报道形成的简短新闻不是作品，但基于此加入自己的感悟、观点等形成的个性化表达则构成作品。时事新闻与新闻作品不能等同。报刊转载法定许可不适用于网络环境，网络媒体转载作品应遵循"先授权、后使用"的规则。在信息网络传播权侵权案件中，被告以自己仅提供链接服务为由主张不承担责任的，需要举证证明。著作权侵权损害赔偿数额的确定应以填平原

---

* 丛立先，华东政法大学知识产权学院教授、博士生导师；张媛媛，华东政法大学知识产权学院硕士研究生。

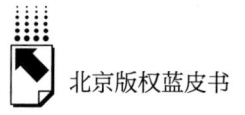

则为首要原则,侵权赔偿数额的确定应与权利人的损失、侵权情节等因素相适应。

关键词: 时事新闻 报刊转载法定许可 信息网络传播权侵权

一 典型意义

本案是传统媒体维权的里程碑式事件。新闻采编过程需要报社投入大量的人力与物力,未经许可进行网络转载却几乎不需要花费任何成本。面对网络侵权的即时性与泛化的特点,传统媒体在取证与维权上面临诸多困境,这对新闻产出行业的保护是十分不利的。法院最终没有支持今日头条仅提供链接服务的主张,判定今日头条未经现代快报许可在运营的客户端上提供作品的行为构成对现代快报享有著作权的作品的侵犯,最终判决赔偿经济损失10万元和合理开支10100元,创下了单篇新闻作品赔偿数额的新高,体现了对传统媒体在网络时代维权困难的关注和倾斜保护。另外,本案对于区分时事新闻和新闻作品、确定新闻聚合平台的合理注意义务、明晰信息网络传播权中的举证责任问题也具有十分重要的意义,通过本案,我们得以再次对传统媒体在信息网络时代的权利保护问题进行审视与思考。

二 裁判要旨

首先,时事新闻不受著作权法保护,但新闻作品属作品范畴。二者的区分是内容是否包含独创性的智力劳动。时事新闻仅包含对客观事实的描述,以平铺直叙的方法介绍时间、地点、人物。但当对事实的报道中增加了报道者自身的感悟、观点,或者利用某些文学艺术手法进行了个性化的创作时,便不再属于单纯的事实消息,而属于作品的范畴。涉案6篇文章均不属于对新闻事件的简单报道,而是作者的独创性智力成果,因而构成作品。

其次，原告提供了证据证明被告提供了作品，被告以自己仅提供链接服务为由主张不承担责任的，应当提供证据证明。本案中现代快报提供了证据证明今日头条客户端上存在涉案作品，但字节跳动科技公司未能提供证据证明用户在阅读作品时存在跳转或链接至第三方网站的情况，因此其仅提供链接的主张不能成立。

最后，在新闻聚合平台与他人签订设链协议时，应采取措施保证设链内容在约定的范围内，否则便具有注意义务上的过错。聚合平台可通过设置关键词等方式将不属于合同约定的可设链内容进行筛选甄别，否则就难以认定其尽到了合理的审查义务。

三 案情介绍

（2015）锡知民初字第00219号

（2018）苏民终588号

原告、二审被上诉人：江苏现代快报传媒有限公司（本报告简称"现代快报公司"）

原告、二审被上诉人：江苏现代快报传媒有限公司无锡分公司（本报告简称"现代快报无锡分公司"）

被告、二审上诉人：北京字节跳动科技有限公司（本报告简称"字节跳动科技公司"）

被告：北京字节跳动网络技术有限公司（本报告简称"字节跳动网络公司"）

本案中，原告主张权利的六篇新闻作品系现代快报聘用的记者在完成工作任务，进行新闻采编的过程中创作的作品。创作涉案作品的作者都与报社约定"除署名权以外，作品著作权归现代快报公司、现代快报无锡分公司共同享有"。由字节跳动网络公司开发、字节跳动科技公司运营的今日头条客户端上可以获取原告主张权利的六篇作品。因此，现代快报公司、现代快报无锡分公司将字节跳动网络公司、字节跳动科技公司诉至法院，要求其承

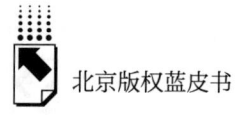

担侵权责任。

原告提供的公证证据显示，在今日头条客户端获取作品的页面上，涉案《打工妹……》一文左上角显示了《成都商报》，文章末尾显示有"相关链接成都商报头条号订阅"字样，文章首页首段后标明了"现代快报记者薛晟"。《为能多见见孙子……》一文左上角标注了"中国江苏网"字样，同样在文章首段后标注了来源于《现代快报》并注明了作者。《九旬老太……》一文左上角显示了"汉网"字样，文章首段标注了作者姓名。《仪仗队……》一文标题下面注明了来源于《现代快报》。《煤气泄漏……》一文左上角标明了"手机新浪网"字样，文章首页首段之后标明了文章来源和作者。《女子民政局……》一文左上角显示有"东方网"字样。经核对，涉案六篇文章中的三篇除了标题字词有所改变外，内容一致。

字节跳动科技公司为了证明侵权不成立，主张《打工妹……》《九旬老太……》两篇文章系由用户上传，其他四篇文章从合作方获得授权链接而来。从字节跳动科技公司提供的公证证据显示的情况来看，进入今日头条的媒体后台管理系统，可查证成都商报为独立的媒体账号，《打工妹……》一文的链接指向成都商报客户端。《九旬老太……》一文也由独立的媒体账号"汉网"提供。因此法院认定这两篇文章系由其他用户上传，今日头条仅提供了存储空间。《为能多见见孙子……》在中国江苏网可以获得，字节跳动科技公司与中江网签订了合作协议，约定中江网对中国江苏网的内容享有信息网络传播权，授权字节跳动科技公司以链接形式转载该内容。《仪仗队……》一文在新浪网可以获得，字节跳动科技公司曾与新浪网有过设链协议，但没有证据证明合作关系仍然存在。字节跳动科技公司主张《煤气泄漏……》一文来自新浪网链接，但未提供证据。《女子民政局……》一文在东方网中可以获得，2014年9月26日字节跳动科技公司与东方网签订了《著作权使用许可合同》，约定东方网许可字节跳动科技公司使用东方网自有版权的图文及视频信息。另外，字节跳动科技公司提交的公证书还显示，《打工妹……》《为能多见见孙子……》《仪仗队……》《女子民政局……》四篇文章可通过新华网获得，字节跳动科技公司通过供稿服务协议获得了根据自身编辑需要在新华网网页进行摘编的权利。一审庭审中，现代快报公司、现代快报无锡分公司出具说明，证明其未授权中国江苏网、中青网、东方网刊载现代快报的文章。

一审未支持字节跳动科技公司称自己仅对涉案文章提供链接的主张，综合考虑今日头条的影响力、传播范围及主观过错等因素，判决其赔偿现代快报公司、现代快报无锡分公司经济损失10万元，合理费用10100元。字节跳动科技公司不服提起上诉，二审法院维持了原判。

四　裁判理由

首先，时事新闻是指通过大众传播媒介传播的单纯事实消息，对新闻事件的简短描述因不满足独创性的要求故不构成作品。涉案六篇文章虽然是对客观事实的描述，但其文字表达中不仅包含单纯事实情况，而且含有以文艺创作手法创作的新闻评论，该表达属于作者的独创性智力劳动，并非《著作权法》不予保护的时事新闻。字节跳动科技公司主张涉案文章不受《著作权法》保护，并无法律依据，因此不予支持。

其次，证据显示，《打工妹……》《九旬老太……》两篇文章在今日头条客户端显示时，标注了上传用户的名称，今日头条提供的证据，可以证明两篇文章分别由成都商报和汉网用户上传，今日头条作为网络服务提供者仅为其提供了网络存储空间，且尽到了合理审查义务，不具有过错，因此不应承担侵权责任。

最后，对于《为能多见见孙子……》等四篇文章，字节跳动科技公司主张其仅提供了链接服务，法院认为，现有证据不足以证明字节跳动科技公司仅提供了链接服务。首先，虽然字节跳动科技公司提交的9395号公证书中有该四篇文章的后台信息，但后台信息显示的URL地址并无与之对应的今日头条客户端页面显示信息予以佐证，即后台信息仅是字节跳动科技公司的单方陈述内容，并无相应证据证明。其次，字节跳动科技公司现有举证只能证明其与第三方网站存在以链接方式进行作品传播的协议，并不能进一步证明其对涉案四篇文章确实仅提供链接服务,而未将涉案文章复制进其服务器中。再次,缺乏证据证明用户在今日头条阅读涉案作品时存在跳转或链接到第三方网站的情形。因此,对其仅提供链接的主张不予支持。

即使认为字节跳动科技公司确实仅提供了链接服务,本案证据证明其也存在过错,因而不能免责。本案中,现代快报公司主张权利的四篇文章(除了提供信息存储空间之外的四篇)并未授权中国江苏网、中青网、东方网刊登,则今日头条对这些未经许可传播的作品进行设链,只有在不存在过错的情况下,才可以免责。《为能多见见孙子……》《女子民政局……》分别由中国江苏网和东方网提供,字节跳动科技公司与两家达成了就其自有版权内容进行设链转载的协议。但字节跳动科技公司并未要求两家网站提供任何拥有合法信息网络传播权所涉权利人的清单列表,而是笼统地在合同中要求网站承担知识产权瑕疵担保责任。且在《为能多见见孙子……》一文中,标注了"现代快报记者薛晟 通讯员苟连静",左上角显示的却是"中国江苏网"字样,这种明显的差异应引起今日头条的注意,采取关键词等方式对其进行筛选,但字节跳动科技公司并没有证据证明其尽到了合理注意义务,因此存在过错。字节跳动科技公司主张《仪仗队……》《煤气泄漏……》是通过新浪网合法授权链接而来,但没有证据证明两者之间的设链合作协议继续有效,故对该主张不予支持。被告还主张涉案文章是通过签订供稿协议的新华网而来,但本案证据显示,涉案文章并非来源于新华网,对该主张法院也不予采纳。

在赔偿主体的确定上,字节跳动科技公司是头条网的 ICP 备案主体,且其在本案中亦明确自己是头条网及客户端的经营和开发者,因此,虽然安卓应用系统下开发者的信息为字节跳动网络公司,但并不能据此认定字节跳动网络公司属于法律意义上的网络服务提供者,不应为侵权行为承担责任。

五 案件分析

在形成新闻的过程中,传统媒体在采访、撰写、发布等方面投入了巨大的人力和物力，而转载作品却不需要付出这些额外的劳动，因此要对新闻创作进行保护，才能确保有充足的内容产出。纸媒时代的转载侵权具有一定的延时性，由于报刊印刷及装订运输都需要时间，即使未经许可转载了原发布者的文章，也因时效的缘故无法对先发行作品在先发市场形成实质替代。但网络下的转载侵权不同，因为互联网传播的即时性和无界性，纸媒传播的作品一经刊载，他人就可通过互联网同时进行传播。长期以来，我国著作权侵权判定的赔偿数额并不是很高，传统媒体针对这些分散的侵权行为采取公证保全、维权所花费的成本时常不能通过诉讼得到有效弥补，这在无形中也挫伤了内容产出行业维权的积极性。本案中，法院在认定今日头条未经许可提供现代快报公司享有著作权的作品的基础上，判决今日头条运营者对涉案四篇文章的使用赔偿原告10万元，创下了我国文字作品判赔数额的新高。① 法院的判决对于遏制互联网层出不穷的违法转载，确定网络服务提供商在使用作品、提供服务时的合理注意义务有着重要的示范意义。

（一）时事新闻与新闻作品的区分

本案中，字节跳动公司主张自己行为不构成侵权的一个理由便是其认为除了《九旬老太……》一文外，其余的作品都较为短小，仅以平叙的手法对事件进行了记载，且刊登在新闻栏目中，故应属于《著作权法》排除保护的"时事新闻"。时事新闻与新闻作品之间有较大的区别，因此对涉案新闻报道的不同定性将会对判决结果产生截然不同的影响。

1. 时事新闻指单纯的事实消息

我国《著作权法》在规定排除保护的客体时，特别提及了"时事新闻"，② 这在很大程度上给人造成误解，即认为新闻报道的结果都应当排除在《著作权法》保护范围之外，对这一问题的把握需要从法律做此规定的

---

① 郑晓红：《正确适用报刊转载法定许可，助力媒体融合发展》，《出版广角》2019年第6期。
② 《著作权法》第五条：本法不适用于：（二）时事新闻……。

原因层面进行分析。有学者在论及不保护时事新闻的原因时指出，消息具有时效性，需要广泛传播周知。① 从字面含义来理解，时事新闻的确包含近期发生的社会事件之意，从社会公众知情权的角度出发，应促进其快速传播。但时事新闻的种类很多，涉及政治、经济、娱乐等方面，公众并非对所有新闻都有知晓的必要，因为其是"崭新的"就将其排除在《著作权法》保护之外的理由并不充足。且公众不仅对新闻有知晓的必要，对任何科学文化知识都有了解的必要性，但未见《著作权法》将科学或文学作品排除在保护范围之外。由于我国著作权立法参照了国际条约，且国际条约的规定也是我国应当提供的最低保护水平，因此国际公约对理解我国法律规定具有借鉴意义。《伯尔尼公约》第2条第8项规定，公约提供的保护不适用于日常新闻或纯报刊消息性质的社会新闻。《伯尔尼公约指南》也对该条进行了说明，即不提供保护是因为其不满足作品的构成要件。由此可以看出，时事新闻不受保护并没有特殊的理由，主要是缺乏独创性。时事新闻作为对社会事件的记载，当其构成过于简单，而与思想发生混同时，就不再受《著作权法》保护。比如对事件的报道只包括了时间、地点、人物等的简单叙述，任何人对该事件基本情况进行介绍都不可避免地采用相同的表达，此时，这种一句话新闻就会因"合并原则"而被排除保护。除此之外，当对新闻事件的报道加入了自己的观点、使用了某些修辞手法时，就成了作者的个性化表达从而作为作品受到保护。《著作权法实施条例》也澄清了《著作权法》中所称的时事新闻，仅指单纯的事实消息。故只有当对事实的报道没有增添任何个人元素，仅就一般事件的构成要素如时间、地点、人物等进行客观叙述的情况下，才会落入"单纯的事实消息"的范畴。

时事新闻是否包含摄影图片，曾经产生过争议。在"金报诉北方国联案"中，② 法院认为原告主张权利的照片是以图片形式表现发言人的形象、身份、现场情况等属于《著作权法》中的时事新闻。上文已经分析，时事

---

① 曲三强主编《现代著作权法》，北京大学出版社，2011，第63页。
② 北京市海淀区人民法院民事判决书（2009）海民初字第13593号。

新闻不受保护的原因是其属于单纯的事实消息,思想与表达发生了混同因而不可作为作品受到保护,如果在表达形成的过程中具有个性化选择的空间,那么其就属于作品而不是不受保护的事实了。拍摄照片的过程中,拍摄者可以对拍摄角度、光线、明暗等做出一系列选择,此时所摄照片就不会因思想与表达发生混同而属于事实消息的范畴。① 还有观点认为,时事新闻包含对时效的要求,因此,对于旧闻或小新闻不必限制其著作权,以防止限制范围过大。② 该观点认为时事新闻应仅限于新近发生的重大事件,但如上文所述,时事新闻不受保护的原因在于思想与表达发生了混同,而不关乎事件社会影响的大小和新旧程度。否则就会出现一种奇怪的现象,即在事件刚发生时报道构成时事新闻,经过一段时间后报道却成了可版权的作品,这显然是违背逻辑的。

2. 涉案新闻属新闻作品

虽然时事新闻不构成作品因而不能受到《著作权法》保护,但在新闻产生过程中,相关媒体也投入了发现事实、传播事实的劳动,他人以不正当手段进行使用的,有关主体可以《反不正当竞争法》主张权益。因此,即使在使用他人提供的时事新闻时,也应注意遵守行业规范和法律要求,为他人报道的新闻事实注明出处。不受《著作权法》保护不等于其没有价值,通过注明来源,使可能产生的收益正当地归属于采编形成新闻者,是符合商业道德的。最高人民法院于2002年发布的《关于审理著作权民事纠纷案件适用法律若干问题的解释》第十六条规定了,传播报道他人采编的时事新闻,应当注明出处。

本案中最终形成的新闻报道,是在客观事实的基础上,运用文艺创作的手法形成的评论,是以事实为素材,增加了作者的个性化表达,因此已经不再属于单纯的事实消息,而应构成受《著作权法》保护的作品了,时事新闻与新闻作品不属于同一概念,后者因具有个性化表达的空间而属于作品。

---

① 卢海君:《著作权法中不受保护的"时事新闻"》,《政法论坛》2014年第6期。
② 蒋强:《著作权侵权案件中时事新闻的认定——新闻报道著作权侵权纠纷案评析》,《科技与法律》2011年第3期。

（二）信息网络传播权侵权判定

今日头条作为新闻聚合服务提供商，同时提供信息存储空间。用户可以开通头条号在平台上传作品。网络服务提供商提供的服务具有多样性，其应该承担何种责任，要结合其在具体侵权行为中提供服务的类型进行确定。

1. 信息存储空间服务者的归责原则

根据字节跳动科技公司提供的证据，涉案文章中的两篇《打工妹……》《九旬老太……》分别由成都商报和汉网用户上传，而现代快报公司声明其未将涉案作品授权其他网站使用，也未许可他人转授权使用，因此，成都商报和汉网用户在本案中直接将现代快报公司享有著作权的作品在网上提供的行为构成对现代快报公司的信息网络传播权直接侵权。而字节跳动科技公司在本案中，不属于内容服务提供者，仅为侵权作品提供了信息存储空间，因此属于网络服务提供者，在其对侵权行为的发生具有过错的情况下，对侵权行为承担责任。内容服务提供者与网络服务提供者、直接侵权与间接侵权的划分是确定服务提供商侵权的归责原则、免责事由的重要分野。内容服务提供商向用户提供内容，如果内容侵犯了版权人的权利，则该内容提供商承担的是直接侵权责任，除了构成法定许可及合理使用之外，并无特殊的免责事由。但为网络用户提供存储空间、搜索链接服务的网络服务提供者，自身并不提供作品，对服务器中的海量内容也不可能进行一一审查，在发生侵权行为时，如果网络服务提供者主观上存在明知或应知，则其提供的网络服务就对侵权行为的发生在客观上提供了帮助，此时就需要承担帮助侵权的责任。

《信息网络传播权保护条例》第22条规定了存储空间服务提供者不承担责任的情形，即在明确标识存储空间是为服务对象提供的，并提供联系方式、未改变提供的作品、不知道且不应知道上传的作品侵权、未从侵权作品中获利以及接到权利人侵权通知后及时删除作品的，不承担赔偿责任。本案中，《打工妹……》《九旬老太……》两篇文章在今日头条客户端显示时，页面上都注明了上传的用户名称，本案中原告也没有提供证据证明被告对侵权行为存在明知或应知，且没有证据证明今日头条从该特定作品的传播中获得了利益或对作品内容进行了改变。因此,应认为今日头条对用户未经许可的上传行为不具有过错,不应承担侵权责任。

2. 信息网络传播权侵权的举证责任

对于除了上述两篇作品之外的其余四篇新闻作品,今日头条主张其仅提供链接服务。但与对于一般的链接,用户要浏览作品,必须点击链接跳转到原始网页不同,在今日头条的客户端页面上,用户直接就可以浏览作品,且没有显示被链网站的网址。一般的链接并不被认定为侵权,唯在深层链接是否构成信息网络传播,学界与实务界对服务器标准、实质替代标准、法律标准各执一词。美国判例中提及的用户感知标准,在我国学者的相关论述中也多有出现,但对于该标准的不合理性的认识是较为一致的。即以用户的认知作为判断作品提供主体的标准,是一种主观标准,存在判定主体不确定、认定结果受主观因素影响较大等弊端。我国相关司法解释规定了通过信息网络提供作品属于对信息网络传播权的侵权。从司法解释规定的"提供"标准来看,其包括的行为类型比将作品上传至网络的初始行为要宽泛。①

虽然将用户感知标准作为认定信息网络传播权侵权的标准不合适,但将其改造作为信息网络传播权侵权的举证规则,却是符合双方证据提供能力和利益平衡的有效举措,即在信息网络传播权侵权举证过程当中,由认为权利受到侵犯的原告举证证明在被告的网站上可以获得相关作品,若被告以自己仅提供了链接为由进行抗辩的,则要拿出相关证据加以证明。被告采取了何种技术措施使作品可以在自己控制的网页上展示,自身最为清楚,因此由被告举证具有可行性和便利性。最高人民法院于 2012 年发布的《关于审理侵害信息网络传播权民事纠纷案件适用法律若干问题的规定》第六条规定了信息网络传播权的举证责任,即原告举证证明被告提供了涉案作品,网络服

---

① 《最高人民法院关于审理侵害信息网络传播权民事纠纷案件适用法律若干问题的规定》第三条:网络用户、网络服务提供者未经许可,通过信息网络提供权利人享有信息网络传播权的作品、表演、录音录像制品,除法律、行政法规另有规定外,人民法院应当认定其构成侵害信息网络传播权行为。通过上传到网络服务器、设置共享文件或者利用文件分享软件等方式,将作品、表演、录音录像制品置于信息网络中,使公众能够在个人选定的时间和地点以下载、浏览或者其他方式获得的,人民法院应当认定其实施了前款规定的提供行为。

务提供者主张其仅提供网络服务的,应当举证证明。① 在本案中,现代快报公司通过公证证明了在今日头条网站上可以获得涉案作品,今日头条虽然以其仅提供链接为由主张不承担责任,但其提供的证据都没有成功证明其主张,故法院根据举证责任规则认定其提供了作品。

(三)网络转载应遵循的规则

《著作权法》中规定了报刊转载的法定许可,即在满足:①作品已经发表;②著作权人没有作出不得转载、摘编的声明;③按规定向著作权人付酬的条件下,可以不经著作权人许可,报刊之间可以相互刊登其他报刊上已经登载的作品。② 而在互联网时代,转载摘编的阵地发生了转移,大量的转载都发生在互联网媒体上。而关于网络媒体的转载是否适用法定许可,司法实践中存在反复,学界争议也较大。

1. 网络转载不适用法定许可

一般来说,对于作品的使用都应经过著作权人的许可,但有时出于作品使用效率的考虑,法律规定了法定许可以降低磋商所要花费的成本。在作品的使用上,广播电台、电视台以及报刊享有使用作品的法定许可。③ 然而互联网媒体的广泛涌现,使作品的传播效率进一步提高。从提高作品传播效率、便利公众获取作品的角度看,互联网媒体比传统媒体更胜一筹,赋予传统媒体以法定许可的特权,似乎没有理由对互联网媒体进行区别对待。立法与司法解释对于这一问题也存在着反复。2000年实施的《最高人民法院关于审理涉及计算机网络著作权纠纷案件适用法律若干问题的解释》(现已失

---

① 《最高人民法院关于审理侵害信息网络传播权民事纠纷案件适用法律若干问题的规定》第六条:原告有初步证据证明网络服务提供者提供了相关作品、表演、录音录像制品,但网络服务提供者能够证明其仅提供网络服务,且无过错的,人民法院不应认定为构成侵权。

② 《著作权法》第三十三条第二款:作品刊登后,除著作权人声明不得转载、摘编的外,其他报刊可以转载或者作为文摘、资料刊登,但应当按照规定向著作权人支付报酬。

③ 《著作权法》第四十三条:广播电台、电视台播放他人未发表的作品,应当取得著作权人许可,并支付报酬。广播电台、电视台播放他人已发表的作品,可以不经著作权人许可,但应当支付报酬。

效）中，曾经承认了对于报刊或者网络上存在的作品，除了著作权人声明不得使用的以外，网站可以通过法定许可进行转载。但2001年修改的《著作权法》并没有将转载的主体扩及网络媒体，仍将报刊作为法定许可适用的主体。2004年最高人民法院在司法解释中又将法定许可的主体扩大到网络媒体，① 2006年7月实施的《信息网络传播权保护条例》又否定了司法解释的立场。2006年11月，最高人民法院审判委员会通过会议删除司法解释中法定许可适用于网络转载的规定。② 由此，立法与司法解释的观点与态度走向统一，即法定许可不适用于互联网转载。

2.网络转载应遵循的规则

从我国目前法律与司法解释的规定来看，网络转载需遵循的规则是"先授权，后使用"。③ 国家版权局在2015年发布的《关于规范网络转载版权秩序的通知》中，也特别强调了网络媒体转载他人作品，必须经过著作权人许可并支付报酬。④ 因此，互联网转载报刊登载的作品、互联网媒体之间相互转载必须遵循先授权、后使用的规则。

虽然从功能来看，网络媒体与传统媒体并无区别，但是，网络媒体与传统媒体复制和传播存在较大差别，⑤ 且两者对作品传播的控制能力以及对作者信息的掌握情况是不同的。在报刊转载时适用法定许可，至少还可以通过确定著作权人来支付相应的报酬。但若在网络转载中适用法定许可，无法回避的一个现实是，网上作品来源不易确定，大量未经许可的上传行为，使即

---

① 《最高人民法院关于审理涉及计算机网络著作权纠纷案件适用法律若干问题的解释》（已失效），法释〔2004〕1号，第三条。
② 最高人民法院关于修改《最高人民法院关于审理涉及计算机网络著作权纠纷案件适用法律若干问题的解释》的决定（二）（法释〔2006〕11号），根据《著作权法》第五十八条的规定及《信息网络传播权保护条例》的规定，最高人民法院审判委员会第1406次会议决定对《最高人民法院关于审理涉及计算机网络著作权纠纷案件适用法律若干问题的解释》做如下修改：删去《最高人民法院关于审理涉及计算机网络著作权纠纷案件适用法律若干问题的解释》第三条。
③ 王国柱：《媒体融合背景下网络转载的版权规则——解读国家版权局〈关于规范网络转载版权秩序的通知〉》，《出版发行研究》2015年第8期。
④ 《关于规范网络转载版权秩序的通知》，国版办发〔2015〕3号，第1条、第2条。
⑤ 翟真：《职务新闻作品网络转载制度的构建》，《中国出版》2018年第2期。

使网络媒体有意依规定进行付酬,有时也难以确定真正的版权人。且在现有法定许可付酬机制不完善的情况下,传统报刊之间的转载付酬尚未有效落实,在这种情况下,将法定许可扩大适用至网络环境,会使著作权人利益得不到有效保障。①

也有学者提出,从新闻传播的角度考虑,全媒体时代应对互联网媒体转载新闻作品适用法定许可,但为了保护首发媒体的权利,应增加"延迟转载"的规定。② 即对于新闻类的作品,在首次发表后的 24 小时内,其他媒体不得转载,之后就可依法定许可进行使用。此虽能在一定程度上减轻网络转载对传统媒体带来的冲击,但仍属于学理探讨的范围,现阶段网络转载作品仍应遵循先授权许可的规定。为了克服个别许可谈判带来的交易成本问题,传统媒体与互联网媒体之间可以建立合作机制,如本案中的今日头条那样,与版权人签订设链合作协议。但在作品使用过程中应规范管理,通过探索建立授权作品信息库等方式,确保使用的作品有合法的来源。该倡议在国家版权局发布的《关于规范网络转载版权秩序的通知》中也有所体现。③

(四)赔偿数额的认定

本案中,现代快报公司未举证证明自己的损失,且其要求适用法定赔偿确定赔偿数额,因此,法院最终利用法定赔偿的损失计算方法确定了今日头条的赔偿数额。在确定赔偿数额时,一审法院指出,网络服务提供者提供的技术为信息传播带来了便利,应对技术的发展持肯定与鼓励的态度,但这一切都建立在充分保护著作权人的利益之上,考虑到今日头条的影响力、传播范围和主观过错等因素,最终判决被告今日头条向原告赔偿损失 10 万元和合理费用 10100 元,二审法院予以了维持。四篇违法转载的文章最终获赔 10 万元,平均每篇获赔 2.5 万元,创单篇新闻作品获赔数额之最,被业界

---

① 丛立先:《转载摘编法定许可制度的困境与出路》,《法学》2010 年第 1 期。
② 郑艳馨、孙昊亮:《全媒体时代"报刊转载"法定许可制度的完善》,《青年记者》2015 年第 31 期。
③ 《关于规范网络转载版权秩序的通知》,国版办发〔2015〕3 号,第七条、第八条。

称为"有划时代的意义"。① 司法及学术界人士也认为，该案判赔数额之高，体现了对原创的坚决保护和对侵权严厉打击的态度。② 传统媒体在互联网时代受到的冲击是有目共睹的，新闻采编需要较高的成本，在赔偿数额较低的情况下，违法转载的低成本将无法起到对侵权人的震慑作用，不能从根本上促成规范转载秩序的形成。本案所开的高赔偿标准之先河，可能会对今后司法审判实践认定相关侵权行为产生借鉴作用，毕竟已有先例存在，后者不必背负过多的司法创新负担。

回归我国著作权侵权赔偿数额确定的基本原理与一般标准，赔偿数额的确定要以弥补权利人的损失为首要原则，在损失无法确定时，可依侵权人的违法所得为标准进行确定，二者皆无法得出时，可将法定赔偿作为损失计算方法。本案被违法转载的都是篇幅有限的新闻作品，相比以往判决中所采用的赔偿标准来说，本案单篇平均赔偿数额不仅具有填平损失的效果，更有惩罚性赔偿的意味，是对赔偿标准的拔高。我国现行《著作权法》没有规定惩罚性赔偿，司法审判实践对其采用也持审慎态度，故本案在一般侵权赔偿数额的确定方面参考意义有限。尽管著作权侵权赔偿数额的精确计算在实践中还存在障碍，但还是应坚持传统侵权法中的填平损失原则，在做出力度较大的突破性判决时，应有充分的理由。合理的赔偿数额的确定，对于权利人来说是正义的体现，侵权人也通过承担与行为相适应的责任实现了公平正义。本案的最终判决显示了对从事原创内容产出工作的传统媒体的支持，鼓励了其在互联网时代针对丛生的侵权行为开展维权，但对于赔偿数额的确定应科学合理，既不能因为精确计算的困难而放弃对权利人损失的充分弥补，也不能过分强调对权利人的高水平保护而使判决赔偿数额与正常标准相去甚远，毕竟，利益平衡是版权立法与司法实践的共同追求。

---

① 《中国报协向最高法呈送〈关于将现代快报诉今日头条一案作为指导性案例的建议〉》，中国报协网，2019 年 1 月 29 日。
② 《现代快报诉"今日头条侵权案"成知识产权峰会焦点》，现代快报网站，2018 年 10 月 19 日。

B.14 以虚拟货币收入认定网络游戏盗版的犯罪数额：巨石在线（北京）科技有限公司、黄某侵犯著作权案[*]

丛立先 刘乾[**]

摘 要： 近年来，通过复制网络游戏作品、经营"山寨"版手机网络游戏非法牟利的案件明显增多。此类案件的盗版侵权数据大部分都储存在服务器或云端，行为人时常采用违法获利途径与盗版网站经营公司账户分离的方式躲避侦查。在一起2018年判决的典型著作权刑事案例中，法院充分运用电子商务支付平台数据及"手游"营销模式的新特点，以虚拟货币的销售数额认定网络游戏盗版的犯罪数额，对打击此类新型的犯罪具有示范意义。

关键词： 网络游戏 侵犯著作权罪 虚拟货币 犯罪数额

一 典型意义

近年来，通过复制网络游戏作品、经营"山寨"版手机网络游戏非法

---

[*] 本报告系北京外国语大学中央高校基本科研业务费专项资金资助项目"同人作品的知识产权问题研究"（项目批准号：2018JX017）、国家社科基金项目《跨太平洋伙伴关系协议（TPP）知识产权问题研究》（项目编号：14BFX135）的研究成果。

[**] 丛立先，华东政法大学知识产权学院教授、博士生导师；刘乾，北京外国语大学法学院硕士研究生。

牟利的案件明显增多。此类案件的盗版侵权数据大部分都储存在服务器或云端，行为人采用违法获利途径与盗版网站经营公司账户分离的方式躲避侦查。在本案案发后，嫌疑人企图通过篡改和销毁数据、账目等方式逃避处罚或减轻自己罪责，使认定该公司经营游戏币主要收入的电子数额证据受到破坏。本案主要采用第三方代理公司为被告公司销售"星钻礼品"等用于启动游戏的虚拟货币的收入认定被告单位的犯罪数额，充分运用新类型电子商务支付平台数据及"手游"营销模式的新特点，对此类新型犯罪的电子证据进行梳理和评判，确立了通过第三方平台数据印证涉案犯罪情节的规则，对打击此类故意躲避侦查的新型犯罪具有示范意义，并入选最高人民法院2018年中国法院50件典型知识产权案例、2018年度北京法院知识产权司法保护"十大案例"等。

二　裁判要旨

第一，未经版权人许可，通过经营管理的单位运营与他人享有版权的游戏之源代码具有高度同一性的游戏，并通过代理人员销售用于启动游戏的虚拟货币为其单位非法盈利，构成侵犯著作权罪，且行为人与相关单位构成共同犯罪。

第二，针对销售盗版网络游戏的犯罪行为，若行为人以销售用于启动游戏的虚拟货币作为盈利手段，可以以相关虚拟货币的收入认定销售盗版网络游戏的犯罪数额。

三　案情介绍

（2018）京0108刑初1932号

被告单位：巨石在线（北京）科技有限公司（本报告简称巨石公司）

被告：黄某

北京市海淀区人民检察院以京海检知产刑诉（2018）63号起诉书指

控被告人黄某犯侵犯著作权罪，于2018年9月21日向法院提起公诉。北京市海淀区人民检察院指控，2016年至今，被告人黄某伙同他人，未经版权人北京闲徕互娱网络科技有限公司（本报告简称闲徕互娱公司）许可，通过其经营的被告单位巨石公司运营与闲徕互娱公司享有版权的"闲徕琼崖海南麻将"游戏源代码具有高度同一性的"巨石海南麻将"游戏，并通过代理人员销售用于启动游戏的虚拟货币的方式进行非法营利，非法经营数额达人民币162912.9元。2017年12月16日，被告人黄某被抓获。针对以上事实，公诉机关向法院提交了相关的证据材料，认为被告单位巨石公司、被告人黄某的行为触犯了《中华人民共和国刑法》第二百一十七条、第三十一条之规定，已构成侵犯著作权罪，提请法院依法惩处。

被告单位巨石公司诉讼代表人李某对起诉书指控的事实和罪名没有提出实质性异议。辩护人发表辩护意见认为，巨石公司没有实际的盈利，系初犯，愿意退交违法经营所得，认罪、悔罪态度较好，提请法庭从宽处理。

被告人黄某对起诉书指控的事实和罪名没有提出异议。辩护人发表辩护意见认为黄某没有给被害单位造成实际损失，犯罪情节较轻；且系初犯，到案后如实供述自己的罪行，认罪、悔罪态度较好，提请法庭对其从宽处罚。

针对上述指控事实，公诉人当庭宣读、出示了侦查机关依法调取的被告人黄某的供述，证人秦某、游某、程某、刘某、水某、邢某、谢某、张某、柳某、杨某、任某、武某、高某的证言，授权委托书，报案书，营业执照，辨认笔录，扣押决定书，扣押清单，扣押笔录，涉案照片，微信聊天记录，劳动合同，保密协议，计算机软件版权登记证书，公司设立和变更登记材料，年度纳税申报表，历史交易记录，账户明细单，应缴税费，明细账和银行存款明细账，司法鉴定意见书，受案登记表，立案决定书，破案报告，到案经过，工作说明，到案经过，身份证明等证据材料。经当庭质证，被告单位巨石公司诉讼代表人李勇、被告人黄某及辩护人对控方上述证据材料均未提出实质性异议。

四 裁判理由

经法院审理查明，被告人黄某作为被告单位巨石公司经营管理者，自2016年至今，伙同他人，未经版权人闲徕互娱公司许可，通过其经营管理的被告单位巨石公司运营与闲徕互娱公司享有版权的"闲徕琼崖海南麻将"游戏源代码具有高度同一性的"巨石海南麻将"游戏，并通过代理人员销售用于启动游戏的虚拟货币的方式，为被告单位巨石公司进行非法营利，非法获利人民币162912.9元。2017年12月16日，被告人黄某被抓获。在法院审理期间，被告单位巨石公司退交违法所得人民币162912.9元，现扣押在案。黄某到案后及能如实供认自己的基本罪行，巨石公司及黄某认罪、悔罪态度较好，且巨石公司积极退交违法所得。

法院认为，控方提交的证据形式及来源合法，内容真实且相互印证，已经形成较为完整的证据链，对其证明效力予以确认。法院指出，被告单位巨石公司及其直接负责的主管人员——被告人黄某以营利为目的，未经版权人许可，复制发行他人享有版权的计算机软件，情节严重，其行为已构成侵犯著作权罪，应予惩处。北京市海淀区人民检察院指控被告单位巨石公司、被告人黄某犯有侵犯著作权罪的事实清楚，证据确实充分，指控罪名成立。鉴于被告人黄某到案后及在庭审中能如实供认自己的基本罪行，被告单位及被告人认罪、悔罪态度较好，且被告单位积极退交违法所得，法院对被告单位及被告人依法从轻处罚。辩护人的部分相关辩护意见，法院酌予采纳。依照《中华人民共和国刑法》第二百一十七条第（一）项、第二百二十条、第三十条、第三十一条、第六十七条第三款、第五十三条第一款、第六十四条之规定，法院判决如下。

一、被告单位巨石公司犯侵犯著作权罪，判处罚金人民币二十万元。

二、被告人黄某犯侵犯著作权罪，判处有期徒刑一年，罚金人民币十万元。

三、在案扣押的违法所得人民币十六万二千九百一十二元九角予以没收。

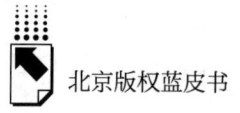

五 案件分析

近年来，在著作权犯罪案件中，通过复制网络游戏作品、经营"山寨"版网络游戏进行非法牟利的案件明显增多。任何电子游戏的核心内容均可分为两部分：游戏引擎（由指令序列所组成的计算机程序）与各种素材片段组成的游戏资源库。① 通过游戏引擎，游戏资源库内的美术、文字、音乐等元素将会被即时整合，在用户完成相应操作时被调取，从而在终端显示器上形成游戏画面，目前一般将这类画面称作"游戏整体画面"。需要注意的是，这二者不仅具有不同的版权属性，而且即使游戏软件代码不同或不相似，游戏整体画面相同或近似的情况仍然大有可能。② 而且，游戏呈现的音画等内容与游戏的计算机程序代码并不一定具有一一对应的关系，即不具有实质性相似的计算机程序代码，经过运算后也可能产生实质性相似的游戏画面、角色美术形象等内容。

目前，针对游戏相关的版权问题，相关民事案件一般已经明确采取游戏的计算机程序代码与游戏呈现在荧幕上的整体画面两分的态度处理相关案件，前者作为文字作品受到《著作权法》的保护，后者在满足一定条件时能够独立于计算机程序代码受到版权法的保护。③ 但是，在刑事司法领域，相关案件仍然仅以游戏的计算机代码作为判定是否存在版权侵权行为的对象，鲜有案件依据游戏整体画面判定被告是否侵犯版权人的权利。④ 这一现象的产生大致有两方面的原因。首先，从判断版权侵权的专业性和执法的可操作性来讲，检察院与刑事法庭往往缺乏对于知识产权侵权问题的判断能

---

① 崔国斌：《认真对待游戏著作权》，《知识产权》2016年第2期。
② 上海壮游信息科技有限公司诉广州硕星信息科技有限公司案，上海市浦东新区人民法院民事判决书（2015）浦民三（知）初字第529号。
③ 王迁、袁锋：《论网络游戏整体画面的作品定性》，《中国版权》2016年第4期。
④ 仍有较少的相关案例。参见福州初心互娱网络科技有限公司等侵犯著作权案，（2017）浙0683刑初801号判决书；马义词犯侵犯著作权案二审刑事裁定书：（2015）苏知刑终字00005号等。

力,尤其是对于游戏整体画面这类在民事领域仍然争议极大的问题,刑事司法机关实难准确判断;但对于计算机程序代码,由于其作为文字作品,相较于游戏整体画面有更为明确清晰的表现形式和确定的内容范围,无论是自行判断代码间的实质性相似程度或委托专业机构予以鉴定都更具备可行性,无论是行政执法还是在刑事司法程序中都更易于操作与判明。其次,考虑到刑事法律的谦抑性,在民事司法尚未全面梳理游戏整体画面的版权属性并对相关的疑似侵权行为进行意见统一之前,刑事司法不宜针对此问题采取相对激进的态度,而且许多案件中游戏整体画面的相似程度实难辨明,刑事法院在此时也应当遵循疑罪从无的标准,认定这类行为不构成犯罪。

本案是典型的被告未经网络游戏软件版权人许可,非法获取网络游戏源代码,并通过网络或其他途径向游戏玩家提供客户端程序的案件。虽然本案并非架设游戏私服,而是采取与他人游戏构成代码极为近似的源代码开发另一款游戏并独立运营,但二者的版权法意义是一致的,即"复制发行"他人享有版权的计算机程序代码,在满足其他条件时可能构成侵犯著作权罪。本案的一项特殊之处在于,由于被告系通过第三方代理公司为其公司销售"星钻礼品"等用于启动侵权游戏的虚拟货币获取收益,且在案发后大量销毁证据导致难以直接查明其违法所得,法院通过虚拟货币的收入认定被告单位的犯罪数额,这一举措不仅在司法操作的层面上具有可行性,也体现出了司法实务中对于虚拟货币的认识。

(一)"复制发行"他人享有版权的计算机程序代码

根据《中华人民共和国刑法》第二百一十七条的规定,"未经版权人许可,复制发行其文字作品、音乐、电影、电视、录像作品、计算机软件及其他作品"是侵犯著作权罪客观阶层的行为要件之一。因此,如何理解"复制发行"的含义是判定本案被告销售、运营盗版网络游戏的行为是否满足本罪客观阶层构成要件条件的重点问题。

首先,关于"复制"要件。在版权侵权案件中,一般使用"接触+实质性相似"原则判断被告的行为是否构成对他人享有版权的作品的复制。

针对本案盗版网络游戏中的计算机程序代码，由于争议网络游戏已公开发行于市场中，在无相反证据的情况下能够认定被告接触了他人享有版权的计算机程序代码。而在实质性相似的问题上，本案属于与计算机软件的文字部分相似的情形，只需根据被控侵权软件程序代码中引用的程序的比例来判定二者是否构成实质性相似，在此作为软件侵权比对分析对象的"文字"是指程序代码而非作为一般文字作品的计算机"文档"[①]。无论是在销售盗版游戏、架设游戏私服或是开发销售游戏外挂等相关案件中，对于计算机程序代码实质性相似的比对都是判定涉案行为是否构成版权法意义上之复制的重要环节，而且通过代码文字的重复率进行比对在司法与执法上都具有相当的可操作性，当被控侵权软件的程序代码与他人享有版权的计算机程序代码的文字重复率达到一定比例时，足以认定二者构成实质性相似，[②] 进而在满足其他条件时能够认定被告的行为构成复制他人享有版权的作品。

其次，关于"发行"要件，需要依据我国对于信息网络环境下侵犯著作权罪的司法解释进行考察。本案中的"发行"行为主要是未经版权人许可通过信息网络向游戏用户提供与原告具有实质性相似的游戏计算机程序代码的行为，由于该行为并未转移作品有形载体的所有权，因此其应当属于《著作权法》中的信息网络传播权而非发行权所控制的行为。[③] 但根据最高人民法院、最高人民检察院《关于办理侵犯知识产权刑事案件具体应用法律若干问题的解释》（本文简称《解释（一）》），通过信息网络向公众传播他人文字作品、音乐、电影、电视、录像作品、计算机软件及其他作品的行为，应当视为刑法第二百一十七条规定的"复制发行"。[④] 虽然该司法解释是否符合罪刑法定原则的要求存在一定争议，但考虑到信息时代下社会的现

[①] 计算机软件非文字部分相似的判定更为复杂。参见吴汉东《试论"实质性相似+接触"的侵权认定规则》，《法学》2015年第8期。

[②] 上海市徐汇区人民法院（2011）徐刑初字第984号刑事判决书等。

[③] 王迁：《论著作权意义上的"发行"——兼评两高对《刑法》"复制发行"的两次司法解释》，《知识产权》2008年第1期。

[④] 《最高人民法院、最高人民检察院关于办理侵犯知识产权刑事案件具体应用法律若干问题的解释》第十一条第三款。

实需求以及从保护法益进行实质刑法解释的合理结论,① 就目前的个案判决来看,法院在此现状下适用《解释(一)》认定侵犯信息网络传播权的行为也可能构成侵犯著作权罪,是较为合理的处理方式。但是,本案法院并未在法律依据中列出该解释,直接将信息网络传播行为视作发行行为,存在法律适用上的瑕疵。

综合来看,法院判定被告人经营管理的被告单位巨石公司运营与闲徕互娱公司享有版权的"闲徕琼崖海南麻将"游戏源代码具有高度同一性的"巨石海南麻将"游戏,并借此获得大量非法利益的行为构成侵犯著作权罪准确无误,但未能在判决书中体现详细的论证过程,包括对被告行为是否满足"接触+实质性相似条件"进而构成"复制"行为,其将侵权游戏置于网络上公开传播的行为是否满足该罪客观阶层的"发行"要件等。

(二)通过虚拟货币的销售收入认定违法犯罪所得

本案在案发后,嫌疑人企图通过篡改和销毁数据、账目等方式逃避处罚或减轻自己罪责,使认定该公司经营游戏币的主要收入的电子数额受到破坏,一度给司法审判工作带来了较大困难。针对这一情况,本案主要采用第三方代理公司为被告公司销售"星钻礼品"等用于启动游戏的虚拟货币的收入认定被告单位的犯罪数额,充分利用新类型电子商务支付平台数据及"手游"营销模式的新特点。这样的认定方法不仅有实践上的便捷性,且在法理上也具有相当的合理性。

在涉及虚拟财产盗窃、诈骗等相关的刑事案件中,我国许多法院已经承认了虚拟财产的财产属性并加以保护。② 虽然我国对虚拟财产的定性尚未形

---

① 丛立先、刘乾:《非法提供从互联网采集的影视作品:秦某等侵犯著作权案》,载王志主编《版权前沿案例评析(2017~2018)》,人民出版社,2018,第151~162页。

② 刘菊华、周维德:《论网络游戏中虚拟物品的价值属性及法律保护》,《河北法学》2004年第12期。

成统一的观点①，但在《民法总则》出台后，②对于虚拟财产具有财产属性、能够承载相应的经济价值、具有交换价值和可让与性等问题已基本达成共识。至于其是否能够在本案中成为认定犯罪数额的依据，可以从以下两个层面进行考量。

第一，关于可否以虚拟财产的价值认定相关犯罪中的数额。除我国《民法总则》、《刑法》、相关司法解释及目前的司法实践之外，我国国税总局的"虚拟财产转让所得税"批复，也为涉及虚拟财产的犯罪中的"数额"认定提供了法律上的参照。根据2008年9月中华人民共和国国税总局给予北京市地方税务局的，关于"个人通过网络销售虚拟货币取得收入是否应该计征个人所得税"回复内容："个人通过网络收购玩家的虚拟货币，加价后向他人出售取得的收入，属于个人所得税应税所得，应按照'财产转让所得'项目计算缴纳个人所得税。那么按照规定，财产转让所得计征方法为，以一次转让财产收入额减去财产原值和合理费用后的余额，为应纳税所得额，适用20%的税率计算缴纳个人所得税。"不难看出，虚拟财产作为具有财产价值的可流通物，其合法的财产属性受到法律的承认，可以作为衡量财产价值的一种依据。在本案中，被告构成犯罪的主要行为系销售盗版网络游戏，并通过销售虚拟货币供玩家充值购买用以参与游戏，从整个运作流程来看，其销售盗版游戏所获得经济利益与销售虚拟货币所获得的直接金钱收益基本等同，因此以被告公司销售"星钻礼品"等用于启动游戏的虚拟货币的收入认定被告单位的犯罪数额具有相当的合理性，这也是法院充分运用新类型电子商务支付平台数据及"手游"营销模式的新特点的重要体现，值得肯定。

第二，关于犯罪数额的具体计算依据。对于虚拟财产这种特殊犯罪对象

---

① 有物权说、债权说、知识产权说、新型财产权说等。于志刚：《论网络游戏中虚拟财产的法律性质及其刑法保护》，《政法论坛》2003年第6期；寿步、徐彦冰、王秀梅：《网络游戏虚拟物的财产权定位》，《电子知识产权》2005年第5期；林旭霞：《虚拟财产权研究》，法律出版社，2010。

② 《中华人民共和国民法总则》第一百二十七条："法律对数据、网络虚拟财产的保护有规定的，依照其规定。"

以虚拟货币收入认定网络游戏盗版的犯罪数额：巨石在线（北京）科技有限公司、黄某侵犯著作权案

之数额认定，因其存在环境与一般的公私财物存在环境有根本区别，较之其他侵犯财产性犯罪的数额认定方式不同，尤其在认定具体的数额时，需要考虑到虚拟财产的价值是随着时间与市场环境波动的，不同时期市场中虚拟财产与法定货币的兑换比例是不尽相同的。但从认定违法所得数额的角度考虑，由于一般认为虚拟财产的价值是其交换价值或称市场交易价值，因此以他人所支付的全部可流通货币总值作为相关犯罪数额的计算依据即可，[①] 以此为计算方法即可直观地得知行为人通过销售虚拟财产获得了价值几何的经济收益。在本案中，被告公司自行定价并委托第三方公司销售"星钻礼品"等用于启动游戏的虚拟货币，涉案虚拟货币的经济价值与用户购买虚拟货币所支付的金钱价值基本等同，因此在数额计算时可以以虚拟货币的销售收入认定其经济价值，进而基于虚拟货币启动游戏的功能与本案被告获利途径的唯一性，认定本案的犯罪数额。

第三，关于司法与执法实践中的实际情况。由于本案的特殊情况，嫌疑人在案发后企图通过篡改和销毁数据、账目等方式逃避处罚或减轻自己罪责，使认定该公司经营游戏币的主要收入的电子数额受到破坏。在这样的情况下，公安机关、监察机关与司法机关均难以通过账本、交易流水等传统的侦察渠道获取有关被告犯罪违法所得的证据，而确定违法所得数额对本案的定罪与量刑工作都非常重要。一方面，对于定罪工作，因为侵犯著作权罪系情节犯，其以"违法所得数额较大或者有其他严重情节"作为入罪的构成要件，唯有较为准确地确定被告的违法所得数额或其他相关情节才可认定其是否构成该罪；另一方面，对于量刑工作，由于侵犯著作权罪系财产犯罪，违法所得数额直接影响其犯罪情节的轻重，尤其是对于"违法所得数额巨大或者有其他特别严重情节"的犯罪行为需要采取加重刑，因此若无法较为准确地确定被告的违法所得数额，将难以正确地对其进行量刑。而在本案中，虽然物理证据大多被被告销毁或破坏，但基于其获取利益途径的特殊性，法院采用第三方代理公司为被告公司销售"星钻礼品"等用于启动游

[①] 黄爱军：《盗窃虚拟财产定罪研究》，广西民族大学硕士学位论文，2009，第81~85页。

戏的虚拟货币的收入认定被告单位的犯罪数额，充分运用新类型电子商务支付平台数据及"手游"营销模式的新特点，对此类新型犯罪的电子证据进行梳理和评判，确立了通过第三方平台数据印证涉案犯罪情节的规则，对于司法实践工作也有着良好的指引作用。

（三）本案中的其他问题

首先，在犯罪主体上，本案中被告人与被告单位构成共同犯罪。由于侵犯著作权罪的犯罪主体包括自然人与法人，根据《中华人民共和国刑法》第三十一条，"单位犯罪的，对单位判处罚金，并对其直接负责的主管人员和其他直接责任人员判处刑罚"。在本案中，被告人黄某伙同他人，未经版权人许可，通过其经营的被告单位巨石公司运营与他人享有版权的游戏源代码具有高度同一性的"巨石海南麻将"游戏，并通过代理人员销售用于启动游戏的虚拟货币的方式进行非法营利，非法经营数额较大，根据相关证据可以认定涉案行为由单位的决策机构按单位的决策程序决定，由直接责任人员实施，且表现为本单位牟取非法利益，①满足单位犯罪的条件。因此，本案被告人应为涉案单位、直接负责的主管人员及其他直接责任人员，即被告人与被告公司构成共同犯罪。

第二，在量刑情节上，鉴于被告人黄某到案后及在庭审中能如实供认自己的基本罪行，被告单位及被告人黄某认罪、悔罪态度较好，且被告单位积极退交违法所得，法院对被告单位及被告人黄某依法从轻处罚。在《刑法修正案（八）》出台后，坦白属于法定的从宽处罚情节，依据《中华人民共和国刑法》第六十七条第三款，"犯罪嫌疑人虽不具有前两款规定的自首情节，但是如实供述自己罪行的，可以从轻处罚；因其如实供述自己罪行、避免特别严重后果发生的，可以减轻处罚"。

综上所述，本案体现了我国版权刑事司法对于盗版游戏问题的典型解决方式，案件从侦查到审判的整个处理流程也较为明晰，对我国处理盗版相关

---

① 张明楷：《刑法学》（第五版），法律出版社，2016，第135页。

的刑事案件中的侦查、取证、判决等各方面而言都有典例价值,尤其本案以虚拟货币收入认定销售盗版网络游戏的犯罪数额,在遵循法理与法律规定的同时为相关司法实践提供了重要的思路。但是,本案判决书中对于版权侵权行为的构成、法律中"复制发行"要件的理解、以虚拟货币收入认定销售盗版网络游戏的犯罪数额的法理支撑缺乏较为深入的论证,可以进行进一步的研究与更加深入的思考。

B.15
视频播放平台版权行政责任的承担：快播公司诉深圳市场监管局版权行政处罚纠纷案

丛立先　起海霞[*]

摘　要： 视频播放平台版权行政责任的承担，不仅涉及对版权民事侵权行为的判定，还包括对公共利益的认定、行政执法主体和行政执法程序合法性的判定以及非法经营额的计算等问题。由于法律上未对公共利益的概念进行明确规定，法院考虑到公共利益具有的政策属性，根据侵权人的过错程度、损害后果等情节做出判断。行政执法主体和行政程序是判定行政处罚决定是否合法的关键，深圳市场监管局在处罚决定做出时已通过法定途径获得行政职权构成合法执法主体，同时深圳市场监管局已经依法履行行政处罚的完整程序，不存在法律法规规定的行政程序瑕疵，法院对此予以了确认。非法经营额是确定版权行政罚款数额的基础，在无法直接查明快播公司非法获利情况和实际经营数额的情况下，深圳市场监管局以涉案影视作品的市场中间价为依据计算出非法经营额。法院对该计算方法的肯定，对该类案件具有重要借鉴意义。

关键词： 公共利益　行政执法主体　行政执法程序　非法经营额

---

[*] 丛立先，华东政法大学知识产权学院教授、博士生导师；起海霞，北京外国语大学法学院博士研究生。

视频播放平台版权行政责任的承担：快播公司诉深圳市场监管局版权行政处罚纠纷案

一 典型意义

本案系全国标的额最大的涉互联网行政处罚纠纷案件，罚款数额高达2.6亿元，开创了网络视频版权侵权罚款的新高，也体现了以巨额惩罚性罚款遏制网络视频版权侵权恶行的司法价值取向。此举不论是对依法守住网络视频版权市场秩序底线，还是对促进网络视频版权的规范化交易都大有裨益，对于网络视频行业具有极强的警示意义。同时，本案涉及知识产权、民事、行政等多部门法的交织，程序及实体问题繁杂，为视频播放平台版权侵权行为的认定，损害公共利益的判定，以及如何认定互联网企业存在非法获利、互联网企业非法经营额的计算等疑难法律问题的处理提供了有借鉴意义的范本。该案被评为2018年中国法院十大知识产权案件和2018年广东知识产权司法保护十大案件之一，对于规范互联网市场的竞争秩序有积极的导向作用。

二 裁判要旨

第一，行政机关进行行政处罚以法律保护的公共利益受到损害为前提，通过对行为人的行为进行处罚，维护正常的社会公共秩序，实现行政管理目的。由于法律上对于公共利益的概念并未做出明确规定，考虑到公共利益具有的政策属性，因此，版权民事侵权行为是否同时损害公共利益，应当由著作权行政管理部门在个案之中根据侵权人的过错程度、损害后果等具体情节做出判断。

第二，在无标价且未能查明快播公司实际经营数额的情况下，以被侵权影视作品的市场中间价确定非法经营额，符合相关法律的规定。对于市场中间价，根据具体案件情形选择较为合理的评估计算方式，实践中有产品成本方法、以同类产品价格作为参考价格的市场调节方法，也有产品的收益现值法等。本案中，侵权对象为影视作品的信息网络传播权，若以成本法计算，

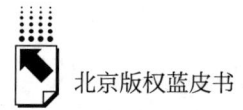

由于有的影视作品投入极大，而收益甚微，其投入和收入具有极大的随机性和不匹配性，不宜作为市场价值的评估方法；若以同类作品参照法，则因为每个作品都有其独立的特性，难以反映被评估对象的真实价值。而市场中买卖双方在真实意愿情形下发生的交易价格，能较为客观地反映被评估对象的市场价值。

三　案情介绍

深圳市监稽〔2014〕123号《行政处罚决定书》
粤〔2014〕59《行政复议决定书》
（2014）深中法知行初字第2号
（2016）粤行终492号
上诉人（一审原告）：快播科技有限公司（本报告简称"快播公司"）
被上诉人（一审被告）：深圳市市场监督管理局（本报告简称"深圳市场监管局"）
第三人：深圳市腾讯计算机系统有限公司（本报告简称"腾讯公司"）

快播公司成立于2007年，注册地为深圳市南山区。2014年3月，腾讯公司向深圳市场监管局投诉称，快播公司侵害其拥有独占性信息网络传播权的《北京爱情故事》等24部作品的信息网络传播权，请求予以查处。深圳市场监管局向深圳市盐田公证处申请证据保全公证。公证书显示，在手机上登录快播客户端搜索涉案24部影视作品，每一部影视作品首选链接均为"腾讯视频"，点击"腾讯视频"旁的下拉选项，均有其他链接，多数伪造成乐视网、优酷、电影网等知名视频网站。点击其他链接播放具体集数，视频显示的播放地址均是一些不知名的、未依法办理备案登记的网站。腾讯公司是涉案24部作品信息网络传播权的独占被许可人，其从权利人处获得涉案24部作品信息网络传播权的独家许可之后，又将其中13部作品的信息网络传播权以直接分销或版权等值置换等方式非独家许可第三方使用。腾讯公司提交的合同显示，该13部作品的分销或者置换价格总计为人民币8671.6

万元。另外，在案件调查过程中，乐视网信息技术（北京）股份有限公司、合一信息技术（北京）有限公司、一九零五（北京）网络科技有限公司分别向市场监管局出具了情况说明，说明上述公证时播放视频显示的地址系小网站地址，快播播放器将涉案影视作品播放来源标注为"乐视、优酷、电影网"系伪造行为。

2014年6月，深圳市场监管局正式对快播公司送达《行政处罚决定书》。该决定书认定，快播公司在应知和明知第三方网站侵犯涉案24部作品信息网络传播权的情形下，仍通过其经营的快播播放器及其内设的搜索网站进行设链，已构成侵权行为，且在行政机关做出处罚、限期整改后，仍继续实施侵权行为，严重侵犯了版权人的合法权益，扰乱了网络视频版权秩序、损害了公共利益。依据《著作权法》第四十八条第（一）项、《著作权法实施条例》第三十六条的规定，决定对快播公司做如下处理决定：第一，责令立即停止侵权行为；第二，处以非法经营额3倍的罚款26014.8万元人民币。随后，快播公司申请行政复议，广东省版权局于2014年9月做出《行政复议决定书》，维持深圳市场监管局做出的行政处罚决定。快播公司不服上述复议决定，在法定期限内将深圳市场监管局作为被告起诉至深圳市福田区人民法院。2014年11月6日，深圳市福田区人民法院经审查认为，本案涉案罚款金额巨大，属于案情复杂、具有重大影响的案件，将案件移送至深圳市中级人民法院审理。深圳市中级人民法院进行审理后，判决驳回快播公司的诉讼请求。快播公司不服，上诉到广东省高级人民法院。2016年6月，广东省高级人民法院两次开庭审理了本案，因案情复杂，批准延长本案的审理期限。2018年12月24日，广东省高级人民法院对快播公司诉深圳市场监管局版权行政处罚纠纷案做出终审宣判，驳回上诉，维持原判。

四 裁判理由

经深圳市中级人民法院和广东省高级人民法院审理，本案争议焦点在于：第一，深圳市场监管局做出被诉行政处罚，是否为行政执法主体错误；

第二，深圳市场监管局在《行政处罚决定书》中认定快播公司侵犯腾讯公司24部作品信息网络传播权的事实是否清楚，证据是否充分；第三，深圳市场监管局认定非法经营额的事实是否清楚、证据是否充分，市场监管局适用法律、法规是否正确、行政处罚的罚款数额是否适当；第四，深圳市场监管局的被诉行政处罚程序是否合法；

（一）深圳市场监管局系本案被诉行政处罚的合法执法主体

快播公司认为由深圳市场监管局做出被诉行政处罚，属于行政执法主体错误。对此，一审法院认为，行政主体拥有的行政职权必须通过法定的途径获得，且根据2003年8月1日施行的《深圳市行政执法主体公告管理规定》（深圳市人民政府令126号）第四条，深圳市行政主体还须经行政执法主体公告程序，未经公告或者超越公告的职责和权限范围的执法活动无效。本案中，2009年深圳市进行大部制改革，进行政府工作部门及职责的调整，将原深圳市知识产权局（版权局）的职责划入市场监管局，由深圳市场监管局行使版权等知识产权的行政管理职责。在该编制规定中，核定了深圳市监督管理局的内设机构和人员编制。因此，深圳市场监管局系本案被诉行政处罚的合法执法主体，快播公司有关该项的意见，法院不予采纳。

（二）深圳市场监管局认定快播公司侵犯腾讯公司24部作品信息网络传播权的事实清楚、证据充分

一审法院认为，快播公司明知其所链接的作品侵权而提供搜索、链接服务，甚至伪造正版链接，具有明显的侵权故意，且在接到腾讯公司多次通知侵权后，仍未删除或断开侵权链接。因此，快播公司认为其系"技术中立"，适用"避风港规则"而免责的意见，与事实不符，也于法相悖，深圳市场监管局认定快播公司侵犯腾讯公司涉案作品的信息网络传播权，事实清楚、证据确凿、于法有据，法院予以确认。

广东省高级人民法院经审理认为，快播公司在明知或者应知小网站不具备授权可能性的情况下，主动采集其网站数据设置链接，并对该设链网页上

的内容进行分类、整理、编辑、排序和推荐,还将小网站伪装成行业内具有较高知名度的大网站,为其实施侵权行为提供帮助。在国家版权局责令整改、腾讯公司多次送达停止侵权告知函之后,快播公司仍未及时删除涉案24部作品的侵权链接。快播公司上述行为,不仅侵害了腾讯公司的民事权利,而且扰乱了整个网络视频版权市场的秩序,损害了公共利益。深圳市场监管局有权对其进行行政处罚。

(三)深圳市场监管局认定非法经营额的事实清楚、证据充分、适用法律法规正确,且行政处罚的罚款数额适当

法院经审理认为,在无法直接查明快播公司非法获利情况和实际经营数额的情况下,深圳市场监管局以涉案13部影视作品的市场中间价为依据计算出非法经营额为8671.6万元。在此基础上综合考虑快播公司的主观过错程度、侵权情节、违法行为后果等,对快播公司处以非法经营额的3倍罚款,符合相关法律的规定,并无明显不当。

(四)深圳市场监管局的被诉行政处罚程序合法

深圳市场监管局在做出涉案行政处罚之前,依法全面履行了调查、收集证据、听证、集体讨论等程序,充分保障了快播公司陈述和申辩的权利。虽然深圳市场监管局在做出行政处罚决定前未征询深圳市人民政府法律顾问室的意见,但因其未对快播公司的处罚结果产生影响,故可认定不构成程序违法。

五 案件分析

快播公司于2014年被深圳市场监管局开出2.6亿元巨额罚单,该案在经历行政复议、深圳市中级人民法院一审、广东省高级人民法院终审后,最终于2018年尘埃落定,广东省高级人民法院认定深圳市场监管对快播公司做出的2.6亿元行政处罚决定合法合理。高达2.6亿元的巨额罚款,开创了

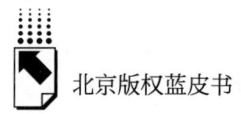

网络视频版权侵权罚款新高。尽管快播公司已资不抵债、濒临破产，司法判决确认的巨额罚款有可能执行不到位，但该案的终审宣判仍具有极强的警示意义。① 本案对快播公司版权民事侵权行为的判定、同时损害公共利益的认定、非法经营额的计算等法律问题的处理值得进一步分析。

（一）快播公司版权侵权责任判定

1. 快播公司帮助侵权责任认定

快播公司自成立之初，经过短短几年的发展，便呈现爆炸式增长的态势，引起了国家版权局和相关影视行业网络版权拥有者的注意。分析快播公司的经营模式可以发现，网络用户下载快播播放器后，该播放器可以链接到多个视频链接网站，用户只要在快播播放器的页面输入想要看到的影视作品名称，快播就会从不同视频网站搜索该作品，用户就可以免费欣赏，并且可以下载到自己的终端上，包括智能手机、平板电脑和个人电脑等。② 快播公司的行为对版权人以及获得版权人合法授权的视频平台的合法权益造成了损害。除腾讯公司外，乐视网、优酷、电影网等知名视频网站为维护合法权益也向深圳市场监管局出具情况说明，说明快播播放器在播放视频显示的地址系小网站地址，快播公司将涉案影视作品播放来源标注为"乐视、优酷、电影网"系伪造行为。在实践中，不同的平台存在着内容提供者和技术服务提供者的区分。但是随着互联网平台的爆发式增长，平台的功能逐渐混同。因此，从概念角度对主体进行分类既不现实也没必要，学理上的侧重点不应该再是区分主体，而是要区分不同行为的性质，从参与内容和责任承担这两个标准对平台的行为进行分类。③ 事实上，快播播放器与快播服务器是捆绑在一起的，不仅具备通常的视频播放功能，而且可以针对广泛分布于

---

① 张智全:《快播视频侵权案重罚有警示意义》,《人民法院报》2019年1月18日,第2版。
② 沈悦:《影视作品网络版权立法保护研究——以深圳快播2.6亿侵权案为例》,《宿州学院学报》2016年第10期。
③ 张燕龙:《民刑交叉视野下网络平台共同版权犯罪责任的认定——兼对中美快播案、索尼案等案件的比较分析》,《情报杂志》2018年第7期。

互联网上的视频种子进行在线播放。用户可以上传视频,而快播公司则提供线上支持,自动拉拽热门视频存储到缓存服务器中,供其他用户下载观看。快播公司在提供技术的基础上,还形成了一个存储、整理、发布视频的平台。[①]

2012年颁布的《最高人民法院关于审理侵害信息网络传播权民事纠纷案件适用法律若干问题的规定》第七条规定了网络服务提供商的"帮助侵权行为","帮助侵权"成立有三个条件:有直接侵权行为存在;客观上未采取必要措施或者帮助了直接侵权行为;主观上有过错。[②] 从快播公司的涉案行为内容来看,快播公司的链接伪造行为、反复侵权行为,都表明其明知或者应知小网站不具备授权可能性。在存在"第三方直接侵权行为"和"主观过错"的情况下,快播公司通过网站管理后台,链接到盗版网站获取影视作品的种子文件索引地址,向用户推荐作品,并为用户提供浏览、下载影视作品的服务。这已经超出单纯提供网络服务的范畴,具备帮助侵权责任的构成要件,法院判决快播公司为盗版网站实施侵权行为提供帮助于法有据。

我国网络版权侵权责任制度比较复杂,一个重要原因是我国侵权责任的基本立法体系来自大陆法系,但是,后期的侵权责任立法特别是知识产权侵权责任立法又大量借鉴吸收了普通法系的直接侵权和间接侵权制度。在我国民事法律规范中,教唆和帮助侵权属于两个独立的类型化共同侵权行为,[③] 而《著作权法》及相关法规则一定程度上引入了直接侵权和间接侵权制度。尤其是最高人民法院有关网络版权的司法解释和具体的司法实践中明显体现了直接侵权和间接侵权的制度设计,虽然在法律文件中没有使用"直接侵权"和"间接侵权"词汇,但是把相关规则的内容完整体现在了法律文件

[①] 韩志宇:《快播播放器的经营方式及其法律责任解读》,《中国版权》2016年第1期。
[②] 《最高人民法院关于审理侵害信息网络传播权民事纠纷案件适用法律若干问题的规定》第七条:网络服务提供商明知或者应知网络用户利用网络服务侵害信息网络传播权,未采取删除、屏蔽、断开链接等必要措施,或者提供技术支持等帮助行为。
[③] 祝建军:《"快播"教唆、帮助侵权的认定》,《中国知识产权报》2015年1月21日,第8版。

当中,部分司法解释中既有一般侵权与共同侵权,又有直接侵权与间接侵权,在适用时经常会发生冲突或者混乱的现象。这个问题在我国《著作权法》修改过程中就有所体现,曾有意见指出在"权利的保护"一章增加网络版权侵权责任制度。①

2. 快播公司的行为不符合"避风港规则"

快播公司以其行为属于技术中立性质、应当适用"避风港规则",作为抗辩理由。从案件的处理结果来看,法院并未直接对技术中立以及"避风港规则"做出回应,转而根据2006年国务院发布的《信息网络传播权保护条例》(以下简称《信网权条例》)第二十三条的网络侵权归责条款来认定快播公司是否构成侵权。法院并不直接以技术中立原则或者"避风港规则"来处理大多数案件,这根源于我国是成文法国家,在立法没有规定的情形下,法官也不能随意造法。②"避风港规则"作为网络版权秩序的核心规则,其设立目的在于防止对网络服务提供者施加过重的义务,保障网络产业的正常发展。我国在立法中虽然未直接使用"避风港""技术中立"等词语,但是相关内容散见于不同效力位阶的法律渊源中,其中包括《信网权条例》和2009年修订的《侵权责任法》,而2012年最高人民法院《关于审理侵害信息网络传播权民事纠纷案件适用法律若干问题的规定》则较为明确地划分了平台的几种侵权形态,并对如何认定"应知道"和"明知"提供标准。

因此,法院转而根据《信网权条例》第二十三条来判定快播公司能否获得帮助侵权免责。根据上述规定,"避风港规则"存在两种例外情形。第一,在权利人发现侵权情况并正式通告网络服务提供者之后,后者即应删除有关侵权内容或断开其链接,否则即要承担知情之后的侵权责任。第二,如果网络服务提供者明知或应当得知侵权事实的存在,网络服务提供者则不再受到"避风港规则"保护。对快播公司是否存在主观过错这一焦点问题进行分析,法院关心的是快播公司是否明知或应知直接侵权行为的存在。通过

---

① 丛立先:《论网络版权侵权责任认定》,《中国出版》2015年第12期。
② 陈虎:《论网络著作权保护中的技术中立原则》,宁波大学硕士学位论文,2017。

快播公司主动采集其网站数据设置链接，对该设链网页上的内容进行分类、整理、编辑、排序和推荐，还将小网站伪装成行业内具有较高知名度的大网站等行为，法院认定快播公司存在明知或者应知的主观过错，因此判定快播公司的涉案行为当然不能获得"避风港规则"免责。

（二）损害公共利益判定标准

行政规制与侵权责任作为公共事务治理与风险防控的两种手段，分别发挥着不同的制度功能。行政规制作为公法规范，强调事前干预市场、克服市场失灵。侵权责任作为私法规范，意蕴补偿受害者、发挥事后救济功能。[①]按照《著作权法》第四十八条的规定，如果当事人具有该条列出的八种侵权行为，同时损害公共利益的，可以由著作权行政管理部门责令停止侵权行为，没收违法所得，没收、销毁侵权复制品，并可处以罚款；情节严重的，著作权行政管理部门还可以没收主要用于制作侵权复制品的材料、工具、设备等。另外，《计算机软件保护条例》《信网权条例》都为行政处罚"设置了明示的公共利益前提"。这些条款构成行政机关针对版权侵权行为做出行政处罚的法律依据。依据我国现行法律法规，只有当侵害版权的行为同时损害公共利益的情况下，著作权行政管理部门才能对侵犯版权的行为苛以行政责任。

2001年《著作权法》修订后，"公共利益"这一前提才出现在我国著作权法中。1990年版的《著作权法》并未做出此要求。在《著作权法》第三次修法进程中，也有人对是否保留"同时损害公共利益"这一要件提出不同意见。目前，我国法律并未对何为"损害公共利益"做出明确解释。本案二审法院认为，由于法律上对于公共利益的概念并未做出明确规定，考虑到公共利益具有的政策属性，因此，版权民事侵权行为是否同时损害公共利益，应当由著作权行政管理部门在个案之中根据侵权人的过错程度、损害后果等具体情节做出判断。

[①] 谢尧雯：《论美国互联网平台责任规制模式》，《行政法学研究》2018年第3期。

关于"同时损害公共利益"的判定问题，国家版权局先后就该问题发布指导意见，包括2002年WTO过渡性审议中的解释，将"损害公共利益"解释为"构成不正当竞争，损害经济秩序"；2002年的《关于对著作权法第四十七条"损害公共利益"问题的意见》（权司〔2002〕16号），总结到《著作权法》（2001年）第四十七条列举的所有侵权行为全部符合"损害公共利益"要求；2006年的《关于查处著作权侵权案件如何理解适用损害公共利益有关问题的复函》（国权办〔2006〕43号），最终的结论是《著作权法》第四十七条列举的侵权行为，均可能损害公共利益。[①] 国家版权局的上述指导意见虽然不具有法律强制效力，但是具有供地方著作权行政管理部门参考的重要价值。本案中，一审法院将"不正当竞争，扰乱网络环境中的正常市场经济秩序"定义为快播公司涉案行为损害社会公共利益的具体表现，判定快播公司的侵权行为属于《著作权法》第四十八条以及《著作权法实施条例》第三十六条中"损害社会公共利益"情形。二审法院进一步指出，快播公司经腾讯公司多次举报或者投诉，仍不改正。而且，在此次被市场监管局查处之前，其还被其他多家权利人向国家版权局举报侵权，国家版权局也责令其在2014年2月15日前完成整改。因此判定快播公司帮助侵权网站传播作品的行为扰乱了整个网络视频版权市场的秩序，构成"同时损害公共利益"。可见，本案的判决结果与国家版权局在WTO过渡性审议中的指导意见在一定程度上具有一致性。

（三）版权行政处罚执法主体的认定

《著作权行政处罚实施办法》第2条明确了国家版权局和地方著作权行政管理部门是对版权侵权行为实施行政处罚的行政主体。版权行政处罚的执法主体是著作权行政管理部门，包括国家版权局与地方人民政府享有版权行政执法权的有关部门。地方人民政府的著作权行政管理部门，可以是版权局，在当前相对集中的行政处罚权改革的大背景下，更多的是各省市的文化

[①] 钮效崇：《我国版权行政处罚研究》，中央民族大学硕士学位论文，2016，第24页。

市场综合执法部门。①

本案中，快播公司认为由于市场监管局职权变迁，深圳市场监管局不具有做出涉案行政处罚的职权。对此，一审法院认为，行政主体的行政职权必须通过法定的途径获得。根据深圳市人民政府施行的《深圳市行政执法主体公告管理规定》（深圳市人民政府令126号），行政执法主体分立、合并、主体名称变更或职责权限变更须经行政执法主体公告程序。本案中，深圳市分别于2009年、2011年、2014年进行大部制改革。2009年，深圳市人民政府决定由深圳市市场监督管理局行使原市工商行政管理局（物价局）、原市技术监督局、原知识产权局（市版权局）的职责，并对该事项进行公告。随后，2011年和2014年，深圳市人民政府发布多项通知，包括2011年"市场监督管理局加挂市知识产权局牌子"；2014年1月，规定组建深圳市市场监督管理委员会和深圳市食品药品监督管理局、深圳市市场秩序管理局（知识产权局）；2014年5月，规定组建深圳市市场和质量监督管理委员会以及市场监管局（市质量管理局、市知识产权局）、深圳市食品药品监督管理局。对于以上机构设置、变更或加挂"知识产权局牌子"，至市场监管局做出涉案行政处罚决定时，深圳市人民政府法制办公室未进行执法主体公告。因此，法院判定，在涉案行政处罚决定做出之时，原市知识产权局（市版权局）职责划入深圳市场监管局，深圳市场监管局系本案被诉行政处罚的合法执法主体，有权对快播公司的违法行为做出行政处罚决定。

（四）非法经营额的认定

一审法院认为，对于同时损害社会公共利益的版权侵权行为，根据《著作权法》以及《著作权法实施条例》，著作权行政管理部门可以对其罚款，具体存在两种罚款情形：一种是处以非法经营额的1～5倍罚款；另一种是25万元以下的限额罚款。根据《著作权法实施条例》，处以非法经营额倍数罚款必须符合侵权行为有非法经营额且达到5万以上的条件。可

---

① 钮效崇：《我国版权行政处罚研究》，中央民族大学硕士学位论文，2016，第12页。

见，非法经营额是确定版权行政罚款数额的重要基础。依据现有证据，无法查明快播公司非法获利情况，也无法查明其实际经营数额，这就需要行政处罚机关对被处罚人非法经营额的确定寻求依据。由于版权行政处罚领域没有专门涉及"非法经营额"的法律规定，实践中通常依据《最高人民法院、最高人民检察院关于办理侵犯知识产权刑事案件具体应用法律若干问题的解释》（以下简称《知识产权刑事案件若干问题解释》）对非法经营额进行认定，具体分为三种计算方式：第一，已销售的侵权产品的价值，按照实际销售的价格计算；第二，制造、储存、运输和未销售的侵权产品的价值，按照标价或者已经查清的侵权产品的实际销售平均价格计算；第三，没有标价或者无法查清其实际销售价格的，按照被侵权产品的市场中间价格计算。

本案中，在无标价且未能查明快播公司实际经营数额的情况下，深圳市场监管局依据《深圳经济特区加强知识产权保护工作若干规定》第二十三条①，以被侵权影视作品的市场中间价认定快播公司的非法经营额。由具体规定可见，《深圳经济特区加强知识产权保护工作若干规定》中关于"非法经营额"的规定是参照《知识产权刑事案件若干问题解释》制定的。将刑事案件"非法经营额"的司法解释运用于行政处罚案件，其合理性必然遭到质疑。法定的地方国家权力机关依照法定的权限，在不同宪法、法律和行政法规相抵触的前提下，制定和颁布在本行政区域范围内实施的规范性文件，是解决当前版权领域行政处罚"非法经营额"规定缺失的途径之一。

在确定以市场中间价计算非法经营额的基础上，法院认为，对于市场中间价，需要根据具体案件情形选择较为合理的评估计算方式，并在综合比较产品成本方法、以同类产品价格作为参考的市场调节方法、产品的收益现值法、交易价格法之后，指出交易价格法是以买卖双方在真实意愿情形下发生

---

① 《深圳经济特区加强知识产权保护工作若干规定》第二十三条：已销售的侵权产品的价值按照实际销售的价格计算。制造、存储、运输和未销售产品的价值，按照标价或者已经查清的侵权产品的实际销售平均价格计算。没有标价或者无法查清其实际销售价格的，按照被侵权产品的市场中间价计算。

的交易价格作为评估依据，能较为客观地反映被评估对象的市场价值。在确定以交易价格法作为非法经营额认定方法的基础上，法院进一步区别涉案作品两个阶段的授权价格，第一阶段是作品权利人授权腾讯公司的价格，第二阶段是腾讯公司授权他人的价格。因两个阶段授予信息网络传播权性质不同，价格也有差异，第一阶段是独占信息网络传播权，第二阶段则是非独占信息网络传播权。结合快播公司的侵权性质，深圳市场监管局以第二阶段授权价，即腾讯公司授权他人的价格确定市场中间价。可见，深圳市场监管局对于非法经营额的认定事实清楚，适用法律正确，且对该类案件具有重要借鉴意义。

附 录
Appendices

B.16
2018年北京版权业大事记

1月

3~4日 全国新闻出版广播影视工作会议在京召开。会议深入学习宣传贯彻习近平新时代中国特色社会主义思想和党的十九大精神，总结2017年工作，分析形势，安排部署2018年新闻出版广播影视工作任务。主要有五方面部署：一是不断把学习宣传贯彻习近平新时代中国特色社会主义思想和党的十九大精神引向深入；二是打造精品力作，为人民提供更加优质丰富的精神食粮；三是加快优化升级，推动事业产业高质量发展；四是强化阵地管理，牢牢掌握意识形态工作领导权主导权话语权；五是深化国际传播，着力讲好中国故事、增强国际话语权和影响力。

15日 由北京市文化市场行政执法总队发布的数据显示，2017年北京市文化执法部门立案2993件，同比增加72.49%；结案2705件，同比增加68.29%；没收非法出版物共计202.24余万册。在办案数量大幅提升的同时，执法重心向网络转移，2017年查办网络案件776件，其中包含多类网络侵权盗版典型案件。此外，随着新技术的发展，VR 视频领域的侵权盗版问题也开始出现。

16 日　国家版权局对"剑网 2017"专项行动进行有关情况的通报。其中通报了 20 起"剑网 2017"专项行动典型案件：北京优阅盈创科技有限公司侵犯文字作品著作权案、北京王某涉嫌侵犯文字作品著作权案、天津"吉吉影院"网侵犯影视作品著作权案、上海智器投资咨询有限公司侵犯文字作品著作权案、上海徐汇"3·2"侵犯网络游戏著作权案等。在 2017 年 7 月至 11 月期间，国家版权局、国家互联网信息办公室、工业和信息化部、公安部联合开展了打击网络侵权盗版"剑网 2017"专项行动，通过一系列的治理措施，网络版权环境进一步净化，网络版权秩序进一步规范，专项行动取得预期成效。

2 月

2 日　世界知识产权组织（WIPO）发布了 2018 世界知识产权日的主题"变革的动力：女性参与创新创造。"WIPO 认为，女性推动着当今世界发生变革，塑造着共同的未来，2018 年世界知识产权日活动要庆祝的就是女性的研精毕智、求知若渴和锐意进取。相关的庆祝活动重点展示知识产权制度如何为女性创造者将自己的奇思妙想推向市场提供良机。

9 日　在国家版权局积极协调推动下，腾讯音乐与网易云音乐就网络音乐版权合作事宜达成一致。双方相互授权音乐作品，达到各自独家音乐作品数量的 99% 以上，并商定进行音乐版权长期合作，同时积极向其他网络音乐平台开放音乐作品授权。

14 日　按照《国家版权局办公厅关于进一步加强互联网传播作品版权监管工作的意见》及国家版权局版权重点监管工作计划，根据电影相关权利人上报的作品授权情况，国家版权局公布 2018 年度第一批重点作品版权保护预警名单，包括《无问西东》《英雄本色 2018》《谜巢》。

23 日　北京市新闻出版广电局（北京市版权局）、市文化市场行政执法总队联合约谈新浪微博、新浪视频、凤凰网、秒拍、百思不得姐、newsmth

等6家网站，依法查处上述网站未持有《信息网络视听节目许可证》，擅自从事互联网视听节目服务，涉嫌传播违反《互联网视听节目服务管理规定》（原广电总局、信息产业部56号令）第十六条规定的节目，责令限期整改。北京市新闻出版广电局（北京市版权局）、市文化市场行政执法总队将继续加大对网络视听节目服务网站协同管理力度，规范网络视听节目传播秩序，督促网站切实履行主体责任，增强底线思维和媒体社会责任感，严把导向和内容关，坚守文明健康的审美底线，积极弘扬社会主义核心价值观，传播正能量。健全完善内控制度和追责机制，合力营造文明健康的网络视听环境。

24日 国家版权局版权管理司公布2018年以来查处盗版侵权情况。五年来全国各级版权执法部门共查处包括网络案件在内的各类侵权盗版案件22568起，依法关闭侵权盗版网站3908个。"剑网行动"不断加大对网络侵权盗版的打击力度，网络空间版权秩序逐渐清朗，网络版权治理工作取得显著成效。通过开展"剑网行动"，版权执法力度不断强化，执法领域不断拓展，执法效能不断提高，网络影视、音乐、文学等领域大规模侵权盗版现象一定程度上得到遏制，网络版权秩序明显好转，社会公众和网络企业的版权意识得到较大提升，有效维护了权利人的合法权益和社会公共利益。

26日 由中国版权协会主办的北京国际网络版权监测研讨会在京召开。聚焦小网站跨国网络侵权盗版问题展开研讨和经验分享，旨在加强国际交流合作、联手打击跨国侵权。国家版权局版权管理司司长于慈珂认为国际网络版权监测维权是个非常重要的话题。多年来，我国加强版权保护、打击侵权盗版的步伐坚定，成效显著。但随着数字网络技术的不断发展，网络侵权新情况不断、形式隐秘、复杂、多变，移动化、社交化、国际化的趋势明显。侵权者深度隐藏个人信息，维权困难；大批中国版权作品在海外受到各种盗版，遭遇海外维权难题。

3月

2日 中宣部副部长、国家新闻出版广电总局（国家版权局）局长聂辰席在京主持召开推进使用正版软件工作部际联席会议第七次全体会议。会议认为，2017年部际联席会议贯彻了党的精神和国务院的决策。国家新闻出版广电总局（国家版权局）副局长、国家版权局专职副局长周慧琳通报了2017年推进使用正版软件工作进展情况和2018年工作计划。

5日 国家版权局评选出"2017年中国版权十件大事"：利好政策不断出台为我国版权事业发展注入了强劲动力、全国人大常委会开展著作权法执法检查、国家版权局约谈音乐公司版权秩序持续好转、中国核心版权产业迅猛发展对促进我国经济和文化发展起到了重要的支撑作用、"剑网2017"专项行动成果显著、全国设立11家知识产权法庭、中国新闻媒体版权保护联盟成立、软件正版化推动软件产业发展、司法审判对版权保护的作用不断加大、人工智能创作带来版权新问题。

6日 在2018年两会期间中国版权协会理事长阎晓宏建议：在全国进一步深入推进企业软件正版化工作，从国家层面大力加强引导、宣传、扶持。提倡优先采购、使用国产软件。此外，建议商务部等相关部委对参与"一带一路"重大项目建设的企业和出口创汇企业，在正版软件采购上给予退税等政策支持和指导服务；对中小企业采购、使用正版软件出台相关财政扶持政策；建议具备条件的国内各大自贸区、园区、基地，统一解决其入驻企业的软件正版化问题。

6日 北京市新闻出版广电局（北京市版权局）组织召开北京网络视听节目管理与发展工作座谈会。会议总结2017年北京网络视听节目管理工作，对2017年网络视听节目征集评选优秀作品报送单位进行表彰和奖励。会议还指出：2017年，北京市新闻出版广电局（北京市版权局）共清理下线色情淫秽、血腥暴力和低俗视频28万多条，关闭上传违规视听节目用户501个。约谈违规网站60余次；提交北京市通信管理局关闭了无证视听网站31家。北京将加大网络视听内容监管力度，坚决清除有害视听信息，严肃查处违规网站。同时将大力实施网络视听精品创作提升工程，助力北京全国文化中心建设。

16日 国家新闻出版广电总局（国家版权局）办公厅下发《国家新闻出版广电总局办公厅关于进一步规范网络视听节目传播秩序的通知》。对于网络视听节目制作、播出不规范问题提出要求如下：禁止非法抓取、剪拼改编视听节目，不得制作、传播歪曲、恶搞、丑化经典文艺作品的节目。各视听节目网站播出的片花不能断章取义、恶搞炒作。不得出现包括"未审核"版或"审核删节"版等不妥内容。加强对各类节目接受冠名、赞助的管理。严格落实属地管理责任。

19日 为加大"12318"举报热线电话的宣传力度，北京市文化市场行政执法总队联合相关部门开展了"12318"宣传进社区活动。根据举报提供的线索，北京市、区两级文化执法部门共查处案件3143件，扣押、收缴非法出版物、非法音像制品等260万余件，罚没款1657.3万余元。北京市文化市场行政执法总队连续七年被评为全国"扫黄打非"先进集体，连续荣获"全国文化市场十大案件办案先进单位"等诸多荣誉称号。

22~23日 2018年中国版权服务年会在京举办，2017年十大著作权人评选结果同时揭晓。2017CPCC十大中国著作权人分别为：吴京、孙赫阳、中国科学院自动化研究所、北京梦之城文化股份有限公司、上海棠棣信息科技股份有限公司、中教易未来（北京）文化传媒有限公司、惟邦环球建筑设计（北京）事务所、北京小米移动软件有限公司、广州酷狗计算机科技有限公司、北京华彩世嘉网络科技有限公司。

23日 北京市新闻出版广电局（北京市版权局）召开2018年局文化市场管理暨"扫黄打非"工作领导小组会议。局领导小组对2018年局文化市场管理和"扫黄打非"工作提出了若干意见。

23日 为深入贯彻落实十九大精神，积极响应习近平主席提出的"一带一路"倡议，广泛开展广播影视领域内的合作，促进国际交流，北京市新闻出版广电局（北京市版权局）举办"一带一路广播影视科技发展论坛"。

24日 CCBN2018主题论坛——IP生态与文娱峰会在北京举行。峰会由广播科学研究院、CCBN组委会主办，中国新闻出版传媒集团有限公司为联合主办单位。会上，嘉宾对"网络文学大数据战略""IP产业"等主题进行发言。

26日 为有效推进网络版权治理工作，突破盗版侵权案件治理瓶颈问题，北京市版权局版权管理处于近日组织召开网络盗版侵权案件推进协调会。市公安局海淀分局、首都版权产业联盟参会，权利人优酷、腾讯、爱奇艺派相关人员参加。会议要求各部门做好以下几方面工作：一要建立部门协作联动机制，畅通信息共享渠道；二是要紧跟新技术、新方法，提高案件办理的主动性和灵活性；三要重视证据工作，提高监测的针对性、有效性和技术性；四要发挥典型案例的震慑作用，通过办理有社会影响力的案件，树立版权保护意识，净化网络版权空间。

4月

9日 北京市2018年软件正版化工作动员部署会在市政府召开。区政府、市级政府机关等90余家单位的软件正版化工作主管领导参加了此次会议。北京市新闻出版广电局（北京市版权局）党组书记、局长杨烁代表市使用正版软件工作联席会议办公室，对2017年全市软件正版化工作进行了总结，对2018年全市软件正版化工作进行了部署，对全年软件正版化各阶段工作任务及实施步骤做了规范和细化，确立了整体工作目标、划分了具体职责分工，并从提高思想认识、强化组织领导、加强沟通联系、确立规章制度、强化监督考核等方面提出了明确的要求。

12日 国家版权局与墨西哥文化部在墨西哥首都墨西哥城签署版权合作谅解备忘录（司局级），这标志着中墨之间正式建立版权双边合作框架，开始展开常态化、机制化的版权交流与合作。这是国家版权局在全球范围内签署的第8个版权双边合作备忘录，是积极响应"一带一路"倡议，加强版权双边交流与合作的又一成果，对扩大中国版权的国际影响力，特别是加强与拉美国家版权合作，将起到重要示范与推动作用。

16日 中共中央政治局委员、中宣部部长黄坤明出席国家广播电视总局、国家新闻出版署（国家版权局）和国家电影局揭牌仪式并召开座谈会，强调要坚持以习近平新时代中国特色社会主义思想为指导，切实把思想和行动统一到党中央决策部署上来，用机构改革的新成效，激发宣传思想文化工作的新能量新作为。

16日 因认为北京海润影业股份有限公司擅自改编作品《诡案组》为网络大电影，不属于著作权转让合同中的"电影作品"，侵犯了著作权，王普宁上诉至北京知识产权法院要求依法撤销一审判决并停止侵权行为、赔礼道歉、赔偿经济损失。二审法院做出判决，驳回上诉，维持原判。

20日 为提升北京法院著作权审判的质量和效率，推动首都文化产业的发展和创新，并贯彻执行中办、国办《关于加强知识产权审判领域改革创新若干问题的意见》，北京市高级人民法院（北京高院）发布了《侵害著作权案件审理指南》。指南总结整理以往涉及侵害著作权案件的各项指导文件，并梳理汇总了实践中的各类问题。

23日 国家版权局网络版权产业研究基地在京发布《中国网络版权产业发展报告（2018）》。报告显示，我国网络版权产业继续保持快速增长趋势，据测算，2017年我国网络版权产业的市场规模为6365亿元，较2016年增长27.2%。其中，网络直播打赏模式在2017年异军突起，拉动整体市场规模增长。网络直播用户规模达4.22亿人，较2016年增加7778万人，网民渗透率达54.3%，产业市场规模已近400亿元。短视频产业在2017年也实现了迅猛增长，用户规模已突破4.1亿人，同比增长115%。短视频市场用户流量与广告价值爆发，预计2020年短视频市场规模将超350亿元。

24日 国务院新闻办公室在京举行"2017年中国知识产权发展状况"新闻发布会，会上详细地介绍了我国2017年知识产权发展情况。一是知识产权创造量质齐升。全年发明专利申请量达到138.2万件。二是知识产权法律法规建设稳步推进。《反不正当竞争法》经全国人民代表大会常务委员会第三十次会议修订通过。三是知识产权保护更加严格。四是知识产权运用效益明显提升。五是知识产权重点领域改革不断深化。六是知识产权对外合作交流深入开展。

24日 被称为新中国成立以来破获盗版图书册数最多、少儿出版物码洋最大的案件二审宣判。北京市第三中级人民法院依法裁定驳回被告上诉，维持原判。一审法院审理认为，被告人赵某等人以营利为目的，未经著作权人许可，发行其文字作品，情节特别严重，以侵犯著作权罪判决被告人赵某有期徒刑六年六个月，并处罚金人民币150万元；其余被告人皆被判处有期徒刑四年至二年六个月不等刑罚，并处罚金。一审宣判后，被告人赵某等人不服，上诉至北京三中院，二审经审理，裁定维持原判。

24日 国际唱片业协会（IFPI）发布《2018全球音乐产业报告》。报告数据显示，2017年全球录制音乐行业总收入达173亿美元，比上年增长8.1%。报告认为，由于中国政府加大版权监管力度，以及唱片公司、权利人共同的努力，中国在版权保护方面发生了重大转变。中国音乐市场生态环境的进一步优化，吸引国际唱片公司愿意投入巨资。

25日 最高人民检察院发布2017年检察机关保护知识产权十大典型案例。最高检侦查监督厅副厅长韩晓峰介绍，在这些案例中，既有保护国内品牌，如"海鸥"手表、"徐福记"酥糖、"大白兔"奶糖、国产化肥的案例，也有保护国际知名品牌，如德芙、特百惠等案例，彰显出知识产权刑事司法保护工作中检察机关工作的力度和水平不断提升。

25日 中国文联权益保护部与首都版权产业联盟在中国文艺家之家举行签约仪式，正式就共同开展文艺工作者版权保护服务建立合作关系。这是中国文联加强文艺维权社会化合作，利用社会资源为文艺工作者拓展维权平台、开辟维权渠道的一项重要举措。中国文联党组成员、副主席李前光，国家版权局版权管理司司长于慈珂，北京市新闻出版广电局（北京市版权局）副局长、首都版权产业联盟主席王野霏等出席活动并致辞。

26日 2018中国网络版权保护大会在京召开，大会恰逢第18个世界知识产权日。国家版权局版权管理司与中国版权协会版权监测中心、中国移动咪咕文化科技有限公司签署《网络版权保护合作备忘录》，就共同打击网络侵权盗版、探索网络版权保护新模式达成共识。按照《版权工作"十三五"规划》要求，将加大执法监管力度，完善长效机制，健全与电信企业、互联网信息服务企业快速有效的"通知—移除侵权"工作机制。

26日 按照国务院关于开展打击侵犯知识产权和制售假冒伪劣商品工作和全国"扫黄打非"工作总体部署，各地区版权执法相关部门进一步加大版权执法监管力度，查处一批侵权盗版案件。此外，为发挥典型案例的示范引导作用，国家版权局联合全国"扫黄打非"工作小组办公室选定了"2017年度打击侵权盗版十大案件"，其中包括：北京优阅盈创科技有限公司侵犯文字作品著作权案、上海智器投资咨询有限公司侵犯文字作品著作权案、江西南昌"摇头网"侵犯音乐作品著作权案、天津"吉吉影院"网侵犯影视作品著作权案、山东威海刘某等制售盗版光盘案、湖北恩施赵某某等侵犯网络游戏著作权案、广西南宁"皮皮小说网"侵犯文学作品著作权案、上海卿某制售盗版图书案、河南尉氏"12.15"印制盗版图书案。

26日 北京市新闻出版广电局（北京市版权局）党组书记、局长杨烁同志与希腊数字政策、通信和媒体部秘书长克莱索斯博士一行就中希影视发展和合作进行了会谈。探讨了"北京优秀影视剧海外展播季"将在希腊首都雅典举行，市局组织超过二十名来自十六家北京优秀影视企业的代表访问希腊，期待通过展播季活动，与数字政策、通信和媒体部进一步沟通。包括具体的合作方向和内容，研究落实可行项目，从而实现中希双方在影视合作方面的突破。

27日 为深入推动信用体系建设工作，进一步建立健全失信联合惩戒工作机制，北京市新闻出版广电局（北京市版权局）召开了社会信用体系建设暨建立"黑名单"工作制度专题会议。会上，通报了社会信用体系建设工作总体情况，就2018年工作任务进行了部署，并对《北京市新闻出版广电版权领域失信"黑名单"制度管理办法（征求意见稿）》的制定背景、主要目的、内容条款及征求意见情况进行了介绍。

5月

11日 由北京市新闻出版广电局（北京市版权局）支持，北京新闻出版广播影视企业海外服务基地正式成立并率先挂牌英国普罗派乐卫视。该基地旨在构建北京伦敦新闻出版广播影视交流的长效机制和版权交易的长期高效平台，促进北京新闻出版影视企业拓展海外市场、推进文化产品和服务出口，将在建设版权数据库、建设版权交易平台、提供版权咨询服务、促进文化交流等方面进行建设。

15 日 北京高级人民法院就北京三鼎梦软件服务有限公司与株式会社光荣特库摩游戏侵害计算机软件著作权纠纷二审做出判决，驳回上诉请求，维持一审判决。三鼎梦软件服务有限公司破解《信长之野望创造：战国立志传》侵犯计算机游戏软件信息网络传播权，赔偿光荣特库摩游戏经济损失人民币二十万元。

28 日 《视听表演北京条约》缔结六周年，世界知识产权组织（WIPO）中国办事处、北京市新闻出版广电局（北京市版权局）、北京市东城区政府联合主办了"知识产权保护促进视听产业发展论坛"。WIPO 副总干事王彬颖出席论坛。国家版权局司长于慈珂、WIPO 中国办事处主任陈宏兵、东城区副区长葛俊凯、北京市新闻出版广电局（北京市版权局）副局长王野霏出席并致辞。欧盟代表团、美国驻华使馆、英国驻华使馆代表，国际唱片业协会等世界及国内主要著作权组织代表、国家商务部及国家知识产权局代表、影视公司代表共 150 余人参会。

31 日 "互联网时代下的版权保护公证暨首都版权产业联盟战略合作签约及 App 上线仪式"在京交会举行。该款 App 的上线运行，为权利人提供了互联网上一站式的公正服务平台，该平台以公证法律服务为核心，把版权取证的公证服务搬上云端，权利人在移动端就可以完成侵权证据的公证保全，避免互联网侵权证据的转瞬即逝，同时在线向公证机构申请办理公证，为首都版权产业联盟的维权工作带来了极大的便捷性，实现"足不出户，公证到家"。

31 日 《寿光县志》点校本侵犯著作权纠纷案，经最高人民法院再审做出判决。维持山东省高级人民法院判决，即葛怀圣赔偿李子成经济损失及合理费用共计 6 万元；葛怀圣向李子成赔礼道歉，并在《寿光日报》上刊登声明，以表明李子成是涉案民国版《寿光县志》点校本的共同点校人。

6月

12~14 日 全球最大的电子娱乐展览会（The Electronic Entertainment Expo，也称 E3 展）在美国洛杉矶市举行。由北京市新闻出版广电局（北京

市版权局）组织的 10 家北京地区优秀游戏企业组成的北京游戏展团在 E3 设置了北京展区，成为 E3 这一国际游戏平台一道亮丽的风景，充分展示了中国游戏企业的良好风貌。

14 日 北京市使用正版软件工作联席会议办公室举办了 2018 年北京市级机关软件正版化工作培训，118 家市级机关的 250 余人参加了此次培训。此次培训是为了适应推进使用正版软件工作部际联席会议对北京市市级政府机关软件正版化全覆盖检查的新形势，加强对北京市市级机关软件正版化工作指导，提高市级机关工作人员尊重和保护知识产权的意识。市级机关软件正版化工作培训的举办，为完成年度国家机关软件正版化工作任务和迎接国家对北京市市级政府机关全覆盖检查打下了坚实的基础。

14 日 国家版权局公布 2018 年度第五批重点作品版权保护预警名单，2018 俄罗斯世界杯赛事节目入选。根据要求，相关网络服务商应对版权保护预警名单内的重点作品采取以下保护措施：直接提供内容的网络服务商未经许可不得提供版权保护预警名单内的作品；用户上传内容的网络服务商应禁止用户上传版权保护预警名单内的作品；提供搜索链接的网络服务商、电子商务平台及应用程序商店应加快处理预警名单内作品权利人关于删除侵权内容或断开侵权链接的通知。

15 日 北京游戏参展团赴墨西哥调研墨西哥游戏产业。在墨西哥投资贸易局（PROMEXICO）总部，成功举办了中墨两国游戏企业推介会和一对一商务洽谈会。其间，墨西哥投资贸易局与率团来访的北京市新闻出版广电局（北京市版权局）副局长张苏一行进行了政府间的闭门会谈，双方就北京游戏企业与墨西哥游戏企业的合作交流进行了更加深入的友好会谈。现场气氛热烈，中墨双方与会者均表示收获满满，对此次对接活动的质量给予了高度评价，达到了预期目标。

26 日 因认为西湖音乐喷泉涉嫌剽窃了青岛世园会音乐喷泉的喷射效果，杭州西湖风景名胜区湖滨管理处被北京中科水景科技有限公司告上法庭。北京知识产权法院对该案二审宣判，驳回上诉、维持原判，即中科恒业公司、西湖管理处停止侵权、公开致歉、赔偿经济损失及合理支出共计 9 万元。

26日 由中国国家广播电视总局主办、北京市新闻出版广电局（北京市版权局）承办的第四届中非媒体合作论坛在北京举行。来自45个国家的460余位代表参加了论坛及相关活动。中非代表本着平等互信、合作共赢的原则，就"中非媒体政策""中非媒体话语权建设""中非媒体数字化和内容产业发展"等议题进行深入研讨和广泛交流。

26日 由中国国家版权局和英国知识产权局共同主办的中英版权圆桌会议在京举行。中英双方围绕版权政策制定新动态、版权执法活动和成果新进展、数字环境下版权执法面临的问题及挑战三个主题进行了研讨。这是自2010年签署《中英版权战略合作谅解备忘录》后，双方在备忘录的框架下进行的第4次高层互访和交流活动。

7月

5日 为落实城市副中心文化建设相关要求，提高艺术作品版权保护水平和艺术从业者作品登记积极性，北京市版权局在通州区宋庄上上美术馆组织召开艺术版权专项培训，北京版权保护中心、通州区文委、上上美术馆和相关艺术从业者参加了本次培训。其主要目的是帮助艺术从业者加强版权意识：一是要树立版权创造、运用和保护的意识，作品授权使用做到合理合法；二是要主动树立维权意识，有效利用作品登记所具有的证据效力应对盗版侵权行为；三是要提高作品自愿登记的积极性，主动按照著作权法和有关规定提交作品登记申请。

6日 北京市使用正版软件工作联席会议办公室联合北京计算机软件登记中心举办了市属国企软件正版化工作培训暨北京地区软件登记专办员培训会，培训范围覆盖5家市属国有企业集团总部及其所属三级以上企业，培训人员100余人。培训主要目的是提高参训各单位工作人员版权保护意识和软件著作权登记能力，为市属国有企业圆满完成全年软件正版化工作目标打下了良好基础。

12日 国家版权局与国家互联网信息办公室、工业和信息化部、公安部共同宣布正式启动"剑网2018"专项行动。专项行动以网络侵权多发领

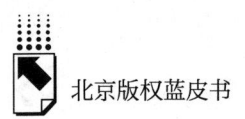
北京版权蓝皮书

域为重点目标,以查办案件为重要抓手,通过5个多月的集中整治和引导规范,有效运用分类监管、约谈整改、行政处罚、刑事打击等多种措施,集中整治了网络转载、短视频、动漫等领域侵权盗版行为,促使短视频版权保护环境显著改善,网络转载版权秩序进一步规范。

12日 国家版权局在京召开全国版权执法监管工作会议。会议深入学习贯彻习近平新时代中国特色社会主义思想和党的十九大精神,传达中央领导同志的重要批示,分析研判当前版权执法监管工作面临的新任务新要求,研究部署"剑网2018"专项行动等版权执法监管重点工作,推动版权执法监管工作实现新发展。国家网信办、工信部、公安部有关部门负责同志就各部门开展"剑网"专项行动进行了部署。

17日 北京市文化市场行政执法总队召开2018年第二季度文化市场("扫黄打非")新闻通气会,大会通报,2018年上半年,北京市已连续开展10余项专项整治行动,涉及新闻出版、网络文化、文化娱乐和广播电影电视等多个领域,共计检查经营单位1.27余万家次,立案2519件,结案1996件,罚没款共计664.73万元,其中查获侵权盗版出版物3万余册,有效维护了文化市场正常秩序。

27日 北京市版权局、北京市网信办、北京市通信管理局、北京市公安局和北京市文化市场行政执法总队召开会议,启动北京市"剑网2018"专项行动。北京市将开展三个方面的重点整治:一是开展网络转载版权专项整治,严厉打击微博、微信、头条号等自媒体和网络媒体未经许可转载、摘编整合、歪曲篡改和"洗稿"等违法侵权行为;二是开展短视频版权专项整治,引导短视频平台企业构建良性发展商业模式,规范整治平台盗版侵权行为;三是开展重点领域版权专项整治,集中治理动漫、网络直播、知识分享、有声读物等平台的盗版侵权行为,并继续对影视、音乐、电子商务平台、云存储等领域保持高压态势。

8月

2~4日 30余家主流媒体的近60名编辑记者共同在京参加了由国家版

权局主办，中国新闻出版广电报社承办的 2018 版权相关热点问题媒体研修班。3 位业界专家对目前媒体以及社会最关注的版权相关热点问题进行了讲解并与编辑记者们进行了交流和研讨。其中，探讨了两个热点话题：第一，新媒体、自媒体"洗稿"的行为以及侵权的判定。第二，新技术给著作权法带来的挑战，如人工智能、大数据、区块链等在版权应用中的优势和欠缺等新问题。

4 日 由国家广播电视总局主办、北京市新闻出版广电局（北京市版权局）和北京广播电视台承办的第六届国产纪录片及创作人才推优活动在北京举行。活动表彰了 2017 年以来在国产纪录片繁荣发展中成绩突出的作品、人员和机构，以进一步从制作、播出、产业、人才等多个环节加大对国产纪录片的扶持引导力度，发挥优秀作品、制作机构、播出机构和创作人才的引领示范作用。北京市新闻出版广电局（北京市版权局）选送的作品和机构共获得 9 大类 15 个奖项，宣传管理处获得优秀组织机构奖。

21 日 北京市广播电视局发布了 2018 年一季度北京市广播影视创收收入情况。一季度，北京市广播影视实际创收收入 216.27 亿元。其中，北京网络视听单位的实际创收收入最高，为 101.4 亿元，占实际创收收入的 46.88%；其次是北京影视制作单位，为 88.74 亿元，占实际创收收入的 41.03%；排在第三和第四位的是城市影院和北京广播电视台分别是 10.01 亿元和 9.01 亿元，占 4.63% 和 4.17%。

22 ~ 24 日 第 25 届北京国际图书博览会暨第 16 届北京国际图书节在中国国际展览中心（顺义新馆）同时同地举办。本届北京国际图书节确立"改革铸就新时代，书香献礼新征程"为主题，"五大活动、十大展区"成为本次北京国际图书节的最大亮点。

28 日 2018 年"一带一路"知识产权高级别会议在北京开幕，国家主席习近平向会议致贺信。习近平强调，知识产权制度对促进共建"一带一路"具有重要作用。中国坚定不移实行严格的知识产权保护，依法保护所有企业知识产权，营造良好营商环境和创新环境。希望与会各方加强对话，

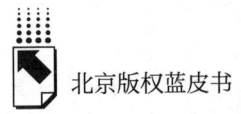

扩大合作，实现互利共赢，推动更加有效地保护和使用知识产权，共同建设创新之路，更好造福各国人民。

9月

3日 为落实国家版权局"剑网2018"专项行动工作要求，规范整治短视频平台版权秩序，北京市版权局集中快手、今日头条、百度、爱奇艺、一点资讯、凤凰网等十五家短视频平台企业召开监管工作会议。北京市版权局向到会十五家短视频平台重申了北京市"剑网2018"专项行动工作要求，通报了2018年集中监测监管短视频平台发现的侵权盗版问题，并对短视频平台日常版权监管提出工作建议。到会的各家企业版权负责人承诺，一定按照2018年剑网行动工作指示和要求，做到任务明确、责任清晰、整改到位，在国家版权局和市版权局的指导下，进一步规范短视频版权授权使用行为，构建风清气朗的版权环境。

7日 《最高人民法院关于互联网法院审理案件若干问题的规定》关于电子证据问题明确规定："当事人提交的电子数据，通过电子签名、可信时间戳、哈希值校验、区块链等证据收集、固定和防篡改的技术手段或者通过电子取证存证平台认证，能够证明其真实性的，互联网法院应当确认。"版权界普遍认为，最高法院确认区块链、可信时间戳等电子证据的法律效力，间接地为著作权权利人举证提供了便利，这也降低了权利人维权成本。

9日 继杭州互联网法院成立后，北京互联网法院于9月9日挂牌成立。截至12月20日，北京互联网法院共受理2786起案件，审结1890起案件，其中78%案件为著作权案件。版权界普遍认为，互联网法院的接连成立，可以为权利人大大节约维权成本，真正实现便民、高效，无疑加大了对著作权的司法保护力度。

13日 北京市图书质量专题工作会召开。会议通报讲评了2018年图书编校质量专项检查工作及2018年第一批图书内容审读结果。对11家市属图书出版单位、55种编校质量良好图书进行通报表彰，并对8家出版单位的17种编校质量不合格图书进行了通报批评。另外，会议还介绍了2018年优秀图书选题扶持项目推进情况，部署了2019年"三个文化带"、2022年北京冬奥会、冬残奥会选题征集工作。

14~16日 第二届中国"网络文学+"大会在北京亦创国际会展中心开幕。本届大会以"网络正能量，文学新高峰"为主题，横向以"网络文学+"主题，纵向展示网络文学20年发展历程。大会发布《2017年度中国网络文学发展报告》。该报告由政府主管部门主导、行业专业研究机构参与、委托行业协会发布的中国网络文学发展报告，报告反映了网络文学行业宣传贯彻习近平新时代中国特色社会主义思想的举措、经验和成就，展示了行业发展现状。

29日 针对网络转载版权专项整治中发现的突出版权问题，国家版权局在京约谈了趣头条、淘新闻、今日头条、一点资讯、百度百家号、微信、东方头条、北京时间、网易新闻、搜狐新闻、新浪新闻、凤凰新闻、腾讯新闻等13家网络服务商，要求其进一步提高版权保护意识，切实加强版权制度建设，全面履行企业主体责任，规范网络转载版权秩序度。

30日（至10月21日） 第七届中国国际版权博览会，组委会在苏州举办新闻发布会。本届版博会是国家版权局按照国际化、专业化、市场化原则举办的唯一常态化综合性的国家级版权专业博览会。版博会两年举办一届，已在北京、成都等地成功举办了六届，得到众多国家和地区以及企业的积极响应，也赢得了世界知识产权组织和各级政府、行业协会的高度赞誉，成为具有国际影响力的博览会。本届版博会着力打造"四个平台"：一是突出特色创意，打造版权产业展示交流的平台；二是突出交易功能，打造版权成果转化运用的平台；三是突出新业态，打造版权发展专业研讨的平台；四是突出群众参与，打造版权知识传播普及的平台。

10月

10日 北京市文化市场行政执法总队组织召开第三季度新闻通气会，通报第三季度执法办案情况和典型案例。2018年第三季度，北京市、区两级文化执法部门共计检查经营单位4732家次，同比增长20.99%；立案992

件，同比增长49.4%；结案1074件，同比增长72.39%；罚没款共计393.65万元，同比增长68.72%。会上还通报了5起典型案例，其中，对北京某教育科技有限公司侵犯境外权利人著作权案，北京市文化市场行政执法总队给予该公司罚款22.5万元的行政处罚。

10~14日 2018年法兰克福书展在法兰克福会展中心举行。为充分展示改革开放40年来北京地区出版业发展成果，北京市新闻出版广电局（北京市版权局）在北京展区特别设立"北京图书40年"主题展览，并举办"北京图书40年"分享交流活动。出席活动的有北京市新闻出版广电局（北京市版权局）副巡视员董明、中国驻法兰克福总领馆副总领事孙瑞英、法兰克福书展集团国际贸易总监Matthá́us Cygan、北京联合出版有限责任公司副总经理林芳建以及图书出版各界嘉宾、媒体代表和观展者。

11日 2018北京首届互联网影视著作权高峰论坛在京举办。数据显示，超过一半的互联网百强企业在北京，北京网络普及率位列全国第一。与此同时，也有大量互联网著作权纠纷案件发生。在司法实践过程中，互联网影视著作权相关案件也不断升级，审理、判决的技术难度越来越大，如何通过互联网快速解决影视版权纠纷成为行业内关注的话题。

19~20日 2018国际版权论坛——21世纪版权促进文化创意国际论坛在苏州举行。中国国家版权局版权管理司司长于慈珂发言，阐述了我国版权保护的诸多进步。我国版权法律相继出台，制度体系逐步完善；设立更多的知识产权专门法庭，司法保护强度逐渐加大；严格出版监管，行政执法力度逐步加大。版权产业GDP逐年增长，版权产业规模扩大；版权登记制度规范化，服务体系出具规模；积极与国际版权组织合作，国际版权交流更加深入。

21日 中国国际版权博览会举行的最后一天，第十届全国大学生版权征文活动颁奖仪式举行。作为连续举办10届的活动，全国高校师生参与版权学术研究、关注版权领域新成果新发展的热情空前高涨，涌现出一批有相当价值的版权专业理论文章，为提高和普及社会公众的版权意识做出了贡献。当天，中国版权金奖的颁奖活动以及闭幕式上的"金慧奖"颁奖仪式得到了广泛关注。

25~28日 第十三届中国北京国际文化创意产业博览会在中国国际展览中心举行。据不完全统计，本届文博会期间，共签署文化创意产业的产品交易、艺术品交易、银企合作等协议总金额977.28亿元人民币。影视文化制作、版权项目交易活跃，签约金额371亿元人民币，占比37.9%；落户园区的文化产业合作项目478亿元人民币，占比49%；文化与科技、金融等融合的项目金额171亿元人民币，占比17.5%；落实"一带一路"倡议，文化"走出去"项目增加，文化贸易签约金额138亿元人民币，占比14%。

30日 为了切实提高北京市图书出版质量，着力加强图书质量管理，指导督促出版单位严格执行"三审三校"制度，根据《出版管理条例》《图书出版管理规定》《图书质量管理规定》《图书质量保障体系》等法规规章，北京市下发《关于再次重申及严格落实"三审三校"制度要求的通知》，要求各市属图书出版单位要充分认识做好"三审三校"工作的重要意义。

11月

5~10日 在中国国际进口博览会期间，拼多多平台与京版十五社反盗版联盟和少儿出版反盗版联盟就图书版权保护签订合作协议，从工作机制、侵权投诉、协助执法、行业研究等方面开展全面合作，共同保护权利人的合法权益。在此之前，第七届中国国际版权博览会期间，阿里巴巴集团与京版十五社反盗版联盟就图书版权保护计划签订合作协议。双方同意在遵照法律法规的前提下，使用平台技术与出版社数据，变事后处理为事前预防，对重点图书的线上盗版销售进行主动防控。

13日 北京市新闻出版广电局（北京市版权局）召开机构改革动员大会，传达机构改革相关精神，宣布新闻出版广电局划转职责和机构，布置机构改革重点工作。要强化责任担当，全面完成机构改革各项任务。抓好程序性、事务性工作，重点组织好新机构挂牌、机构和人员转隶、落实"三定"方案。抓好基础性、全局性工作，重点抓好大学习、大调研、大讨论活动，

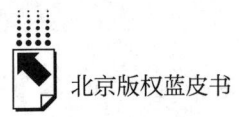

细化和完善部门职责，加强制度管理。要加强领导，严守纪律，做好工作衔接和协调。

14日 京津冀协同发展-IPTV项目开通仪式在天津滨海新区举行。北京市新闻出版广电局（北京市版权局）、天津市新闻出版局、河北省新闻出版广电局出席本次会议，和京津冀三地IPTV内容播控单位一起开启了此项目。京津冀协同发展是习近平总书记亲自谋划、亲自部署、亲自推动的重大国家战略，是推动形成新的经济发展方式的强大引擎，是打造中国新的经济增长极的点睛之笔。该项目能够激活三地电影电视乃至整个媒体行业蕴含的报道制作力量，把各自的精品内容充分展示，用足用透，也让各自的特色文化和优势作品能够为更多的观众服务。

16日 北京市广播电视局正式挂牌，首都广播电视事业开启新的发展阶段。根据《北京市机构改革实施方案》，原北京市新闻出版广电局（北京市版权局）的新闻出版管理职责和电影管理职责划入市委宣传部统一管理；在原北京市新闻出版广电局（北京市版权局）广播电视管理职责的基础上组建北京市广播电视局，作为市政府的直属机构。对版权管理的主要职能有：起草北京市关于广播电影电视和信息网络视听节目服务方面的地方性法规，负责本市广播电影电视节目、信息网络视听节目和公共视听载体播放节目的监管。

28日 根据《2018中国网络视听发展研究报告》数据显示，2018年我国网络视听行业市场规模预计2016.8亿，网络视频付费用户比例达53.1%，同比增长23.8%。目前我国在线视频行业主要盈利模式是广告收入、内容付费、版权分销等，而内容付费占比呈现逐年上升趋势。

28日（至12月1日） 2018第六届中国网络视听大会召开。该大会是网络视音频领域规格最高、规模最大、具有"年度风向标"之誉的行业盛会。大会亮点重重，有2000余家机构6000多位嘉宾参会，举办聚焦内容创作的16场主题活动。同时，北京市广播电视局党组书记、局长杨烁同志一行参会，参加了大会开幕式暨主论坛、网络视听产业峰会、新时代媒体融合发展峰会、"新时代·再出发——网络综艺主题论坛"、"这是最好的时代——互联网影视高峰对话"、网络视听精品内容创作峰会、2018中国（成都）网络视听新技术与节目展交会等活动。

12月

12日 由国际保护知识产权协会（AIPPI）中国分会在京主办的"AIPPI中国分会版权热点论坛（2018年度）"上，AIPPI中国分会版权专业委员会主席王军、《中国知识产权》杂志编辑部主任李雪联合发布了由部分知识产权法院法官、版权界专家学者评出的"2018年度中国版权行业十大热点案件"。

17日 由北京市广播电视局组织的北京影视企业代表团在新加坡亚洲电视论坛与市场（ATF）北京联合展台举办推介会，来自多个国家和地区的100多位受邀买家和媒体记者参加，多位受邀买家与北京影视制作单位进行了接触、积极洽谈、寻求合作。他们对代表团推广的反映中国文化和时代精神的影视剧作品表达了合作意愿，并对北京冬奥会的题材产生浓厚兴趣，希望从题材开掘、文化融合、合作方式等方面加强交流沟通，共同推动亚洲影视繁荣发展。

24日 北京市广播电视局召开"进一步加强广播电视和网络视听文艺管理工作座谈暨政策发布会"。会议旨在贯彻落实《国家广播电视总局关于进一步加强广播电视和网络视听文艺节目管理的通知》和聂辰席同志在全国广播电视与网络视听文艺节目管理工作电视电话会上的讲话精神，推动首都广播电视和网络视听文艺节目健康有序、高质量发展。

24日 北京市广播电视局发布了北京市广播影视创收收入情况（2018年1~9月）。其间，北京市广播影视实际创收收入854.32亿元。北京影视制作单位的实际创收收入最高，为412.4亿元，占实际创收收入的48.27%；其次是北京网络视听单位，为357.29亿元，占实际创收收入的41.82%；排在第三位和第四位的是北京广播电视台和城市影院，分别是31.92亿元和27.37亿元，占3.74%和3.20%。

25日 中国新闻出版研究院发布的"2017年中国版权产业的经济贡

献"调研结果显示，2017年中国版权产业的行业增加值已达60810.92亿元人民币，占GDP比重7.35%，比上年提高0.02个百分点。其中，核心版权产业行业增加值为38155.90亿元人民币，占全国GDP比重4.61%，比上年提高0.03个百分点。

Abstract

This book is an annual report on the development of Beijing's copyright, which is compiled by Beijing Research Center of Press and Publication and associated with many industry experts and scholars. The whole book consists of General Report, Category Reports, Special Reports, Case Reports and Appendix (Chronicle).

General Report brings out the theme and takes a panoptic view of the current situation and new development of Beijing's copyright industry, focusing on the overall situation of the development and protection as well as solutions to potential copyright problems, existing social service system of copyright, a judgement of development trend and feasible suggestions. The year of 2018 has witnessed a rapid growth in Beijing's copyright industry, significantly promoting the Capital's economic gain. Meanwhile, Copyright protection has been literarily strengthened, and the copyright social service system fairly improved. The emphasis of the coming year will be on the enhancement and improvement of copyright protection, network platforms supervision, Internet infringement governance, closer international communication and cooperation on copyright, and further opportunities with new technologies, in order to consistently achieve the healthy and orderly development of Beijing's copyright industry.

In Category Reports and Special Reports, multiple research methods, such as qualitative, quantitative research and field survey, are used on frontier copyright issues covering online literature, film and television, music, software, video game, cultural and creative industries, as well as the infringement liability of webcast platform, copyright of knowledge database platform and audio books, text-based knowledge sharing platform, and the adjustment of copyright rules in 5G era in China, etc. To sort out the essential breakthroughs and challenges in the development of Beijing's copyright industry, some suggestions for the existing

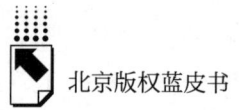

problems are given. Report on the Development of Beijing Online Literature Copyright in 2018 clarifies the concept of the online literature from different perspectives, summarizes the basic situation and the new features, new trends, development bottlenecks and obstacles of the online literature industry, and puts forward countermeasures and suggestions to solve the relevant issues. In terms of Film and Television Report on Copyright Development, this paper provides a comprehensive demonstration of the industrial situation, new stimulating measures and specific application measures and achievements in 2018. The annual situation of the music copyright industry, features of the music copyright market and problems faced by music copyright protection are illustrated in Report on Beijing Music Copyright. Besides, a wide range of suggestions is put forward for the industry's future, including cohering related policies and regulations, improving users' awareness of copyright and willingness to pay, promoting the development and application of high and new technology, and building a healthy industrial ecology. Being problem-oriented, Copyright Development Report of Beijing Software Industry summarizes the registration of software copyright, the overall situation of the software industry, measures to promote industrial development, as well as existing challenges of Beijing software industry in 2018. Several countermeasures and suggestions are proposed to promote the development of Beijing software industry. With various data of video game copyright industry listed, Report on the Development of Beijing Video Game Copyright in 2018 gives information on the current development of video game copyright industry in Beijing and offers feasible solutions to promote its development sound and fast. In Copyright Development Report of Cultural and Creative Industries in Beijing In 2018, this paper theoretically discusses the relationship between cultural and creative industries and copyright protection, and further explains the industrial development in China and Beijing through data, and provides optimal designs from the aspects of copyright collective management, awareness of copyright protection, copyright administrative enforcement, and copyright value evaluation system. On the basis, some feasible suggestions and prospects are given to the future direction of Beijing's cultural and creative industries. Research on Infringement Liability of Webcast Platform explores the basic concept of the webcast, the development status of webcast and copyright disputes raised and other aspects. Research on Copyright of Knowledge Database Platform introduces the definition of knowledge database platform, the general situation of platform services, main issues involving different parties, and explores how to solve these problems. Research on Copyright of Audio Books covers a range of content, such as the concept and the development trend of audio books; copyright disputes under UGC mode; copyright attributes of audio books; solutions for audio books copyright problems regarding copyright cooperation, platform supervision, content filtering obligations, content production transformation, users copyright awareness, and trading platform. Starting on the imparity between the sharing nature of the platform and the monopoly of copyright, Research on Copyright Infringement Liability of Text-Based Knowledge Sharing Platform focuses on infringement liability determination of sharing platforms, and provides suggestions on improving copyright protection of such sort of platforms. Striving to reduce the negative impact on the application of new technology and achieve the better development of copyright industry, Research on Copyright Regulation and Copyright Supervision in 5G Era in China offers a systematical analysis of the influence of 5G on the dissemination of works and problems aroused; existing defects and possible improvements of the copyright rules in force; basic ideas and paths of copyright supervision; the construction of copyright mechanism in typical areas.

In Case Reports section, a series of typical copyright cases are carefully selected for analysis and comment, with high academic and practical significance.

Contents

I General Report

B.1 Report on the Development of Beijing Copyright
in 2018 −2019   *Cong Lixian*, *Lv Ziqiao* / 001

     1. Development Status of China's Copyright Industry   / 002

     2. Important Contribution of the Copyright Industry to the
Capital's Economy   / 006

     3. Copyright Protection in Beijing   / 008

     4. Construction of Copyright Social Service System in Beijing   / 014

     5. Trends and Recommendations   / 019

Abstract: From the perspective of copyright industry development, copyright protection status, solutions to copyright problems and copyright social service system, this report presents the overall development of copyright industry in Beijing in 2018. In 2018, the copyright industry in Beijing increased steadily with income level rising, and a number of industrial indicators ranked among the top in China, which played a significant role in the capital's economic development and urban construction. At the same time, several copyright protection policies were issued, the administrative authorities vigorously implemented copyright supervision, severely cracked down on copyright infringement and piracy, standardized the dissemination of works and the operation of market, and actively promoted the process of software legalization. The total number of copyright infringement cases tried by judicial organs has risen sharply, and they have actively explored the mode of case hearing to improve the quality of trial on copyright cases. The copyright service system has been improved, the role of industry associations has been highlighted, international cooperation on copyright has been promoted, international communication opportunities have been increased, and international influence has been raised. Beijing will further enhance copyright protection, improve copyright supervision, strengthen international communication and cooperation on copyright, attach more importance to the development and utilization of new technologies, and continue to promote the healthy and orderly development of the copyright industry.

Keywords: Copyright Industry; Copyright Infringement; Copyright Protection; Beijing

II Category Reports

B.2 Report on the Development of Beijing Online Literature Copyright in 2018　　　*Cong Lixian, Yang Tianwa* / 022

Abstract: During the past twenty years, the online literature industry has been promoted and achieved great success. The policy system to navigate and support the development of the industry is perfecting and developing. From the perspectives of authors, there is a trend of professionalism and brand marketing. The copyrighted work is becoming pluralistic. The trend of industry integration is boosting. The interest of readers has changed. The development of free mode has seen dramatic growth. The newly developed technology has brought opportunities for the whole industry. The pattern of 'online literature going abroad' has been established. However, challenges and difficulties still exist. In the field of online literature industry, Beijing has made a series of successful attempts, which has promoted this industry from the 'plateau' to the 'peak' and provided excellent experience for the whole industry.

Keywords: Online Literatur; Copyright; Industrial Development

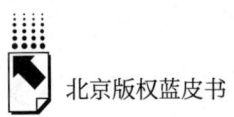

北京版权蓝皮书

B.3 Film and Television Industry Report on Copyright
Development in 2018 *Cong Lixian, Wang Qian* / 053

Abstract: As the national political, economic and cultural center and the birthplace of the national film and television industry, Beijing attaches great importance to the healthy development of the film and television industry, the positive diversification of film and television creation, the training and clustering of film and television talent. In 2018, a total of 18,728 institutions were granted business licenses for radio and television program production organizations, of which 9,895 were registered in Beijing and accounting for 53%. The TV program fair held in spring and autumn have successfully promoted 867 TV series. At the same time, Beijing also introduced many measures to stimulate the enthusiasm of film and television copyright creation in 2018. Financial institutions represented by Bank of Beijing promoted the use and development of film and television copyright through formulating cultural and financial service programs. Copyright debt-equity combination financing fund is also making efforts to explore equity, debt financing services and the like. Administrative law-enforcement departments further strengthen the supervision of film and television copyright and promote the continuous improvement of film and television product quality.

Keywords: Film and Television Copyright; Copyright Protection; Copyright Enforcement

B.4 Report on Development of Beijing Music Copyright in 2018
Yang Qihu / 075

Abstract: The core data of Chinese music industry had been rising during 2018, The digital music market had continuously expanded. A stable business model of major music platforms had been formed based on years of users'

accumulation, significant breakthroughs of flow realization and profit pattern development had been made in the music market. Moreover, the copyright of music also marched forward in vertical areas. In the meantime, in order to deal with new forms of infringement, the protection of music copyright had been further strengthened, and the effective protection against infringement was provided under the policies and regulations. New progress of Beijing music copyright market in the content of publicity, distribution, promotion, copyright trading, platform promotion and copyright protection was made under the guidance of policy support and leading enterprises.

Keywords: Music Industry; Music Copyright; Copyright Protection

B. 5　Copyright Development Report of Beijing Software Industry in 2018　　　　　　　　*Cong Lixian, Qi Haixia* / 107

Abstract: The year of 2018 has witnessed the development of a good environment of copyright protection in China. Since more and more authors and other copyright owners understand the importance of strengthening copyright protection, the number of software copyright registrations this year enjoys sustained growth. As China's software industry accelerates transformation and adjustment and the industrial structure continues to be optimized, the concept of Software-Defined is further developed, which means the software industry is fully integrated into every area of national economy and daily life. Emerging technologies such as cloud computing, big data, artificial intelligence, and the Internet of Things have promoted industrial development, and open source software continues to lead technological innovation. Meanwhile, China's software industry is faced with many challenges, such as the lack of core technologies, the low-end integration of the industry chain, the need to improve open-source software, the shortage of professionals and international leading enterprises. To this end, we should focus on the development of major common software and basic software, the support of core technology innovation, the ecological construction in the open source software industry, the training of innovative and complex leading software talents, and the construction of software brands in China.

Keywords: Software Registration; Software Industry; Open Source Software

B. 6　Report on the Development of Beijing Video
　　　Game Copyright in 2018　　*Cong Lixian, Long Mingming* / 136

Abstract: In 2018, China's gaming entertainment industry has developed steadily, however, the growth rate has slowed down compared with the same period in 2017. meanwhile, the quantitative accumulation leads to qualitative transformation, copyright industry has formed a scale. The new environment proposes requirements for game industry management. On the one hand, it is necessary to protect the legitimate rights and interests of right holders by perfecting the Copyright Law and other relevant law. Governing the plagiarism in Video games and stealing core code of game software. On the other hand, it is necessary to strengthen the management of game related entities, Restricted game's content violates administrative rules. Detailed censorship and copyright registration system. Set up management measures for Internet game streaming and e-sports events. Clarify legal issues and balance conflict of interest. Overall, governing the key areas, the game copyright industry is clearly regulated, through the judicial referee, national policy guidance and industry self-discipline, in 2018.

Keywords: Game Copyright; Copyright Protection; Industrial Upgrading

B. 7　Copyright Development Report of Cultural and
　　　Creative Industries in Beijing 2018　　*Cong Lixian, Lv Ziqiao* / 152

Abstract: Copyright system has a decisive influence on the existence and development of cultural and creative industries. Cultural and creative industries are entering a golden period of development in China. With the improvement of the quality and efficiency of copyright development in Beijing's cultural and creative industries, a number of policies have been issued to promote copyright protection. However, public awareness of copyright protection is not strong enough, copyright administrative law enforcement needs to be improved urgently, and there is a lack in standardized copyright value evaluation system. In order to solve these problems, it is necessary to consummate the legal system for copyright protection in cultural and creative industries, raise public awareness of copyright protection, strengthen administrative protection, enhance the impact of copyright collective management, construct a copyright value evaluation standard, and improve the relevant systems of copyright transactions, to promote the optimization and development of cultural and creative industries in Beijing.

Keywords: Copyright; Cultural and Creative Industries; Copyright Protection

Ⅲ Special Reports

B.8 Research on Infringement Liability of Webcast Platform

Lu Haijun, Xu Lang / 177

Abstract: The webcast platform is the disseminator of content. According to the different business models of the webcast platform, the platform can be divided into two different types: content providers and service providers. The webcast platform that provides this content shall bear direct tort liability for the content broadcasted by it, and the webcast platform as a service provider shall be responsible for the infringement of the content broadcasted by it. The platform should assume reasonable care obligations for the content it broadcasts.

Keywords: Webcast Platform; Direct Infringement; Indirect Infringement; Duty of Care

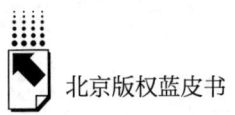

B. 9　Research on Copyright of Knowledge Database Platform

Liang Fei / 193

Abstract：The knowledge resource database platform promotes the dissemination of works, meanwhile, it also causes some copyright problems, especially the copyright licensing problems of copyright owners, which have not been effectively solved for a long time. By the research method of taking the experience gained at one unit and popularizing it in a whole area, this paper has analyzed the validity of the relevant licensing agreements and statements of contributions from the view of periodical resource database platform to the scope of copyright problems among the subjects based on the platform service. This paper has made some suggestions on bringing collective management organizations to full play, and making extensions on the collective management, so as to explore an effective way for solving the copyright problem of the knowledge resource database platform.

Keywords：Copyright; Knowledge Database; Internet Platform; Collection Management Organization

B. 10　Research on Copyright of Audio Books

Zhang Jin, Wang Yikai / 215

Abstract：Audiovisual books show a new trend following the development trend of the mobile Internet, which is manifested in the diversification of communication subjects, the popularity of production subjects, and the strong regularity of listening time. Audio books with UGC as the main production mode have caused a large number of copyright disputes. Producers or disseminators of audiobooks make their works into audiobooks without permission of the copyright owner and upload them, or disseminate their audiobooks on the Internet without permission, thus infringing the copyright owner's right of reproduction and communication through information network. In view of the copyright problem of audio books, cooperation with copyright content parties is the best way to legalize copyright content. The transition from traditional UGC mode to PGC and PUGC mode is the only way to improve its content quality and market competitiveness. In addition, perfecting the platform supervision obligation, increasing the copyright filtering obligation of network service providers, and spontaneously establishing a trading platform are also exploring ways to effectively resolve the copyright problem of audio books.

Keywords: Copyright; Audio Books; Internet Platform

B.11　Research on Copyright Infringement Liability of Text-Based Knowledge Sharing Platform

Cong Lixian, Li Jingtian / 236

Abstract: The text-based knowledge sharing platform has promoted the efficiency of knowledge. Besides, there has frequently emerged copyright infringement due to the various parties of the platform, as well as the public good nature of it. However, how to identify the subject of rights and determine the existence of infringement, and in which way to determine whether it constitutes fair use and the infringement of the right of communication through information network are difficult points of protection in practice. For the purpose of protection and balance among the right of platform, users and aggregation platforms, through referring to the regulations of US and EU, as well as the judicial practice of Chinese Internet companies, this essay establishes a multi-dimensional protection approach which combines data rights and copyrights from the dimensions of civil, administrative and criminal.

Keywords: Text-Based Knowledge Sharing Platform; Copyright Infringement; Data Right

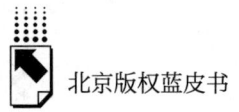

B.12 Research on Copyright Regulation and Copyright Supervision in 5G Era in China *Cong Lixian, Zhuang Lei* / 263

Abstract: The application and promotion of 5G technology which volume, rapidity and scenes will bring revolutionary influence to content transmission and copyright industry, and which will also aggravate the situation of copyright infringement under the network environment. Based on the characteristics of 5G technology, this paper analyzes its influence on the transmission of works and the problems it may lead to, and puts forward suggestions on the improvement of laws and regulations governing live webcasting, short video creation and its utilization and the responsibility of network access service providers under cloud computing technology. Based on the experience of copyright mechanism construction in typical regions, this paper makes some proposals to complete the corresponding regulations and the basic ideas and methods of Copyright administrative enforcement supervision so as to further effectively adjust China's copyright rules and copyright supervision in the 5G era.

Keywords: 5G Technology; Transmission; Internet Copyright; Copyright Supervision

Ⅳ Case Reports

B.13 Identification of Work Reprinting Infringement Happened Between Traditional Media and Network Media: Modern Express v. Bytedance co. *Cong Lixian, Zhang Yuanyuan* / 289

Abstract: The reason why news on current affairs are not protected by the Copyright Law is that they are merged with the facts. The short news which simply reports the time, place, characters and what happened is not a work, while by adding someone's own insights and views to the short news can be regarded as a work. News on current affairs and news works are different. Statutory license for reprinting between newspapers and magazines is not applicable to the network environment, and the reprint of works by the network media should obey the rule of "authorization before use". In the case of infringement of the right of communication through information network, if the defendant claims not to shoulder the responsibility on the ground that he only provides the linking service, the proof burden is on him. The determination of the amount of damages for copyright infringement should be based on the principle of "compensate for the actual loss", and accord with the right holder's loss, the circumstances of the infringement and other factors.

Keywords: News on Current Affairs; Statutory License for Reprinting Between Newspapers and Magazines; Infringement of the Right of Communication Through Information Network

B.14 Affirm the Amount of Crime of Online Game Piracy by the Income of Virtual Currency: Copyright Infringement of Beijing Megalithic Online Technology Co. LTD and Huang   *Cong Lixian, Liu Qian* / 304

Abstract: In recent years, the crime of copying online games and operating "copycat" mobile phone online games for illegal profits has increased significantly. Usually, most of the data related to piracy and infringement in such cases are stored in the server or cloud. And to avoid detection, the perpetrators often separate the illegal profit from the account of the company operating the pirate website. In a typical criminal case of copyright infringement sentenced in 2018, the court made use of the date of e-commerce payment platform and the characteristics of the "mobile game" marketing model, determining the amount of the crime of online game piracy with the sales amount of virtual currency, which is of exemplary significance in combating such new type of crime.

Keywords: Online Game; Crime of Copyright Infringement; Virtual Currency; The Amount of Crime

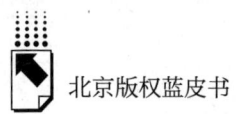

B. 15 The Commitment of Copyright Administrative Responsibility for The Video Network Platform: Shenzhen Qvod Techonology CO., LTD V. Shenzhen Market Supervision Bureau Administrative Penalty Disputes Case

Cong Lixian, Qi Haixia / 316

Abstract: The copyright administrative penalty of the video network platform in this case involves not only the determination of copyright infringements, but also the identification of public interests, the legality of the subject of administrative enforcement for copyright and administrative enforcement procedures as well as the calculation of illegal proceeds. Since the concept of public interest is not clearly defined in law, rules and regulations, the court considered its policy attributes and made a judgment based on the extent of the infringer's fault and the consequences of the damage. The subject of administrative enforcement for copyright and administrative enforcement procedures are the key to determining whether the administrative punishment decision is legal. Shenzhen Market Supervision Bureau had obtained the administrative powers through statutory means when the punishment decision was made, and it had fulfilled the complete procedures of administrative punishment according to law. The number of illegal proceeds is the basis for determining the amount of fine. In the case that it was impossible to directly ascertain the illegal profit and the actual operating amount, Shenzhen Market Supervision Bureau calculateed based on the market price of the film and television works involved. The affirmation of the calculation method by the court has significance reference value for this type of case.

Keywords: Public Interests; the Subject of Administrative Enforcement for Copyright; Administrative Enforcement Procedures; Illegal Proceeds

社会科学文献出版社

皮 书

智库报告的主要形式
同一主题智库报告的聚合

❋ 皮书定义 ❋

皮书是对中国与世界发展状况和热点问题进行年度监测,以专业的角度、专家的视野和实证研究方法,针对某一领域或区域现状与发展态势展开分析和预测,具备前沿性、原创性、实证性、连续性、时效性等特点的公开出版物,由一系列权威研究报告组成。

❋ 皮书作者 ❋

皮书系列报告作者以国内外一流研究机构、知名高校等重点智库的研究人员为主,多为相关领域一流专家学者,他们的观点代表了当下学界对中国与世界的现实和未来最高水平的解读与分析。截至2020年,皮书研创机构有近千家,报告作者累计超过7万人。

❋ 皮书荣誉 ❋

皮书系列已成为社会科学文献出版社的著名图书品牌和中国社会科学院的知名学术品牌。2016年皮书系列正式列入"十三五"国家重点出版规划项目;2013~2020年,重点皮书列入中国社会科学院承担的国家哲学社会科学创新工程项目。

中国皮书网

（网址：www.pishu.cn）

发布皮书研创资讯，传播皮书精彩内容
引领皮书出版潮流，打造皮书服务平台

栏目设置

◆ 关于皮书
何谓皮书、皮书分类、皮书大事记、
皮书荣誉、皮书出版第一人、皮书编辑部

◆ 最新资讯
通知公告、新闻动态、媒体聚焦、
网站专题、视频直播、下载专区

◆ 皮书研创
皮书规范、皮书选题、皮书出版、
皮书研究、研创团队

◆ 皮书评奖评价
指标体系、皮书评价、皮书评奖

◆ 互动专区
皮书说、社科数托邦、皮书微博、留言板

所获荣誉

◆ 2008年、2011年、2014年，中国皮书网均在全国新闻出版业网站荣誉评选中获得"最具商业价值网站"称号；
◆ 2012年，获得"出版业网站百强"称号。

网库合一

2014年，中国皮书网与皮书数据库端口合一，实现资源共享。

权威报告·一手数据·特色资源

皮书数据库
ANNUAL REPORT(YEARBOOK) DATABASE

分析解读当下中国发展变迁的高端智库平台

所获荣誉

- 2019年，入围国家新闻出版署数字出版精品遴选推荐计划项目
- 2016年，入选"'十三五'国家重点电子出版物出版规划骨干工程"
- 2015年，荣获"搜索中国正能量 点赞2015""创新中国科技创新奖"
- 2013年，荣获"中国出版政府奖·网络出版物奖"提名奖
- 连续多年荣获中国数字出版博览会"数字出版·优秀品牌"奖

成为会员

通过网址www.pishu.com.cn访问皮书数据库网站或下载皮书数据库APP，进行手机号码验证或邮箱验证即可成为皮书数据库会员。

会员福利

- 已注册用户购书后可免费获赠100元皮书数据库充值卡。刮开充值卡涂层获取充值密码，登录并进入"会员中心"—"在线充值"—"充值卡充值"，充值成功即可购买和查看数据库内容。
- 会员福利最终解释权归社会科学文献出版社所有。

数据库服务热线：400-008-6695
数据库服务QQ：2475522410
数据库服务邮箱：database@ssap.cn
图书销售热线：010-59367070/7028
图书服务QQ：1265056568
图书服务邮箱：duzhe@ssap.cn

卡号：961785655827
密码：

S 基本子库
SUB DATABASE

中国社会发展数据库（下设12个子库）

整合国内外中国社会发展研究成果，汇聚独家统计数据、深度分析报告，涉及社会、人口、政治、教育、法律等12个领域，为了解中国社会发展动态、跟踪社会核心热点、分析社会发展趋势提供一站式资源搜索和数据服务。

中国经济发展数据库（下设12个子库）

围绕国内外中国经济发展主题研究报告、学术资讯、基础数据等资料构建，内容涵盖宏观经济、农业经济、工业经济、产业经济等12个重点经济领域，为实时掌控经济运行态势、把握经济发展规律、洞察经济形势、进行经济决策提供参考和依据。

中国行业发展数据库（下设17个子库）

以中国国民经济行业分类为依据，覆盖金融业、旅游、医疗卫生、交通运输、能源矿产等100多个行业，跟踪分析国民经济相关行业市场运行状况和政策导向，汇集行业发展前沿资讯，为投资、从业及各种经济决策提供理论基础和实践指导。

中国区域发展数据库（下设6个子库）

对中国特定区域内的经济、社会、文化等领域现状与发展情况进行深度分析和预测，研究层级至县及县以下行政区，涉及地区、区域经济体、城市、农村等不同维度，为地方经济社会宏观态势研究、发展经验研究、案例分析提供数据服务。

中国文化传媒数据库（下设18个子库）

汇聚文化传媒领域专家观点、热点资讯，梳理国内外中国文化发展相关学术研究成果、一手统计数据，涵盖文化产业、新闻传播、电影娱乐、文学艺术、群众文化等18个重点研究领域。为文化传媒研究提供相关数据、研究报告和综合分析服务。

世界经济与国际关系数据库（下设6个子库）

立足"皮书系列"世界经济、国际关系相关学术资源，整合世界经济、国际政治、世界文化与科技、全球性问题、国际组织与国际法、区域研究6大领域研究成果，为世界经济与国际关系研究提供全方位数据分析，为决策和形势研判提供参考。

法律声明

"皮书系列"（含蓝皮书、绿皮书、黄皮书）之品牌由社会科学文献出版社最早使用并持续至今，现已被中国图书市场所熟知。"皮书系列"的相关商标已在中华人民共和国国家工商行政管理总局商标局注册，如LOGO（ ）、皮书、Pishu、经济蓝皮书、社会蓝皮书等。"皮书系列"图书的注册商标专用权及封面设计、版式设计的著作权均为社会科学文献出版社所有。未经社会科学文献出版社书面授权许可，任何使用与"皮书系列"图书注册商标、封面设计、版式设计相同或者近似的文字、图形或其组合的行为均系侵权行为。

经作者授权，本书的专有出版权及信息网络传播权等为社会科学文献出版社享有。未经社会科学文献出版社书面授权许可，任何就本书内容的复制、发行或以数字形式进行网络传播的行为均系侵权行为。

社会科学文献出版社将通过法律途径追究上述侵权行为的法律责任，维护自身合法权益。

欢迎社会各界人士对侵犯社会科学文献出版社上述权利的侵权行为进行举报。电话：010-59367121，电子邮箱：fawubu@ssap.cn。

社会科学文献出版社